【世界に出会う各国＝地域史】

東南アジアの歴史
新版
人・物・文化の交流史

桐山 昇・栗原浩英・根本 敬［著］

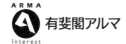

新版はしがき

　東京の山手線電車内，あるいは冬，札幌駅から新千歳空港に向かう「快速エアポート」車内，そのほか日本の至るところで，数多くの東南アジアの言語を耳にすることが，急激に増えている。彼ら・彼女らは，「出稼ぎ者」でも，もちろん「不法滞在者」でもない。ごく普通の日本観光旅行者である。国の政策転換があったとはいえ，本書旧版「はしがき」（後掲）で，16年前，「身近な存在」とした東南アジアは，文字通り身近な日常にまでなった。

　ここに端的に現れている東南アジアの史的展開を，誰はばかることなく，21世紀を「今世紀」，そして20世紀は「前世紀」，と呼べる時間の経過に合わせて，見通すことを，微力ながらわれわれとして試みることにしたのが本書である。顧みると，独立宣言以来，ほぼ30年にわたってベトナムに間断なく続いていた戦争が終結して半世紀近く，今や，その社会の中堅を担う人々にとっても戦争は生まれる前，という時代である。そもそも各国の国家独立は，それぞれに学校で学ぶ歴史教育の主題の1つである。

　今世紀とはそのような時代となった。ただこの時代は，つい最近まで，ボーダレス，グローバリズム，が声高に唱えられていた。だが実際には，各地域世界，大づかみには，アラブ世界やヨーロッパ世界，日本を除く東アジア世界，など，その歴史的文化的伝統（自然的条件を背景にもつ）によって形づくられてきた「社会的価値観」が，かえって鮮明によみがえり，「摩擦」を生じさせている。それゆえに史的考察を伴わず，その過程を見通すのは難しい。なかでも東南アジアという地域世界は，国家・国境を越えた地域的まとまりこそが周辺外部世界との関係構築の必須条件とするという特質を，しだいに浮かび上がらせてきた。だからこそ，地域結合関係を破壊

i

しようとする外部力が常に作動している。

　とはいえ，東南アジア地域世界への史的アプローチに，もちろん旧版とスタンスの違いはない。すなわち，この地域世界は，古代以来，海と河を主とする交流関係を形成し，域外世界とも，絶えず人と物産を流出入してきた。交流は新たな政治支配，生産と消費のシステム，宗教や文化などをもたらし，それまでの社会構造，支配システムに変化を及ぼすきっかけをつくってきた。このゆえに，この地の歴史叙述はつねに外部文明に左右されていたとする「他律史観」から脱するのに時間を必要とした。

　繰り返すが，本書は，古代以来栄えた交流の磁場ともいえるこの地域に，16世紀以降，西欧諸国が植民地という領域支配を持ち込み，地域国際分業型植民地体制を築いた近代を，歴史上の大きな画期とする。全体構成では，東南アジア世界形成時代，それに続く植民地支配体制の構築，そこからの離脱過程時代，そして以降のASEAN 10をめざした「現代東南アジア」の時代，ということになる。ただ1つ，上に述べたような「現代史」事象であっても，多くの時間の経過を踏まえ，それを意識したアプローチをしている。旧版と比べ，章編成，つまり通史書として，時間のまとまりをより大きくし，歴史的特徴をさらに俯瞰できるよう努め，それを14章構成にすることで具体化した。また，東南アジア各国史の詳細叙述を必要最小限度にし，東南アジア地域史としての叙述を心がけたこと，日本との交流関係史にもつねに注意を払ったことに変わりはない。

　なお，本書執筆にあたり，多くの方々の研究・調査の果実を利用させていただいたが，本文に直接引用したものなどを除き，紹介を割愛し，その一部を巻末に参照・参考文献として掲載するにとどめている。多くの方々にお礼を申し上げるとともに，ご容赦を願う次第である。

また，私たちの遅々として進まなかった執筆作業に辛抱強くお付き合いいただいた有斐閣ならびに編集を担当された松井智恵子さん，藤澤秀彰さんに，心からお礼を申し上げる次第である。

　最後に，本書が東南アジア理解の深化に変わらぬ一助を長く担えるならば幸いである。

　　　2019 年 11 月

　　　　　　　桐山　昇　　栗原浩英　　根本　敬

はしがき

21世紀に入った現代の日本では，東南アジア地域はきわめて身近な存在である。現代日本人にとって，単なる海外旅行先というよりも，さまざまな企業の活動などを通じて，現地社会と一層深く関わる機会が増している地域となった。「東南アジア」という言葉，あるいは地域機構「東南アジア諸国連合」の英文略称 ASEAN も，ごく普通に使われる。今日では「東南アジア」という表現でこの地域世界をとらえ，考えることは至極あたりまえのことなのである。

けれども，ASEAN（1967年設立）の拡大過程を見ると，フィリピンからビルマ（ミャンマー）までの東南アジア 10 カ国が加盟し，ようやく「ASEAN 10」を実現させたのは，20世紀の末，1999年のことにすぎない（2002年に独立した東ティモールを加えると現在の東南アジアには 11 の独立国がある）。すなわち ASEAN 10 の実現で，東南アジアは 21 世紀にして，自立的発展に向かう条件を整え，地域の歴史に，1つの画期をなすこととなったといえるだろう。

歴史を振り返ってみると，東南アジアという「地域世界」は，古代以来，主に海と河を通じて密接な交流関係を形づくり，東西諸文明の交流の場ともなり，東南アジア地域外の世界と，絶えることなく人と物産を流出入させてきた。この交流関係は，いつも新しい社会システム，政治支配の制度や，生産と消費のシステム，宗教や文化などをもたらし，その結果，社会構造や支配システムに変化を生じさせるきっかけとなってきた。民族や言語の面においても，世界でも有数な複雑さをもっている。先住諸民族に加えて，中国系やインド系，あるいはアラブ系などの住民も多数居住している。宗教分布を見ても，世界の三大普遍宗教である仏教，イスラム教，キリスト教（カトリック）の受容と広がりもある。

この歴史を投影して，東南アジアに関する歴史叙述も，「中国」と「インド」両文明の狭間にある「世界」，両文明を受け身に受容してきた世界と描くいわゆる「他律史観」から脱するのにかなりの時間を要した。東南アジアが両文明を主体的に選択して受容してきたのであり，独自の歴史発展の論理が作用してきたのだとする歴史叙述（自律史観）への脱皮は，何よりも，この地域の欧米植民地からの離脱，独立の実現と密接に結びついていた。

21 世紀を迎えた東南アジアの歴史叙述として，本書では，古代以来栄えた交流の磁場ともいえるこの地域に，16 世紀以降，西欧諸国が植民地という領域支配を持ち込み，地域国際分業型植民地体制を築いた近代を，歴史上の大きな画期とした。全体の構成は，①東南アジア世界が形成されていく時代と，②それに続く植民地支配体制の構築，およびそこからの離脱過程の時代，③そして新しいナショナリズムや経済の国際化・グローバル化が焦点となる独立以降の時代（2002 年まで）という 3 部から成る。

本書のもう 1 つの特徴は，最近の東南アジア史研究の発展を踏まえたうえで，東南アジア各国史の詳細な叙述を必要最小限度に控えて，むしろ域内外の交流の歴史に焦点をあてた東南アジア地域史としての叙述を心がけたこと，そしてまた日本との交流関係史にもつねに注意を払ったことである。

東南アジア理解を深めることは，現代日本にとってさらに重要となってきている。その一助として，本書が役割を長く担えるならば，筆者一同にとって幸いである。

2003 年 8 月

桐山　昇　　栗原浩英　　根本　敬

著者紹介

桐山　昇（きりやま　のぼる）

1943 年生まれ
現在　中央大学名誉教授
専攻　国際関係論・東南アジア経済史
主著　『東南アジア経済史――不均一発展国家群の経済結合』（有斐閣，2008 年），『東アジア近現代史〔新版〕』（共著，有斐閣，2015 年）
執筆分担　第 4 章，第 5 章，第 6 章，第 10 章，第 11 章，第 12 章

栗原浩英（くりはら　ひろひで）

1957 年生まれ
現在　東京外国語大学アジア・アフリカ言語文化研究所教授
専攻　ベトナム現代史
主著　『コミンテルン・システムとインドシナ共産党』（東京大学出版会，2005 年），『ニクソン訪中と冷戦構造の変容――米中接近の衝撃と周辺諸国』（共著，慶応義塾大学出版会，2006 年）
執筆分担　第 3 章，第 8 章，第 14 章

根本　敬（ねもと　けい）

1957 年生まれ
現在　上智大学総合グローバル学部教授
専攻　ビルマ近現代史
主著　『抵抗と協力のはざま――近代ビルマ史のなかのイギリスと日本』（岩波書店，2010 年），『物語ビルマの歴史』（中央公論新社，2014 年），『アウンサンスーチーのビルマ』（岩波書店，2015 年）。
執筆分担　第 1 章，第 2 章，第 7 章，第 9 章，第 12 章 *Column* ⑧，第 13 章

Information

◎**本書の特徴**　今日の日本にとってきわめて身近な存在となっている東南アジア。本書は，この地域世界の歴史を，人・物・文化の交流史というユニークな視点で多角的・重層的に描き出すテキストです。東南アジアの文化的・歴史的背景を知ることによって，さらに深い東南アジア理解へと読者を誘います。

◎**本書の構成**　「東南アジア世界の形成」「帝国主義・世界戦争そして独立」「ASEAN 10 が切り開く地域世界」の 3 部に分かれた 14 章で構成されています。前植民地時代，植民地体制からの離脱・独立の時代，20 世紀後半から今日まで，という歴史区分によるものです。さらに，東南アジア史理解の手助けになる「読書案内」，そして本書を有機的に読みこなすための「年表」「索引」を，巻末に掲載いたしました。

◎**コラム**　本文は文章の流れを重視し，解説が必要な用語，本文の理解を助けるトピックスはコラムとして別に抜き出しました。

◎**読書案内**　さらに学びたい読者のために，参考文献をコメントつきで紹介しています。

◎**年　表**　時代の見取り図として，簡単な年表を掲載しました。年表で時系列の流れを確認しながら本文を読むと，理解の幅が広がります。

◎**索　引**　巻末には，基本的な用語が検索できるよう索引が収録されています。

vii

東南アジアの歴史（新版）：目　次

第Ⅰ部　東南アジア世界の形成

第1章　古代の東南アジア　　3

自律の序章

セデスの「インド化された東南アジア」という考え方　3
現在の「インド化」論　5　　古代の交易ルート　7　　シュリ
ーヴィジャヤの実像　9　　東南アジア大陸部の「パーリ化」
12

第2章　東南アジア大陸部の国家形成　　18

ビルマ，タイ，ラオス，カンボジア

ビルマとタイの歴史に見る大河と権力　18　　先住民のピュー
とモン　19　　ビルマ人の南下とパガン朝の成立　22　　タウ
ングー朝とニャウンヤン（復興タウングー）朝　23　　コンバ
ウン朝：「ビルマ世界」の最大版図　25　　スコータイ：「タイ
世界」の誕生　27　　アユタヤ：「タイ世界」の発展　28
ラタナコーシン朝：バンコク時代の幕開け　31　　カンボジ
ア：アンコール帝国の栄光と衰退　31　　ラオス：内陸の王国
ランサーン　35

viii

第3章　東南アジア史の中の「中国」　37

長い交流の始まり

中国と東南アジアとの出会い　37　　中国歴代王朝と東南アジア地域との交流　39　　朝貢制度の中の東南アジア　42　　東南アジアの歴史において華人の果たした役割　43　　中国支配下のベトナム：北属時代　46　　ベトナムにおける独立王朝形成への動き　48　　ベトナムにおける本格的な独立王朝の誕生：李朝・陳朝　49　　明の一時的なベトナム支配とベトナムの領土拡大　51　　ベトナムの南進とチャンパー　54　　ベトナムの南進と南北分裂　56

第4章　交易の時代　60

港市国家の発展

マジャパイトの興隆：内在化する「インド」　60　　マラッカ：新たな貿易ネットワークとイスラーム　63　　西欧の参入そしてマタラムの興廃　66　　「フィリピン」群島　70

第Ⅱ部　帝国主義・世界戦争そして独立

第5章　「自生的東南アジア」の植民地化　75

通商と領土支配

英蘭ロンドン条約（1824年3月17日）　75　　通商条約と植民地開発　77　　清仏戦争　80　　パリ講和条約とフィリピン第1次共和国　82　　スペイン，アメリカのフィリピン植民地支配　85　　オランダおよびフランスの支配　89　　イギリス支配　92　　植民地支配体制の帰結：民族の覚醒　94

第6章　植民地的国際分業と東南アジア農村　96

開発のネットワーク

植民地分割と経済開発　96　　植民地相互補完関係の形成：域内経済ネットワークの「復活」　99　　植民地下の東南アジア農村社会　103

第7章　植民地化への対応　107

ナショナリズムの台頭

植民地ナショナリズム　107　　イギリス領ビルマのナショナリズム　109　　オランダ領東インド（インドネシア）のナショナリズム　116　　独立を維持したタイ　120

第8章　東南アジアにおける共産主義運動の胎動　130

世界革命の夢

民族か，階級か　133　　階級対決路線の有効性　135　　東南アジアにおける共産主義運動の担い手の形成　137　　コミンテルンによる各国共産党指導の限界　139　　コミンテルンの解散（1943年）と東南アジアの共産主義運動　142　　局地化する共産主義運動（1）：フィリピン　143　　局地化する共産主義運動（2）：インドシナ　145　　局地化する共産主義運動（3）：マラヤ，シャム　148　　局地化する共産主義運動（4）：ビルマ　150

第9章　アジア・太平洋戦争　152

日本軍による東南アジア占領

近代日本のアジア膨張政策　152　　東南アジアへの日本の軍事的関心の深まり　155　　ヨーロッパでの戦争拡大が東南アジアへ与えた影響　156　　日本軍の侵攻　156　　日本軍政：

x

抵抗と協力のはざまで　159　　フランス領インドシナ連邦　161　　オランダ領東インド（インドネシア）163　　アメリカ領フィリピン　166　　イギリス領マラヤ，シンガポール　167　　イギリス領ビルマ　169　　独立国タイ　172

第10章　歴史の変動　　　174

国家独立の史的ポジション

戦争終結　174　　独立意思の宣言：近代植民地秩序への挑戦　175　　米軍のフィリピン「復帰」：独立の諸相①　176　　イギリスのビルマおよびマレー半島復帰：独立の諸相②　178　　理念上の独立，および国家観の分岐　180　　アウンサン，独立ビルマの青写真：国内統治の様式①　182　　交渉と植民地戦争（ベトナム）：独立の諸相③　183　　戦争と交渉（インドネシア）：独立の諸相④　184　　独立の展開過程（インドネシア）：国内統治の様式②　186　　二重の戦争被害，二重の経済課題　187　　経済の独立戦略　188　　対日戦時賠償請求：開発の資金源　191　　内乱：国内統治の様式③　192　　ジュネーブ協定：国内統治の様式④　195　　バンドゥン会議そして植民地支配の清算：国内統治の様式⑤　197　　「単独国家」化：戦争への道のり　201

第Ⅲ部　ASEAN10が切り開く地域世界

第11章　国家体系の形成と混乱　　　207

国内体制の強化・域内紛争の頻発——ベトナム戦争の影

マレーシアの結成：「国民」統合国家をめざして　208　　統合の推進と少数派，そして国内開発　210　　タイ少数派，ビルマの民族問題　211　　シンガポール独立と9・30事件　213

ベトナム戦争のアメリカ化 216　戦争の国際化 218　地域機構 ASEAN の結成 220　集団化と近代化 223　和平への模索：ベトナム 226　南ベトナムの武力解放，30年戦争の終結 228　「戦争の隣」ASEAN の変動：開発の道筋 230　「開発独裁」，その支配システム 232

第12章　産業社会定着化と地域統合の展開　236

域内「連鎖」の再組立て

「プラザ合意」：世界の変動，ASEAN の変容 236　社会変容の兆し①：中間層の出現 239　社会変容の兆し②：ドイモイ，ビルマ，そしてブミプトラへ 243　ASEAN の機能進化 249　経済結合の加速 253　通貨危機 255　開発独裁から経済統合へ 259　社会問題の具現化：薄れゆく「国民統合」 264　地方分権の進展および「定年」の社会的拡散 268

第13章　21世紀の東南アジア　273

現状と展望

開発主義の終焉とその後の変化 273　タイ：「タイ式立憲君主制」の復活 278　インドネシア：独裁から民主化へ 284　ビルマ：国軍が監視する議会制民主主義 289　カンボジア：人民党政権の一党独裁化 296　シンガポール：高所得国への成長と民主化への不熱心 299

第14章　中国のインパクト　303

中国との新たな付き合い方の模索

中華人民共和国にとっての東南アジア 303　中国・ASEAN 関係の発展 306　中国・ASEAN 間地域協力構想の展開と現実 309　南シナ海問題の形成 314　中国による南シナ海での軍事行動の強化と軍事拠点化 319　南シナ

海判決 321 　　南シナ海問題と ASEAN 323

参照・参考文献 ……………………………………………………………… 327

読 書 案 内 ……………………………………………………………………… 344

年　　表 ……………………………………………………………………… 354

写真出所一覧 ………………………………………………………………… 370

索　　引 ……………………………………………………………………… 372

Column

① 「東南アジア」の範囲と地域名称　　6

② 東南アジアの気候と生態　　13

③ ベトナム語の中の漢語　　52

④ ベトナムという名称について　　58

⑤ サミン運動　　83

⑥ フィリピンとインドネシアの国名について　　132

⑦ 植民地遺制の清算（インドネシアの場合）　　199

⑧ 「ビルマ」か「ミャンマー」か？　　246

⑨ 華僑・華人　　249

⑩ 東南アジアの環境問題　　270

⑪ 一党制と SNS　　311

⑫ 「一帯一路」　　315

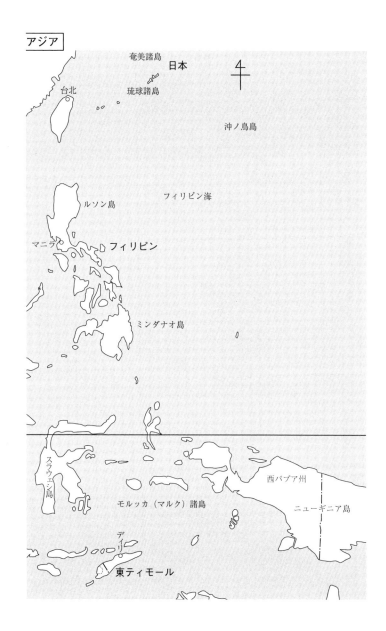

本書のコピー，スキャン，デジタル化等の無断複製は著作権法上での例外を除き禁じられています。本書を代行業者等の第三者に依頼してスキャンやデジタル化することは，たとえ個人や家庭内での利用でも著作権法違反です。

第 I 部
東南アジア世界の形成

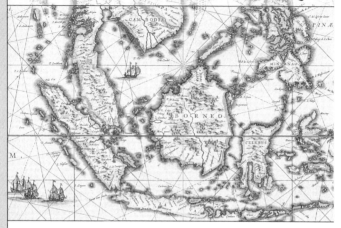

　東南アジアの歴史を学ぶことは，世界史や日本史をより深く学ぶことにつながるとよくいわれる。それほど，東南アジアの歴史は「外部」との交流が深い。しかし同時に，東南アジア史には東南アジア独自の特徴が存在する。東南アジアの歴史叙述には他律史観と自律史観という2つの異なる立場があるが，他律史観では，「東南アジア」を「東」の大国「中国」と「南」の大国「インド」との狭間にある「世界」としてとらえ，両文明の大きな影響下で地域の歴史形成がなされたと考える。そして近代以降は欧米列強の植民地支配を通じた新たなる影響を受け，大きな変容を遂げていったと理解する。それに対し自律史観では，「中国」「インド」の影響を認めつつも，それらを，東南アジアにおける歴史形成の決定要因としては見なさず，東南アジアが独自の論理をもちながら外文明の諸要素を換骨奪胎して受け入れ，それらを選択的に土着化させたととらえる。東南アジア史の描かれ方は，第二次世界大戦後の東南アジア諸国の独立と，1970年代以降の現地語史料へのアクセスの進展，歴史研究方法の格段の進化が重なり合っ

て，他律史観（外因史観）から比較や横のつながりを重視した自律史観へと変わってきた。第Ⅰ部では，こうした変容に留意しながら，近代以前の東南アジアの歴史について，基礎的史実を重視しながら見ていく。

第1章では「東南アジア史の中の『インド』」を扱い，古代におけるインド文化の影響とその実態について学ぶ。東南アジアが古代において「インド」と強いつながりをもちつつも，けっして「インド」の影響に基づいて国家が成立したり国家活動が展開されたのではなく，独自に成立したさまざまな小規模王権が，それぞれに「インド」的文化要素を換骨奪胎して選択的に受容し，王権強化に役立てたという特質について見ていく。第2章では，東南アジア大陸部において個性ある地域世界を形成したビルマとタイ，およびカンボジアとラオスについて扱う。また第3章では「東南アジア史の中の『中国』」を扱い，中国の影響とその実態について触れながら，とくにベトナムを取り上げ，ここでも強い影響が認められるものの，「中国」そのものが模倣されたのではなく，土着の論理と混ざり合いながら受容されていった点を検証する。このように「インド」「スリランカ」の影響を受けながら，独特の上座仏教国家を作り上げたビルマ，タイ，カンボジアとラオス，一方で「中国」の影響を受けつつもそれに抵抗し，独自の国家を形づくったベトナムに関するそれぞれの地域的特徴を学ぶことになる。第4章では，東南アジア史の特質の大きな柱である「交易」を取り上げ，域内交易と域外交易それぞれのネットワークの形成と相互の関連について扱う。古代から存在する東南アジアの域内交易が，喩えていえばコンピュータ・ネットワークでいう LAN（地域ネット）であるとするならば，イスラーム商人を始めとするさまざまな域外交易従事者とつながるより広域のネットワークは，まさにインターネット的特徴をもつといえる。東南アジアが域外社会と深いつながりを有するようになった重要な側面としての交易ネットワークの形成と拡大の経緯を，この章で学ぶことになる。

第1章　古代の東南アジア

自律の序章

スコータイの代表的遺跡である中央寺院（ワット・マハー・タート）

セデスの「インド化された東南アジア」という考え方

1970年代の後半まで，東南アジア古代史の議論においてジョルジュ・セデス（1886〜1969）の「インド化」論は重要な影響力を有した。フランス人の東洋学者であるセデスは，若い頃から東南アジア史研究に取り組み，仏領インドシナ連邦（現在のベトナム，ラオス，カンボジア）の首都ハノイにあったフランス極東学院において，1911年から東南アジア各地の碑文や写本の史料解読をおこない，

中国側の史料である漢籍も活用して，東南アジア古代・中世史の解明に大きく貢献した碩学である。とりわけ人々に忘れ去られていたシュリーヴィジャヤの歴史をよみがえらせたことで知られる。のちに極東学院の院長としても活躍し，パリにある特別高等教育機関コレージュ・ド・フランスの教授にもなった彼が主張した「インド化」論の詳細は，名著『インドシナおよびインドネシアのインド化した諸国』に展開されており（原文フランス語，1948年初版・68年改訂増補版），その結論はおおよそ次のようにまとめることができる。

東南アジアにおける古代国家の形成は，紀元前からあった同地域とインドとの交易を通じて，インド文明の影響を受けながら展開された。具体的には，①ヒンドゥー教および大乗仏教，②インド的王権概念，③インドの神話・伝説集「プラーナ」，④宗教法典「ダルマシャーストラ」，⑤サンスクリット語，というインド文明起源5要素の組織的受容が西暦紀元頃から始まり，それによって，東南アジアにおける古代国家の形成が促された。

セデスの主張は，「インド」の刺激あっての東南アジア古代国家の生成という議論だといえよう。これは東南アジア史をめぐる典型的な外因史観（他律史観）に基づく説明であり，外の強い文明の影響を通じて東南アジア各地で国家活動が生じたと考えるものである。詳細な碑文研究に基づく彼の「インド化」論は，しばらくの間，東南アジア史研究の「定説」とされてきたが，1970年代後半以降，大きく修正されていく。この頃から，東南アジア各地の刻文史料を始め，中国側の漢文史料，東南アジアと交易をおこなった域外商人らによるアラビア語史料などの各種文字史料の研究が，セデスの頃とは比較にならないほど進展したためである。また考古学，歴史地

理学，農業生態学などの関連諸科学の発展によって，新しい成果が続々と出されるようにもなった。

現在の「インド化」論　　　現在の定説では，東南アジアにおけるインド文明起源 5 要素の受容は，西暦紀元前後ではなく 4 〜 5 世紀頃のことで，それ以前から小規模国家が東南アジア域内のさまざまなレベルで交易をおこないながら栄え，セデスが定義する意味での「インド化」は見られなかったことが明らかにされている。たしかにセデスがいうようなインド文明起源 5 要素の組織的受容はあったが，それによって初めて東南アジアにおける国家活動が展開されたのではない。東南アジア域内での交易活動で富を蓄えたさまざまな政治的統合体のほうが先に存在し，5 要素はのちに東南アジア側の在地支配者たちによって，彼らの支配権力強化のため選択的に（すなわち自発的に）受容された可能性が高いことが，いまでは定説となっている。

　さらに東南アジア大陸部における現在のビルマ（ミャンマー），タイ，カンボジア，ラオスの領域にあたる部分に及んだ上座仏教の受容に関する歴史研究も進み，セデスがいう「インド化」の議論だけでは説明できないスリランカ伝来の上座仏教と，その経典語であるパーリ語の受容を核とする「パーリ化」（もしくは「シンハラ化」）の概念が主張されるようになった。これによって，東南アジア域内交易の形成とその繁栄の時代を中心とする最初期の基層文化の上に，在地権力者たちによる西暦 4 〜 5 世紀頃からのインド文明起源 5 要素の選択的（自発的）受容が生じ，大陸部においてはさらに 11 世紀以降，中国の強い影響を受けたベトナムを除き，上座仏教の受容に象徴される「パーリ化」が進行するという，一連の東南アジア古代・中世の文化変容過程が明らかにされることになった（ちなみに島嶼部東南アジアでは 13 世紀末頃からゆっくりしたペースで「イスラーム化」が進むことになる）。

第 1 章　古代の東南アジア　　5

Column ① 「東南アジア」の範囲と地域名称

　東南アジア（Southeast Asia）と呼ばれる地域には 11 の主権国家が存在し，それらは普通，大陸部と島嶼部に分類される。大陸部にはビルマ（ミャンマー），タイ，ラオス，ベトナム，カンボジアの 5 ヵ国が含まれ，島嶼部にはインドネシア，マレーシア，シンガポール，ブルネイ，フィリピン，そして 2002 年 5 月に独立した東ティモールの 6 ヵ国が含まれる。これら全 11 ヵ国のうち，東ティモールを除く 10 ヵ国は，東南アジア諸国連合（Association of Southeast Asian Nations：ASEAN）に加盟し，地域統合への努力を模索し続けている。東ティモールもいずれは加盟すると考えられている。

　地域名称としての「東南アジア」は，いまでこそ，上記 11 ヵ国から構成される地域概念として一般的に用いられているが，名称の由来は比較的新しく，使用が一般化するのは 20 世紀，それも 1940 年代以降である。第 2 次世界大戦中，連合軍が日本軍の南方占領地（現在の東南アジア地域とほぼ同じ）を奪回するための拠点として，43 年に東南アジア軍司令部（South-East Asian Command：SEAC）をインドに設置したことが「東南アジア」普及の発端となった。しかし，軍事上の便宜的名称として登場したにも等しいこの「東南アジア」という「地域」名称に含まれる範囲については，上記 11 ヵ国（東ティモール独立以前は 10 ヵ国）という認識が国際的に定着するようになったのは 1960 年代に入ってからであった。

　日本でも，第一次世界大戦後，旧ドイツ領だった南洋群島（サイパン，パラオなど）を委任統治領として手に入れたため，1919 年に小学校の国定地理教科書に「東南アジヤ」という表記が登場したが，「東南アジア」という表記とその範囲が定着するのは戦後かなりたってからのことである。外務省がアジア局の管轄範囲に「南東アジア」という表記で，現在の「東南アジア」と同じ範囲を限定するようになったのは 69 年のことであった。

　一方，「東南アジア」という地域を 1 つの統合体と見なし，その地域的特質を定義する学問的試みも続けられている。今日に至るまでそれに対する明確な「答え」が出されているわけではないが，この地域の自然・歴史・文化・宗教などの研究を通じて，共通の地域的特質を追究することが東南アジア研究の普遍的課題となっている。

以下，本章ではセデスによって提唱された「インド化」論以降の
研究の進展に留意しながら，古代東南アジアの交易ルート，ならび
に大陸部における「パーリ化」の様相を概観する。

古代の交易ルート

　東南アジアの特徴は，何よりも熱帯モンス
ーンおよび熱帯多雨気候に適応した稲作文
化と，歴史を通じて展開されてきた域内と域外とのさかんな交易に
よって示すことができる。とりわけ交易は東南アジア世界が形成さ
れる際の重要な要素となり，また世界史の中における東南アジアの
位置の重要性を高めてきたといえる。

　東南アジアの島嶼部では，遅くとも西暦紀元前後からモンスーン
（季節風）を活用した帆船による航海がさかんとなり，各地に港市と
いう小規模政治権力が成立した。港市の特徴は王都と港が一体化し，
王権が交易を直接支配するところにある。これら港市は，インド商
人を介在した中国とインド以西とを結ぶ東西交易ルート（海のシル
クロード）の中に位置づけられ，交易の中継点としての役割を果た
し，また香薬（香辛料・香料でもあるが，実際は薬に使われたものが多
い），象牙，犀角などの熱帯産品や金，宝石，真珠などの供給拠点
としても栄えた。ただ，初期の頃はまだ域内交易のほうがさかんで
あった。

　3世紀頃になると，中国側の歴史書（『後漢書』など）に，この時
期の「国家」として，メコン・デルタを拠点とした扶南（1～7世
紀），中部ベトナムの林邑（2世紀～8世紀，のちの占城）をはじめ，
マレー半島にあったと想定される頓遜，盤盤，狼牙修などの名前が
出てくる。林邑は7世紀以後，自らをチャンパーと名のった（1835
年滅亡）。この頃の交易ルートの代表的なものは，中国からベトナ
ムに沿って南下し，扶南のオケオを拠点にして，マレー半島に進む
ルートと，ジャワ島を経由してマルク諸島へ至るルートの2つであ
った。5世紀には，この扶南を拠点にしつつ，マレー半島の中部を

第1章　古代の東南アジア　　7

図1-1　3～5世紀頃の東南アジア交易ルート

(出所)　深見［1994］所収の地図をもとに作成。

横断して西へ進むルートと，のちに東南アジアの交易中心地となるマラッカ海峡を通過する2つのルートが新たに加わるようになる（→図1-1）。

　この時期，東西の海上交易がますますさかんになり，それによる富の刺激によって小規模政治権力の発展・淘汰が進み，地域的に限定された王権が登場し始める。そして，これらの王権は，この頃からインド的な王の名前をもつようになり，インド風名称の官職を設置し，インド人のバラモンを側近として置くようになる。またヒンドゥー教や大乗仏教を導入し，サンスクリット語などのインド系言

語をインド系文字で刻んだ碑文を残すようになる。王そのものをインドの代表的神々であるシヴァ神やヴィシュヌ神の化身と見なすデーヴァ・ラージャ（神王）思想も，9世紀以降のアンコール帝国に登場する。

　5世紀頃から生じたこうした東南アジアの王権の「インド化」現象は，既存の小規模王権や新たに登場した王権が，自らの権力を正統化するための道具だてとして，また外のほかの類似権力に対する優位を確保する手段として，とくに交易上の優位性を獲得したいがために，当時の先進文明であったインドの諸要素を主体的に取り入れることによって生じたと考えられる。インドの文化や文明が総体として東南アジアに定着したわけではなく，王権を飾る手段として部分的に取り入れられたのである。東南アジアでカースト制が社会的現実として存在しないこと，インドと比較して女性の社会的地位が高いことがその例証として指摘できる。また，インド文化を摂取しなかった王権については，「インド化しなかった」がゆえに「インド文化を摂取した王権」との競争に敗れ，消滅していったのではないかと考えられている。ちなみに，ここでいう東南アジアの諸王権から見た先進文明としてのインドとは，より具体的には4世紀前半から6世紀中葉まで北インドを基盤に南インドまで勢力を拡大したグプタ朝（320頃～550頃）の下で完成期を迎えたサンスクリット古典文化であったと考えられる。

> **シュリーヴィジャヤの実像**

　7世紀に入ると，マラッカ海峡が交易ルートの中心となり，この時期からアラブやペルシアの船の行き来が増大したことが知られている。マラッカ海峡における最初の交易国家は，漢籍（中国の歴史書）に現れる赤土国（6世紀末～7世紀初）であるが，同国は「インド化」された国であったとはいえ，きわめて短命で，7世紀後半からはシュリーヴィジャヤがこの地域を支配することになる。

第1章　古代の東南アジア　　9

「インド化」された国の1つの典型としてシュリーヴィジャヤを歴史研究でよみがえらせたのは先述のセデスである。彼はこの国を7世紀から14世紀まで続いた海上交易帝国として描き，漢籍でこの国が室利仏逝（しつりぶっせい）として記される時代と三仏斉（さんぶっせい）として記される時代を一連の同じ国家として解釈した。だがその後，研究が進むにつれ，実際は，サンスクリット語による国名のシュリーヴィジャヤの使用こそ長期に続いたものの，漢籍が示す室利仏逝期と三仏斉期とでは同じ国家ではないことがわかってきた。現在ではシュリーヴィジャヤ像は大きく修正されている。

スマトラ島のパレンバンに都を置きマレー半島を支配下に置いたと見なされているシュリーヴィジャヤの歴史は，室利仏逝期の7世紀後半（670年頃）から742年までの時期と，その後ジャワ島に本拠をおいたシャイレーンドラ朝の勢力下に置かれた8世紀後半から9世紀にかけての時期とに分けられる。9世紀以降はマレー半島中部からスマトラ島南部にかけて存在した諸国の総称としての三仏斉（サンスクリット語でジャーヴァカ）が中国の漢籍史料に登場し，シュリーヴィジャヤはその中の一国として11世紀まで存在したことが判明している。すなわち，三仏斉は中国から見たマラッカ海峡地域に広がる「複数の小規模交易国家の総称」だったのである。

室利仏逝期のシュリーヴィジャヤをめぐる交易ルートは図1-2に示すとおりである。唐代の著名な僧侶の1人で，インドに仏法を求め旅行をした義浄（ぎじょう）（635〜713）も，これらのルートを利用し，671年，687年，694年の3回，シュリーヴィジャヤに寄っている。彼によれば，同国は，仏教教学・儀式の中心地として記述され，とくに仏教に関してはインドとまったく同じであることを高く評価し，彼がインドで入手した仏典の漢訳には最適の環境であったと記している。ところが，この時代のシュリーヴィジャヤの碑文史料からは，仏教が栄えたという記述は見当たらず，逆に「水の霊」による呪い

10　第Ⅰ部　東南アジア世界の形成

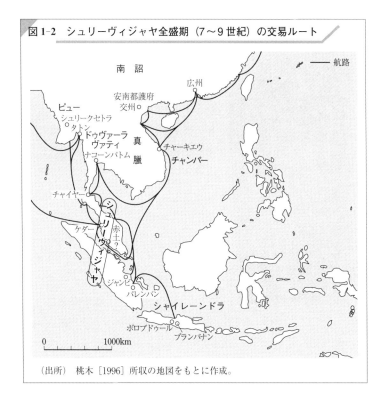

図1-2　シュリーヴィジャヤ全盛期（7～9世紀）の交易ルート

（出所）　桃木［1996］所収の地図をもとに作成。

などの土着信仰が記されている。一方で，園林を意味するシュリークセトラの存在が記され，おそらく義浄はこのシュリークセトラに滞在し，そこに隔離された形でなされていた仏教教学の研究と僧侶らによる儀式を，シュリーヴィジャヤ全体の宗教的特徴と理解したのではないかと推測される。すなわち，シュリーヴィジャヤでは仏教が土着化せず，インドからの「借り着」のままで存在していたと考えたほうが事実に即しているのではないかと推論される。このことは東南アジア古代における「インド化」の本質が何であったかを考えさせられる事例だといえよう。

　一方，11世紀に入ると，スリランカから現在のビルマとタイ南

第1章　古代の東南アジア　　11

スコータイの仏像

部に住むモン人たちの諸国家を経て上座仏教が伝わり，東南アジア大陸部に大きな影響を及ぼし始め，また13世紀末からはスマトラ島北部のアチェーに伝わったイスラーム（イスラム教）が時間をかけて東南アジア島嶼部に伝播(でんぱ)し始める。こうした流れの中で，ヒンドゥー教と大乗仏教によって特徴づけられる「インド化」した古代の国家は徐々に衰退していくことになった。

東南アジア大陸部の「パーリ化」

　11世紀に現在のスリランカから東南アジア大陸部に伝来した上座仏教は，正式にはテーラヴァーダ（上座部，「長老の思想」の意）と呼ばれ，出家至上主義と，パーリ語で書かれた三蔵（ティピタカといい，経蔵・律蔵・論蔵からなる）を中心とする経典を信奉する点にその特徴が見られる。テーラヴァーダは仏教最初期の原始仏教教団が分裂したあとに登場したさまざまな部派仏教の流れの1つを汲み，マハーヤーナ（大乗）系の仏教を信仰する人々から小乗仏教（救いへ至りにくい「小さな乗り物」の意）という蔑称で呼ばれた。現在では上座仏教（上座部仏教）と呼び，ビルマ，タイ，ラオス，カンボジアにおいて国民の多数派が信仰する宗教となっている。

　既述のように，上座仏教はスリランカからモン人の国家群を経由して東南アジア大陸部に伝来している。ビルマへは11世紀中葉のパガン朝期に，タイへは13世紀後半のスコータイ王国期に，カンボジアへは同じ13世紀後半のアンコール帝国期に，そしてラオス

Column ② 　東南アジアの気候と生態 ━◆━◆━◆━◆━◆━◆━◆━◆━◆━

　東南アジアの気候は「熱帯多雨林」「熱帯モンスーン」「高山」「その他」の４種類に分類される。熱帯多雨林気候とは，年間を通じて気温が高く降雨量の多い気候のことで，マレーシア，ブルネイ，インドネシアのそれぞれ主要地域がこの気候帯に含まれる。多雨林という名称からも想像がつくように，ジャングルが多く，沿岸のマングローブやその後背地にあたる湿地林帯によって特徴づけられ，かつては東西交易の主要商品である香薬（香料・香辛料）の産地として知られた。歴史的には，この気候帯の下で，マレー半島－マラッカ海峡（マレー半島西岸部とスマトラ島東部沿岸地域）－ジャワ島北岸部－カリマンタン（ボルネオ）島沿岸部に，港市国家と呼ばれる小規模都市国家が多数生まれ，交易ネットワークをつくって栄えた。それらの港市では，現在のマレー語とインドネシア語の元となったムラユ語が商業上の共通語として用いられ，15世紀のマラッカ（ムラカ）王国成立後は，ジャワ海－南シナ海－インド洋を結ぶ国際交易ネットワークが形成されるに至った。それに合わせてイスラームが入り，その結果，ムラユ語とイスラーム，そしてマラッカを核とする「ムラユ世界」（15〜19世紀後半）が成立した。

　一方，熱帯モンスーン気候は，年間を通じて気温が高く降雨量が多いという点で熱帯多雨林と共通するものの，モンスーン（季節風）のために１年が雨季と乾季の両極端な２つの季節に分かれ，年間降雨の大半が雨季に集中するという特徴をもつ。この気候帯に属する地域としては，東南アジア大陸部の３大デルタ地帯で米作の中心地としても知られるビルマのエイヤーワーディ・デルタ（主要都市としてはヤンゴン），タイのチャオプラヤー・デルタ（同バンコク），およびベトナムのメコン・デルタ（同ホーチミン）が挙げられる。同じ熱帯モンスーンでも，年間を通じて降雨量が少なく，雨季と乾季の差は認められるものの基本的には乾燥している地域も広く存在する。「熱帯モンスーン・サヴァンナ」として分類されるこうした乾燥地帯には，ビルマの中央平原部（チャウセー地方），タイの東北部（コーラート平原）などが挙げられる。後者は降雨量の少なさから歴史的に何度も旱魃におそわれてきたが，ビルマの中央平原部の場合は，周囲の山地に水源が豊富にあるため，11世紀より巨大な灌漑網が土着権力によってつくられ，集約的な水田・畑作地帯を創出することに成功し，都市への

第1章　古代の東南アジア　　**13**

食糧供給が可能となった。

　高山気候は，東南アジアの場合「照葉樹林山地気候」として分類することができ，この気候帯にあたる地域では，年間を通じて気温が比較的低い一方，湿度は高く，カシ，クス，ツバキ，サザンカ，モチノキなどの照葉樹林に蔽われている。雲南から東南アジア大陸部に連なる5本の山地と，それに付随する高原地帯に広がるこの気候帯の下では，陸稲の定期的焼畑耕作を生業とするカレン人やカチン人，ケシの移動焼畑栽培を中心とするミャオ人やヤオ人などのさまざまな山地少数民族が居住している。歴史的に盆地を拠点とした交易ネットワークを成立させ，ラック，松ヤニ，麝香鹿，ケシなどを商品として扱った。しかし，盆地交易が栄えてくると，そのネットワーク全体の支配をもくろんで外から権力が入りこみ，盆地中央に政治権力を確立する傾向が見られた。また，熱帯モンスーン気候帯に属するデルタと，この盆地交易で潤う地帯をつなげる広大なネットワークを完成させたタイのアユタヤ王国（14〜18世紀）のような例も登場する。

　「その他」の気候としては，インドネシアのジャワ島の中部地方に見られる熱帯島嶼部サヴァンナ気候と，フィリピン島嶼部気候が挙げられる。前者は，熱帯モンスーン・サヴァンナと似て降水量が少ないことに特徴があるが，ジャワ島は火山島のため保水性が高く湧水が豊富であり，そのため内陸盆地では高い農業生産力を維持することができた。同島が日本の本州規模の広さにすぎないのに歴史的に多大な人口集中を可能にしたのは，こうした自然条件が影響している。一方，フィリピンの気候は複雑であり，気温こそ年間を通じてほぼ高く一定しているものの，降水型によって4つに分類される。それらは雨季・乾季が明瞭に分けられる西岸気候区を除いていずれも熱帯モンスーンと熱帯多雨林の両方の特徴を有し，共通の特徴を端的に示すことは難しい。

へは14世紀後半のランサーン王国期にそれぞれ伝播し，長い時間をかけて人々に受容された。

　ビルマやタイでは，正法（ダンマ）に基づいて国王が統治をおこなう体制を理想と見なす独特の上座仏教国家が形成された。国王た

ちは出家僧からなる仏教僧団（サンガ）の清浄性を重視し，それが出家僧による戒律の遵守によってのみ維持されると信じた。よって国王はその実現のために，出家僧の生活を財政的に支援し（財施），彼らが修行にだけ専念できる環境を与えることに力を入れた。またサンガのほうは，国王に対し支配の正統性根拠を与えるとともに，ダンマと理想的仏教王のあり方を王に教える存在であると見なされた（法施）。両者はこの意味において互恵的関係を確立するようになったが，現実においては王権がサンガの清浄性確保を理由に仏教界を管理する姿勢を貫いた。一方，一般の在家信徒たちは，修行に専念する僧侶たちに対し，食事の提供や日常生活上の世話をすることを通じて功徳を積み，それにより良き来世をめざすことができるという信仰をもつようになった。

　このように東南アジア大陸部のかなり広範な地域において，スリランカから伝来した上座仏教を受容して政治統合を進めていく国家が現れた。この現象は仏教という広義のインド文化の部分的受容であることに間違いはないが，基盤となる宗教がヒンドゥー教や大乗仏教ではなく上座仏教であり，また宗教的価値を伴って使用された言語がサンスクリット語ではなくパーリ語であったことから，セデスが「インド化」と定義した現象とは区別して，「パーリ化」と呼ぶのが一般的である。

　この「パーリ化」した国家の定義としては，①上座仏教の受容，②仏教的王権概念の採用，③王権神話の創作，④パーリ語成文法の編纂，⑤パーリ語の使用という，5つの要素を国家編成原理に採用した国ということができる。

　ビルマ史を例にとって「パーリ化」の事例を見てみると，19世紀のコンバウン朝後期に編纂された欽定歴史書（王権によって書かれた公式歴史書）に，11世紀のパガン朝創始者アノーヤター王（在位1044～77）が，1057年に南部ビルマのモン人たちの都タトンを攻略

して上座仏教僧侶を多数パガンへ連れていき，それを機にパガンで権勢をふるっていた密教系の僧侶らを追放し，上座仏教の国教化を進めたと記されている。たしかにアノーヤター王は上座仏教の導入に力を入れ，またのちのナラパティスィードゥ王（在位 1173〜1210）もモン人僧侶をスリランカに派遣して，同地のマハーヴィハーラ派の仏教を導入し正統派上座仏教の基礎をパガンに築こうとした史実がある。しかし，パガン時代（1044〜1299）全体を通じて，上座仏教の社会への浸透や民衆への影響力は不十分なもので，その後 15 世紀末までは大乗的・密教的色彩の強い仏教のほうが人々の間で長く影響力を有していたと考えられている。

　すなわち，後の王朝がまとめた欽定歴史書ではなく，碑文などの同時代史料を元に再検討すると，パガン朝が「パーリ化」の定義に合致する国家であったことは否定できないものの，ビルマにおける上座仏教の社会への本格的浸透と，王権とサンガとの役割の明確化は，15 世紀末まで実現しなかったと見たほうが実態に即していると考えられるのである。15 世紀後半の 1476 年，ビルマ南部に存在したハンタワディ（ペグー）朝のダンマゼーディ王（在位 1472〜92）は，22 名の僧侶を正式な受戒法を会得させるためにスリランカへ派遣し，彼らが 1479 年に帰国した後，ペグー（バゴー）にカルヤーニ・テェインと名づけられた新しい戒壇（僧侶になるための授戒の儀式をおこなう場）を建設した。そこで僧侶にスリランカ様式に基づく具足戒（僧が守るべき戒律）を受けさせることを義務づけ，同時に秘儀や経済活動をおこなう密教系の僧侶らを弾圧するようになった。これによって初めて，ビルマにおける上座仏教の浸透が本格化する。その後 16 世紀に入り，タウングー朝（1531〜99）とそれ以降の王朝が中央集権化を強めていくと，それと並行して，王権への正統性付与と人々の信仰生活への精神的支柱としての性格をもつサンガの役割も定着するようになる。また，そのサンガを王権が財政的に支

16　第Ⅰ部　東南アジア世界の形成

えていくという構造も明確になった。

　なお，「パーリ化」が「インド化」の延長線上にあることの反映
として，上座仏教国家を作り上げたビルマやタイの王権であっても，
その正統性根拠には上座仏教だけでなく，同じモン経由とはいえ仏
教とは別起源のマハー・タマダ伝説（乱れた世の中を正すため，人々
が選挙で最初の王を選んだという物語）が加わっていたことが指摘でき
る。ここには人々の安寧と平和のために国王は統治をおこなうとい
う考え方が示されている。さらに，王権の中に一部とはいえヒンド
ゥー的要素も残り続け（占星術，暦の確定，戴冠式の儀礼など），ビル
マでは18世紀後半以降，インドから陸伝いで入ってきた知識人た
ちから僧侶や王権が熱心にヒンドゥー知を学ぶという現象も見られ
た。

第1章　古代の東南アジア　　17

第2章 東南アジア大陸部の国家形成

ビルマ，タイ，ラオス，カンボジア

ビルマの宮廷婦人（コンバウン朝末期）

ビルマとタイの歴史に見る大河と権力

ビルマを地図で見ると，その中心からやや西側に，北はミッチーナーから南はベンガル湾に向かって流れるエイヤーワーディ（イラワジ）川が目に入る。全長 2160 km，流域面積（エイヤーワーディ川に支流を通じて降水が流れ込む範囲）が 43 万平方 km におよぶこ

18　第Ⅰ部　東南アジア世界の形成

の広大な領域は，歴史的に「ビルマ世界」（より正確には「エイヤーワーディ川流域世界」）が形成された「舞台」であった。

この「舞台」は2つの特色ある地帯に分けられる。1つは中部平原（上ビルマ）に広がる乾燥地帯（年間降雨量1000 mm以下）であり，もう1つは北部・西部・東部の山地および南部のデルタ全域（下ビルマ）にかけて広がる湿潤地帯（同2500 mm以上）である。いずれも基本的には熱帯モンスーン気候に属するので，南西から北東に向けて吹くモンスーン（季節風）の時期は雨季（5〜10月）となり，逆に乾燥した北東から南西への風が吹く時期は乾季（11〜4月）となる。ただし，雨季における雨量は2つの地帯で大きく異なり，その差異は古くからビルマにおける農業経済に影響を与えた。乾燥地帯の中部平原では少雨に適した畑作が広がり，一方，雨季に多量の雨に見舞われる湿潤地帯においては，山地部の森林特産物の産出と，下ビルマでの水稲米作が中心となった。歴史的にエイヤーワーディ川流域に登場した政治権力は，こうした特徴の異なる2つの地帯を支配下に収めることによって，安定的な政治・経済基盤を確保しようとした。

一方，タイも，地図を見るとそのほぼ中央を南北にチャオプラヤー川が流れている。全長約1200 kmに及ぶこの大河の流域面積は16万平方kmに及び，タイ人はここを基盤にして13世紀以降「タイ世界」を形づくっていった。同流域を支配することによって，チャオプラヤー・デルタを中心とした稲作を基盤に，北部で産出される森林生産物を輸出品に活用した交易ネットワークの拠点を形成し，安定した権力基盤を築いていくことが可能となったのである。

先住民のピューとモン

ところで，「ビルマ世界」であれ，「タイ世界」であれ，それらを形成した人々（のちのビルマ民族・タイ民族につながる人々。ここではビルマ人・タイ人という表現を用いる）の登場はそれほど古いものではない。史料に基づ

第2章　東南アジア大陸部の国家形成　19

く限り，ビルマで現在，人口上の多数派を占めるビルマ民族（狭義のビルマ人）の「元」となった人々は，9世紀以前にはまだエイヤーワーディ川流域にその姿を現していなかった。よって，「ビルマ世界」なるものはその段階ではまだ誕生していない。10世紀以前におけるエイヤーワーディ川流域でその存在が史料上確認できるのはピュー人とモン人である。また現在のタイで人口の9割以上を占めるタイ民族についても，彼らの「元」となった人々（タイ人）による国家活動が始まったのは上述のように13世紀からであり，それ以前のチャオプラヤー流域は「タイ世界」ではなく，モン人によって国家活動が展開された一帯であったといえる。

ピューは中国の歴史書（漢籍）では「剽」「驃」といった表記で記録され，12世紀のパガンで刻まれたミャーゼディ碑文に残るピュー文字の解読から，チベット・ビルマ語族に属する言語を使用していた人々だったと考えられている。漢籍の『新唐書』の記述に基づくと，8世紀にはエイヤーワーディ川流域一帯を勢力下に置いていたという。しかし，いわゆる統一国家ではなく，いくつもの城市からなるゆるやかな連合のようなものであったらしい。ピューの城市の遺跡として代表的なものは，エイヤーワーディ・デルタの上部に位置するタイェーキッタヤー（シュリークセトラ）と，中央平原部にあるベイッタノウおよびハリンヂーの3遺跡である（いずれも2014年に「ピュー古代都市群」としてユネスコの世界遺産に登録）。存続年代ではベイッタノウが1〜5世紀と最も古く，タイェーキッタヤーは3〜10世紀，ハリンヂーは3〜9世紀と考えられている。

遺跡の調査から，ピューの城市ではレンガの使用や火葬の習慣が見られ，上座仏教・大乗仏教・ヒンドゥー教の重層信仰が存在したことがわかっている。また『新唐書』の記述から，豆類・サトウキビなどの畑作と，稲作が並行しておこなわれていたことも確認できる。一方，東南アジア大陸部に広範囲に発見されるピューコインと

呼ばれる旭日マークが刻まれた銀貨の存在から、ピューが当時の交易ネットワークの拠点的役割を果たしていたことが推測される。その際、ピューから周辺諸国（扶南・ドゥヴァーラヴァティなど）に輸出されたものは、中央平原部の乾燥地帯の気候を生かした綿花栽培を基盤にした綿布であったと見なされている。しかし、ピューはチャオプラヤー川流域に7世紀頃から台頭したモン人の国ドゥヴァーラヴァティ（7〜11世紀頃）によって経済圏を脅かされるようになり、9世紀に入ると、832年に雲南一帯を支配していた南詔（？〜902）の攻撃を受け、それを機に急速に衰退し、12世紀までに歴史からその姿を消していった。

　他方、モン人の国家としては、チャオプラヤー川流域から東北タイにまたがる領域に多数の城市遺跡を残した上述のドゥヴァーラヴァティ（漢籍では「堕羅鉢底」などの表記で記録されている）のほか、タイ北西部に登場したハリプンジャヤ（11〜13世紀末頃）、およびビルマの仏教史書『サーサナーヴァンサ』に記載があるラーマンニャデーサ（スヴァルナブーミ：「金地国」）が挙げられる。ただ、ラーマンニャデーサについては不明な部分が多く、その中心地とされるビルマ南部のタトンがモン人の都であったということがわかっているにすぎない。このほか、ビルマのバゴー（ペグー）がハンタワディという名称で6世紀後半頃にモン人の町として建設されたという伝説がある。

　モン人は古くからインドやスリランカと海をはさんだ交渉をもち、東南アジア大陸部で上座仏教を最も早く受容し、それをビルマとタイに伝播させる役割を担ったことで知られる。またビルマ文字の体系がモン文字を元につくられたことも知られている。モン人はピュー人と異なり歴史から消滅することなく、現在でもビルマとタイで少数民族として存在しているが、モン語使用人口は激減している（ただし2010年代からモン語教育の復興がビルマで見られる）。またビル

マでは少数民族問題との関連で，消滅したピューの歴史研究は奨励されるものの，現在も存在するモン人の歴史に関する研究には政府がそれほど力を入れて来なかったこともあり，モン史の解明を遅らせることになった。

> **ビルマ人の南下と
> パガン朝の成立**

「ビルマ世界」の主役となるビルマ人（のちのビルマ民族）がエイヤーワーディ川流域に姿を現すのは 9 世紀以降である。彼らはもともと，ヒマラヤ山脈の北側に住んでいたと推測され，その後，南詔の支配下に入り，先述のピューが南詔に攻撃されて衰退したのを機に，南詔の支配から自立してエイヤーワーディ川流域に南下移動したのではないかと考えられている。最初，彼らは中央平原部のチャウセー地方に定住し，そこで灌漑稲作を開始して，同地を拠点に勢力を徐々に拡大していった。その過程でエイヤーワーディ川に面したパガンに城砦を築いたと考えられている。パガンという呼称は「ピューの集落」を意味する「ピュー・ガーマ」が転化したものといわれており，初期の段階におけるビルマ人とピュー人との存在の重なりが想像される。このパガンを都として，11 世紀半ばに，初代アノーヤター王（在位 1044〜77）から 11 代ナラティハパティ王（在位 1254〜87）に至る，エイヤーワーディ川流域を支配下に入れたビルマ人最初の統一王朝が形成される（パガン朝）。

アノーヤター王はビルマの上座仏教史書『ターダナー・リンガーヤ・サーダン』によれば，1057 年にモン人の都タトンを攻撃してマヌハ王を捕え，上座仏教のパーリ語三蔵経典をパガンに持ち帰り，同時に多数のモン人僧侶を一緒に連れていったとある。タトンの仏教にはヒンドゥー教や大乗仏教的要素が含まれていたと考えられるので，この段階で純粋なパーリ語経典に基づく上座仏教がパガンに伝わったわけではないが，アノーヤター王はこれ以降，パガンで支配的であった密教的色彩の濃い仏教の排斥を試み，上座仏教を国教

22　第Ⅰ部　東南アジア世界の形成

として定着させようと努力する。パガン朝はその後12世紀に入ると文化的にモンの影響から脱してビルマ化を進展させ，スリランカのマハーヴィハーラ派（大寺派）を導入して上座仏教の改革にも取り組むようになる。こうしてパガンには約250年の間に，王や有力者たちによって功徳行為の一環としてパゴダ（仏塔）が競うように建立された。しかし，このことは上座仏教の民衆レベルまでの浸透を意味したわけではなく，その後15世紀末まで，一般の人々の間では大乗的・密教的な仏教が大きな影響力を残していたと考えられている（→第1章）。

ただ，支配者層の中では上座仏教化は確実に進展した。彼らはパゴダの建立のほか，土地をこぞって僧院に寄進し，そこで働く特殊な役割を担った僧院奴隷も多数献上した。こうした功徳行為はいきすぎを見せ，僧院領地の増大は非課税地の増大としてパガン朝の財政を悪化させ，少ない人口にあって多くの僧院奴隷が寄進されたことは労働力不足を招いて国力を弱めた。13世紀後半に中国から元軍が4度にわたってパガン朝を攻撃したとき，すでに同朝は内部から崩壊の兆しを見せており，1287年にナラティハパティ王が毒殺されたあと，跡を継いだ名目的な王を経て，1299年，パガン朝は滅亡した。

タウングー朝とニャウンヤン（復興タウングー）朝

パガン朝の滅亡後，ビルマでは16世紀まで3つの勢力が約250年間にわたり鼎立する。通常それらは，北東の山岳・高原地帯を拠点にしたシャン人たちの勢力，インワ（アヴァ）を都にして中央平原部に勢力圏を築いたインワ朝（1364～1526，ビルマ人の王朝という説とシャン人の王朝という説の両方存在），そして下ビルマのペグー（バゴー）を都にしたモン人主体のハンタワディ朝（1287～1539）である。このほか，これらの勢力とは別個に，13世紀末，シッタン川上流域のタウングーにビルマ人によって城砦が築かれた。しか

ビルマのバゴーにある寝ジャカ

し，このように「民族」を軸にして複数の勢力圏の特徴を記すことには問題がある。ビルマにおける「民族」概念は 19 世紀後半の英領植民地期以降に登場し定着したものだからである。よって，こうした特徴のとらえ方は，近代以降に成立した民族分類を単純に過去へ投射しただけの見方にすぎないといえる。

　タウングーは乾燥地帯の上ビルマ（中央平原部）と湿潤地帯の下ビルマ（広義のデルタ地帯）との境界上にある町で，当初は大きな勢力ではなかったが，インワから逃れてきた人々を吸収しながら 15 世紀後半より力を付け始め，16 世紀に入り，1531 年，ダビンシュエティ王（在位 1531〜50）の即位をもってタウングー朝（1531〜99）を成立させた。すでにインワ朝は滅亡しており，同王はベンガル湾交易で潤うペグー（バゴー）のハンタワディ王国を攻撃し，それを滅ぼして同地に遷都した。当時ビルマに伝わった重火器（鉄砲）とそれを扱うポルトガル人傭兵を巧みに用いたダビンシュエティ王は，ベンガル湾交易の主導権を維持すべく，隣国アユタヤへの攻撃もおこなった。続くバインナウン王（在位 1551〜81）も対外膨張政策をとり，1564 年にアユタヤを陥落させた。同時に国内では強力な上座仏教国家の成立を企図し，法の整備に力を入れた。エイヤーワーディ川流域一帯の直接統治を実現した同王は，戦争の際にこの地域の住民

を動員したが，ビルマ西部のアラカン（ムラウ・ウー）王国へ遠征中に急死し，その後タウングー朝は急速に内部の統一を崩して1599年に崩壊に至る。

その後，バインナウン王の息子のニャウンヤン侯がインワに都を移して王朝を再建し，王位に就いた（1604年）。この王朝をニャウンヤン朝，もしくは復興タウングー朝と呼ぶ（1604〜1752）。2代目のアナウペッルン王（在位1606〜28）のときエイヤーワーディ川流域の再統一に成功し，ペグー（バゴー）に再び遷都したが，4代目タールン王（在位1629〜48）の治世になると，同地が川の沈泥作用のために交易の中心として機能を果たせなくなったため，北のインワに都を戻した。タールン王の時代，のちのコンバウン朝期まで続くことになる中央と地方を結ぶ統治形態が成立し，ビルマは安定の時期を迎える。しかし同王の死後，内部の統一は緩み始める。18世紀に入ると各地で反乱が発生し，経済が疲弊する中，1752年，モン人勢力によって復活したハンタワディ王国のビンニャダラ王（在位1747〜57）率いる軍勢によって，王都インワは攻撃を受け，ニャウンヤン朝は滅亡した。タウングー朝以来220年続いたビルマ人による2度目の統一王朝に代わって，今度はモン人によるエイヤーワーディ川流域の統一国家が成立するかに思われた。

コンバウン朝：「ビルマ世界」の最大版図

しかし，そのとき，インワから約100km北にあるシュエボウという町にアウンゼーヤという人物が現れ，自ら軍勢をまとめ，迫ってくるモン軍を撃破し，その勢いに乗ってビルマの新しい王であることを宣言してアラウンパヤー（未来仏の意）と名のった。同王から始まる新しい王朝はシュエボウの別名にちなんでコンバウン朝（1752〜1885）と呼ばれる。アラウンパヤー王（在位1752〜60）は1754年にインワを奪回すると，さらに南下してダゴンを占領し，モン軍を追いつめた。このとき同王はダゴンをヤンゴンと改称した。

第2章　東南アジア大陸部の国家形成　　25

コンバウン朝時代の大臣の移動風景

「敵が尽き果てる」という意味のこの新しい地名は,ビルマ人にとって長年の宿敵だったモン人に最終的な勝利を収めたという認識からつけられたものである。モン人の勢力はそのあとも抵抗を続けるが,彼らの王国が復活することはなかった。ここにエイヤーワーディ川流域を基盤とする3度目のビルマ人による統一王朝が名実ともに成立する。

コンバウン朝はニャウンヤン時代にできあがった諸制度をほぼ踏襲し,中央の権限を強固にしながら,地方の在地世襲有力者たちが王都に対して容易に自立できないような体制を築き上げた。それと並行して対外膨張政策も積極的に展開した。現在のインド東北部にあたるマニプールへの攻撃(ニャウンヤン朝期にもおこなわれた)のほか,タイの影響下にあったタニンダイー(テナセリム)地方の奪取,交易港モウッタマ(マルタバン)およびダウェー(タヴォイ)の制圧,そして16世紀のバインナウン王以来のアユタヤ王国への本格的遠征もおこなわれた。このアユタヤ遠征はアラウンパヤー王のときは失敗したが,3代目のシンビューシン王(在位1763〜76)のときに成功し,1767年,東南アジア有数の交易・文化都市として400年余にわたって栄えたアユタヤ王国はビルマ軍の攻撃によって滅亡さ

せられた。

　対外膨張の傾向は6代目のバドン王（ボウドーパヤー王。在位1782
～1819）の治世にピークを迎える。同王は1784年，内紛に乗じて
アラカン王国を攻撃して征服し，15世紀半ばから350年余にわた
ってビルマ西部で栄えた同国を滅ぼした。この王国はアラカン山脈
という自然の障壁もあって，それまで一度もエイヤーワーディ川流
域に成立した国家の支配下に入ったことがなかった。バドン王は
これによってビルマ統一王朝の歴史における最大版図を築き上げる
ことになった。それはまた，植民地期を経て独立後のビルマが領有す
る領土の原型を形づくることにもなった。しかし，バドン王の時代
は対外戦争で民衆が疲弊する時代でもあった。また，インドの植民
地支配を進めるイギリスの脅威が西のほうからのしかかってくる時
期でもあった。コンバウン朝は徐々に弱体化し，最終的に3度にわ
たるイギリスとの戦争（イギリス・ビルマ戦争）に敗れ，1885年に滅
亡する。

スコータイ：「タイ
世界」の誕生

　「タイ」を自称する人々は，歴史的経緯の
中で，現在のタイ（およびラオス）を構成
することになった人々と，ベトナム・中
国・ビルマなどで少数民族として位置づけられることになった人々
とに大きく区別することができる。彼らの故地がどこなのかという
問題については学問的な決着がついていないが，今日のベトナム東
北部と中国の広西壮族自治区の境界付近ではないかという仮説が言
語学者たちによって有力視され，中国人やベトナム人の圧迫を受け
たことがきっかけとなって，11世紀に東から南西方向への集団的
大移動が生じたのであろうと考えられている。

　史料で確認できる最古のタイ人の国家は，チャオプラヤー川の支
流の1つヨム川沿岸に13世紀半ば頃成立したスコータイ王国
（1240？～1438）である。正確にはスコータイとシーサッチャナーラ

第2章　東南アジア大陸部の国家形成　　27

イという 2 つの拠点を核にして成立した王国というべきであり，第3代のラームカムヘン王（在位 1279 ？〜98 ？）治世下で刻まれた最古のタイ語碑文であるスコータイ第一刻文（ラームカムヘン碑文）によって知られる王国でもある。

チャオプラヤー川流域にはタイ語でムアンと呼ばれる小規模支配圏が多数存在し，弱小のムアンは強力なムアンの庇護下に入って外敵からの攻撃を免れようとするのが常であった。スコータイ王国はこうしたムアンの連合体であり，ラームカムヘン王のような傑出した王が登場したときは，その下に入るムアンが増えるため王国の領域空間は膨張し，その結果，北は現在のラオスのルアンパバーンから南はナコンシータマラートにまで広がり，西はビルマのペグーから東はメコン川流域までその勢力が及んだという記録が残されている。逆に同王の死後，支配領域は一挙に収縮している。ラームカムヘン王の治世にはモウッタマ経由でスリランカの上座仏教が伝わり，それが国教として受容された。スコータイ王国はタイ人によって構成される仏教を核とした「タイ世界」の成立を象徴していたといえる。

アユタヤ：「タイ世界」の発展

スコータイの衰退と並行して，14 世紀にタイで勃興したアユタヤ王国（1351〜1767）は，その都がチャオプラヤー川とパーサック川の合流点に位置し，チャオプラヤー・デルタと東北タイ（およびラオス）を結ぶ物流（交易）の拠点として機能する地にあった。のちに東南アジア大陸部最大の交易拠点（港市国家）となるのは，この立地に恵まれたことによるところが大きい。スコータイとアユタヤの両王国は，タイの一般的歴史解釈によれば，前者が「慈愛の王」による支配，後者が「無慈悲な王」による支配としてイメージされて語られ，アユタヤが悪く描かれることが多い。しかし，この王の「慈悲」をめぐる解釈は 18 世紀後半に成立した現在のラタナ

28　第 I 部　東南アジア世界の形成

コーシン朝（バンコク朝）が，自分たちの正統性を強調するために意図的に直前の王朝を悪く語ろうとした可能性が高い。

アユタヤ王国の成立過程はいまだに不明な点が多い。アユタヤの町そのものは都に定められるかなり以前から港市として存在し，大仏まで建立されるほどの繁栄を見せていたという。またスパンブリーとロップリーを基盤とする2つの政治権力が王国の覇権をめぐって15世紀初頭まで抗争を繰り返したことも知られている。両者の対立は1409年にスパンブリー王家が最終的に勝利し，同家による支配は1564年にビルマのバインナウン王率いるタウングー朝の軍勢によって一時的にアユタヤが滅ぼされるまで続いた。この間，1438年にアユタヤはスコータイ王国を併合している。

16世紀に西隣のタウングー朝の攻撃によって倒されたアユタヤ王国は，その後スコータイ王家の血を引くナレースエン王（在位1590〜1605）の下で勢力を回復し，ベンガル湾交易の拠点であるタニンダイー（テナセリム）とダウェー（タヴォイ）をタウングー朝から奪い返し，現在のカンボジア領域の多くを制圧するなど，版図の拡大に努めた。しかし，それは中央集権的な帝国の成立を意味せず，アユタヤという港市を核として，地方のさまざまな小権力とのゆるやかなつながりをもつ国家の成立であったと見なせる。

ナレースエン王の時代以降，アユタヤはますます交易の拠点として発展するようになり，ヨーロッパからはポルトガル，スペインおよびオランダ東インド会社（VOC）の船が，アジアからは中国，日本（朱印船），および琉球の船が次々と来航し，これらの国々から来た人々が集住する区域（「日本人町」など）が都の中につくられた。交易はナレースエン王の治世以前の15世紀からアユタヤ王室による独占貿易（「官売買」）としておこなわれ，持ち込まれるさまざまな輸入品は王室の役人たちによって先買特権が行使されて安く一方的に買い上げられ，輸出品についても同じように役人による独占販

アユタヤの日本人町跡（1993 年）

売がなされた。商人同士の自由な交易は厳禁されていた。

　アユタヤの繁栄は 18 世紀のボロマコート王（在位 1733～58）の時代に全盛期を迎え，交易都市としてだけでなく学芸都市としても広く知られるようになる。この時期，文学や美術において優れた作品が生まれ，また，15 名のタイ人僧侶からなる仏教使節がスリランカ王の要請で現地に行き，衰退した同地のサンガ（仏教僧団）の再興にあたるなど，上座仏教の面においてもその名声が広く海外に響いていたことがわかる。しかし，ボロマコート王の死後わずか 9 年にして，アユタヤはタウングー朝のあとビルマに成立したコンバウン朝シンビューシン王の軍勢の攻撃を受け，都は壊滅した（1767 年）。このときのビルマ軍の行為は「蛮行」としてタイの歴史に記憶され，現在もアユタヤにはビルマ軍による破壊行為の跡が残されている。

アユタヤは都として復活することはなかった。ビルマ軍を撃退し王位に就いたタークシン王（在位 1768～82）は，400 年以上続いたアユタヤをあきらめ，現在のバンコク西部にあたるトンブリーの地に新しい都を築いて「タイ世界」の復興をめざした。アユタヤ王国のどの王家とも血縁関係のなかったタークシン王は，より河口に近い地に都を造営することで，交易国家としての新たなるタイの発展を考えたようである。しかし，内部分裂状態にあった国内の平定と周辺小国家の服属を再び実現したあと部下に暗殺され（1782年），トンブリーはタークシン王 1 代限りの都として終わった。その後，王位に就いたチャクリ王（ラーマ 1 世。在位 1782～1809）は，都をバンコクに移し，新しくラタナコーシン朝を開いた（1782～）。ここにタイにおけるバンコクの時代が幕を開けることになる。同王朝は現在のラーマ 10 世王（在位 2016～）まで続いている。この間，19 世紀半ばのラーマ 4 世の統治期からタイは近代化を推し進め，東南アジアの中で唯一欧米の植民地となることなく主権を維持した。首都バンコクは 20 世紀後半に入って東南アジアの代表的都市の 1 つとして発展を遂げ，現在に至っている。

ラタナコーシン朝：バンコク時代の幕開け

現代のカンボジアはユネスコ世界遺産の大寺院アンコール・ワットで知られる。同寺院は国旗にもデザイン化されているように，カンボジア国家と国民の象徴的位置づけにある。それは 9 世紀初頭から 15 世紀前半まで続いたアンコール帝国の「歴史的輝き」に基づくものである。

カンボジア：アンコール帝国の栄光と衰退

カンボジアの自然環境は，国内を南北に S 字形で貫流するメコン川（同国内で全長 500 km）を軸に，その流域地帯に広がる広大な平野と大湖トンレサップを，3 方からダンレック山地，カルダモン山脈，そしてエレファント山脈が取り囲んでいる。豊富な水資源と

第 2 章　東南アジア大陸部の国家形成　31

現在のカンボジアの国旗。

降水量（年約 1400〜2000 mm），そして太陽光に恵まれ，古くから稲作が栄えた。それはアンコール地域に残る巨大貯水池など稠密な灌漑網が残されていることからもわかる。カンボジアに住む多数派はクメール人で，彼らはオーストロ・アジア語族に属するモン・クメール諸語の1つであるクメール語（カンボジア語）を用いている。

歴史に記録が残る最も古い国家としては，メコン・デルタ地帯に存在した扶南（1世紀〜7世紀）が知られる。扶南は「インド化」した国の典型であるが，それは海港オケオがインドとの海上交易ルートの中継地として栄えたことと関係している。中国の漢籍史料の記述によると，インドから来たバラモンの混塡がこの地に来て征服し，地元の女王だった柳葉を妻にして扶南を建国したと記されている。扶南はマレー半島まで支配権を伸ばした時期もあり，3世紀前半には中国の呉の使者である朱応と康泰が来訪し，その際に西北インドのクシャーナ朝の使者も同地を訪れていたともいわれる。このように中国とインドとの交流が深く，さらに5世紀初めにはインドからバラモンのカウンディニヤが来て扶南の王となり，インドの法制を導入して新たな国家体制を築いたと見られている。扶南の時代を通じてヒンドゥー教と大乗系の仏教がこの地に伝来し広がったものと見なせる。

その後，扶南は6世紀にかつての属国であった北の真臘から圧迫を受けて衰退に向かい，7世紀には併合され姿を消す。真臘はメコン川中流域から北西部のシェムリアップ地方までを支配し，最盛期には北はラオス南部のチャンパーサック地方から南はメコン・デルタまでその支配が及んだ。しかし，8世紀には水真臘と陸真臘の2つの勢力に分裂したことが漢籍史料によって知られている。この時期，トンレサップ湖周辺の平野部にプラと呼ばれる城市が多数つくられ，それらを真臘の王権が保護したが，王権が弱体化するとプラは自立の傾向を強めたと考えられている。カンボジア史では通常，ここまでをプレ・アンコール時代と呼ぶ。

　その後，カンボジアは「歴史的輝き」を誇るアンコール帝国の時代を迎える。アンコールの地に王都をつくり，500年以上にわたって都城と大規模寺院を造営し続けた。9世紀初めに即位したジャヤヴァルマン2世（在位802〜830?）から始まり，その後，ジャヤヴァルマン3世（在位834〜877），インドラヴァルマン1世（在位877〜889），ヤショヴァルマン1世（889〜910?）と続き，その間にいくつもの著名な寺院が建立された。これらはヒンドゥー教の影響を強く受けたもので，カンボジア独自のデーヴァ・ラージャ（神王）思想，すなわち神と王を一体のものと見なすことによって，王権の正統性を確立させる意図に基づいていた。しかし，前述のヤショヴァルマン1世は大乗仏教を信仰していたことが知られており，またその後の王の中にもシヴァ信仰をもちながら大臣には仏教徒を選び，仏像の建立に祝福を与えた事例があることからもわかるように，アンコール帝国期においては，ヒンドゥー教と大乗系の仏教が併存していた。

　その中で12世紀のスールヤヴァルマン2世（在位1113〜1150?）は，ヒンドゥー教のヴィシュ神を信仰し，帝国の支配が及ぶ範囲をカンボジアの北西部から東北タイ，およびチャオプラヤー川上流域，

第2章　東南アジア大陸部の国家形成　　33

そして南のほうはマレー半島北部にまで拡大し，王都アンコールの地位を政治的・経済的に高めた。同王はなによりもアンコール・ワットの建立者として知られる（ワットはクメール語で寺の意。なおアンコール・ワットは後世につけられた呼称）。南北 1.3 km，東西 1.4 km，幅 190 m の環濠が周囲に掘りめぐらされたこの大規模な宗教建造物は，当初，スールヤヴァルマン 2 世の信仰を反映してヒンドゥー教ヴィシヌ派の宗教色が非常に強いものであった。

　しかし，12 世紀後半のジャヤヴァルマン 7 世（在位 1182〜1201，都城アンコール・トムの造営で知られる）が仏教徒で観世音菩薩を崇拝したことからもわかるように，アンコール帝国は後半期以降に仏教が存在感を強めることになり，それも「インド化」期の大乗系ではなく，紆余曲折を経ながらも「パーリ化」の広がりの中でタイから伝来した上座仏教にとって代わられた。これにより，ヒンドゥー教や大乗仏教への信仰は次第に衰えていった。アンコール・ワットにもその影響が現れ，帝国が衰退期を迎えていた 16 世紀半ば以降は，王たちによって上座仏教寺院への造り変え事業が進められた。その結果，17 世紀前半の 1632 年には日本の森本右近太夫一房がアンコール・ワットを祇園 精 舎と誤認して来訪参詣し，仏像 4 体を奉納している（その際に来訪のしるしを残そうとしてアンコール・ワット内に墨書の「落書き」まで残している）。

　アンコール帝国は東隣の占城（チャンパー）としばしば戦い，12世紀後半にはアンコール都城をチャンパー軍に一時占領されるなどの危機を迎えたが，その後，前述のジャヤヴァルマン 7 世によって全盛期を迎えた。しかし，13 世紀から農業生産力の低下や大寺院建立のための労働力動員に伴う人々の疲弊などにより弱体化の兆しを見せる。15 世前半にアンコールの都城がアユタヤ王国の攻撃を受けると，一気に衰退した。これ以降，アユタヤ王国がカンボジアの宗主権を握り，18 世紀末にはアンコール・ワットを含むカンボ

ジア北西部と北部地域をアユタヤ領に編入した。この間，カンボジアの王はアユタヤに対抗すべくベトナムの王権（広南阮氏）の支援を得ようとするが，逆に18世紀末までに南部とメコン・デルタを取られてしまう。この15世紀以降の衰退期を，カンボジア史では一般にポスト・アンコール期と呼んでいる。カンボジアはその後，インドシナ半島の植民地化を進めたフランスの保護領となり（1863年），1887年にはフランス領インドシナ連邦に編入されるに至る。

> ラオス：内陸の
> 王国ランサーン

現代のラオスは，中国，ベトナム，カンボジア，タイ，ビルマの5ヵ国と国境を接する東南アジア唯一の内陸国で，チベットに発しベトナム南部を経て南シナ海に注ぐ全長4350 kmのメコン川の広大な流域地帯（79万5000平方km）の上流部に位置する。メコン川のラオス国内での長さは1900 kmに達し，その多くは現代のタイ東北部との国境線と重なっている。東側にはベトナムと国境を接するアンナン山脈が脊髄のように走り，北部にはジャール平原，南部にはボロヴェン高原が存在する。居住する国民の多数派であるラオ人は，広義のタイ系民族に含まれ，そのことが象徴するように，ラオスの言語や文化にはタイ北部および東北部，ビルマ北部，中国雲南省に居住する人々との類似性が見られる。

ラオ人がつくった最初の独自王権は，14世紀中葉に都ルアンパバーンに成立したランサーン王国（1353～1893）で，その国名は「百万頭の象」を意味した。初代のファーグム王（在位1353～73）はカンボジア（アンコール帝国）から上座仏教を導入し，そののち16世紀に仏教文化を興隆させた。1560年にセーターティラート王（在位1548～71）の治世においてヴィエンチャンに遷都すると，1566年に同地でラオス独自の形をもつタート・ルアンの仏塔が建立された。同王の死後はビルマのタウングー朝の攻撃を受け，一時その支配を受けたが，16世紀末に復興し，17世紀には全盛期を迎

第2章　東南アジア大陸部の国家形成　　35

え，東南アジアが「交易の時代」を迎えていた中，貿易に参加して多くの利益を上げた。

　しかし，ランサーン王国はスリニャウォンサー王（在位1638～95）の死後に王位継承をめぐって分裂し，18世紀初頭にはヴィエンチャン王国，ルアンパバーン王国，チャンパーサック王国の3王国に分かれて鼎立した。いずれの王国も1779年にタイの属国となり，その後ヴィエンチャン王国とチャンパーサック王国は共同して1827年にタイのラタナコーシン朝と戦うが敗北，これによりヴィエンチャン王国は滅亡した。ルアンパバーン王国はタイとベトナム（グエン朝）および中国（清）へ朝貢することによって生き残り，チャンパーサック王国もタイの地方国として継続した。しかし，19世紀後半からインドシナ半島の植民地化を進めていたフランスが1893年にタイと結んだ国境画定に関する条約に基づき，この両王国も姿を消すことになる。メコン川東岸のラオス全域がフランスの植民地となり，ルアンパバーン王国はフランスの保護領に，チャンパーサック王国は直轄領にされ，こうしてランサーン王国の流れを汲むラオスの王権はすべて統治権を失った。

第3章 東南アジア史の中の「中国」

長い交流のはじまり

清仏戦争（1884〜85）後，中国・ベトナム間に初めて設置された境界碑の1つ（右に「中華」，左に「安南」と記してある。1996年撮影）

中国と東南アジアとの出会い

中国の王朝（国家）が現在の東南アジアと接点をもつようになるのは秦の始皇帝が中原を統一して嶺南地域にまでその領域を拡大して，現在のベトナム北部地域を郡県制に基づく統治体制に編入してからのことである。これによって交趾と中原との間には双方向的な人と物の流れが形成され，その中でベトナムは中国から文化や技術を受容していった。さらに交趾は中原と他の地域世界を結ぶ掛

け橋ともなった。『後漢書』には「究不事人」が「生犀，白雉」を献上したことが記されているが（84年），これは「カンボジア」を音訳したものだといわれている。漢代にはインドに向かうルートが陸路・海路ともに開拓され，中国と東南アジア諸国との関係はさらに拡大した。

インドと中国を結ぶ海路の開拓と貿易の発展により，そのルート上に位置するインドシナ半島には1～2世紀にかけて扶南や林邑（チャンパー）などの港市国家が生まれ，交易によって繁栄するようになった。このうち，ほぼ現在のカンボジアからメコン・デルタにかけて位置していた扶南は，インド・中国間の海上交易ルートの中継地として大いに栄えた。とりわけ，シャム湾に面した外港オケオには，交易による商品と後背地からのさまざまな産物が集積され，活況を呈していたと考えられる。2世紀末に現在のベトナム中部を拠点にして建国されたといわれる林邑の繁栄も，扶南同様にインドと中国を結ぶ交易ルートの存在と不可分であった。

後漢滅亡後，海路の開拓を通じてこれらの国家との関係を確立するのに熱心だったのは孫権を主とする三国の呉であった。これは呉が西方へのルートを蜀に抑えられ，外界への出口を海洋にしか求められなかったためである。3世紀に入ると扶南が225年から43年にかけて数回呉に遣使し，これに対し，孫権も250年頃朱応と康泰を親善のため扶南に派遣している。彼らは帰国後に『扶南異物志』（朱応）や『呉時外国伝』（康泰）を著し，当時の扶南の状況を本国に紹介した。また，『三国志』によれば同時期に扶南，林邑，堂明（現在のラオスにあった国家）の王がそれぞれ呉に「遣使奉貢」したという。扶南や林邑と中国との国家間の経済関係（交易）は魏晋南北朝時代に入っても引き続き維持され，発展していった。6世紀になると現在のインドネシアの婆利国王やマレー半島の狼牙修から南朝の梁に遣使して貢物を奉じたことが記されており，国家間関係が地

38　第Ⅰ部　東南アジア世界の形成

域的に拡大したことがうかがえる。

中国歴代王朝と東南
アジア地域との交流

唐王朝が安定と繁栄の時期に入ると，東南
アジア諸国との関係も引き続き発展した。
ベトナムはまだ中国の郡県制統治下にあっ
たが，そこには唐の諸制度や文化が移入された。唐末から五代十国，
宋初にかけてベトナムに独立王朝が誕生したことは，中国とベトナ
ムの関係を大きく変化させた。975年，宋が丁部領を「交趾郡王」，
その子丁璉を「静海軍節度使」，「安南都護」にそれぞれ封じた事実
が示すように，ベトナムが自立した当初，宋はまだこれを一人前の
独立国家として扱っていなかった。その意味で1164年，宋朝がベ
トナム李朝の英宗を「安南国王」に封じたことは，中国がベトナム
を独立国家に昇格させたことを意味した点で画期的であった。ある
研究によれば，宋代に交趾（ベトナム）からは50回以上の遣使があ
り，それは東南アジア諸国中トップの回数であったという（楊
［1997］）。

　また，宋代には羅針盤の使用や造船技術の発達により，海上交易
が飛躍的な進歩を遂げた。中国の貿易船は泉州や広州などの港を拠
点として交趾，占城，渤泥（ブルネイ），麻逸（フィリピン），闍婆
（ジャワ），真臘，仏羅安，単馬錫，三仏斉（シュリーヴィジャヤ），蒲
甘（パガン）など東南アジア各地に向かった。逆に，これらの地域
からも宋朝に頻繁な遣使があった。960年から1178年にかけて三
仏斉からは20回を超す遣使があったほか，パガン朝，ロッブリー
王国，真臘からもそれぞれ遣使があった。

　モンゴル（元）が13世紀に東南アジア各地に侵略したとき，東
南アジアは大変動の時代を迎えた。ビルマのパガン朝は崩壊し，ベ
トナムの陳朝は衰退期に入った。一方，それとは対照的に元軍の東
南アジア侵略の間に南下し，台頭することに成功したのがタイ族で
あった。13世紀にはチェンマイのランナータイ王国，スコータイ

第3章　東南アジア史の中の「中国」　　39

(出所) Lieberman [2003], p.24 より作成。

王国, ランサーン王国 (ルアンプラバン) などタイ族の国家が次々に誕生した。彼らは上座仏教の担い手として, それまでのヒンドゥーや大乗仏教を中心とした文化を大きく塗り替えていった。

　最近の学説によれば, 元は軍事征服と並んで貿易活動にも力を入れていたのではないかといわれる (石澤・生田 [1998])。宋代には記録のないインドの都市国家や, スマトラ北部の港市国家, マレー半島の港市国家からも入貢があったり, それらの地域への元からの遣使が確認されたりするなど, その国家間関係の拡大が認められる。

　明朝は成立とともに海外貿易の独占を図るため海禁令を施行して,

朝貢貿易のみを許可して，民間貿易を禁止した。生田滋によれば，中国船がカリカット（インド）まで航海することもなくなり，南シナ海・東シナ海貿易圏は一挙に縮小したという（石澤・生田[1998]）。その反面，朝貢貿易を伴う朝貢国からの遣使はさかんにおこなわれ，時期的には異なるが，明への遣使回数を挙げれば真臘21回（1371〜1452年），アユタヤ朝35回（1370〜98年），ベトナム79回（1368〜1637年），ラオス34回（明代），マラカ30回（1405〜1508年），ジャワ27回（明代）である（楊[1997]）。とりわけ，明とマラカの関係は親密で，1411年から33年までの間に，パラメスワラ以下3代の国王が自ら中国を訪問して朝貢している。これには鄭和の西征隊がマラカに「官廠」と呼ばれる艦隊の基地を設営したり，明がマラカとアユタヤ朝との関係の調整にあたったりしたことが関係していると考えられる（石澤・生田[1998]）。密貿易の発展に伴い，1567年に海禁令は解除され，中国人の海外渡航が許可されたため，東南アジア各地との民間貿易が発展していった。

　清朝の下でも東南アジア諸国との密接な政治・経済関係は引き続き維持され，越南（ベトナム），南掌（ラオス），暹羅（シャム），蘇禄（スールー），緬甸（ビルマ）が東南アジアからは「朝貢国」に列せられている（坂野[1973]）。このうち，清と政治的・経済的に最も密接な関係にあったベトナムは，阮朝（1802年成立）が清朝の意に沿って「越南」（ベトナム）という国号を受け入れ，それが現在の国名の起源ともなっている。また朝貢回数に関しては「2年1貢」（4年に1度遣使して朝貢）と定められ，そのルートも鎮南関（現在の友誼関）経由の陸路が指定されるようになり，その後中越両国を結ぶ動脈として大きな役割を果たすようになるルートが整備されたことがうかがえる。そのほか，10年1貢と定められた南掌からは21回に上る遣使があったという。シャムは3年1貢と定められていたが，実際にはラーマ1世以降（ラタナコーシン朝），その原則を上回る10

年平均 4.9 隻が清に派遣され（石井・桜井［1999］），国家間関係の緊密ぶりをうかがわせている。

朝貢制度の中の東南アジア

前項で述べた中国歴代王朝と東南アジア諸国との関係の基軸をなすシステムは，朝貢制度（冊封体制）であった。これは簡単にいえば，前近代東アジアに中国（宗主国）－朝貢国関係を中核として存在した一種の位階的秩序に基づいた国際関係を律するシステムである。坂野正高はその特徴を，①冊封関係，②朝貢国に中国の暦を使わせる，③朝貢国は中国に定期的に朝貢する，④制度を支えるイデオロギーとしての華夷思想（中華思想）の存在という4点にまとめている（坂野［1973］）。システムを支えていた華夷思想とは，中国は四方に存在する異民族（東夷・西戎・北狄・南蛮）にも中国文化の恩恵に浴することを許し，その教化を図ろうとするものである。このシステムの中で「帝」を称することができるのは中国の皇帝のみであり，朝貢国の君主は対内的には帝を称していても，中国の皇帝に対しては「国王」として封ぜられ，「臣」を称さなければならなかった（冊封時の称号は「国王」）。中国と朝貢国を結ぶ主要な絆は，定期的な朝貢や朝貢国の代替わりに伴う使節の往来であったが，後述するように朝貢国から要請があれば中国は軍事的な救援に赴いたり，あるいはアユタヤ朝とマラカ王国の関係に見られるような朝貢国間の紛争の処理にあたったりすることもあった（15世紀）。その意味で，基本的には儀礼を重視するシンボリックな国際秩序であったともいえる。これは，外交慣行として条約や国際会議，常駐使節の派遣などを発展させてきたヨーロッパ起源の国際関係システムとは大きく異なっている。

東南アジアの中でも朝貢制度に深く組み込まれたのはベトナムであった。10世紀以降ベトナムの歴代王朝の君主にとって，時々の中国皇帝から「安南国王」や「越南国王」に封じられることは，い

42　第Ⅰ部　東南アジア世界の形成

わばベトナムを代表する正統な政権として限られた範囲ではあれ「国際的」認知を受けることを意味した点において，重大な政治的行為であった。その点からすれば，17世紀以降ベトナム南部を実質的に支配していた広南阮氏政権は，中国から冊封を受けることができなかったため，少なくとも朝貢制度の下では独立した政権とは認められないことになる。

　しかし，中国は，朝貢制度とはまったく異なる国際関係認識をもってアジアに進出してきたヨーロッパ勢力と19世紀に入り衝突することになった。東南アジアの場合，その典型がインドシナの植民地化を進めるフランスとベトナム（阮朝）に対する宗主権を主張する清との間で発生した清仏戦争であった。こうして朝貢制度は崩壊し，しだいにヨーロッパ起源の国際関係システムや外交儀礼に取って代わられていくことになる。国境という概念が導入され，清・ベトナム間に境界碑が設置されたのもこのときであった（第3章扉の写真を参照）。

> **東南アジアの歴史において華人の果たした役割**

中国と東南アジア地域を政治・経済・文化各面で結びつける上で，歴史的に大きな役割を果たしたのは，一般に華人・華僑であった。これらの人々が中国を離れるに至った経緯はさまざまであるが，第1に，交易をする過程で種々の要因で海外に定住するようになったケースがある。早いものでは『後漢書』の中に航海の途中難破して「亶州」（フィリピンか台湾）に移住せざるをえなかった人物の話が登場する。これと類似した中国人の記録は，隋唐時代，宋代，元代にも見られる。

　第2には，中国王朝の政策や中国本土における戦争や政治的変動によって海外に移住したケースがある。これは歴史上，中国と隣接してきたベトナムに非常に顕著に見られる。秦漢時代の郡県制下の交趾に入った中原からの移民は鉄製農具と牛耕，灌漑技術をもたら

第3章　東南アジア史の中の「中国」　43

ベトナムのホイアンにある福建会館。日本人町が衰滅したあと,今日まで現地に根を張って生きているのは華人である(1994年撮影)。

し,それまでの原始的な焼畑を中心とした農業を一変させたといわれる。また,三国時代に中原の大乱を避けて交趾地域に流入してきていた知識人を通じて儒学が交趾に広まったのではないかと考えられている。17世紀末から18世紀初めに明末清初の動乱を避けて,当時ベトナムのフロンティアだったメコン・デルタ(河仙[ハティエン],嘉定[ザディン],定祥[ディントゥオン],辺和[ビエンホア])に入って開墾を進めた莫玖や楊彦迪ら明の遺臣の果たした役割は大きい。同じ頃,1659年,南明の永暦帝は雲南経由で臣下を引き連れてビルマに逃れたが,その子孫はコミュニティを形成して「桂家」と呼ばれるようになった。

　第3には戦争捕虜として東南アジア各地にとどまることになった

ケースがある。13 世紀に元軍がベトナム（陳朝）に侵攻した際，ベトナムの捕虜となった兵士の中には，ベトナム伝統劇の祖となった李元吉のような人物がいたばかりでなく，元軍の軍医として随行したものの現地にとどまる道を選んだ鄒孫のような人物もいた。鄒孫とその子鄒庚は，医療技術の高さから「神医」と呼ばれるまでになり，ベトナムに中国医学や医薬，鍼灸などの医療方法を伝える上で大きな貢献をした。1765 ～ 69 年に清がビルマ（コンバウン朝）と戦争をしたとき，清軍には造船など手工業職人が従軍していた。彼らはビルマの捕虜となった後に現地で本来の職業に引き続き従事して，手工業の発展に貢献したと伝えられる。

　第 4 には経済的な理由で「南洋」に移住して生計を立てる道を選んだ人々がいた。移住人口が増大するのは，明清時代であり，人口過密で耕地の少ない福建や広東などが移民の主たる送り出し地域となった。彼らは移住先でコミュニティを形成して，政治的・経済的に大きな役割を果たす場合もあった。そのいくつかの例として次のものが挙げられる。貿易が王室の管理下にあったアユタヤには華人が移り住んで，自らの居住区画を形成して貿易に従事するようになっていた。アユタヤ朝滅亡後，1768 年トンブリー朝を開いたタークシンは潮州系の華僑であり，中国との通交を深めるとともに，シャム湾の制海権を握ろうとした。その背後にはシャム湾や南シナ海の華僑勢力からの支援があったと見られる（石井・桜井［1985]）。華僑を中心とする中国との貿易はラタナコーシン朝に入っても衰えを見せず，バンコクはその拠点となった。ジャワでは 17 世紀以降渡来した中国人がサトウキビを原料とする製糖法を伝えた。中国からの移住人口は明の海禁令解除後に増大し，彼らは製糖業を担いながら，ときには迫害を受けながらもオランダの植民地統治の下で経済的な成長を遂げていった。また，15 世紀，明の永楽年間に「閩粤人」（福建・広東出身者）がマラカで錫の採鉱にあたっていたとす

る記録も見られる。19世紀以降，華人の流入は続き，その中で彼らが現在のマレーシアに相当する地域で，経営者，鉱山労働者，農園労働者，苦力（クーリー）となって経済を支えるとともに，有力な政治勢力としても台頭していった。

> ### 中国支配下のベトナム：北属時代

現在のベトナムはインドシナ半島の東縁に南北に細長いＳ字形の国土を形成している。ここにいつ頃から現在のベトナム人の祖先にあたる人々が国家を形成し始めたのかは定かではないが，その領域が現ベトナム北部（紅河デルタを中心とした地域）に限られていたことは確かである。中国では古くから，長江流域以南の広い地域をさす語として，「交趾」があったが，秦朝末年になりそれは現ベトナム北部地域をさす語として定着するに至った。広義の交趾地域に居住していたのは中国南東部の百越族の１つ，雒越人であると考えられ，この人々は旧石器時代（ホアビン文化）から紅河流域に住み着き，新石器時代末（ドンソン文化）には氏族共同体（部族連合）を形成するようになったと推定されている。

交趾地域の状況を記した文献としては，『史記』中の秦代に関する部分などが早いものであり，まさにそれはこの地域の書かれた歴史が秦漢の郡県制とともに始まったことを意味する。秦朝成立（前221年）後，始皇帝は百越族居住地域に対する平定を進め，現在の中国南部からベトナム北部・中部地域に至る広大な地域をその版図に包摂していった。前214年にはこの地域に桂林郡，南海郡，象郡を設置し，郡県制による統治体制の中に組み込んだ。このうち象郡の領域は現在のベトナム北部・中部地域に及んでいた。これが北属時代（前214年～975年）と呼ばれる1000年に及ぶ中国のベトナム支配の幕開けであった。北属時代は，秦以降，南越，前漢，後漢，呉，西晋，東晋，南宋，南斉，南梁，隋，唐，南漢の歴代王朝を経て，宋代にベトナムが中国の支配から独立するまで（975年）続く

ことになる。この間、中原と交趾との間にはヒト・モノの双方向的な流れが形成され、交趾が中国の社会制度、政治制度、生産技術、文化をほぼ全面的に受容する条件を作り出した。その早い例は、南越政権（前207年～前111年）の下で交趾・九真2郡が置かれたときであり、漢文化と中原の先進的な生産技術と鉄器が初めてベトナムにもたらされ、雒越部族社会を崩壊させる端緒となったとされる。

　前漢武帝のとき、南越を平定するとともに（前111年）、その地に9郡を設置して、漢帝国の版図に編入した。このうち交趾・九真・日南3郡の領域は現在のクアンビン省以北のベトナム領にほぼ相当していた。前漢時代、3郡は「蛮夷」居住の地であるとの認識から、比較的緩やかな統治政策がとられていた。前漢は交州刺史、太守、都尉などの官吏を任命したが、その主たる任務は漢族の移民や軍事関連事項を対象としたものであり、集落レベルでの統治は雒将・雒侯と呼ばれる現地の部族首長に任されていた。このような体制の下で、交趾太守の錫光や九真太守の任延のように、儒家の思想や倫理の普及や学校建設など文化事業に尽力して名を残す官吏（循吏）もいた。

　こうした安定も、後漢初期の税金徴収による雒将の既得権益侵害が一因となって発生したと考えられる徴（チュン）姉妹の反乱（40～43年）が拠点の交趾に加えて、合浦、九真、日南地域にも波及したことで大きく動揺した。反乱の鎮圧にあたった後漢の将軍馬援は兵士や中原からの移民を投入して交趾地域の開発を推進した。これによって雒将・雒侯に代表される部族社会は崩壊し、封建社会の形成が始まったといわれる。後漢末には中原が大乱状態に陥る中、交趾は太守士燮の文化重視政策の下で社会的安定と経済・文化の繁栄を誇り、人口も周辺地域より多かったことが中国の史書には記録されている。

　唐代に入ると安南都護府が設置され（679年）、安南に対する統治

第3章　東南アジア史の中の「中国」　47

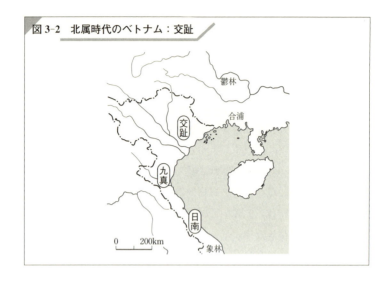

図3-2 北属時代のベトナム：交趾

が強化された。7～9世紀に，唐の支配に対する現地の豪族や少数民族の反乱が相次ぎ，唐を悩ました。とりわけ，9世紀になって唐の国力が傾くと，南詔が安南に侵入して都護府を攻撃するという事態に至った（866年）。その一方で唐の経済的・文化的興隆を反映して，安南に派遣された官吏の中にも学問や詩文に造詣の深い人物が見られた。南詔の侵入を撃退した高駢(こうべん)（安南都護）はその典型である。

ベトナムにおける独立王朝形成への動き

唐王朝が滅亡し，動乱時代（五代十国）に入ると安南でも中国支配からの独立をめざす動きが表面化するようになった。この時代，安南は後梁，南漢の統治下にあったが，支配の実権を握っていたのは現地の豪族曲(きょく)氏であった。904年には曲承裕(しょうゆう)が静海軍節度使のポストを掌握して唐に承認を迫っている。その後，938年には呉権(ごけん)が愛州（タインホア）で蜂起し，南漢に対する抵抗戦争に乗り出した。翌年，呉権が南漢軍に勝利を収めたことによって安南独立

48　第Ⅰ部　東南アジア世界の形成

の気運は高まった。しかし、安南では十二使君と呼ばれる各地の土豪勢力が強く、独立国家としての体裁を整えるのは 968 年、丁部領が十二使君を平定、大瞿越を建国して、975 年に宋朝から交趾郡王に封ぜられてからのことであった。独立したといっても、ベトナムの歴代王朝は中国を中心とする朝貢体制（冊封体制）の下に身を置いて、中国との藩属関係を維持していった。

980 年、黎桓が丁氏の政権を簒奪して成立した黎朝（前黎朝、980 ～1009）は短命な王朝であったが、簒奪による王朝交代と隣国（宋・占城・ラオス）に対する侵略などの点において、これに続く歴代王朝の行動パターンの先駆けとなるものであった。

ベトナムにおける本格的な独立王朝の誕生：李朝・陳朝

ベトナム最初の本格的な長期王朝となった李朝（大越、1010～1225）は、都を大羅城（昇竜、現在のハノイ）に定め、中央集権体制に基づく安定した統治機構を作り上げたといわれる。1075 年には官吏登用に際して中国起源の科挙制度が導入・実施された。また、李朝を開いた李公蘊（太祖）が僧侶出身であったことからもわかるように、仏教は王室の手厚い保護を受け、多くの寺院や仏塔が建立された。政治面でも僧侶の発言権が増大し、貴族とともに李朝統治体制の支柱となった。経済面では農業生産が重視され、家畜の保護や紅河デルタの開発、紅河沿いの堤防建設が進められ、収穫量の増大をもたらした。

李朝の宋朝に対する関係は二面的であった。宋朝の藩属国として朝貢したり、欽州や廉州（広西）で交易をおこなったりする一方で、広西など宋の辺境地帯に対する侵攻を繰り返した（11 世紀）。辺境のみならず、李朝は西方のラオス、南方のチャンパー（占城）に対しても侵入・攻撃を繰り返した。

李朝を継いだ陳朝（1225～1400）も中央集権的専制君主制のいっそうの強化につとめた。李朝時代に導入された科挙制度は改善が図

第 3 章　東南アジア史の中の「中国」　49

られ，中国式のものとなった。陳朝は一般に 3 度にわたる元の侵入（1257〜58 年・84〜85 年・87〜88 年）を撃退した王朝として知られている。

陳朝は文化的にも特筆すべき点の多い王朝であった。戦争も含め，元との交流の中で，中国の暦法（『授時暦』），中国医学（→ 45 頁），製陶技術（青花磁），伝統演劇や舞踊が伝わった。漢字をもとに考案された字喃（チューノム）も 13〜14 世紀に入り体系化し，詩の創作に用いられるなど広がりを見せた。『史記』を模範としたとされる黎文休（れいぶんきゅう）（1230〜1322）の『大越史記』30 巻や『越史略』（14 世紀，編者不詳），黎崱（れいそく）『安南志略』（14 世紀）など中国の正史に影響を受けた史書の編纂も進んだ。これらはいずれも中国文化を内在化させるプロセスとしてとらえることができるだろう。

3 度に及ぶ元の侵入に抵抗したあと，英宗時代（在位 1293〜1314）を境に陳朝は衰退に向かった。興道王陳国峻（こうどうおうちんこくしゅん）（陳興道）ら元との抵抗戦争に活躍した功臣に土地を下賜したことは，貴族私田の急増につながり，陳朝の支配体制を大きく揺るがした。ラオスやチャンパーなど周辺諸国への度重なる軍事侵攻（14 世紀）の中で，1307 年チャンパーから現在のクアンビン南部とフエ地方（順州と化州）（じゅんしゅうとかしゅう）を獲得して領土は拡大したが，国力は疲弊していった。貴族私田で酷使された農民の蜂起が各地で相次ぐ中，陳朝は胡氏に王位を簒奪され滅亡した（1400 年）。

李朝と陳朝はともに仏教を篤く保護した王朝として知られる。仏教は漢代に中国に伝来した後，ほどなくして中国から交趾に伝えられた。6 世紀末になると，インド人の仏僧比尼多流支（びにたるし）（？〜594）が広州から交趾に来て，禅宗仏教を伝えた（滅喜禅派）。こうして，中国仏教宗派の 1 つである禅宗が中国の一地方であった交趾に伝わり，以後のベトナム仏教の発展に基礎を提供することになった。その後，隋朝時代にも交趾では仏教が栄え，多くの仏寺や宝塔が建立された。

9世紀には唐の僧侶無言通禅師が交趾に至り，後にベトナム仏教史上最も重要な禅宗宗派となる「無言通禅派」を創設した。

　ベトナムに独立王朝が形成されてからも，中越間の仏教の交流は続いた。宋の高僧雪竇重顕（980～1052）の弟子草堂が，1069年李朝の国都昇竜（タンロン）で「草堂禅派」を創設した。李朝3代の君主（聖宗・英宗・高宗）は草堂に帰依したため，この宗派は李朝時代に政治的影響力をもつようになった。陳朝も仏教を尊崇し，太宗は中国の天封禅師と徳誠禅師の教えを受け，「大王僧」の尊号を受けた。仁宗は自ら安子山花煙寺で臨済禅の流れをひく「竹林禅派」を創設した。

　ベトナムに独立王朝が成立して以降，歴代の支配者は統治の支柱としての儒学を重視するとともに，中国の科挙に倣った人材選抜の実施を試みた。儒家の学説は前述したように，北属時代から交趾地域に伝わっており，儒学と不可分の関係にある官吏登用試験としての科挙制度も，隋唐時代から安南でも実施されるようになっていた。李朝時代1070年，孔子を奉祀する文廟が建立され，1075年には独立後最初の科挙試験が実施されたことが記録として残っている。また1076年には儒教経典を学習する場として国子監が設置されたが，李朝の科挙制度については不明な部分が多い。陳朝時代においても，とりわけ礼を重んじた太宗（在位1225～58）は，1253年国学院を創設して孔子などの聖人像をまつり，そこに儒者を招いて儒教の経典を講じさせたと伝えられる。太宗治下では科挙制度の整備も進み，試験期間（7年に1度選抜）の制度化や殿試合格者の上位3名に対する称号，すなわち三魁（状元，榜眼，探花）の導入など中国的色彩を強くもつようになっていった。

| 明の一時的なベトナム支配とベトナムの領土拡大 |

胡季犛が陳朝の王位を簒奪して開いた胡朝（1400～1407）は短命に終わったが，ベトナム史上特筆に値する事績を残した王朝でも

第3章　東南アジア史の中の「中国」　51

Column ③　ベトナム語の中の漢語

　歴史的に中国と密接な関係を保持してきたベトナムでは，日本語同様に言葉の中に多数の漢語（漢越語）が含まれている。現在のベトナム語はローマ字で表記されるため，漢字そのものにはお目にかかることはないが，音として形をとどめている。その発音も，"quoc ca"（クオッカー＝国歌），"phat bieu"（ファッビェウ＝発表）のように日本語に近いものが多く，親近感を覚える。それは語末の子音が証明するように，古い中国語の発音が残っていることによる。いつ頃の発音かについては唐代のものだとする説もあるが，いくつかの時代にまたがっているという説も見られるように見解が分かれている。

　その反面，漢語に付与されている意味となると，転用や拡大解釈も多く，それが日本語と大きく異なる点となっている。日本語で漢語のもつ意味は，概して中国語本来の意味に忠実である。いくつかの具体例を見てみよう。ベトナム語に "do ho"（ドーホ＝都護）という漢語がある。都護は本来，唐代の官職を示す言葉であり，日本語でもその意味でしか用いられることはない。それがベトナム語では，本来の意味に加えて，「属国を統治する」という意味があり，後者のほうがごく普通に用いられている。それから，文法上の制約により語順は異なるが，"vien han lam"（ヴィエンハンラム＝翰林院）がある。日本語では唐の玄宗時代に設置された詔勅起草のための機関をさすが，ベトナム語ではそれから転じて広く科学研究機関をさすようになり，ロシア科学アカデミーなどの場合の「アカデミー」の意で用いるのが一般的である。

　このほか，"khiem ton"（キエムトン＝謙遜）も日本人からするとベトナム語では奇妙な使われ方をしている。ベトナム語にも日本語同様，「へりくだる」という漢語本来の意味もあるが，それから転じて「（数量的に）控えめである」という意味でもよく用いる。日本語で「ベトナムへ来る中国人観光客の数に比べると，中国へ行くベトナム人観光客の数はまだ少ない」と表現すべきところが，ベトナム語では「ベトナムへ来る中国人観光客の数に比べると，中国へ行くベトナム人観光客の数は謙遜している」ということになる。

あった。胡季犛は貴族の権勢をそぐため，占田と奴婢の所有に制限を設けたほか，通貨・税制改革をおこなうなどして権力を君主の手に集中しようとした。しかし，急激な改革は官僚や大地主の反抗にあったばかりでなく，明の南方辺境（広西・雲南）へたびたび侵入したことが明のベトナム派兵を招き（1406［永楽 4］年），胡朝の滅亡へとつながった。また，胡朝はチャンパーと交戦し，現在のクアンナム省からクアンガイ省にかけての広大な領土を獲得することに成功し，ベトナムの領土は一時的ながら南に向けて大きく拡張した（1407 年チャンパーはクアンナム以南を奪回）。

胡朝滅亡後，20 年にわたりベトナムは明の支配下に置かれた（属明期，1407〜27）。明は安南を再び交趾と改称し，郡県制統治の中に編入した。さらに，漢籍を交趾に運んで教育，儒学のレベル向上を図り，漢化政策を推進した。しかし，明の支配によっては，陳朝時代の貴族の権勢を回復することができないことが明らかになると，貴族の中には明に対して反乱を起こす者も現れるようになった。清化（タインホア）藍山の土豪黎利（レ・ロイ）が広範な大衆を巻き込んで起こした蜂起が続く中，1427 年明軍は撤退を余儀なくされた。

黎利は 1428 年，安南を統一し，国号を「大越国」と称した（黎朝または後黎朝，1428〜1789）。1431 年には明から安南国王に封ぜられた。これ以前の歴代王朝に比べると長期政権であるかのように見えるが，16 世紀以降君主は権臣に実権を奪われ，その存在はほとんど名目にすぎないものとなっていった。また，黎朝時代には，領土の拡張とともに南北分裂というベトナム史を特徴づける状況が顕在化していく。

太祖（黎利）以来始められた中央集権国家建設の試みは第 4 代聖宗（在位 1460〜97）に至ってその頂点に達した。聖宗は明の官制に倣って六部を設置したほか，全国を 12 道に分け，担当別（政務・軍事・刑務）に中央から官吏を派遣して統治した。「洪徳律例」「24 条

第 3 章　東南アジア史の中の「中国」　53

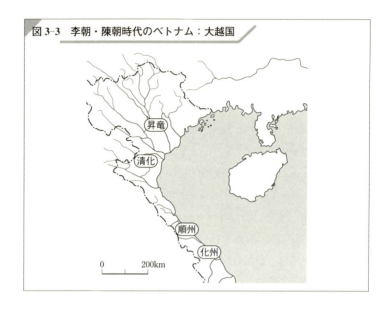

図 3-3　李朝・陳朝時代のベトナム：大越国

倫理」「洪徳法典」を制定して統治階級の利益を擁護するとともに、倫理や道徳の強化によって封建社会を維持しようとした。科挙制度の整備もさらに進み、試験実施時期が3年ごとと定められ、3段階選抜方式（郷試・会試・殿試）の下で、朝廷の重要な官職のほとんどが科挙試験によって選抜されるようになった。また聖宗は強大な兵力をバックに、1471年にはチャンパーを攻撃し、首都ヴィジャヤを陥落させた。こうしてベトナムの南部フロンティアは広南（クアンナム）にまで達した。

ベトナムの南進とチャンパー

ここでチャンパー（林邑、占城）という国について触れておこう。中国の史料によれば、後漢献帝初平年間（190～193年）に日南郡象林県（現在のフエ一帯）の官吏であった区連が自立して王を称し、林邑を建国したという。林邑はその後、中国やインドと交易をおこなう過程で、しだいにインド文化を受容し、占城（チャンパー）

かつてのチャンパーの領域には，各地にヒンドゥー様式の塔（チャム塔）が残っている。写真はファンティエット近郊にあるポシャヌ（フォーハイ）塔で，8世紀末～9世紀初の建立とされる（2009年8月撮影）。

と呼ばれるようになった（9世紀）。ミーソン遺跡をはじめとして，ベトナム中部・南部に残るヒンドゥー様式の塔（チャム塔）はチャンパーの文化を象徴する存在となっている。チャンパーは林邑時代の3世紀から北方への領土拡大を続け，北属時代の交趾に侵入して戦火を交えた。とくに日南郡（現在のクアンビンからダナンにかけての地域）は中国・チャンパー間で争奪の場となった。

なお，最近の学説によれば，チャンパーの政体はインドラプラ（現ダナン市付近），アマラヴァティ（現クアンナム省），ヴィジャヤ（現クアンガイ省・ビンディン省），カウタラ（現ニャチャン市付近），パンドゥランガ（現ニントアン省・ビントアン省）などの地域政権の緩やかな連合体であったと考えられている（Lieberman [2003]）。その中核は，パンドゥランガ（8世紀）からインドラプラ（9世紀末），ヴィジャヤ（1000年〜1471年），カウタラ・パンドゥランガ（16世紀）へと遷移した。10世紀以降ベトナムに独立王朝が形成され，南に

第3章　東南アジア史の中の「中国」　55

向かって領土拡張を開始したとき，チャンパーとの衝突は不可避と
なったが，前述した 1471 年のヴィジャヤ陥落もチャンパーの滅亡
を意味するものではなく，その後もチャンパーはカウタラ・パンド
ゥランガを拠点に 1693 年広南阮氏に併合されるまで存続した。そ
の後もチャンパーという国名こそ消滅したとはいえ，その支配領域
は順城鎮の名称で広南阮氏と阮朝の下でも自治を認められ，1832
年まで存続した。

ベトナムの南進
と南北分裂

強盛を誇った黎朝も 16 世紀の襄翼帝（じょうよく）の頃
から，実権を鄭氏や莫氏など権臣や外戚に
握られるようになり，君主は名目的な存在
でしかなくなっていった。そのうち軍事を掌握していた莫登庸（とうよう）は
1527 年，帝を称して自立し，黎朝の旧臣を弾圧・排斥した。これ
に対し，阮淦（げんきん）をリーダーとする黎朝の旧臣たちは黎寧（れいねい）を帝に擁立し
て（1532 年，荘宗）清化（せいか）（タインホア）・義安（ぎあん）（ゲアン）地方に逃れ，
兵団を組織して莫氏に対抗した。阮淦の死後，兵団の指揮権を掌握
した鄭検（ていけん）とその子鄭松（ていしょう）は，大きく 3 度にわたり北方の莫氏の軍隊と
交戦した。1592 年鄭松は昇竜を占領し，莫氏勢力を高平（カオバ
ン）地方に駆逐して，現在の清化（タインホア）以北のベトナム北部
地域を手中に収めた（莫氏は 1677 年に滅亡）。

他方，鄭検の命で順化地区の防衛にあたっていた阮淦の子阮潢（げんこう）は，
鄭氏に忠誠な姿勢をとり，毎年鄭氏に租税と貢物を納める一方で，
着々と自らの勢力拡大に努め，順化（ふえ）からクアンナムに至る広大な地
域を支配下に置くまでになっていた（広南阮氏）。1627 年広南阮氏
が鄭氏への租税納入を拒否したことから両者の間に戦端が開かれ，
1672 年までの間に 7 回に及ぶ戦争が展開された。こうして，ベト
ナムでは 17 世紀末には北緯 18 度線付近を流れるザイン河（霊江）
を境に，北に黎朝の君主を擁する鄭氏政権（ダンゴアイ），南に広南
阮氏政権（ダンチョン）が対峙する状況が生まれていた。

17〜18世紀にかけ文化面ではダンゴアイで仏教が軽視されたの対し，ダンチョンでは仏教が栄えるという対照的な状況を呈していた。広南阮氏は仏教を尊崇し，その領主の多くは仏門に入った。その熱意は広南阮氏が仏教経典を入手するために使節を中国（清）に派遣して経典の購入にあたらせたことにも示されている。また，この時代は明末清初という王朝交替期と重なり，多くの中国僧がダンチョンに至り，臨済禅や曹洞禅を伝えた。なお，科挙制度はダンゴアイ，ダンチョンさらには阮朝の下でも儒学の尊崇とともに存続し，統治体制の根幹をなす制度として機能した。その終焉は，ベトナムがフランスの植民地となり，阮朝の存在が名目化して久しい1919年のことであった。

1世紀余りに及ぶ南北分裂状況に終止符を打ったのは，広南阮氏に搾取されていた土豪や農民の不満を背景にクイニョンに近い西山（せいざん）で起きた阮岳（げんがく）・阮恵（げんけい）・阮侶（げんりょ）3兄弟（西山阮氏）を指導者とする反乱であった（1771年）。その後西山軍は南北の鄭阮2大封建貴族勢力を打倒し，1786年にはハノイまで進軍するに至り，国家統一に一歩近づいた。阮恵は後黎朝の愍帝（びんてい）を擁立するつもりであったが，愍帝は広西に出奔して清に後黎朝再興への支援を要請した。乾隆帝（けんりゅうてい）はこれに応じ，1788年両広広東・広西総督孫士毅（そんしき）の率いる清軍がベトナム領内に進軍した。内憂外患の中，阮恵は順化で即位し，光中帝と称して北上し，1789年清軍を撃破した。清軍が広西に撤退すると，阮恵も清朝に帰順を表明して乾隆帝から安南国王に封ぜられた。

清軍の侵入とほぼ時を同じくして，シャムにあってベトナムへの復帰をねらっていた広南阮氏の一族阮福映（グエン・フク・アイン）は嘉定（かてい）の奪回に成功した。これ以後，阮福映はフランスやシャムの支援も得ながら北上し，1802年にはハノイを陥落させた。西山阮氏王朝はここに滅び，阮福映（嘉隆帝）は順化で即位して阮朝を開

Column ④　ベトナムという名称について ━━◆━◆━◆━◆

　ベトナム（正式にはヴィエト・ナム＝越南）という名称が国名として用いられるようになったのはそう古いことではなく，阮朝が成立してからのことである。

　歴代の独立王朝は「大越」（李朝），「大越国」（後黎朝）などの国号を自称してはいたが，それは中国の承認するところとはならず，中国がベトナム王朝を冊封するにあたって用いた国号は宋代以降「安南」であった。

　阮朝を開いた阮福映（嘉隆帝）は，1802年清に遣使して国号を「南越」（ナム・ヴィエト）と改称したい旨を申し出た。この申し出は，従来の安南という国号を変更するに足るだけの理由を示していないとして却下されたため，阮福映は同年再度，同様な申し出をおこなった。これに対し，清の仁宗は「南越」ではなく，「越南」を新たな国号として認めることを伝えてきた。その理由はおおむね次のとおりであった。

　①越裳（交趾付近にあったとされる国）の旧地が先にあり，その後領域が安南全域に拡大していったことからすると，越南という語順のほうが南越との混同を避けることができるばかりでなく，字義からしても縁起がよい。②南越国（趙佗政権）の領域は広東・広西を含んでいるが，ここは漢代以来中国の領土と見なされてきたため，南越という古い国名を復活すると現実にそぐわなくなる。③南越と東西粤（広東・広西）とでは字面が似ている。

　1803年仁宗は安南国を越南国と改称するとともに，阮福映を越南国王に封じた。阮福映も翌年，最終的にこれを受け入れることになる。しかし，その後，越南という国号が民衆の間に普及するまでにはかなりの時間がかかった。20世紀に入り，民族独立を志向する人士たちが「ベトナム」を冠する政治組織（ベトナム維新会・ベトナム青年革命会・ベトナム共産党など）を結成していくが，これと並行して「アンナン」（安南）という名称も広く通用していた。それが「ベトナム」へと集約されていくのは，民族独立が現実のものとなりつつあった1940年代以降のことであろう。

━◆━◆━◆━◆━◆━◆━◆━◆━◆━◆━◆━◆━◆━◆━

58　第Ⅰ部　東南アジア世界の形成

いた。同年，清に朝貢するとともに国号を「南越」と改称したい旨
願い出たが，仁宗は「南越」という国名は広東・広西を含む広い領
域であり，安南とは一致しないとして「越南」と称するよう求めた。
1803 年，阮福映は越南国王に封ぜられ，こうして越南（ベトナム）
という国号を冠し，ほぼ現在のベトナムに相当する領土を保有する
統一王朝が成立した。

第4章 交易の時代

港市国家の発展

16世紀末，ジャワ島西部の国際港湾都市バンテン（今日のジャカルタ北西）の交易市場風景。右側は，胡椒買入れ取引中のポルトガル人商人。

> マジャパイトの興隆：
> 内在化する「インド」

群島部東南アジア，インドネシア，マレーシア，シンガポール，ブルネイ，フィリピンおよびその周辺海域は，すでに述べられているように「海のシルクロード」と表現されることが多かった。かつて中央アジアを越え東西両文明領域を結んだ隊商ルートが，シルクロードと呼ばれてきたことは，日本ではことによく知られた歴

史的事実である。しかしこの「海のシルクロード」こそは古くから
の交易ルートであり，かつ海を媒介として重なり合う古代からの貿
易圏の一角を構成するものだった。

　この「海のシルクロード」周辺地域は，その陸の地域とは異なり，
交易の対象となる重要な物産の生産地でもあった。またさらに，こ
のルートを通じた貿易活動は，いつも先進文化を伝搬してくるもの
だった。このルート上の諸地域では，各地の有力者たちが，交易上
の重要な地（＝港）を，そしてそこに流入する新たな知識，原理を
有効な素材として，強力な政治権力を樹立することをめざし，王国
の興隆を繰り返してきた（→第1章）。交易ルートを通じて流入して
きたさまざまな新思想（宗教）が，その権力を支え，社会を組み立
てる原理として受容され，さらにまた，権力の革新の際，あるいは
王国の交代期にあっては，新たな統治の正統化のための思想として
機能し，やがて「東南アジア化」し，内在化していったのであった。

　8世紀，ジャワ島中部（ムラピ火山の南側）で，壮大な仏教寺院ボ
ロブドゥール建設（8世紀後半から9世紀前半に建設）で知られるシャ
イレーンドラ王国が成立した。しかしそれもやがてジャワ島におい
ては，ムラピ山の噴火という自然災害も加わり，その政治の中心が
しだいに東部に移っていくこととなった。この自然災害を機に，も
ともとあった「西洋針路」（インドシナ半島沿岸経由，マレー半島，ス
マトラ，インド方面），「東洋針路」（カリマンタン北端のブルネイ，ジャ
ワ，マルク諸島）という2つのルートをもっていた中国船の東南ア
ジア貿易で，後者のルートが活発化したためでもあった。

　このようにしてジャワ東部に基礎を置く諸王朝の中から，13世
紀末（1293年）元の侵攻（元寇）を機に，『ナーガラクルタガマ』
（「諸国の記述」の意，1365年，宮廷詩人プラパンチャ作），『パララトン』
（「歴代の諸王の書」の意，16世紀中頃の書と推定）（石澤・生田［1998]）
などにもその歴史を叙述されているマジャパイト王国が建国された。

第4章　交易の時代　　**61**

修復作業が進むアンコール・ワット（2002 年撮影）

今日のインドネシア共和国にとっても栄光の王国であるマジャパイトは、『ナーガラクルタガマ』に列挙されている王国の地名から、東部ジャワとバリ島を基礎に、インドネシア共和国領域に相当する版図をもっていたと見られている。

このマジャパイト王国の時代は、豊かな農業生産に基礎を置く東部ジャワで、バティク（ジャワ更紗）、工芸品、ワヤン（影絵劇）、ガムラン音楽などが発展、ヒンドゥー・ジャワ文化の完成期となったという。このことは、東南アジアがインド文化を積極的に取り入れ、それらを東南アジアの生活空間に適応させ、取捨選択し、変容させることを繰り返しながら、独自の文化を発展させることに成功してきたことの証しであった。そしてまたそれらは、先に触れたシャイレーンドラ王国の仏教寺院ボロブドゥール建設、あるいはカンボジアのクメール王朝によるアンコール・ワット建設（12 世紀）などを、記念碑的建造物として残し、またサンスクリット語碑文と並ぶ古マ

レー語，ジャワ語などの民族語で記された碑文建立などをなしてきた，インド文化「内在化」成功史の流れに沿うものであった。

こののちマジャパイトは，ジャワに建設されたヒンドゥー国家として，14世紀中期には今日のインドネシア領域の大部分に加えて，マレー半島も勢力下に置くことになるが，やがて，王族の内紛，イスラーム教の浸透，マラッカの興隆などで弱体化していった。そして15世紀中頃には，ジャワの海岸地帯にイスラーム港市諸国家が成立し，マジャパイトはジャワ内陸部に閉じこめられ，そして滅亡していったのである。

マラッカ：新たな貿易ネットワークとイスラーム

交易ルートを掌握して繁栄していた「インド化」された王国が衰亡の兆しを現すとともに，群島部東南アジアでも，ヒンドゥーに代わるべき新たな政治・社会の原理が探られ始めていった。群島部ではそれが7世紀西アジアに成立した新たな宗教イスラームであった。

13世紀後半に，スマトラ中北部にイスラーム国家サムドラ・パサイが誕生した。この王国の歴史は，『ヒカヤト・ラジャ・ラジャ・パサイ』（『パサイ諸王史』，マレー語，14世紀末刊）に描かれる。マレー語で書かれたこの『パサイ諸王史』が示すように，王国はスマトラ南部のジャンビ，パレンバンなどからの移住者をもって建国された，と見られている。そしてイスラームを原理とする国家の成立は，移民者をまとめる原理としてイスラームが有効であったためであるとも，また古くからの国際貿易の中心地ジャンビ，パレンバンではなく，スマトラ北端という辺境の地に建てられたことから，大乗仏教，ヒンドゥー教などのインド文化が受け入れられていなかったためとも考えられている。イスラーム教が「新興政治勢力が旧勢力に対抗する新たな原理」（淵本ほか［1994］）の意味をもっていたのである。なおサムドラ・パサイの地は，こののちも東南アジアに

おける，イスラーム信仰の中心地となり，メッカ巡礼の出発点となり，19世紀後半，スエズ運河開通の時期まで，その地位は保たれることとなった（石澤・生田［1998］）。

こうして群島部東南アジアにイスラームが新たな政治・社会の原理として加わり，またイスラーム化したアラブ商人の貿易活動も活発化していく中で，14世紀末ないし15世紀初めに，マレー半島にマラッカ王国が成立した。トメ・ピレス『スマ・オリエンタル』（『東方諸国記』16世紀前半），『明実録』，『歴代宝案』（琉球中山王国外交文書集），『スジャラ・ムラユ』（『ムラユの歴史』，16世紀前半，ジョホール）などに描かれているマラッカ王国の創設者は，パラメスワラであった。彼はパレンバン出身の王族であり，マジャパイトのパレンバン侵攻から逃れて，マレー半島に移り，ここに王国を建国したという。建国当初は，14世紀半ばに成立していたアユタヤ王国にも服属していたともいわれている。

マラッカ王国は，15世紀初め，中国の明に朝貢したことで知られる。そしてマラッカ王国が有利な地歩をこの地域で獲得するのは，マラッカが交易上重要な港となったばかりでなく，鄭和の「西征」（明の永楽帝，宣徳帝の時期，全7回，15世紀前半）の際に，その基地の1つとなったからであった。

15世紀後半，マラッカは国際貿易の中継港としての地位を占めるまでに発展していった。この時代は群島部東南アジアを主要な舞台とした東西貿易がさらに活発化していった時期にあった。重なり合う国際貿易圏の中にあって，群島部東南アジア，すなわち「東南アジア貿易圏」は，16世紀前半，「インド洋貿易圏」内の局地的貿易圏の位置にあり，マラッカ王国は，「アラビア海・ベンガル湾貿易圏」と東南アジア貿易圏の結節点，中継点に位置していたのであった。

この時期のインド洋貿易圏の基本的流通商品は，生田滋によれば，

64　第I部　東南アジア世界の形成

綿織物（グジャラート，ベンガル，コロマンデル海岸産）であり，この綿織物はアラビア海・ベンガル湾貿易圏からマラッカへの主要輸入品となっていた（石澤・生田 [1998]）。他方，マラッカからの輸出品には丁子，白檀などのマルク諸島，ティモール諸島産香料類が挙げられるという。また東南アジア貿易圏内部の取引においては，綿織物（輸入品。アラビア海・ベンガル湾貿易圏から）をマラッカで入手するために，鉱産物（金，錫），林産物（香，香木），香料・香味料（丁子，肉荳蔻），などが輸出品となり，そしてこれらの物産を産出しない地域では，胡椒（スマトラ各地，スンダ地方），あるいは米（ジャワ，ペグー，シャム）が，輸出用に生産されるようになっていったという。

すなわち東南アジア貿易圏内部に小地域貿易圏が成立（ジャワ，シャム，マルク諸島，バンダ諸島，ブルネイなど）し，たとえばバンダ諸島からは丁子，肉荳蔻などが輸出されており，インド産綿織物，ジャワ産綿織物，工芸品などが輸入され，さらにこれらの輸入品は，食糧サゴ澱粉を輸入するために再輸出する構造となっていたと見られる。

東南アジア貿易圏内部の貿易が，マラッカを中心とするネットワークを構成するようになっていったのである。これに伴い，マラッカは人口も増加し，周辺で生産されるサゴ澱粉だけでは食糧が不足するようになり，16世紀前半頃から，周辺のジャワ，シャム，ペグーなどから米を輸入するようになった。この地域では米が主食に変わっていったといわれる。この米買付けに，マラッカに住むイスラーム商人がジャワ海岸部に進出し，そのことがいっそう，ジャワにイスラームが普及する促進要因となっていった（→図4-1）。

そしてここに形成された交易ネットワークの取引実態は，米，胡椒などの商品を各港市で売却し，その現地通貨をもって現地商品を購入する形態，「港市における取引は物々交換ではなく貨幣を媒介

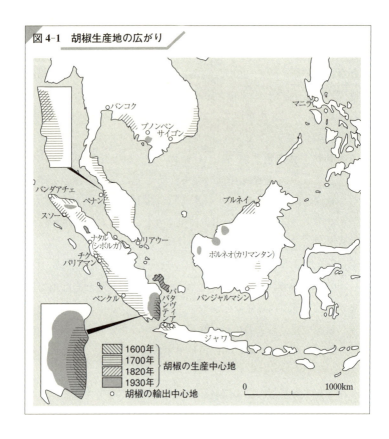

図 4-1 胡椒生産地の広がり

1600年
1700年
1820年
1930年
胡椒の生産中心地
○ 胡椒の輸出中心地

とするが，東南アジア貿易圏全体に通用する国際通貨は存在しない」，すなわち「富を保つために絶えず取引を継続する」（石澤・生田[1998]）ことを必要とするものであった。

西欧の参入そして
マタラムの興廃

1509年，ディオゴ・ロペス・デ・セケイラのポルトガル船隊がマラッカに初めて来航した。いわゆる「大航海時代」に入ったヨーロッパ諸国で，トルデシリャス条約（スペイン・ポルトガル勢力範囲確定条約，1494年）が結ばれた結果であった。このとき，インド

でポルトガル人とイスラーム商人が敵対関係にあったため，マラッカに居住するイスラーム商人が国王に働きかけ，ポルトガル船隊が排斥された。これへの報復を兼ねて，1511 年，ポルトガルのアフォンソ・デ・アルブケルケの船隊がマラッカを占領・征服した。以後，マラッカを根拠地に，ポルトガルは周辺の貿易独占をもくろんだ。しかしマラッカ国王マフムード・シャーは，これを阻止し，マラッカ奪還と貿易圏確保をめざして，パハン，ビンタン，などに本拠を移しながら，ポルトガルと抗争し続けた。そしてその子アラウッディーン・リアヤット・シャーはジョホールに本拠を置いて，王国再建を実現した。その結果，やがてジョホールが国際貿易の中心地となっていった。ポルトガルに代表されるヨーロッパ商人は，武力は優勢でも，この地域における貿易取引においては，なお一小勢力にすぎなかったのである。

16 世紀，いっそう活発化する国際貿易取引の中で，のちに述べるフィリピン群島域でのスペインの行動とも結びついて，スペインはポルトガルと 1529 年にサラゴサ条約を結び，マルク諸島のいっさいの権利を譲渡（代金 35 万クルサド）するが，両国の貿易競争はさらに強まっていった。1530 年代以降になると国際的な貿易活動の局面では，メキシコほかの「新大陸」産の銀が，スペインの手を通じて大量にヨーロッパに流入，ヨーロッパに「価格革命」を引き起こすなどの重要な変化が生じていった。1543 年ポルトガル船員が種子島に漂着し，これを契機にさらに群島部東南アジアの交易過程に日本が加わったことにより，「新大陸」産，日本産の銀がアジアに輸出され，インド，中国にも流入するようになっていった。かくして 16 世紀の東南アジア貿易圏に，事実上の国際通貨「銀」が流通するようになったのである。

こうした大きな歴史的変化の中で，まず勢力を拡大したのは，スマトラ北端に位置するアチェ王国であった。ポルトガルに対抗する

イスラーム貿易商が集まるようになったからである。16世紀前半，アリ・ムガヤット・シャーの時代は，ポルトガルのマラッカ占領という事態の下で，スマトラ北部の胡椒産地を支配下に置き，さらにその勢力はスマトラ西海岸に及ぶようになった。アチェ王国の最盛期は17世紀前半の王イスカンダル・ムダの時代であった。この王の時代，貿易支配を拡大するために起こしたポルトガルとの1629年の戦争敗戦が，この国家の転機となった。この敗戦を通じて，アチェは「戦争と商業に基盤を置く時代から，農業に基礎を置く時代に移行した」という（石澤・生田［1998]）。

先に述べたように，15世紀後半に，ジャワ最後のヒンドゥー王朝マジャパイトが王国の内乱によって衰退し始めると，ジャワ島北部海岸地方の港市国家が自立の動きを強めていった。これらの港市国家は，交易拡大による富をもってマジャパイトに対抗するためにイスラーム商人と結び，また対抗する政治原理としても積極的にイスラームを受け入れていった。海岸部から始まったジャワのイスラーム化は，全域に広がり，16世紀末にイスラーム教の強国マタラム王国が成立したのであった。

ジャワ島中東部の海岸地帯は，東南アジアにおいて米の輸出地帯となってきたが，16世紀後半以降，「新大陸」，日本，中国がこの貿易圏とつながりを深めると，商業中心地域への米（食糧）供給地域としていっそう重要性を増していった。こうした事情を背景とする諸勢力間の抗争の中からしだいに勢力を拡大していったのが，中部ジャワ，今日のジョクジャカルタ周辺地域を基盤とするマタラム王国だったのである。この王国の最盛期は17世紀前半の王スルタン・アグン（ススフナン，ジャワ語で皇帝の意）の時代であった。しかしスルタン・アグンは，1628，29年にオランダ東インド会社の根拠地バタヴィア制圧を試み敗北し，王の死後17世紀後半，その子アマンクラット1世の時代，オランダ東インド会社の介入と支配

拡大を許すこととなった。

　また西部ジャワ，スンダ地方においても，交易の時代を反映した港市国家バンテン王国が発展を見た。バンテン港およびその近隣の港スンダ・クラパ（のちのジャヤカルタ＝「勝利の都市」の意，今日のジャカルタ）を中心としたバンテン王国も，17世紀前半期，国王スルタン・アブルマファキルの時代に最盛期を迎えた。

　こうした交易の時代，国際貿易の拡大に伴って，生じた巨額な富を基礎とした政治権力の成長は，さらに，ボルネオ（カリマンタン）島北部のブルネイ，マカッサル（スラウェシ島南西部），マルク諸島にまで及んだ。

　しかしながら，こうした東南アジア群島部に生じた強力な現地政治権力は，17世紀後半以降，しだいに相互対立，西欧勢力の支配地拡大の中で，急速に支配力を失っていった。その根本にあるのは，この時代における交易活動の世界的な変化であった。この一大交易の時代を通じて，銀が国際通貨としてまさに国際的に流通するようになるとともに，この時代における東南アジア群島部の主力輸出品である胡椒は，その主力市場のヨーロッパで一般大衆向けの消費物資となっていった（ちなみに，胡椒は，「何千年もの昔」から，「万能薬として知られ」，「香辛料として使われたのは後代になってからであ」り，そして「人類史のほとんどの時代を通し，手に入りにくいもの」で，それゆえに，「このスパイスが世界史を動かす大きな原動力になった」ともいわれている。マージョリー・シェファー〔Marjorie Shaffer〕，2014）。これに伴い，新たな輸出商品の開発が必要となっていったのであった。それらはコーヒーであり，砂糖であり，インディゴ（藍），タバコであった。これらすべてが新たな商品開発を意味しており，またもっと強力な土地支配を必要とするものであった。早くも1694年，オランダが西ジャワのプリアンガンで義務供出制を導入した。そして1705年には西ジャワの一部，マドゥラ島東半分を，マタラム王

国がオランダに割譲すると，1711 年，オランダはここ西ジャワで
コーヒーの義務供出制を開始したのであった。かくして西欧列強に
よる土地支配の拡大＝植民地支配の時代が始まったのである。

「フィリピン」群島　　群島部東南アジアの以上のような歴史展開
　　　　　　　　　　　の中で，フィリピンは地理的にも，社会的
にも辺境であった。フィリピンはつねに，海を渡って，あるいは陸
づたいに渡来した，長く困難な民族移動ルートの突き当たりだった。
フィリピンの歴史家アゴンシルリョによれば，10 世紀から 13 世紀
にかけて，オラン・ダムプワン（チャンパーからの人という意），すな
わち安南からの移民があり，彼らがスールー群島に貿易拠点をつく
り，スールーと南安南間の貿易が繁栄し，やがてバンジャルマシン
とブルネイにあるシュリーヴィジャヤの 2 つの属国との貿易も活発
になったという（アゴンシルリョ［1977］）。

　前近代フィリピンにおける基礎的社会組織は，「バランガイ」と
呼ばれるものだった。これは約 100 戸を単位とする親族集団からな
り，これをまとめる「ダトゥ」という首長がいたといわれる。すな
わち，1 人のダトゥの下に数個からなるバランガイがあり，その社
会構成は，まず「ティマグワ」（自由民）がおり，その下に「アリピ
ン・ナママハイ」（一時的債務奴隷），そして最下位に「アリピン・
サギギリル」（家内奴隷）が位置するというものであったという。

　こうしたフィリピンにイスラームが浸透したのは，マレー半島の
イスラーム化に伴うものだった。14 世紀後半にはイスラーム教が
フィリピン群島域に到達していた。イスラームの東漸，フィリピン
への浸透は具体的にはスマトラからであった。アゴンシルリョによ
れば，最初にフィリピンにイスラームをもたらしたのは，スマトラ
のミナンカバウの小君主，ラジャ・バギンダであったという。彼が
スールーに至り，その地の人々をムスリムに，すなわちイスラーム
教へと改宗させていった。これに続くのがアブ・バクルであり，彼

70　　第 I 部　東南アジア世界の形成

は1450年頃，パレンバン（スマトラ中北部）からスールーに移住してきた。アブ・バクルは「世渡りの才をもった男」と評される（アゴンシリリョ［1977］）。彼は前出のバギンダの娘と結婚し，岳父が死ぬと，自らスルタンとなった。アラブのイスラーム政府の形態を採用し，その形そのままの政府を創設し，自らスルタンとして権力を掌握して，イスラーム教を支配下庶民の宗教であると定めた。

　他方，ミンダナオ島にはジョホールからイスラームが伝えられた。ジョホールのセリフ・カブンスワンがミンダナオに移住してから，彼の手でイスラーム原理が普及され，この地のイスラーム社会化の基礎が築き上げられていった。そしてその手法も，前２者と同様なものであった。移住してきたカブンスワンも，ミンダナオ現地の有力者と婚姻関係を結び，その力，社会関係を利用して，やがてはミンダナオにおける初代のスルタンとなった。

　かくしてジョホール，ミンダナオのイスラーム勢力はフィリピン群島域全体に向かって，イスラーム原理導入の活動（イスラーム教布教活動）を，その後も継続していたのである。このため，16世紀の半ば，スペイン勢力がフィリピン群島域に到達したとき，ミンダナオとスールーの大部分はもとより，ルソン島においてもそのマニラ（マニラ）湾岸，ボンボン（タール）湖一帯にはイスラーム教が広まっていたといわれる。

　スペインが，こうしたフィリピン群島域にその姿を現したのは，マゼラン，すなわちポルトガル人フェルナン・デ・マガリャンイスが，スペイン艦隊を率いて，地球西回りでマルク諸島をめざし，やがてマゼラン海峡を「発見」し，1519年，フィリピン群島域に到着したときだった。

　マゼランその人は，1521年，セブ島近くのマクタン島で，現地の王ラプラプと抗争に及んで殺害されたが，以後，スペインはフィリピン群島域を足場とする東南アジア貿易の体制を確立し，フィリ

第４章　交易の時代　　71

ピン植民地の形成を図った。そして1542年，ルイ・ロペス・デ・ビリャロボス船隊がフィリピン群島に至り，今日のレイテ島などを皇太子フェリペにちなみ，フェリペナスと命名した（フィリピナ島，のち群島全体の名称に）。領土支配への第一歩であった。

1564年，ミゲル・ロペス・デ・レガスピの船隊が，スペイン植民地メキシコからフィリピン群島に派遣され（翌65年着），以後，太平洋両岸を挟むスペイン植民地間貿易航路，いわゆる「ガレオン貿易航路」が開発され，スペインの本格的なフィリピン群島支配が実現されていったのである。1571年に，レガスピはルソン島のマニラを占領，この地にスペイン総督府を設置し，群島全域にその支配を拡大していく根拠地とした。そしてここに形成されていった支配の形は，大土地領有制の中南米支配と酷似したものだった。この後，フィリピン群島では，北部のスペイン植民地権力による，南部ムスリム地域に対する長期間にわたる植民地戦争が継続されることとなった。

第Ⅱ部
帝国主義・世界戦争そして独立

　第Ⅱ部は，19世紀前半から2つの世界大戦を経て東南アジアの多くの地域が独立を実現するまでの，百数十年間の歴史を叙述している。ここで扱われるのは，東南アジアがその自立性を奪われて，まさしく植民地支配の下に置かれ始めた段階から，やがて新たな形で政治的に独立を実現していくまでの，東南アジア近現代の歴史的変動である。

　15世紀以来の「商業の時代」の終わり，植民地化される時代に，東南アジア近代の歴史的変動が始まる。1870年代以降になると，ヨーロッパ勢力は相互に牽制しあいながらも，各地域の領土支配確立に向かい，植民地分割を成し遂げていった。対する東南アジア現地の抵抗は敗北に帰し，それは長く「反乱」の2字で記されることになった。ただタイのみが，巧みな外交を展開し，国家体制の西欧化に取り組み，唯一，独立を維持した。

　列強の植民地分割，支配の確立は，東南アジアの植民地開発が目的であった。新農産物の栽培強制，プランテーション導入に伴う営農サイクルの強制的変化，契約制ではあるが半強制的外部労働者の導入な

どから，民衆の社会不安感が増幅された。その結果，ジャワのサミン運動のように，民間宗教的な運動が人々を根深いところからとらえ，これらを基礎にいくつかの民衆「反乱」が生じた。こうした中で，相対的に早くから西欧的植民地支配に組み入れられていたフィリピンでは，1898年，三権分立を明記した憲法を有する第1次共和国を成立させたが，むしろ帝国主義時代最初の植民地再分割事例となった。

　20世紀になると，確立されていった東南アジア植民地支配体制下で，支配安定化のため，現地支配階層を統治下部機構に編成替えする政策が，共通してとられるようになった。その結果，「西欧的教育」を学んだ現地エリート層に，逆に異民族集団に不当に支配されているという認識が発展した。それらは植民地本国の社会運動やイスラーム改革運動など外部の運動にも刺激され，「民族」の覚醒となって現実化した。他方，列強の支配は，域内における地域国際分業型植民地への役割分担体制を確立させていった。

　こうした中で，第一次世界大戦は，東南アジアに独立実現への期待高揚，そして幻滅へと導き，このため以降の植民地抵抗運動（植民地ナショナリズム）は，共産主義を運動原理としたり，日本に漠然とした期待感を抱くようになった。しかしこれらは，第二次世界大戦を契機に再び幻滅を味わうこととなった。とくに占領支配を通じて日本への幻滅は極限に達した。日本の戦争が植民地型地域経済圏を破壊しただけだったからである。しかし第二次世界大戦は，長期の植民地体制から離脱する最大の機会となった。独立は外交交渉，独立戦争で実現を見たが，植民地支配と戦争被害からの経済復興，国家建設など，その後の進路は，依然として困難を極めるものだった。

第5章 「自生的東南アジア」の植民地化

通商と領土支配

スマトラ島西岸にあったイギリスの交易拠点フォート・マルボロウ（18世紀末）

英蘭ロンドン条約
（1824年3月17日）

東南アジア貿易をめぐって、17世紀以来、長く拮抗関係にあったオランダとイギリス両国は、1824年3月、いわゆる「英蘭ロンドン条約」を結び、両国の勢力範囲を確定し、妥協をした。この条約では、マラッカ海峡を境界線として、その東（つまりマレー半島）をイギリスの勢力圏とし、西（スマトラ島）をオランダの範囲とした。これに合わせて、シンガポールをイギリスに帰属させることにオランダが同意し、またそれぞれのイギリス領とオランダ領の交換も取り決めた。

他方，18世紀までを通じて，香料貿易を中心とした東南アジア貿易独占権をそれぞれの王国政府から与えられてきたオランダ，イギリス両国の東インド会社も，解散，独占権の廃止などが実施されていった。この両国のこれらの傾向に合わせるように，フィリピンにおけるスペインの植民地貿易独占体制も，1811年にガレオン貿易（→第4章）の廃止が決定され，その約20年後にはマニラが開港され，王立フィリピン会社も解散された（1834年）。

　これら一連の歴史的傾向は，それまでの「自生的東南アジア」はその一体性が解体されざるをえないという，一大転換点にさしかかっていたことを物語るものだった。すでに見たように東南アジア地域では，15世紀以来，インド洋貿易圏の一角を占め，東西貿易，もしくは地中海貿易圏と南シナ海・東シナ海貿易圏の中継貿易圏としていくつかの港市国家の興廃が繰り返されてきた。約2世紀にわたったこの「興廃」は，東南アジア，中でもその群島部を中心に，興亡する現地政治権力や商人によって主に担われてきた，まさしく東南アジアの「商業の時代」の産物であった。18世紀末から19世紀初めのこの時期，この時代が終わりを告げ始めたのであった。それは同時に「植民地東南アジアの時代」の始まりを意味していた。

　いうまでもなくこの変化は，主にヨーロッパ勢力が招来したものだった。すなわち18世紀末の西欧世界は，それまでの「大航海時代」を通じて培い，形成してきた新しい社会経済関係が確立しつつあった。この時期，それまでの東南アジアの貿易独占体制の政治基盤であった絶対王政を打破する，市民階層（産業資本家層）の社会革命が勃発（アメリカ独立革命，フランス革命）し，引き続く社会的争乱と混迷は世紀を超えて続いていた（ナポレオン戦争）。こうした状況はすでに東南アジア貿易にも影響をもたらしており，イギリスによるジャワ支配（1811～16年，ラッフルズの統治）は，その典型的事例であった。

東南アジアの歴史的傾向を決定づけることになったこうした変化は、いっそう社会経済的には、ヨーロッパ勢力による「大航海」、すなわち世界的規模における東西貿易活動の活発化そのもの、およびその帰結としてのアメリカ大陸の「開発」による銀のヨーロッパ市場への大量流入、などを契機としてもたらされたのである。

ラッフルズ

通商条約と植民地開発

前章で触れておいたように、かつては東西貿易の中心品目であった胡椒がヨーロッパの市場にあふれ、「特定の人びとのための贅沢品から一般大衆向けの消費物資となり、価格も低落した」のは、17世紀末だとされる（石澤・生田［1998］）。15世紀末以来の活発な貿易活動は、貿易の主要な商品構成をしだいに変化させるようになっていたのである。こうした変化の具体的経過の中では、当該品目取り扱い商人（多くがヨーロッパ絶対王政から独占権を付与されていた）による、さまざまな利益維持のための行動が、当然のごとくにとられていた（17世紀末、オランダ東インド会社がマルクでおこなった丁子栽培・取り扱い制限など）。

こうして、熱帯性商品栽培輸出地域となっていった東南アジアの貿易においては、時代が下るに従って、胡椒、丁子などの栽培から、米、コーヒー、砂糖、タバコ、あるいは錫生産などへと、この地域からの輸出品目構成が変化していった。熱帯・亜熱帯という地域的条件を利用した農業生産を拡充する志向は、ヨーロッパ勢力による領土支配の拡大傾向を、やがて、いっそう強めていくこととなったのである。東南アジア植民地化への動きである。17世紀末、オラ

ンダ東インド会社が始めたコーヒーの強制栽培は，この傾向の初期に属するものであった（東インド会社領西部ジャワ）。

　これらの東南アジア植民地化への動きは，ほぼ同時期に展開されていた南北アメリカ大陸の植民地開発が，まさしく植民による「開発」として展開されていたのに対し，異民族統治による「植民地開発」が志向されていたことを特徴としていた。かつまた領土支配を通じ，熱帯性新農産品を栽培輸出するという，こうした傾向は，ヨーロッパにおける 18 世紀末から 19 世紀初めの社会変革期に，各王制側が市民革命を弾圧するための軍事費その他，社会維持コスト増大を，その植民地収益をもって充てる必要に迫られ，一段と強められていったのである。と同時にまた植民地収益を確保するためにも，植民地現地に発生する抵抗を排するべく，植民地戦争を遂行せざるをえず，その費用を確保するためにも，なおいっそう領土支配を必要とし，それを強行するという連鎖的構造をもつことになった。

　かくしてイギリス，オランダ，フランスなどヨーロッパ勢力による東南アジア全域における通商拡大，そして植民地化の動きは，通商条約締結，その違背行為を口実とする政治介入，あるいは現地政治権力抗争への介入など，あらゆる機会をとらえた領土支配拡大行動として，19 世紀を通じて展開されていった。1825 年に中東部ジャワで始まる王族ディポ・ネゴロを指導者とするジャワ戦争（〜30 年）は，もともと，遠くナポレオン戦争の余波の中で，ジャワをオランダから奪ったイギリスが，地代金納制の導入など，短期間に急進的な植民地支配政策を実行し（英領ラッフルズ時代），さらにウィーン会議後に支配権の返還を受けたオランダが，これらの政策の転換を図るなど，支配者の交代が生み出した社会混乱を根源とするものだった。しかしこの戦争に勝利して，ジャワ支配を再確立するや，オランダは，コーヒー，藍，砂糖などの強制栽培を実施するようになった（強制栽培制度）。これより先，ミナンカバウ地域における内

78　　第Ⅱ部　帝国主義・世界戦争そして独立

表 5-1　19 世紀東南アジア植民地化略史 (1)

1826 年	第 1 次イギリス・ビルマ戦争終結（アラカン地方がイギリス領に）
30 年代	スペイン，フィリピンで中国人移民奨励
30	オランダ，ジャワで強制栽培制度を始める
33	オランダ，ミナンカバウ戦争（～38 年）
47	フランス軍艦，ツーロン（ダナン）砲撃（ベトナム植民地侵略の始まり）
48	ペラクで錫鉱山開発開始，中国人労働者流入始まる
52	第 2 次イギリス・ビルマ戦争（ペグー地方を併合，イギリス領に）
59	オランダ，バンジャルマシン（カリマンタン）戦争
同	フランス，サイゴン占領
62	イギリス領下ビルマ創設（下ビルマのテナセリム，アラカン，ペグーを統合）
同	第 1 次サイゴン条約締結（ベトナム南部 3 省，フランス領に）
63	フランス，カンボジアを保護国に
67	フランス，西部コーチシナ 3 省を占領

紛（イスラーム改革派パドリ対ミナンカバウ王室派）に介入していたオランダは，ジャワ戦争終結後の 1833 年，改めてパドリ戦争（別名ミナンカバウ戦争，～38 年）を開始し，やがてこの地を植民地西スマトラ州として編成し，1840 年代末からコーヒーの強制栽培をこの地にも導入していった。

　こうしたオランダの行動と踵を接しながら，イギリスは主として大陸部，ビルマ，タイ，そしてマレー半島に，19 世紀を通じて，介入を強めていった。ヨーロッパ勢力による，こうした一連の植民地確立への道程は表 5-1 に示したとおりである。これらは 19 世紀後半期，1870 年代以降にヨーロッパ勢力が相互牽制の下，雪崩のように東南アジア地域全域の領土支配確立，すなわち植民地分割を成し遂げていった姿である。

　こうした中にあって，スペイン王室による貿易独占体制を解除し

第 5 章　「自生的東南アジア」の植民地化　　79

た1830年代のフィリピンで，中国人移民が奨励され，また当初は
マレー半島部の各スルタン政府によって始められた錫鉱山開発，あ
るいはコーヒー，天然ゴム栽培をはじめとする熱帯商品作物栽培な
どに，契約制ではあるが半強制的労働者が導入されていったことに
とくに注目しておく必要があろう。ちなみに，マラヤに契約制のイ
ンド人労働者が導入され始めたのは，1830年代からであった。

清仏戦争

このように見てくると，ヨーロッパ諸国に
よる東南アジア植民地化の推進，領土支配
確立の衝動は，何よりもヨーロッパそれ自体の地域内事情を反映し
たものであった。東南アジアにとっては，地域外からの圧力に起因
する被植民地化の歴史過程であった。ヨーロッパ勢力の植民地征
服・侵略の行動に対して，東南アジアから激しい抵抗が生じること
は，むしろ必然的な歴史の過程となった。すでに述べたジャワ戦争
は，この東南アジア側からする抵抗の具体的現れであった。

　1820年代から70年にかけての約半世紀間，ヨーロッパ勢力の植
民地領土拡張への具体的姿の一端は，表5-1に見るとおりである。

　かくして，ヨーロッパ勢力による1870年代以降の東南アジアの
植民地分割時代が到来したのであった。急速に帝国主義化する西欧
世界で小国化していったオランダの場合は，すでに領土支配を確立
しているジャワ，スマトラの地で，改めてほとんどすべての土地を
国王のものと宣言して，この植民地分割時代の趨勢に対応した。そ
して1873年には，スマトラ北部アチェに対しても征服戦争をしか
けていった（〜1910年頃まで）。同じ73年，イギリスは海峡植民地
を中心に，積極介入方針に転換し，マレーの植民地化に乗り出して，
やがて96年に完全植民地イギリス領マレー連合州を発足させてい
く。他方，ビルマに対しては85年の第3次イギリス・ビルマ戦争
（英緬戦争）でビルマ王国を滅亡させた。

　西欧列強の勢力圏拡大の中間点に位置したタイは，のちに述べら

表 5-2　19 世紀東南アジア植民地化略史(2)

1870 年	オランダ，ジャワで国有地宣言
73	オランダ，アチェ戦争（〜1910 年頃）
同	イギリス，マレー半島で介入政策に転換，植民地化を推進
74	第 2 次サイゴン条約，フランス，紅河通商権獲得
82	フランス，ハノイ占領（ベトナム，清の黒旗軍とともに抵抗）
83	第 1 次フエ条約（アルマン条約，ベトナムがフランスの保護国に）
84	第 2 次フエ条約（パトノートル条約，ベトナム，清への服属関係を断つ）
同	清仏戦争（フランス艦隊が揚子江封鎖）
85	天津条約，清がフランスのベトナム保護国化を承認
同	第 3 次イギリス・ビルマ戦争（ビルマ王国滅亡）
86	ビルマ，イギリス領インドに編入，インドの 1 州に
87	フランス植民地インドシナ連邦成立
96	イギリス支配下のマレー連合州発足
98	オランダ，アチェで「簡易宣言」を適用（間接統治の拡大）
同	清仏協定で広州湾をフランスが租借，インドシナ連邦に編入

れるように，すでに 1855 年にイギリスと通商航海条約（バウリング条約）を締結していたが，68 年即位したチュラロンコーン大王（ラーマ 5 世）の下で，1870 年までに多くの欧米諸国と通商航海条約を結ぶことに成功していた。そして国家体制の「西欧化＝近代化」に取り組み，独立を維持していくこととなった。

　こうしたタイの国家行動が，地理的歴史的条件によって許容されることになったものであるとすれば，植民地分割競争に遅れて参入したことから，激しい征服衝動にかられていたフランスの植民地侵略活動に直面したベトナムは，アジアの宗主国としての清に期待するという選択しかなかったともいえるであろう。1873 年，ベトナムは清の義勇軍黒旗軍の支援を受け，フランスのハノイ占領を一度は撃退したものの，80 年代にはフランスの武力に屈服し，83 年のアルマン条約（第 1 次フエ条約）でフランス保護国と化し，84 年，

パトノートル条約（第2次フエ条約）で清への服属関係を絶つことを約束した。そしてこの直後，清仏戦争に敗北した清の姿は，ベトナムのフランス植民地化確定という以上に，20世紀に入ってからの清，すなわち中国の姿を予測させるものともなった。日清戦争の約10年前のことであった（→表5-2）。

> パリ講和条約とフィリピン第1次共和国

西欧列強による東南アジア植民地分割，その支配の確立は，すでに触れておいたように，植民地開発を目的とするものであった。したがってここに生じたものは，一般庶民にとってみると，単に支配者が交代し，異民族の支配権力が樹立されたということにとどまらない，大きな社会生活上の変化を伴っていた（後述）。これらに対して，早くも1880年代にはいくつかの民衆「反乱」が生じることになった。ビルマでは下ビルマがイギリス植民地に編入されるに伴って，インドから多数の契約労働者が流入していた。そして86年，ビルマ全土が英領インドに編入されインドの1州とされたことを契機に，ビルマ全域で反英暴動が展開された（～90年頃）。またオランダ支配下のジャワでも，1888年にバンテンで反オランダ農民蜂起が生じていた。この後のジャワでは，90年頃から，中部ジャワの農民サミンを創始者とする「サミン運動」が根深く広まることとなった（～1910年代。インドネシア社会運動への影響は1950年代まで続いたといわれる）。その教義は，イスラーム教とメシア信仰を基礎にしながら，あえていえば原始共産主義社会への復帰をとなえるものであった。こうした民間宗教的な運動が根深く人々をとらえていたところに，この時期の一般庶民の社会的不安感が浮き出ていた。

植民地化の圧力に対抗する東南アジア国家の形として，すでに見たタイが，国家近代化（西欧スタイルへの転換）の道をとり，他方のベトナムが，宗主国清との連携というアジア的なスタイルを採用し

Column ⑤ サミン運動

　19世紀後半から20世紀初め，オランダ植民地支配下インドネシアの民族運動創生期に，ジャワで広まった一種の宗教的民族運動で，創始者はジャワ島中部に生まれたサミン・スロンティコ（もしくはスロセンティコ）。教育を受けたことがなく文字も知らない農民出身のため，自らの教義もしくは主張を書き残したものはなく，オランダ側の資料によってのみその内容をうかがうしかないが，イスラーム的内容ではなく，「求めるな」「嘘をつくな」「盗むな」「侮辱されても沈黙を守れ」などの8項目からなっていたという。

　この運動が植民地支配者側の関心を呼んだのは，オランダ人を悪鬼と見なし，これを排撃するメシア（救世主）が出現すると予言し，これを受け入れた信者たちが徴税労役拒否など，オランダ支配に実質的に抵抗し始めたからであった。共鳴した人々の運動は，1890年代以降拡大し，1910年代に最高潮に達していた。民族運動成長のこの時期，あたかもこの運動が，なお知識人運動にとどまっていた民族運動に大衆的基盤を提供することになった。第一次世界大戦をはさむこの時代に，この運動は20年代前半の民族運動をリードしたサリカット・イスラーム（イスラーム同盟）の発展，アジアで初めての共産党結成に至る社会主義運動の成長などに，人々を活性化させる基盤となったのであった（土屋［1971］，白石［1979］，永積［1980］）。

たとすると，このサミン運動は，旧思想の再興のスタイルをとった民衆レベルの新社会運動（メシア運動）と特徴づけられるであろう（→ *Column* ⑤）。

　こうした中で，タイよりももっと徹底した西欧スタイル（民族独立運動）を，採用せざるをえなかったのがフィリピンであった。

　フィリピンにおけるスペイン植民地支配に対する抵抗は，1870年代に始まっていた（72年のカビテ暴動，カビテ兵器廠の労働者が貢税・強制労働免除の特典廃止に抗議した反乱）。それらはやがて82年，プロパガンダ運動という文化運動の形態をとった（〜95年頃まで）。スペイン当局の監視体制への抗議運動は，フィリピン，スペインの

第5章　「自生的東南アジア」の植民地化　　**83**

表5-3　フィリピン第1次共和国略史

1892年	秘密結社カティプーナン結成
96	フィリピン独立革命勃発（8月30日）
同	スペイン軍約3万人増援，ホセ・リサール処刑（12月30日）
97	フィリピン革命政府成立（3月22日，大統領アギナルド）
同	政府指導部，香港亡命（12月29日）
98	ルソン島，ビサヤ諸島に独立勢力拡大（3〜4月）
同	アメリカ・スペイン戦争開戦（4月25日）
同	アメリカ極東艦隊，マニラ湾を制圧（5月1日）
同	アギナルドらアメリカ軍艦で帰国（5月19日），独立宣言（6月12日）
同	アメリカ・スペイン講和条約調印（12月10日，パリ，フィリピン領有権がアメリカに）
99	フィリピン第1次共和国（首都ブラカン州マロロス）成立（1月23日）
同	フィリピン・アメリカ戦争開戦（2月5日）
同	首都マロロス陥落（3月31日）
1900	アメリカ軍，増援部隊8万人がフィリピンに（1月）
02	アメリカ大統領ローズベルト，平定完了宣言

双方で広がり，民族英雄ホセ・リサールの最初の小説『ノリ・メ・タンヘレ』も，この運動の渦中で刊行された（87年）。

　スペイン植民地支配から離脱しようというこの試みは，1892年，ホセ・リサールのフィリピン帰国を機に現実化した。ホセ・リサールは，96年勃発した植民地独立革命運動のさなか，スペイン植民地当局によって捕縛・処刑された。しかし植民地フィリピンは，スペインとの独立戦争，および支援者を名のっていたアメリカとの独立擁護戦争の中で，1898年6月に独立を宣言，翌99年1月には，三権分立を明記した憲法を有するフィリピン第1次共和国（マロロス共和国，首都所在地ブラカン州マロロスにちなむ）を成立させた（→表5-3，図5-1）。しかしアメリカ・スペイン両国は，こうしたフィリピン現地の動きをまったく無視し，パリ講和条約で領有権をアメリ

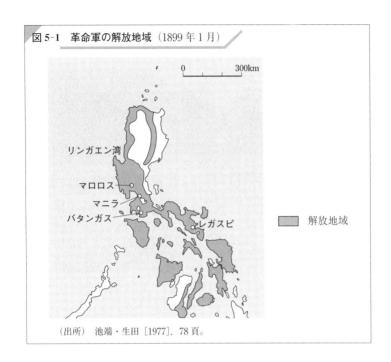

図 5-1 革命軍の解放地域 (1899 年 1 月)

(出所) 池端・生田 [1977], 78 頁。

カの手に移すことを合意していた。

かくして独立を宣言したマロロス共和国は, 植民地領有権を手にしたアメリカによって遂行された植民地戦争の結果, やがて征服されることとなった。ここに示されていたフィリピンの姿は, むしろ植民地再分割抗争が強まる, 20世紀帝国主義時代の植民地独立運動の行く手を暗示するものでもあった。

スペイン, アメリカのフィリピン植民地支配

フィリピンはアメリカの武力の前にその植民地として征服された。とはいえ一時的なものではあっても, アジアで初めて植民地からの独立を実現し, また西欧型の三権分立を明記した憲法をもつ共和国となった。しかし西欧列強がこぞって世界の植民地的分割を図り, 植民地支配体制の確立強化に邁進している帝国主義時代のま

第5章 「自生的東南アジア」の植民地化　85

フィリピン・アメリカ戦争で，フィリピン・ゲリラ部隊と戦闘中のアメリカ軍偵察部隊

っただ中で，この共和国独立は，むしろ植民地再分割の最初の事例であり，かつまた再分割の絶好の対象にすぎなかったともいえるであろう。

　フィリピン群島北部のルソン島を中心に樹立されていったスペイン植民地支配は，フィリピンの歴史家が指摘するように，そもそも「初期のカトリック神父達は，伝道の熱意でこり固まっていたので，現地人のカトリックへの改宗の道を平らにするために，この土地の固有のものは，手当たり次第に焼き捨て」，「スペインの征服者と伝道者とは，別々の場合もあったが，ほとんどいつも協力しあいながら，信仰においてはカトリック的だが，形式と内容においてはスペイン・フィリピン的社会」を発達させ，その結果として，「どんなカトリックのコミュニティーでも，それがスペイン時代から続いているものであるかぎり，教会と町役場とはまるで双子のように肩を

並べてたってい」るような社会を形づくらせていた（アゴンシルリョ［1977］）。スペインの植民地支配は，フィリピン社会を根本から改変させていくように機能したのであった。そして「カトリック教会の福音宣教」が，「植民地支配を正当化し，かつ強化する」役割を担いながら，他方，やがて，フィリピン群島の人々の生活や文化・精神に根を下ろし，この群島に住む諸民族の大多数の人に心の拠り所を与えるに従い，今度は，「フィリピン民衆の植民地支配に対する抵抗・解放運動の拠り所を与え」ることになっていったのである（アビトほか［1986］）。

　スペインのフィリピン植民地支配のこのような特徴は，自己の宗教布教を重要な足がかりとして，現地住民社会を根本から改変することで，その安定化を進めるものであったと位置づけられるであろう。しかしそこでは，「1898年，つまりスペイン時代の終わりには，信頼できるデータはないとはいえ，識字率は住民600万人の5％以上ではありえなかった」（アゴンシルリョ［1977］）と推定されているように，のちに見るオランダ，イギリス，フランスの事例と比べても，現地社会は単なる支配と略奪の対象にしかすぎなかった。

　ところがマロロス共和国の独立を圧殺して植民地支配を確立したアメリカが最初に取り組んだことは，大衆一般に教育をほどこすことであった。アゴンシルリョは次のように語る。

　「フィリピン内で最初に作られたアメリカン・スクールの場所は，コレヒドールだった。……フィリピン人兵士やゲリラ戦士を打ち殺した兵士が，銃を傍らにおいて，フィリピン人の子供の右手をとって，英語のアルファベットで，自分たちの名を書く指導をする先生だった」と。そして「今世紀初頭の教育は，ある意味では，軍隊的性格を持ったものだった。陸軍中尉が，市の学校の監督官になった」。「スペイン時代の教育といえば，金持ち，フィリピンに居着いたスペイン人と半島生まれのスペイン人の子供，またはスペイン系

捕虜にしたゲリラ部隊将校と記念撮影するアメリカ軍兵士。フィリピン・ゲリラ部隊は軍服を着用しなかったという。

の混血の子に限られていた」。しかしアメリカ支配下の教育は、「そもそもの初めから、教育には奨励が与えられた。一方で、子供たちには、学校用品とスナックが支給された。他方では、アメリカ側から、子供を学校に出すようにと、幅広く勧誘がなされた。反響は強烈であった。1899〜1900年の学年の就学児童数は、10万人にのぼった」。「学制はほとんどアメリカの公立学校制にならっていた。……1903年から1914年までの間に、かなり大勢のフィリピン人がアメリカに行って方々の大学で勉強した」（アゴンシルリョ［1977］）。これらは驚異的な識字率向上となって現れ、第1回国勢調査（1903年実施）時点で、人口760万人の44.2%となった（1918年、49.2%、35年65%）。独立を踏みにじったアメリカは、こうした大衆教育、すなわち英語教育による「公教育」を推進、実行し、大衆をアメリカ的に「教化」することで支配を貫徹していったのである。

アメリカはまた1902年に、フィリピン組織法を制定した。土地

利用などに関する規定を盛り込んだこの法律で，スペイン時代の大
土地制（アシエンダ制）の解消をめざす，つまりスペイン支配を社
会関係の面でも払拭しようとしたのであった。しかしカトリック教
団領の買収や公有地の配分は順調に進まなかった。土地配分規定も
25年有償年賦であるなど，不十分であったため，刈分け小作制（収
穫物を一定の比率で地主・小作人間で配分する小作形態，カサマ制と呼ば
れた）下の小作農に配分農地がわたることはほとんどなく，スペイ
ン支配の一掃は進まなかった。

オランダおよびフランスの支配

20世紀の初めに，タイを除く東南アジア
のほとんどの地域が，このように欧米諸列
強の植民地領域となった。帝国主義的植民
地支配の体制が，かくしてこのとき，東南アジアに樹立されたので
ある。この地域の主要な支配国，イギリス，フランス，オランダの
すべてが，19世紀末以来，世界市場輸出のため，東南アジアで農
業開発を進めていた。フランスによるメコン・デルタ開発や，オラ
ンダによるインドネシアの「外領」（ジャワ島以外の島々，「外島」）に
おける農園拡大，イギリスの下ビルマ開発などである。のちに詳し
く見るように，東南アジア社会は植民地支配の確立と一次産品・食
糧供給地をめざす経済開発の推進によって，社会的変化もいっそう
進行していった。

　ところで1900年代初頭に，強制栽培制度など，これまでの苛酷
な植民地支配を反省し，「原住民福祉」を重視するという「倫理政
策」を掲げたのはオランダであった。しかしここでも，インドネシ
ア植民地支配維持のため，そしてその中心産業であるプランテーシ
ョン企業のために，その農園用地を確保しようとする基本政策に変
わりはなかった。1900年に制定した「栽培法」では，農地（プラン
テーション用）賃貸借の期限を緩和して，長期土地利用に道を開い
たのである。具体的には，たとえばジャワ農村において「世襲的個

第5章　「自生的東南アジア」の植民地化　　89

人占有地」に対しては，それまでの5年を期限とするところから，新たに12年までと大幅に賃借契約の期間を延長した。また「共同的占有地」（入会い農地の一種）についても，権利を有する農民の3分の2の賛成によって契約成立という制約を解除し，新たに3分の1が反対しない限り賃貸借契約は可能とするとされた。さらにまた一農村の全農地を，植民地政庁官吏が関与して，プランテーションにまるごと貸し出す制度も新たに確立された。むしろプランテーション企業が植民地インドネシアの熱帯農産物生産に参入しやすくなるよう変更されていったのである。

　こうした改変，もしくは新たな支配体系の確立は，植民地総督の下にレシデント（理事官，一級自治体の長に相当）以下，オランダ人植民地官僚を配置し，ジャワで見ると，プリヤイ層（ジャワ人支配層）をブパティ（県長，理事官の下位に相当）以下の「原住民官僚」に対応させるなど（図5-2）に示されるように，支配の上部機構確立に合わせて，農民支配の末端機構の整備も進められた。1912年，オランダはデサと呼ばれていた自然村落を，効率的な植民地統治に適合させるため，まず中部ジャワから，広域的な行政村（クルラハン。村長の支配する地域の意）に統合する政策を実施に移していった。村落レベルに至るまで現地住民を利用して植民地支配の強化を実現するためだった。

　こうして現地支配階層を，植民地統治の下部機構に編成替えして配置する政策が，植民地分割の完了に引き続いて，オランダ支配のみならず，西欧列強に共通する植民地統治強化策としてとられるようになっていった。

　フランスの場合は，1897年から1902年まで在任したドゥーメル総督が植民地行政システムを確立し，以後40年間変更されることはなかった。そしてその植民地政策は，東南アジアの植民地領有諸列強中で，最も頑迷で融通性に欠けるものだった。「インドシナは

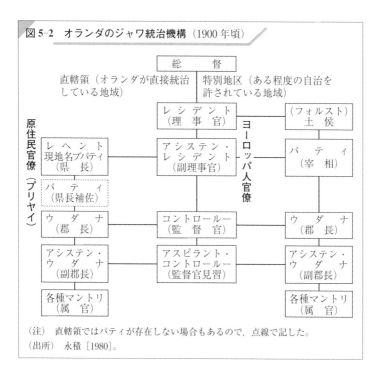

図5-2 オランダのジャワ統治機構（1900年頃）

（注）直轄領ではパティが存在しない場合もあるので，点線で記した。
（出所）永積［1980］。

フランスによって完全に支配されるべき緊密な結合体として帝国の不可欠な一部」であるというのが，基本理念だったからである。そしてそこでは，現地エリート層（支配層）とフランス植民省との協同関係を樹立するために，「土着社会」の伝統的制度・慣習の温存を掲げる一方，現地住民にフランス式への同化を強く要求するという政策（フランス的な概念と規範のみによる政策）を採用するという矛盾した行動もとっていた。結局は，現地インドシナの旧支配層をオランダと同様に植民地機構に取り入れざるをえず，それでもなお同時に，フランスへの「同化」を推進して，支配の安定長期化を進めようとするためであった。いかに強硬な姿勢で臨んだフランスといえども，支配の安定化のためには，現地支配層の「協力」を取り付

けることも必要だったのである。

イギリス支配

イギリスは，この時期，依然として植民地
帝国の地位にあって，非西欧世界に君臨し
ていた。そしてそのビルマ支配においては，オランダ，フランスな
どと同じように，村落レベルから現地住民組織を改組しながら，植
民地行政機構に組み入れる統治を進めていた。イギリス植民地とな
ったビルマが，インド総督令によって，イギリス領インド帝国の正
式な自治州に位置づけられたのは，1897年4月である。1850年代
以来イギリス支配が浸透した下ビルマでは，弁務官（コミショナー）
の下に管区と県を設置し統治する方法がとられた。それらは1897
年に改められ，副知事が植民地行政の頂点に立つこととなり，副知
事を議長とする諮問機関である立法参事会制度が導入された。ここ
に，イギリスのビルマ植民地支配は，西欧型国家機構形態をとった
植民地統治構造を整えたのであった。しかしこの立法参事会は，立
法参事会議員9名すべてが副知事から任命されるものであり，かつ
ビルマ人の任命はほとんどないという擬似的な民主制度にすぎなか
った。それでもオランダ，フランスなどに比すると，擬似的であっ
ても民主制度を早くから導入したというのが，イギリス支配の特徴
であった。そしてこの擬似的な部分は，このあとビルマにおける民
族運動の高まりに応じて，徐々に修正が加えられていくことになっ
た。

　イギリスは，第一次世界大戦終結直後の1919年，その植民地イ
ンドにモンタギュー＝チェルムスフォード改正インド統治法を制定
し，いわゆる両頭制政治を施行する。インドにおける民族独立運動
に対応するためだった。しかしこの制度がビルマに適用されたのは，
ビルマ民族主義が台頭した23年になってからであった。ビルマは
これを機に他のインド諸州と同等の知事州となり，導入された新た
な統治機構（両頭制政治）では，それまでの副知事に代わって知事

92　第Ⅱ部　帝国主義・世界戦争そして独立

図5-3 イギリス植民地下ビルマ（1923〜48年）の行政機構図

行政区画	行政責任者

政庁 — ビルマ州知事（chief commissioner）1923〜37年3月
ビルマ総督（governor）1937年4月〜

管区（division） — 管区長官（commissioner）

県（district） — 県知事（deputy commissioner）

郡（subdivision） — 郡長（assistant commissioner）

市/町（township） — 市長・町長（ミョウ・オウッ）

村（circle） — 村長（ユワ・ダヂー）

県知事による任命

（注）1937年3月まで英領インド帝国ビルマ州として扱われる。州知事は英領インド帝国副王（総督）が任命。同年4月，インドから分離，直轄植民地の英領ビルマとして1948年1月4日の独立まで存続。総督はイギリス政府の指名により政治家から選ばれ，イギリス国王が任命。

が行政の頂点に立った（図5-3）。立法参事会（立法府）が創設され，その議員103名は80名を公選とした（うちビルマ人議席は58名）。立法参事会の権限は，総督直轄のシャン連合州，カチン，チンなどの辺境を除外した管区ビルマと呼ばれる地域に及ぶものとされ，また4人の大臣（うちビルマ人3人）と知事からなる行政参事会が農業・森林・公共事業・教育・保健衛生を所管することとなった。ただし，国防・外交・運輸・通信・通貨・関税の部門はこれまでどおりインド政庁が所管・直轄した。このためビルマ側の意思を部分的にしか反映させることのできない体制であったといえる。しかし，その後，37年4月にインドから分離されイギリスの直轄植民地になると，知事に代わって総督が任命され，新たに制定されたビルマ統治法によりビルマ側の権限は格段に拡充された（→第7章）。

第5章 「自生的東南アジア」の植民地化　93

ところで植民地支配体系が，このように現地社会のエリート層，支配階層を自己の体系に取り入れるということは，言語教育を含めて彼らに対してある程度までの「西欧的教育」を施すことを意味していた。海峡植民地の成立とともに，マレーにおける支配確立のために，イギリスは系統的な教育事業を開始した。1905年，クアラ・カンサルに，イギリス本国のパブリック・スクールをモデルとした寄宿制学校，マレー・カレッジを開設した。このカレッジが受け入れた学生は，主としてマレー人の王族・貴族など，マレー社会の上流階級の子弟であった。そしてこのカレッジにおける教育体系（英語教育を含む）が，植民地本国イギリスの高等教育（大学留学）へと，道をつなげられていたのである。そしてこのような教育機関で学んだ現地エリート層，多くは植民地支配を支えるために養成された下級官吏，技術者の中から，のちに述べられるような民族運動の指導者たちが誕生してきたのであった。

植民地支配体制の帰結：民族の覚醒　植民地支配はもともと経済的な利害から始まったもの，つまり経済的現象でもある。この経済的要請に応え，さらにこれを補完する必要性から領土支配が確立されていったといってよいであろう。そしてその支配は，「近代資本主義の全期間を通じて，これまで，どの本国の政党も，一つとして，政府を説得して，その植民地政策を本質的に修正させることに成功したものはない」と指摘される（プルヴィーア［1977］）。東南アジアにおける西欧列強の植民地支配は，このような歴史的条件を受けて，全体としても個別的にも，著しく同質性を欠如させ，多様な，もしくは相矛盾する政策を併存させてきた。

東南アジアにおける民衆のさまざまな行動，その抵抗運動は，何よりもこれらの植民地支配政策，植民地社会に対する，不安と不信を根底に置いた抗議の働きかけでもあった。そしてこれらの「運

動」は，すでに触れたジャワのサミン運動のように，何かの救世主
に期待するいわゆるメシア運動にとどまらず，その地における伝統
的価値観，支配的思想を見直す動きとしても生じていたのである。
それらの多くは，ビルマの青年仏教会（YMBA）の設立（1906 年），
ベトナムの「ドンズー運動」（東遊運動，日本留学の推奨，1905 年頃か
ら），マレーでのインド人協会設立（1906 年），タイの中華総商会の
結成（1908 年），トルコのイスラーム改革運動の波及，あるいはジ
ャワの西欧型民族団体「ブディ・ウトモ」結成（1908 年）など，多
かれ少なかれ，東南アジア地域外のさまざまな運動と相互に関連す
るものであった。

　すなわちメシア的運動のほかに，別に詳しく述べるように，大別
すると植民地本国の社会運動を反映した民族運動と労働運動，イス
ラーム改革運動，東南アジア各地の華僑の権利獲得運動，これに刺
激された現地住民の権利擁護運動，などである。そしてこうした運
動に共通するのは，西欧の植民地支配をとおして流入した思想，す
なわち異民族集団に不当に支配されているという認識の発展であっ
た。東南アジアにおける「民族」の覚醒である。植民地支配が必然
的にもたらしたものであった。

第 5 章　「自生的東南アジア」の植民地化　　**95**

第6章 植民地的国際分業と東南アジア農村

開発のネットワーク

マラッカのゴム園で樹液を採取する労働者（1934年）

植民地分割と経済開発　　かつて日本が対アメリカ，イギリス戦争（アジア太平洋戦争）開始を最終意思決定した「帝国国策遂行要領」をまとめた御前会議（1941年11月5日）議事録に，次のような一節がある。「南方作戦地域（東南アジア地域などを指す）は，従来，各種の物資を相当に輸入し居るところ，我が方において，之を占領したる場合，これらの輸入は途絶すべく，従

って其の経済を円滑に維持するためには，我が方において，物資の供給をなすべきも，我が国はそのために充分の余力なきを以て，相当長期の間現地一般民衆の生活を顧慮するの暇なく，当分は所謂，搾取的方針に出でる事，止むを得ざるべしと考えらる」。大蔵大臣賀屋興宣の昭和天皇への説明の抜粋である。

　戦前期日本が，いかに展望なく第二次世界大戦に突入していったかを物語り，かつまたその後の戦時下東南アジア民衆の悲惨さを予告した一文としても知られるものである。しかし同時にこの一節は，欧米列強によって植民地分割されていた東南アジア地域経済の特性が正確に認識されていることを端的に示すものでもあった。東南アジア地域一括占領を前提としていたからであった。第二次世界大戦後の日本における東南アジア経済分析の傾向，すなわち国家独立という歴史的転換を踏まえ，そこに設定された国境線に従い，個々に完結した国民経済が成立するという一種の「一国」把握型の経済史分析に傾斜しすぎた傾向に，この分析はかえって陥ることがなかったといえるかもしれない。

　東南アジアの20世紀初頭の姿は，すでに触れたように，フィリピン群島域がアメリカに，インドネシア群島域がオランダに，インドシナ領域がフランスに，ビルマから東へマレー半島，ボルネオ（カリマンタン）島の一部にかけてがイギリス領にと，ほぼこの4つの帝国主義国家によって分割支配されていた。

　各列強は，それぞれの植民地領域で，それぞれに「経済開発」を推進していた。その多くは，いうまでもなく，欧米市場向けの熱帯性輸出用商業農作物の大規模栽培であった。またこれに加えて，近代工業が求める石油，錫，鉄などの地下鉱物資源開発を進めていた。そしてかつて19世紀後半近くまで，こうした経済開発の主体は，独占権を付与されていた開発会社（東インド会社など）であり，また各植民地政庁それ自体であった。輸出向け商品作物を，植民地権力

第6章　植民地的国際分業と東南アジア農村　　97

が一種の租税として，ときに強制して，現地農民に栽培させていた。しかし植民地分割が完了したこの時期になると，開発主体が交代していった。植民地権力それ自体から，少なくとも現地農民と契約を結ぶという形態をとった農園企業（プランテーション）へと，開発・栽培・生産の主体が転換していったのである。

　植民地本国においては，急速に寡占企業が成長し，経済的にも帝国主義時代が到来しており，東南アジア現地においても，まさしくこの帝国主義の時代に照応して，農園企業の進出が大規模化し，またそれら企業の吸収合併が並行して進行していた。

　ちなみに西欧列強諸国の東南アジア地域への企業進出規模を，インドネシア，インドシナについて見てみると，以下のようであった。まずインドネシア群島域を見ると，1900年の7.5億ギルダーの規模から，15年には15億ギルダーとなり，世界大恐慌直前の時期である29年には40億ギルダーに増加していた。そしてその半分，約20億ギルダーが農園向け投資となっていた。またフランス領インドシナ連邦のコーチシナの場合，この地域は稲作プランテーション地帯に仕立て上げられたが，20年代になると，ゴム・プランテーション向けの大規模投資も進み，20年代後半には，フランス本国のインドシナ向け投資の約3分の1（約140億フランと推定）がこの部門向けとなっていた。

　このような企業進出（資本投下の増大）の傾向は，必然的に東南アジアに向かう人の流れ，ことに移民労働者の流れの増大をもたらしていた。近代世界の産業発展は，世界的にも，かつての奴隷貿易をはじめ，南北アメリカ大陸への移民など，自発，強制を含む大規模な人の移動を伴ってきた。この時期の東南アジアにおける植民地的経済開発は，現地農民だけでは不足する労働需要を満たすためにも，一段と周辺アジア，ことに中国，インドからの移民労働者（契約労働者）を吸引することとなった。そしてその規模は，必ずしも明確

といえるものではないが、19世紀から20世紀初頭のヨーロッパから南北アメリカ大陸への移民者推定数が約5000万人であった、と推計できるとすれば、アジア、ことに中国、インドからの移民者数もほぼ同規模であったと見なされる。その多くは東南アジアに向かったものであった。この流れの中心に位置していたのが、半強制的契約労働者、いわゆるクーリー労働者であった。彼らは農園・鉱山の下層不熟練労働者として東南アジアに流入

東南アジアをめざすジャンク船（中国伝統の船舶）甲板上の中国人移民。移民の多くが豊かな暮らしを夢見ていたという。

した。これらの中から、小流通業者、金融業者（金貸し）として定着するグループも増大していった。彼らが現地社会に華僑社会、インド系コミュニティなどを改めて形成したのである。そして彼らは、金融業、旅館・料理店等のサービス業で勢力をさらに広げ、その結果、欧米の植民地支配と農業的現地経済の間隙に位置することとなった。現代東南アジアの民族問題の源である。

植民地相互補完関係の形成：域内経済ネットワークの「復活」

かくして、欧米列強による東南アジア植民地支配分割体制の成立に歩を合わせるように、もしくは背反するように、主として中国、インドなどから、植民地領土支配域を越えた労働力供給「体

第6章 植民地的国際分業と東南アジア農村 99

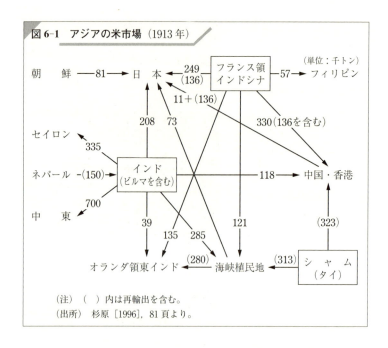

図 6-1 アジアの米市場（1913 年）

(注) ( ) 内は再輸出を含む。
(出所) 杉原 [1996], 81 頁より。

制」が構築されていったのである。これらは，実際の経済活動において，領域支配の区分とは離れて，むしろ相互連関的な関係を形成していたという，東南アジア植民地体制の1つの特徴を示すものであった。

図 6-1 に示されるように，この時期の東南アジアの米輸出入は，一方に，輸出地域であるイギリス領ビルマ，フランス領インドシナ，および実質的にはイギリスの保護国化しているタイ（シャム）があり，そしてこれらの地域から米を輸入する地域として，天然ゴムおよび錫の生産植民地としてのイギリス領マレー，アメリカ植民地となった砂糖生産地フィリピン，天然ゴム，コーヒー，タバコ，砂糖など熱帯性嗜好品作物栽培植民地のオランダ領インドネシア，という植民地領有国の領域を越えた貿易性向が成立していた。すなわち

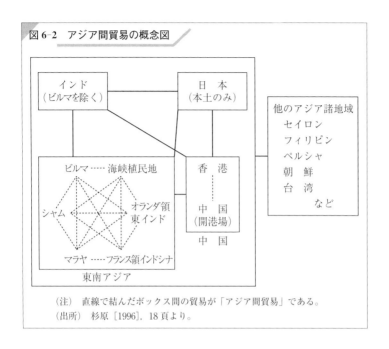

図 6-2 アジア間貿易の概念図

（注）　直線で結んだボックス間の貿易が「アジア間貿易」である。
（出所）　杉原 [1996]，18頁より。

植民地領域の分割支配にもかかわらず，そのそれぞれの植民地開発が，相互にその地域特性を生かし，かつそれを前提として進められた。列強の植民地支配は，東南アジアを全体として相互に補完する関係を構築するようになっていったのである。

図 6-2 に示されているように，杉原薫は，こうした植民地東南アジアの交易関係を，さらに広く中国，インド，日本をも含むより広い「アジア経済圏」という範囲でとらえて，東南アジアはこの地域経済圏に包摂され，その一部を構成していると見なしている。欧米列強による植民地支配体制が確立された結果，植民地時代のアジアに地域「国際分業」の体系が成立したのであった。

アジア経済が世界経済に包摂されたのは，1880年代から20世紀の初頭，第一次世界大戦までの時期であった。それはまた同時に，

内部に地域的な「国際分業体制」を形成し，構造的な連関をもった1つの経済圏をアジアが成立させていったことを意味していた。杉原薫によって，「綿業基軸体制」と特色づけられたこの体系の構図は，すでに「伝統的通商圏」（「生産・流通・消費の構造」，→第4章）をもっていたアジアが，19世紀後半以降，西欧の新たな政治的・経済的進出に対応して，インド，日本の工業化を基軸にしたアジア間貿易を拡大しつつ，国際分業体制を形成したものである。それらを可能にしたのは，ニーズに見合った原綿の産地，近代紡績業，膨大な手織生産，という3つの要素を域内にもっていたからであった（杉原［1996]）。

　ゴム，錫産業の事例で見ると，1900年代から10年代の前半に，イギリス領マレー地域でこれらの産品の増産が図られると，この部門に流入し雇用されるインド系，中国系労働者数も対応して増大した。この増大した労働人口が有した食糧需要の増加に応じて，すでに述べたような，植民地領域を越え，各米生産植民地のプランテーション，すなわちビルマ，タイ，ベトナムなどから米がもたらされた。マレーの輸入が増加し，域内の交易活動が広がりを見せたのである。そしてさらにこれらの契約移民労働者の流入で，インド人労働者がインド綿布を，中国人労働者は南京木綿を求めるなど，東南アジア域内に付随的需要を発生させていった。砂糖（ジャワから），嗜好品，日用品雑貨などが，域内各地から，あるいはインド，そして日本などから輸入されるようになった。

　すなわち植民地分割の前提であったヨーロッパ市場向け熱帯農産物生産輸出の体制確立は，東南アジア域内外から，この部門への雇用労働者を吸引し，そのことが東南アジア域内における地域国際分業型植民地への役割分担の体制を確立させることになった。そしてここに発生する雇用労働者の現金収入が，生活必需品の需要増大に結びつき，アジア産の製造業製品需要を増大させる，という連鎖を

形成させていたのである。この連鎖は，インド綿布，南京木綿など厚手綿布とその原料である短繊維綿花の輸出入を1つの軸にして展開されていた。「綿業基軸体制」と特色づけられたゆえんである。

こうした「最終需要連関効果」と定義づけられる構造的連鎖，アジア国際分業体制においては，東南アジア地域が1つの要に位置していた。繰り返しになるが，西欧列強の一次産品生産植民地となったこの地域に向かって，アジアの他地域から綿布その他が輸出されたのであり，またそうした地域をもっていたからこそ，東南アジア域内においても米作を中心とする主要食糧供給地域開発が進められたのである。ちなみに米市場もまた，図6-1に見られるように，1910年代前半期には，日本や中国，インド，中東をも含む交易市場を形づくっていたのである。

植民地下の東南アジア農村社会

植民地支配の浸透・確立が進み，そして資本主義的世界経済体制に組み込まれ，地域的国際分業体系が構築されていた19世紀末から1920年代に，東南アジアの農村社会は，急速にその姿を変貌させられることとなった。それらは，まず何よりも従来からの支配・統治機構を利用した農民収奪の強化として現れ，かつ支配に必要な限りにおいて，統治機構の部分的改変を伴うものであった。すなわちここに構築されつつあった地域国際分業体系が求める，世界市場の需要に見合う農産物生産のためにだけ，農村の構造あるいは支配機構を対応させるよう，人為的にも改変するという動きとなったのである。それらによって，東南アジア農村社会の一部に，半強制的に「商品・貨幣関係」＝資本主義的経済関係が浸透していくという社会的結果を生み出したのであった。

オランダ支配下のジャワについて見ると，この時期における植民地領有国家としての地位の弱体化が，その政策動向に色濃く投影されるものとなっていた。この時期のオランダのインドネシア投資動

向では，オランダ企業が必ずしも絶対的優位性をもっていなかった。このことは戦略物資となった石油産業についてもいえることだった。石油生産部門では，オランダ資本であったロイヤル・ダッチが，いちはやく 1923 年にイギリス資本シェルと合弁会社（バターフセ石油）を設立することで，インドネシア産原油の 90% 以上を独占することに成功していた。なおこの両社はのちに合併して世界初の複数国籍企業（英蘭資本）となった。

　このようなオランダの立場を反映して，ジャワひいては今日のインドネシア領域全体を植民地として保有し続けるためにオランダが採用した政策それ自体が，インドネシア農村社会を，1 つの方向に大きく変容させていったのである。すなわちオランダは対イギリス関係を重要視するとともに，イギリス資本を含む農園資本に対し，速やかに農地を提供する体制を整備していった。その中心に位置するのが，農園企業が便利かつ有利にインドネシア農村で企業活動を展開するためのシステムの導入だった。オランダ政庁，植民地機構を挙げて，農村用地を企業のために用意する制度，すなわち土地（農地）借上げ制度を整備することだった。ここでは一村全部の農地を一括借上げする制度が採用されており，そのために村落の再編成も進められた（クルラハン➡ 90 頁）。1870 年代の「無主の地」の国有地宣言は，農地の強制的借り上げに有効なものとなった。そして企業寡占化が進行していたこの時代には，インドネシアにおける農園の企業行動も，個人経営農園から企業農園へ，そしてその企業農園も小企業から大企業へと向かっていた。世界経済動向にも強く左右されるこうした農園の企業展開は，個々の農民の営農作業にも強い影響をもたらしていった。たとえば稲作地を借り上げられた農民の営農は，砂糖栽培農園企業の作付けローテーションに完全に組み込まれることになった。農民個々の営農活動が，農園企業の商業作物栽培のローテーションに左右されるようになったのである。こ

104　第Ⅱ部　帝国主義・世界戦争そして独立

のような事態は，たとえばジャワの農民にとって，単に日常の生活様式が変化したというよりも，生存基盤が根本的に改変された，もしくは破壊されつつあるということを意味するものであったといってよいであろう。

　ジャワ農村社会の共同体構成農民の多くは，現金収入を得られるという商品経済の浸透の中で，小農民経営が世界市場動向に直結させられた結果として，いっそうの貧者へと零落していった。しかし他方では，ジャワ住民農業の農産物輸出構成が，1894 年に 11%，1930 年には 31% 強，37 年には 46% となっていたことに示されるように，小農民経営の急速な商品作物栽培農民化も進行していた。これらの階層は新たに地主階層に上昇した農民であった。

　同じような傾向はフランス支配下のインドシナにも現れていた。インドシナを植民地化していったフランスは，メコン・デルタ地帯で，軍事目的運河，農耕用運河開削を急速に進めた。たとえば軍事目的運河は 1900 年までに 160 km 余りを開削し，その結果，この運河による耕地面積は，約 120 万 ha に達したと推定される。また農耕運河も 1894 年以降に開削が進み，1910 年に 400 km を超え，耕地面積も 150 万 ha 余，そして 30 年には 1790 km，耕地面積 200万 ha となり，これらの結果，水田面積はフランス直轄領域の 35%に達したとされる。こうして 20 年代には，「サイゴン米」輸出が，フランス人貿易商人，精米業者，籾商人などに膨大な利益（一説に年平均約 1 億ピアストル）をもたらしていた。

　フランス直轄植民地となったメコン・デルタ地帯では，オランダの国有地宣言と同様に，1860 年代前半に，「無主の土地」の没収令が公布され，膨大な国有地が生み出された。これらの土地は，フランス人，カトリック改宗者および植民地政庁協力ベトナム人などに，無償で譲渡された（一説に最大区画 1 万 2000 ha）。

　これらの譲渡された農地のうち，フランス人に譲られた農地は，

第 6 章　植民地的国際分業と東南アジア農村　　105

稲作に不慣れなフランス人たちが，20〜30 ha ずつをベトナム人に貸与したり，売却したりした結果，「無主地」の集積に成功したベトナム人地主が出現することとなった。こうして植民地権力を背景とするベトナム人大土地所有者層が形成されていった。1932 年のデータでは，全「コーチシナ」（メコン・デルタのフランス直轄地）水田面積の 45% を 6300 人の地主（土地所有者数の 2.5%）が占有していたという。東南アジア有数の米生産輸出地域となった，1930 年代の「コーチシナ」は，全水田の 60% が小作地と見積もられており，多くの農村居住者が，ジャワ同様に貧者に零落していったのである。

第7章 植民地化への対応

ナショナリズムの台頭

植民地化されたビルマの旧都マンダレーの王宮に整列した英印軍（植民地軍）

植民地ナショナリズム

19世紀から20世紀初めにかけて進行した列強による植民地化によって、東南アジアに存在した王朝国家は解体され、近代的な領域国家に強制的に作り変えられていった。唯一の例外はタイで、王朝自らが意識を変え、不利を承知で西欧において成立した国際法秩序と自由貿易体制に参加し、「上からの近代化」を遂行した。これは明治期の日本の姿勢と共通する。この結果、東南アジアではタイだけが列強に侵略の口実を与えることなく主権の維持に成功した。

植民地化された地域のうち，フィリピン（スペイン領を経てアメリカ領），ビルマ（イギリス領），インドネシア（オランダ領），ベトナム（フランス領）などでは，19世紀の終わりから国民形成運動としてのナショナリズムの覚醒が見られるようになった。ナショナリズムとは国境の中に住む人々が自らを「国民（ネイション）」として想像し，その「国民」を核に主権国家をつくろうとする運動のことである。

　そのおおもとは，ヨーロッパで18世紀から19世紀にかけて見られたブルジョアジー（資本家および中産階級からなる広義の市民階級）による絶対王政打倒のための国民意識の高揚や，その流れに恐怖を感じた皇帝や王自らが「国民の皇帝」「国民の王」に姿を変えようとして，上から国民統合を進めた「公定ナショナリズム」の動きにあった。

　しかし，植民地においては歴史的事情が異なり，列強の武力と経済力によって近代的な領域国家に作り変えられた経緯があったため，その後に生じたナショナリズムは，ヨーロッパとは違う特徴をもった。近代的な領域国家とは，宗主国が画定した国境線に沿って「国家の領域」を絶対化し，その中に住む人々を中央政府が一元的に支配する（ないしはそれをめざす）国家のことを指す。このような国家は，東南アジアで栄えた王朝国家の特徴とは大きく異なった。王朝時代の国家は，国境が明確ではなく，王都に住む国王の意思や命令が都から地方への距離の遠近によって「不均質」に伝わっていく空間であった。王権と地方の在地実力者たちとの人的主従関係の強弱も大きく影響した。よって，国王による一元的な支配を国内で貫くことはできなかった。近代的な領域国家に作り変えられた植民地国家はその逆である。科学的測量技術を活用して正確な国境線を定め，それを地図に明記し，領土面積を算出し，植民地の行政府を設置した首都を中心に，中央集権型の行政ネットワークを構築した。

こうして作り変えられた新しい空間に，土着の人々は適応させられていく。そこでは都市部を中心に，近代教育の普及や，資本主義経済の広がり，メディアの発達によるタイムラグの少ない海外情報の受容によって，一定程度の経済力を有する中間層（中産階級）が生まれ，その中から「国民」意識に目覚め，それを広めようとする人々が登場した。彼らは王朝時代を懐かしんだり，復古思想を抱いたりすることはなく，宗主国が強制した近代領域国家の枠組みを受け入れた。しかし，国家を支配する権限は宗主国ではなく，自分たち土着の人間（国民）にあると考え，その主張に基づく硬軟さまざまな政治闘争を展開し，最終的に各植民地を独立へ導くことになった。この一連の動きを植民地ナショナリズムと呼ぶ。

　本章では以下，東南アジアの植民地ナショナリズムの事例として，イギリス領ビルマとオランダ領東インド（インドネシア）を取り上げ，それぞれの特徴を紹介した上で，最後に主権を維持したタイに注目し，なぜタイだけが植民地化を免れたのか，その歴史的経緯と要因を示すことにする。なお，植民地ナショナリズムに強い影響を与えたコミュニズム（共産主義運動）については，次章（第8章）で別個に取り上げる。

（1）植民地化の過程

|イギリス領ビルマ
のナショナリズム|

ビルマのコンバウン朝（1752～1885）は，イギリスが植民地支配を強化した西隣のインドとの対立を深め，19世紀に入るとビルマ西側沿岸部のラカイン（アラカン）とイギリス領ベンガルとの国境権益をめぐる対立が生じた。その結果生じたのが第1次イギリス・ビルマ（英緬）戦争（1824～26）である。勝利したイギリスは，ヤンダボー条約（1826年）に基づき，コンバウン朝から多額の賠償金と，ラカインおよび東南の沿岸部にあたるタニンダイー（テナセリム）を奪った。その後，第2次イギリス・ビルマ戦争（1852年）にも圧勝したイギリス

第7章　植民地化への対応　　109

20世紀初頭の首都ラングーン（現在のヤンゴン）

は，ラカインとタニンダイー両沿岸地方を結ぶ下ビルマのバゴー（ペグー）地方を併合して，コンバウン朝から全海岸線の支配権を奪った。小さな町にすぎなかったラングーンが，植民地の首都として姿を大きく変えていくのはこれ以降である。

　イギリスは続いて1885年，コンバウン朝の最後の都マンダレーに攻め入り，王宮から国王夫妻を連れ出してインドへ追放し（第3次イギリス・ビルマ戦争），翌1886年3月にビルマ全土をイギリス領インド帝国に準州として組み入れた。これによってビルマは歴史的にも文化的にも異なるインドの一準州という地位に置かれる形で，イギリスの植民地支配を受けることになった。その後，準州の地位は1897年に正規の州に格上げされたが，インドから切り離され単独のイギリス領直轄植民地（イギリス領ビルマ）となったのは1937

年4月のことであった。

　当初イギリスはインドの東側国境の安全を確保するためにビルマを攻撃したが，そののち，豊富な森林資源や各種鉱産資源の確保や，ビルマを介した中国との貿易の確立を含む市場拡大，さらにはインドやイギリス領各植民地への輸出米の確保といった帝国主義的目的を強め，本格的な植民地経営を推進するようになった。コンバウン朝全盛期のバドン王（在位1782〜1819）の治世において王権の支配が及んだ範囲にほぼ相当する領域を国境線で画定し，その中を平野部を中心とする直接支配の領域（管区ビルマ）と，土着の藩王たちによる一定の支配権を認めた山岳・高原地帯を中心とする間接支配の領域（辺境地域）とに分け，統治をおこなった。ほかの宗主国と同様に，イギリスはビルマの植民地統治において民族分類を持ち込み，10年に一度の間隔で人口調査（センサス）を実施し，それを通じて土着の人々が「民族」を単位にアイデンティティ（帰属意識）をもつように促した。この結果，平野部に住む多数派ビルマ民族（バマー）と，山岳・高原地帯に住むさまざまな少数民族との間にアイデンティティをめぐる分断が生じた。

（2）　ナショナリズム台頭の要因

　20世紀に入って植民地支配が安定すると，それに反発するようにナショナリズムが台頭する。すでに全土の植民地化が始まった初期（1890年代）に，旧王朝勢力に連なる地方実力者たちによる王朝体制の復古をめざす反英武装闘争が生じたが，インドから植民地軍を増強したイギリスによって鎮圧されていた。20世紀に入ったのちも，植民地支配の進展によって壊された旧来の共同体の倫理的価値や理想の支配者を追い求める農民反乱が生じ，とくに1930年末から32年にかけて下ビルマを中心に広がった農民大反乱は大規模なもので，イギリスは再びインドから植民地軍の支援を受けて鎮圧した。この反乱は，最初に蜂起した元僧侶の指導者の名前をとって

第7章　植民地化への対応　**111**

サヤー・サン反乱として知られるが，実際はさまざまな指導者たちが個別に農民を糾合して立ち上がって展開した反乱であった。

こうした直接の武力抵抗とは異なり，ビルマ民族を核にして「ビルマ国民」なるものを心の中に想像し，そのことを広く人々に訴え，ビルマを「国民国家」としてイギリスから独立させようとする運動が都市部を中心に登場するようになる。この運動を直接支えたのは，1931年段階で人口の8～10％程度にすぎなかったビルマ人中間層に属する人々である。彼らは都市部とその周辺に住むビルマ人の地主・商工業経営者・公務員・弁護士・教師とその子弟たちからなり，第一次世界大戦（1914～18）を境に政治的発言力を強めた。その多くはイギリスが導入した新しい教育制度の下で，中学・高校，さらに一部はカレッジの教育を受け，現地語と英語の両方に通じ，植民地という新しい「空間」の完成に伴って，その体制を支える重要な支柱となっていた。一方で，彼らよりいっそう体制の恩恵を受けていたビルマ在住のイギリス人や，同じ中間層の中で競合した移民のインド人（印僑）や中国人（華僑）たちと利害が対立することにもなった。そのため自分たちの政治的・経済的権利が公平に保障されていないと感じた彼らは，「民族自決」が重要な争点となった第一次世界大戦後半期の思想的影響の下で，植民地支配への反発を明確に表明するようになる。

ビルマ人中間層は，イギリスが導入した近代領域国家のあり方を所与のものとして受け入れていたため，王朝国家を復興させようとは考えなかった。しかし，ビルマにおいて十分な経済力をもてず，主権も行使できない自分たちの境遇については強い不満を抱き，急速に植民地支配体制と帝国主義に対する反発を強めた。彼らは仏教徒のビルマ人を核とする「ビルマ国民」を想像し，それを軸にした国家の独立と発展をめざした。政治への関心を深めた一部の仏教僧侶もこの運動にかかわった。僧侶らはとくに農村部に働きかけ，人

口の7割を占めた農民と都市部の政治運動との連携を試みた。

(3) YMBA と GCBA

　ビルマ人による最初の民族団体は，ビルマ人中間層がまだ明確に姿を現していない1906年にラングーンでつくられている。若手知識人や公務員，僧侶らによって結成されたその団体は青年仏教会（英語略称YMBA）と名のり，上座仏教と仏教倫理の復興をめざす文化団体として活動し，当初は政治的主張をおこなうことを抑えていた。しかし，ビルマ人中間層の登場・成長と歩調を合わせるように，第一次世界大戦中後半の17年から，YMBAは急速に主張を政治化させ，ビルマの自治領化を明確にイギリスに訴えるようになる。

　このYMBAを発展的に受け継いだのが，ビルマ人団体総評議会（英語略称GCBA）である。1920年に発足したGCBAは，分裂や再統合を繰り返し，さまざまな政党に四分五裂しつつも，20年代のビルマでナショナリズムを牽引し，30年代を経て40年代初頭に至るまで，植民地議会を舞台に多くの政治エリートを生み出した。

　宗主国のイギリスは，第一次世界大戦後の国際的な「民族自決」の声に抗しきれず，自国の植民地であるインドに段階的自治付与路線を導入し，ビルマ州に対してもインド本土に遅れること4年，1923年に立法と行政の権限の一部をビルマ人に移譲する両頭制（英語でダイアーキー）を施行した。GCBA系の政治家たちはこの両頭制の中身に不満を覚えつつも，同体制下で設置された立法参事会（植民地議会）に進出した。彼らは議会活動を通じて政治力を蓄え，イギリスとの交渉を通じて完全自治を獲得しようと試みた。その結果，彼らは植民地議会のエリートとして英領ビルマの中心的な政治勢力に成熟し，イギリスの段階的自治付与路線における権力移譲相手の最大の対象となった。37年4月にビルマはイギリス領インド帝国から切り離されて，新たに発布されたビルマ統治法に基づきイギリスの直轄植民地となった。その際，上下二院制と責任内閣制の

導入によって初代の首相に就任したバモオ（1893〜1977）や，3代目の首相になったウー・ソオ（1900〜48）などのビルマ人著名政治家は，この流れの中から登場した人物である。

(4) タキン党

一方で，GCBA が見せた分裂や植民地議会における穏健な反イギリス姿勢は，ビルマ人中間層の若い層に反発を生じさせ，タキン党と呼ばれる新しい政治団体の登場を促した。1930年，首都のラングーンで起きたインド人移民に対する激しい暴動のなかで結成された同党は，その正式名称を「われらのビルマ協会」（ビルマ語でドバマー・アスィーアヨウン）といい，「ビルマの主人はイギリス人でなくビルマ人である」と主張し，党員各人の名前の前に「主人」を意味するビルマ語のタキンをつけて呼び合った。そのため一般にタキン党と呼ばれるようになった。

タキン党は GCBA 系の政治家たちの植民地議会中心主義や，完全独立ではなく英国王を国家元首とする自治領の獲得を優先する姿勢を厳しく非難した。また，議会に入ることよりも大衆を直接動員する闘争を通じて植民地権力と対決する道を優先した。同党は自らの名称に文語の国名「ミャンマー」ではなく，口語の「バマー（日本語でビルマ）」を用いたが，その理由は「バマー」という名詞に少数民族を含む「ビルマ人全体（＝ビルマ国民）」としての意味を付与するためと説明された（逆に「ミャンマー」は狭義のビルマ民族を意味するものと見なした）。これは彼らなりの「ビルマ国民」意識の提示であった。同党はさらに，同じビルマ人をイギリスに協力する「彼らの側のビルマ人」と，そうではない「われわれの側のビルマ人」の2つに区別した。党名「われらのビルマ協会」の「われらの」という部分にそのことが象徴された。同党はビルマ土着のすべての被支配者を「ビルマ国民」と定義しつつも，同時に植民地支配体制に協力するビルマ人については「敵」と見なしたといえる。

タキン党は GCBA と同じく、ビルマ人中間層に属する人々から構成されたが、世代的には GCBA 系の政治家たちより5年から15年ほど若いメンバーが多かった（大半が1900年以降の生まれ）。よって、両者の対立はビルマ人中間層の中の世代間対立でもあった。タキン党はラングーン大学（1920年創設）を中心と

タキン党の印章

する学生運動のエネルギーを吸収しながら台頭し、1930年代後半には外来の社会主義思想をビルマ民族・文化中心主義の文脈に融合させた（コウミーン・コウチーン思想）。闘争手段において大衆デモやストを多用したため、植民地当局のみならず植民地議会での活動を重視した GCBA 系の政治家や閣僚たちとも対立した。

タキン党はこのあと、日本占領期において政治的力量を蓄え、GCBA 系政治家の没落と入れ替わるようにビルマ・ナショナリズムの表舞台に立つようになる。ただし、1938年半ばから生じていた同党の分裂や、内部における分派（ビルマ共産党、ビルマ人民革命党）の形成は、同党のまとまりを限りなく緩めていき、日本占領期を経て、最終的にはアウンサン（1915～47）を指導者とする「反ファシズム」の目標の下に集まった人々の連合勢力に姿を変えていくことになる。

同党からはアウンサンをはじめ、独立後のビルマ首相となったウー・ヌ（1907～95）、さらにビルマ国軍の司令官として軍を率い、ビルマの政治に決定的な影響を与えたネィウィン（1911～2002）らが輩出している。そのこともあって、ビルマ独立闘争史の叙述にお

第7章 植民地化への対応　115

いて，最も重要な政治団体として扱われることが多い。

> オランダ領東インド
> （インドネシア）のナ
> ショナリズム

（1）　植民地化の過程

オランダの東インド（蘭印）植民地経営は
17世紀初頭から始まるが，現在のインド
ネシア国家に相当する領域まで支配が広がるまでには300年近くを
要した。1596年にオランダ船が初めてジャワ島のバンテンに到達
すると，1619年にバタヴィア（現ジャカルタ）を開いて植民地経営
を開始した。1602年に本国で設立された連合東インド会社（オラン
ダ語略称VOC）によってジャワ島の支配が少しずつ推し進められ，
香薬（香料）貿易で利益を上げた。17世紀末には同島のプリアンガ
ン地方で農産物の義務供出制を開始し，農民たちに綿花，胡椒，藍，
コーヒーなどをつくらせ，VOCが定めた数量と価格に基づいて買
い取った。

　18世紀に入ると3次にわたるジャワ継承戦争を経て，16世紀後
半からジャワで栄えていたマタラム王国を1755年に消滅させた
（ただし1945年までスラカルタとジョクジャカルタの王侯領での自治を認
めた）。1777年にはジャワ島全域がVOCの支配下に入ったが，
1794年にオランダ本国がフランス革命軍に占領され，ナポレオン
のフランス帝国下に組み入れられる事態が生じる。VOCも1799年
に解散する。イギリスはこの隙をつくように，1811年にジャワ島
を占領し，のちにシンガポール獲得で有名になるラッフルズを副総
督に就任させた。1815年にオランダが立憲君主制の国家として復
活すると，翌16年にジャワをイギリスから取り戻し，それ以降，
オランダはジャワの外島へ支配圏を広げていく。1824年には英蘭
条約が結ばれ，マレー半島はイギリス領，スマトラ島はオランダ領
として確定した。これによって，マラッカ海峡を挟んで国境線が引
かれ，「交易の時代」（15世紀後半〜17・18世紀）には港市国家群と
して密な交流をもった領域が，2つの植民地国家によって分断され

ることになった（現在のマレーシアとインドネシアの国境に引き継がれる）。

オランダはカリマンタン（ボルネオ）の一部も支配下に置き、さらにジャワで生じたディポネゴロによる抵抗（ジャワ戦争，1825～30年）を封じ込めると，1830年から同島で政府管掌栽培制度を実施し，コーヒー栽培に力を入れた。この制度はのちに自由主義経済を主張する勢力によって強制栽培制度として批判され，70年に終わりを迎えた。1853年には7年間続いたバリ戦争を経てバリ島も制圧した。しかし，1873年に生じたアチェ戦争には長期間悩まされ，20世紀に入り1912年になってようやく制圧にこぎつけ，これによってオランダ領東インドの領域支配が最終的に完成を見た。

(2) 倫理政策とナショナリズム団体の登場

このように300年余の経緯を経て成立したオランダ領東インドであるが，20世紀初頭になると，現地住民の教育や福祉を向上させる試みが倫理政策の名でジャワ島を中心に実施された（1901～27年）。きっかけは1901年のウィルヘルミナ女王による議会演説であった。同女王は「オランダは東インドの住民に倫理的義務と道徳的責任を負う」と宣言し，それに基づいて同政策が開始された。

具体的には，現地人官僚や医師および教員を養成するための学校を数多く設立し，技術を身に付けさせる実業学校も開設された。現地人子弟のための初等教育の普及にも力が入れられ，加えて地方評議会への現地人評議員の参加も認められた。この間に，後述するいくつかの政治団体が生まれ，インドネシア・ナショナリズムが活性化していく。また，カルティニ（1879～1904）という25歳で夭折したジャワ人女性による女子教育への取り組みが，オランダの進歩的官僚や知識人によって高く評価された。しかし，1927年にインドネシア共産党（1920年結党）の武装蜂起が生じると，オランダはその封じ込めとともに倫理政策を終焉させ，一転して弾圧的な政策を

カルティニのポートレート

とるようになった。

　26年にわたった倫理政策の時期に、ジャワ島で登場したナショナリズム団体の主なものは次のとおりである。まず、1908年に「最高の叡智」を意味するブディ・ウトモという団体がジャワ人の医師と医学生を中心に結成された。現地の教育と文化の向上をめざしたブディ・ウトモは、オランダの倫理政策に協調的な団体であった。つづいて12年には、蘭印で最初の政治団体である東インド党が欧亜混血のユーラシアンによって結成される。しかし、「東インド人のための東インド」を謳い独立を主張したため、植民地政庁は同党を合法団体として認めず、すぐに解散させられた。その東インド党が結成される1年前、蘭印で最初の大衆的なナショナリズム団体であるイスラーム同盟（サレカット・イスラーム）が結成されている。同盟は1910年代後半に入るとジャワだけでなく外島各地にも広がり、19年には200万人のメンバーを数えるまでに成長し、地方組織は200を超えるに至った。同盟は名称のとおりイスラームを軸としつつも、西欧近代主義に基づく普遍的思想と土着の相互扶助的価値観も取り入れた世俗的なナショナリズム団体として活動した。独立を主張し、社会主義的な政策も訴えたため、植民地政庁に弾圧されたが、オランダに対する非協力路線を貫いた。他方、倫理政策の後半期にあたる20年には東南アジアで最初の共産党が蘭印に生まれている（インドネシア共産党）。前述のとおり、同党は武装闘争を展開するが失敗に終わり（1927年）、結

果的に倫理政策の終焉を招いた。

(3) インドネシア国民党

オランダが弾圧的な政策に転換したあと，1927年にはインドネシア国民党が結成されている。同党はスカルノ（1901～70）ら高学歴の現地エリートによってつくられ，「東インド」ではなく，「インドネシア」（直接の意味としては「インドの島々」）の一体性を強調し，その独立を訴えた。同党は反オランダ意識を有しただけでなく，ジャワなど特定の島や，多様な民族から構成されるインドネシアにあって特定の民族を中心に独立運動を推進することにも反対し，そのために「インドネシア」「インドネシア人（国民）」という名称を使用した。また国民語として「インドネシア語」を採用した。これは「交易の時代」以来，東南アジア島嶼部で幅広く商業において使われていたムラユ語をもとにしたもので（よって現在のマレーシア語とほぼ共通する），蘭印の植民地政府も行政用語にムラユ語を併用していた経緯があった。

インドネシア国民党は1928年には青年会議を開催して，インドネシアを1つの祖国・国民・言語とする宣言を発表した。これはまさに国民国家としてのインドネシア独立を指向したもので，12年のオランダ領東インドの最終的完成からわずか16年にして，現地の人々による大きな意識変化が生まれたといえる。しかし，オランダはインドネシア国民党に対しても弾圧を強め，スカルノらは政治犯として投獄されるに至る。この状況が大きく変わるのは，1942年の日本軍による侵攻とインドネシア占領が始まってからである（→第9章）。

植民地ナショナリズムとしてのインドネシア・ナショナリズムは，ブディ・ウトモに見られるジャワ人という個別民族による政治運動から始まって，イスラーム同盟やインドネシア共産党に見られる普遍的価値に基づく運動を経て，1920年代後半にはインドネシア国

民やインドネシア語の使用を強調する国民運動としてのインドネシア国民党が結成されるに至ったと見なせる。ただ，その間には東インド党のように，ユーラシアンが組織した「東インド」全体の独立を訴えた政党も短期間ながら登場していることも特徴的である。

| 独立を維持したタイ |

（1）　なぜ植民地化を免れたか

19世紀後半から20世紀初頭にかけて，東南アジアのほとんどの地域が欧米列強の植民地と化していった中で，唯一タイ（当時の国号はシャム）だけは独立を維持し続けることに成功した。タイでは1351年から416年間続いたアユタヤ王国がビルマ（コンバウン朝）の攻撃を受けて滅亡したあと，タークシン王（在位1768～82）1代だけで消滅したトンブリー朝を経て，1782年，新たにバンコク（クルンテープ）に都を定めたラタナコーシン朝が成立し，現在まで続いている（→第2章）。

帝国主義の時代にタイだけが主権を維持できた理由は何であろうか。一般によく語られるのは，ビルマを植民地化したイギリスと，ベトナムとラオスおよびカンボジアを植民地化したフランスの両大国が，タイをめぐって衝突することを避け，同国を緩衝地帯と見なしたからという説明である。しかし，これはタイの独立維持の要因を地政学的に説明するだけで，同国の柔軟で巧みな外交と，国王を頂点とする政府主導による近代化という別の重要な側面を見落としている。ここではラタナコーシン朝の対外関係と，その近代化の歩みに注目しながら，植民地全盛の帝国主義の時代にあって，東南アジアで唯一独立国家として生き続けたタイの特徴を見ていくことにする。

（2）　ラーマ1世から4世期

ラーマ1世王（在位1782～1809）以来，バンコクは貿易の中心として発展し，ラタナコーシン朝の財政基盤も，従来の森林特産物に加えて，米・砂糖などの農業生産品からなる王室専売品の交易によ

120　　第Ⅱ部　帝国主義・世界戦争そして独立

って安定した。王室の独占交易はアユタヤ王国以来の特徴である。ビルマからの脅威も，ラーマ2世王（在位1809～24）の時代になると薄らいだ。しかし，3世王（在位1824～51）の治世になると，第1次イギリス・ビルマ戦争（英緬戦争）の勝利でイギリスがビルマのテナセリム地方を獲得し（1826年），新たな脅威が西から接近した。

　当時は産業革命の進展により欧米諸国がより広大な市場をアジアで求め始め，彼らは自由貿易・門戸開放を旗印に，タイにも条約締結を強く促した。その結果，1826年，イギリス東インド会社との間で和親条約を結び，それまでの王室独占貿易を部分的に緩和し，いくつかの商品について専売権を放棄することになった。ただ，3世王は西欧勢力との公式の外交関係を樹立したとはいえ，西欧文化がタイに流入することについては消極的で，その影響を最小限にとどめようとした。

　一方，3世王の時代，のちの4世王となるモンクット（3世王の弟）は出家してバンコクの僧院長を務めていた。彼は世俗と隔離された世界において，逆に自国をめぐる国際環境の変化を静かに見つめる機会を得た。僧侶として修行を続けながら，欧米のキリスト教宣教師とも積極的に交流し，彼らから英語やラテン語と，天文学を中心とする科学知識を学び，キリスト教と仏教に関する議論も進んでおこなった。英語の書籍や雑誌を取り寄せて海外の事情も熱心に学んだ。モンクットは当時のタイ在住欧米人から最も開明的な王族と見なされていた。1851年に3世王が死去すると，モンクットは還俗して王位を継承した。当時すでに47歳だった彼は，国際事情に通じ自分の意思を正確に欧米諸国に直接伝えることができる王として，欧米諸国から一目を置かれるようになった。彼は政府の重職にも開明派を任命した。

　モンクット王はアユタヤ王国時代から続いてきた清への朝貢を中

タイの近代化の礎を築いたラーマ4世モンクット王

断し(1854年)、以後、再開されることはなかった。逆に欧米諸国との国交を重視する姿勢に転じ、1855年にはイギリスのヴィクトリア女王の全権ジョン・バウリング卿との間に通商条約を締結し(バウリング条約)、続いてアメリカ、フランス、他のヨーロッパ諸国とも同様の条約を結んだ。こうして欧米諸国との間に本格的な通商関係を樹立することによって、タイは自由貿易体制へ加わることになった。こうした対応は、タイを当面の植民地化の危機から守ったが、それによって負担させられた代償も大きかった。王室はアヘン以外の独占貿易の特権をすべて失い、さらに欧米人のタイにおける治外法権やすべての港における交易および居住権も認めざるをえなかった。

モンクット王は前述のように科学にも関心を示し，早くに導入した印刷技術を生かして政府官報を創刊，また西洋医学の普及や天文学の推進など，啓蒙君主と呼ばれるにふさわしい業績を残した。モンクット王の開明ぶりは，自分の子どもたちに英語教育を施したことにも見られ，家庭教師として招聘した女性アンナ・レオノーエンスとの交流は，のちにハリウッドのミュージカル「王様と私」のモデルにもなった。同王は 1868 年，南タイでの皆既日蝕観測の際にマラリアにかかり，バンコクに戻ったあと病死してしまう。しかし，モンクット王は次王のラーマ 5 世によって展開される一連のタイ近代化の基盤を築いた王であった。とくに英仏両国による植民化の足音が国の東西から接近してくる中，主権を維持するため積極的な外交を展開したことは，後世高く評価されている。

(3)　ラーマ 5 世チュラロンコーンによる近代化政策

　モンクット王の跡をわずか 15 歳で継いだラーマ 5 世チュラロンコーン（在位 1868～1910）は，その在位期間の長さと近代化への積極的取り組みにより，ほぼ同時代に君臨した日本の明治天皇（在位 1867～1912）と比較されることが多い。タイでは「大王」として記憶され，同国最初の国立総合大学（1917 年開学）にも同王の名がつけられている。

　5 世王は王位に就いてから 20 年近くは，まわりの守旧派の抵抗のために思い切った改革に着手できなかったが，1880 年代後半以降，開明的な大臣の支えを得ながら国家の中央集権化に着手する。それまでの国家統治は，貴族が各地で権力を行使する分権的な政治体制であったが，それを近代的な中央集権国家に変えようと試みたのである。それはとりもなおさず，自国の統治体制を西欧型の近代的なものに変えていくことによって，欧米列強と少しでも対等に交流できるようにするためであった。その際，同王がモデルにしたのは西欧諸国そのものではなく，すでにタイのまわりに存在していた

第 7 章　植民地化への対応　　123

チュラロンコーン王夫妻（1896年撮影）

身近な植民地国家群（シンガポール、ビルマ、オランダ領東インド、イギリス領インド）であった。西洋文明をモデルとし、近代的行政権力を作り上げていたこれらの植民地国家は、ほぼゼロの状態から中央集権型の国家を築き近代化を推し進めようとする同王にとって恰好のモデルとなった。

チュラロンコーン王は有力貴族層の既得権を奪う形で、近代的官僚機構と徴税システムを確立し、国王に助言する機関として国政参議会（のちに立法協議会に拡充）と枢密院を設置した。奴隷制の廃止に向けた取り組みもおこない、公教育の導入もおこなった。官立学校を各地で開設し、身分と関係なく学力検定試験を実施して学歴に基づく能力主義を普及させた。省庁再編を伴う官僚機構の整備・合理化も進め、国王と国家に忠実な専門能力を備えた官僚の育成に力を入れた。全国を州に分け、そこに中央から派遣した知事を置く体制をつくり、地方行政の整備にも力を入れた。定期的な人口調査（センサス）も開始した。軍の改革にも取り組み、相互にばらばらだった部隊を総司令官の下に1つにまとめ、統一性のあるタイ陸軍（国軍）に改編した。

5世王による国内近代化が進む一方で、インドシナにおけるフラ

ンスの植民地拡張に伴い，タイはフランスから領土の一部割譲を迫られる厳しい現実と直面させられる。すでに 4 世王統治期の末期に，属国のカンボジアをフランスの保護国にされていたタイは，1888 年には現在のラオス北東部にあたる領域の支配権も奪われ，さらにラオスの残りの領域に当たるメコン川中・下流域左岸（東側）の割譲を要求された。同領域の大部分を「属国」と見なしてきたタイにとって，これは受け入れ難い要求であったため強い抵抗を示した。しかし，フランスへの牽制役が期待されたイギリスは対立を避けてタイへの支援をおこなわず，フランスはバンコクにまで軍艦を遡行させ軍事的威嚇をおこなったため，タイは 1893 年，最終的に要求を受け入れ，割譲に応じた。一方で国境線の画定にあたってタイはフランスとイギリス両国と積極的に交渉し，自らも確定作業に具体的に関与した。「属国」の領域の多くを失ったとはいえ，国境線が確定すると，その領域内の地方国（チェンマイ王国など）をつぶし，近代的領域国家への変身を遂げていった。

1896 年，イギリスとフランスはチャオプラヤー川流域には軍事進駐をおこなわない旨の宣言を出すに至り，その後，1904 年に英仏協商が成立すると，タイの独立維持が両国によって正式に合意された。しかし，これ以後もタイはフランスへ領土を割譲させられており，イギリスもタイ在住のイギリス臣民の第 1 次裁判権をタイ側に認めることと引き換えに，マレー半島の 4 州を割譲させている。こうした一連の領土割譲は，のちに 30 年代のタイにおいて「失地回復」という「大タイ主義」の主張を生み出す要因となった。

(4) ラーマ 6 世期の公定ナショナリズム

43 年間に及んだチュラロンコーン王の治世も，1910 年に同王の病死によって終わる。跡を継いだラーマ 6 世ワチラーウット（在位 1910 ～ 25）は，前王の業績を引き継ぎつつ，国民統合の強化をめざす公定ナショナリズム（国王の側からのナショナリズム）路線を突き

1910年頃のバンコク市内，路面電車や日本人経営の写真館があった。

進んだ。同王は人々に「民族」「仏教」「国王」の3者に対する忠誠を説き，自らが絶対君主であると同時に民族（＝タイ国民）の王であること，また人々が信仰する上座仏教を擁護する王でもあるという国家イデオロギーを作り上げた。王としての正統性根拠を民族・国民に求めるようになったところに，前王の時代と異なる点が見てとれる。これは東南アジアがナショナリズムの時代に入ったことと軌を一にしていた。

6世王の統治期，中国では辛亥革命が起き，清が倒れ，中華民国が成立し，共和制の思想がタイ在住の華僑を通じて国内に広まった。それを王権の危機として恐れた6世王は，かねてから抱いていた華僑によるタイ経済支配への恐れも重なって，彼らを「東洋のユダヤ人」と断じる極端な華僑批判を展開し，そのことを通じてタイ人の国民意識と愛国心を強めようとした。また第1次世界大戦（1914〜18）が勃発すると，当初は中立を宣言し戦局のゆくえを見守ったが，アメリカが参戦してイギリス，フランスの旧協商側（連合国）の優勢が明らかになると，1917年7月，ドイツならびにオーストリア

＝ハンガリー帝国に宣戦布告した。6世王自らドイツ批判の論文を書き，新聞社を動員して反ドイツ・キャンペーンを展開させた。その後，新しい国旗を制定し（現行の三色旗），ヨーロッパ戦線に義勇兵を派遣するまでに至る。戦後は戦勝国としての自信を基盤に，アメリカと日本との不平等条約改正に取り組み，関税自主権を取り戻した（日本とタイは1887年に外交関係を樹立し，1898年に修好通商航海条約を結んでいた）。しかし，イギリスとの同様の条約改正は次王の統治期である27年までかかった。ちなみに6世王統治期の13年，名字法が定められ，姓を有さなかったタイ人に名字をもつことが法で強制されることになり，これ以降，タイ国民はすべて姓をもつようになった（ただし一般生活ではほとんど使われず，公式の場でもつねに使われるわけではない）。

(5) 立憲革命とその後

ところで，日本が明治維新（1868年）後，21年目にして憲法を発布し（1889年），議会を発足させて立憲君主政体をとり始めたのとは対照的に，タイではラーマ5世の治世を通じて明治期の日本と似たような近代化と国民統合を推し進めたものの，憲法の制定や議会の開設については非常に消極的であった。開明的な王族や官僚たちの一部は，日本に見習ってタイも立憲君主制をめざし立法府をつくるべきであるという意見書を出したが，5世王はそれを拒否している。続く6世王のときにはロシア革命（1917年）のインパクトもあり，立憲政体への理解を示し始めるようになるが，絶対王政そのものは維持された。

しかし，6世王が1925年に病死し，ラーマ7世プラチャーティポック（在位1925〜35）が即位すると，状況は一変する。絶対王権への批判が，官僚を始めとするバンコクの都市中間層から噴出するようになったのである。新聞の投書欄などを通じて，政治体制をめぐる活発な言論が展開されるようになり，すでに6世王のときから

「タイ国民の王」であることが王権の正統性根拠の1つとして主張されていた以上,「国民」の声を無視し続けることは7世王にとって不可能となっていた。同王はタイの民度がまだ議会制民主主義を維持できるレベルには達していないと主張したが,29年にアメリカで起きた大恐慌がタイにも波及すると,経済混乱の中で絶対王政批判はますます強まり,31年,ついに国会開設を含む憲法草案の起草に着手した。ところが有力王族の反対のため,それは頓挫した。

このような中,官僚や軍人らによって1920年代後半に結成されていた人民党は,陸軍の中の立憲君主制をめざす勢力と共闘し,32年6月24日,少人数によるクーデターを敢行,有力王族を人質にとって7世王に立憲君主制の受け入れを強引に認めさせた。同王は6月27日,法務官僚だったプリーディーがまとめた今後10年間の人民党単独政権を保障した憲法に署名した。その翌日,憲法に基づく国会が開催された。これがタイの立憲革命である。ただし選挙は第二次世界大戦後まで行われず,議員は人民党によって任命された。その後,1933年にプリーディー率いる人民党の文民派が経済の国有化をめざす社会主義的な政策を主張すると,7世王と陸軍が反発して同派を抑圧し,最終的にプリーディーを国外に出国させた（5ヵ月で帰国）。しかし,その後も人民党政権は安定せず,陸軍内の反人民党勢力と一部王族が反政府運動を展開し,7世王もその動きに同調した。だが,その運動は失敗に帰し,同王は35年,病気療養先のイギリスで退位を表明した。

7世王の跡を継いだのはまだ9歳にすぎない少年,ラーマ8世アーナンタマヒドン（在位1935～46）であった。これ以後,タイでは王の権威が低下し,一方で人民党政権はパホン首相の下で安定を見せるようになった。パホン政権は残されていた不平等条約改正のための国内法整備に取り組み,1937年末までにすべての不平等条約を対等条約に締結し直した。

1938 年 12 月，パホンに代わって同じ陸軍出身のピブーン（1897
～1964）が首相に就任する。彼は国号をシャムからタイに変え，タ
イ民族の復権をめざす大タイ主義を前面に出した。39 年 9 月，第
二次世界大戦がヨーロッパで勃発すると，タイは中立を宣言したが，
ドイツがフランスを占領し同国に親独ヴィシー政権が成立するや，
日本の北部仏領インドシナ（仏印）進駐もあり，ピブーン首相はこ
れを機に「失われた領土」の回復に乗り出す。ヴィシー政権はタイ
の「失地回復」要求を拒絶するが，ピブーン首相は仏印内の反フラ
ンス勢力に対し連帯を訴えるなど，強い姿勢を崩さなかった。この
ためタイと仏印間に国境紛争が生じ，フランスによる空爆や，国境
地域での陸戦が 40 年から 41 年にかけて展開され，海戦まで生じた
（タイは敗北）。ピブーン首相は日本に調停を依頼し，タイを影響下
に入れる好機と見なした日本はそれに積極的に応じた。その結果，
東京での会議を経て，41 年 5 月，タイはかつてフランスに割譲さ
せられた「領土」の一部を取り戻すことに成功した（仏印＝タイ平
和条約）。このあと，アジア・太平洋戦争の開始によって日本軍が
タイに進駐するが，その経緯と 42 年から 45 年にかけての対日姿勢
の変化については，第 9 章で触れることにする。

　独立を維持することに成功したタイの一連の対応は，明治期の日
本と同様，列強に植民地化の口実を与えないため，王室独占貿易
（日本の場合「鎖国」）をとりやめ，不利を承知で自由貿易体制に参加
し，並行して中央集権的な領域国家に国を作り変え，その過程で
数々の近代化政策を実施した点において特徴的である。また，外交
において柔軟な対応をとり，アユタヤ王国期以来の「属国」をイギ
リスとフランスに割譲する一方，自らも積極的に国境線の画定作業
にかかわり，主権国家としての領域確保に努力したことも見逃せな
い側面である。

第 7 章　植民地化への対応　　**129**

第8章 東南アジアにおける共産主義運動の胎動

世界革命の夢

ベトナム青年革命会本部のあった建物とその入口（中国・広州）。コミンテルンの活動家であったグエン・アイ・クオック（のちのホー・チ・ミン）は広州滞在中（1925～27），当地で亡命生活を送っていたインドシナ出身革命家をこの建物に集め，再教育にあたっていた（2011年7月撮影）。

ロシア10月革命の思想的影響やヨーロッパからの社会主義者の流入，さらにはコミンテルンの関与の下に，1920年代に入ると東南アジアでもしだいに共産主義運動が各地で胎動するようになった。20年に東インド共産党が結成されたあと，25年にはマラヤ共産党（1930年結成）の前身である南洋共産党が，30年にはインドシナ共産党，シャム共産党，フィリピン共産党が相次いで結成された。この時期の共産主義運動にとっては，19年に世界革命を促進するためモスクワを本部として設立されたコミンテルン（共産主義インターナショナル）から，その「支部」としてお墨つきを得ることが，自

国の共産主義運動を代表していると主張する上で必要不可欠であった。そのため、20年代から30年代にかけてのこれらの共産党がとった行動はコミンテルンの存在を抜きにして語ることはできない。

このうち、インドネシアにおける共産主義運動の出発点においては、本国を追われてインドネシアにやって来たオランダ人社会主義者の果たした役割が大きかった。スネーフリートは社会主義思想を現地に普及すべく、1914年に東インド社会民主同盟（ISDV）を設立した。これが

スネーフリート（1883〜1942）。1920年代のコミンテルンを代表する国際主義的活動家の1人で、マーリンの名で活躍した。

もとになって、20年に東インド共産党（1924年インドネシア共産党、PKIと改称）が設立され、スマウンを議長とする指導部の下でコミンテルン加盟を決議するとともに、鉄道など労働運動を中心に活動を展開していった。

東インド共産党指導部がこの時期直面していた最大の問題は、誰を味方に引き入れることによって政治運動における多数派を形成するかということであった。スマウンはイスラーム同盟（サリカット・イスラーム）との連合を通じて、共産党指導下での労働運動の統一を模索していた。この路線は当時まだ共産党のプロレタリア性保持を基礎とした上で、非プロレタリア勢力との連携を追求していたコミンテルンの方針とも合致していた。しかし、スマウンの努力がイスラーム同盟の反対にあって挫折し、さらに彼自身が1923年

第8章　東南アジアにおける共産主義運動の胎動　131

Column ⑥　フィリピンとインドネシアの国名について ◆◆◆◆◆◆

　　今日の世界には，植民地支配によって決定された地名，国名をもつ地域，国家はいくつかある。東南アジアではフィリピン，インドネシアがその典型である。フィリピンの命名者は，ビリャロボスとレガスピである。前者は，1542年，スペインの王子フェリペ（のちの国王フェリペ2世）にちなみ，サマール島とレイテ島をフェリペナスと呼び，後者はこのフェリペ2世の命により，1565年，マイニラ（マニラ）を根拠地に植民を始め，群島全体をこの名で呼ぶようになった。フィリピン史でスペイン支配333年の起点は，レガスピがセブ島に到着した1565年，終期は1898年の第1次共和国独立である。この間にフィリピナス（フィリピン人）は，群島生まれのスペイン人，メスティーソ（混血），インディヘナと呼ばれたこの群島の先住民を含む言葉へと拡大した。この変化は独立運動による。メスティーソを含む多くのスペインへの留学生の社会運動は，プロパガンダ運動，カティプーナン運動へと発展し，「フィリピン人」意識を高めていったのである。

　　現地住民の「インドネシア」獲得もまたきわめて似通った過程をたどった。古来，今日のインドネシア群島全域を包括する地域名称は成立しておらず，ヨーロッパ人が，「外インド」と呼ぶこともあった。植民地支配者オランダは，この群島を「東インド」と呼ぶが，他方で，19世紀から，群島を意味するラテン語を付した「インドネシア」もあった。20世紀に入ってオランダに留学したこの群島の各地域出身留学生たちが，留学生運動を開始するにあたって，その団体名称として「インドネシア」という名を冠したことが，今日のインドネシアの契機とされる。それを決定的にしたのは，1928年，第2回青年会議が採択した「青年の誓い」が「祖国インドネシア」など，この語を採用したことにあった。

◆◆◆◆◆◆◆◆◆◆◆◆◆◆◆◆◆◆◆◆◆◆◆◆◆◆◆◆◆◆◆◆◆◆◆◆◆

にインドネシアから追放されると，コミンテルンと意思疎通のできる指導者は現地にはいなくなってしまった。その後インドネシア共産党は24年12月にジョクジャカルタで開催された党会議で蜂起に向けた準備の開始や，傘下に置かれていた人民同盟の漸進的な解消

を図るなど急進的な姿勢を明確にしていった。これに対し，コミンテルンは人民同盟を徐々に共産党から切り離して，共産党指導下の民族主義的革命組織に改変して，他の民族主義的党派の影響下にある人々や農民の大多数をも反帝国主義闘争に糾合しようとする方針を示し，蜂起に傾くインドネシア共産党指導部の「ポピュリスト的・極左主義的傾向」を批判した。

　結果的にコミンテルンとインドネシア共産党指導部とは意思疎通を欠いたまま，後者は1926〜27年の蜂起へと突き進んだ。蜂起は失敗に終わり，インドネシア共産党は蜂起の失敗で壊滅的な打撃を被り，45年の党再建まで苦難の長い道のりを歩まなければならなかった。

　　　　民族か，階級か　　1926〜27年の蜂起失敗以降，インドネシア共産党の活動は停滞を余儀なくされることになったが，この頃になると，東南アジアの他の地域とモスクワを結ぶネットワークがしだいに形成され，多くの人々がそこに吸収されるようになっていった。この中には東南アジア各地でリクルートされてモスクワ留学に向かう活動家やモスクワ留学を終えて故国に帰る活動家，さらにはコミンテルンの指導幹部などが含まれていた。彼らに伴って書簡・文献や活動資金も移動していたことはいうまでもない。このネットワークに参入していった人々の動機はさまざまであったが，その1つに民族主義的な契機で共産主義の道へと入っていった人々がいた。のちにベトナム労働党とベトナム民主共和国の最高指導者となるホー・チ・ミン（グエン・アイ・クオック）はその典型であろう。

　グエン・アイ・クオックは共産主義との出会いについて，1920年フランス滞在時にレーニンの「民族・植民地問題に関するテーゼ」の草稿を読み，感激のあまり涙を流したと後年述べている。レーニンの民族解放の観点に惹かれたというのがその理由だが，ヨー

第8章　東南アジアにおける共産主義運動の胎動　　133

ロッパ中心主義的志向のレーニンには本来東方単独での民族解放という観点はなく，ここにグエン・アイ・クオックの狭隘なレーニン主義理解がよく示されている。

その後モスクワに移り，本来は世界革命にこだわり，民族主義的な主張には否定的であったコミンテルンで活動するようになってから，グエン・アイ・クオックの思想はより明確な形をとっていった。1924～27年に孫文政権支援のために派遣されたボロジン顧問の随行員として広州に滞在する中，インドシナから広州に亡命していた民族主義者たちの結集に着手し，25年にはベトナム青年革命会を創設してベトナムの独立をめざす愛国主義的な人士の結集を図ると同時に，政治訓練学校を開設して将来の共産党指導者の養成をめざした。このとき彼が著した講義用テキスト『革命の道』には，ベトナム民族独立のために，階級を問わずできる限り多数の人間を結集しようとするという，その愛国主義的な発想が濃厚に現れている。

インドシナ現地では1929年にベトナム青年革命会から急進派が脱退して「インドシナ共産党」（1930年10月に成立するインドシナ共産党と区別するため「」を付す）を結成したのを皮切りに，アンナン共産党，インドシナ共産主義者連盟などの共産主義組織が相次いで結成され，統一を欠いたまま競合するという状況が続いていた。

このとき，シャムや香港で活動していたグエン・アイ・クオックは，1930年1月香港に「インドシナ共産党」とアンナン共産党の代表を呼び，両党の合流とベトナム共産党の結成に成功した。しかし，これよりわずか前の29年11月末にコミンテルンはインドシナ共産党結成の方針を正式に提起しており，党の課題も第6回世界大会（1928年）以降，コミンテルンのとっていた左傾化した階級対決路線を反映する内容を設定していた。グエン・アイ・クオックの結成した党の名称からしても，また党の「簡略綱領」の愛国主義的な内容からしても，ベトナム共産党の結成は彼がコミンテルンとは無

関係に自主的な判断で起こした行動であったことは明らかであった。

このようなグエン・アイ・クオックの独断行動とコミンテルンの路線と相容れない思想は，同時期にモスクワに留学していたチャン・フーやハー・フイ・タップなど年下のインドシナ出身活動家から非難を受けることとなり，グエン・アイ・クオックはモスクワに戻ってから不遇の時をすごすことを余儀なくされた（～1938年）。

他方，モスクワから帰国したチャン・フーは1930年10月に党名をインドシナ共産党に変更し，階級対決路線に沿った「政治綱領」を採択するなど，コミンテルン本来の方針に忠実な方向へ軌道修正をおこない，インドシナ共産党からグエン・アイ・クオック色を一掃することに努めた。

階級対決路線の有効性　このように，コミンテルンは1928年の第6回世界大会において，階級対決路線を採用して，それまでの非プロレタリア勢力との協力の可能性を許容してきた路線から大きく転換していた。階級対決路線とは，諸階級を詳細に分類してそのうちのいずれがプロレタリアートの味方であるかを吟味しようとするものであった。諸階級の中では農民の一部（小作人・小農・雇農）が「農村におけるプロレタリアートの主要な同盟者」と位置づけられたにすぎず，階級対決路線は統一戦線的志向からは大きくかけ離れていた。コミンテルンは階級対決路線を植民地・半植民地にも適用したが，30年インドシナで早くもその有効性を疑問にふす事件に直面することになる。

それは一般には「ゲティン・ソヴェト」として知られる，アンナン（ベトナム中部）のゲアン・ハティン（ゲティン）地域で1930年9月から31年8月にかけ，同地域の農民が共産党の関与の下に村落自治をおこなった事件である。30年5月頃から生まれて間もないベトナム共産党の指導下で労働運動や農民運動が活発化していたゲティン地方では，同年8月これらの運動がフランス植民地当局との

第8章　東南アジアにおける共産主義運動の胎動　**135**

武力衝突にまで至る中，農村地帯で統治機構が次々に崩壊して農民による村落自治政権が樹立されていった。

　各地の村落自治政権を運営していたのは農会と呼ばれる組織であったが，その実態はコミンテルンが主張した階級対決とは程遠いものであった。農会の目的は「農民兄弟大多数の団結」に置かれ，活動内容からは友愛・啓蒙・互助組織としての性格が濃厚であった。加入資格も「村で18歳以上の農民は老若男女・貧富・優劣・出生地・宗教・主義を問わない」とされ，さしたる制限は設けられなかった上，闘争の対象に関しても「抑圧搾取者」（封建地主・資本家・帝国主義者など）と簡単に述べられているにすぎなかった（栗原[1991]）。実際，農会には貧農・中農以外に，地主や富農，商人，知識人，土豪など階級対決路線からすれば好ましくない人々が参加していたのである。

　階級対決路線に忠実であろうとするインドシナ共産党（中部委員会）はこうした状況に危機感を覚え，「知・富・地・豪を粛清し，根絶せよ」という過激な指示を下部組織に出したが，これはこうした階層の出身者が多い同党の組織的団結を大きく揺るがす結果を招いたのみであった。

　この「ゲティン・ソヴェト」は階級対決アプローチが植民地には馴染まず，むしろグエン・アイ・クオックのような階級を越えた愛国主義的なアプローチに利があることを示したものであったといえよう。コミンテルンはゲティン地域の村落自治政権に地主が参加しているという情報を入手しながらも，その事実が問いかける階級対決路線に内在する欠陥を真摯に分析しようとせず，逆に公刊していた機関誌では村落自治政権は「ソヴェト」であると大いに持ち上げて，村落自治政権が階級対決路線と矛盾しない性質をもったものであるかのように描写したのであった。

> **東南アジアにおける共産主義運動の担い手の形成**

1920年代後半から30年代初めにかけて，東南アジア各地で共産主義運動が活発になるとともに，その主たる担い手もはっきりと姿を現し始めた。その1つは華人勢力である。前項で述べたインドシナ共産党のケースからも明らかなように，インドシナ領内で共産主義運動が弾圧されていたときに，広州や香港でインドシナ出身の民族主義者や共産主義者を陰に陽に支え，共産党の中核の形成に大きな役割を果たしたのが中国共産党であった。

中国共産党はこれ以外にも1920年代後半から東南アジア各地に居住する華人勢力のネットワークに依拠して東南アジア地域への関与を増大させていった。その典型はマラヤにおける共産主義運動の形成と発展であろう。マラヤの共産主義組織は25年以降，中国共産党の海外セクション＝南洋共産党として出発し，華人を主たる基盤として活動を展開していった。南洋共産党は30年5月にマラヤ共産党として自立するが，その後も中国共産党の絶大な影響力と華人中心の組織活動が大きく変わることはなかった。

華人勢力以外で東南アジアにおける共産主義運動の担い手となったのは，前項でも紹介したようにフランスによる植民地統治を震撼させるまでに成長していたベトナム人勢力であった。これら2つの共産主義勢力の活動を象徴するのはシャムにおける共産主義運動の形成と展開であろう。まず，シャム在住華人の間の共産主義組織はシャムにも活動のネットワークを伸ばしていたマラヤ共産党のイニシアティブにより，1927年以降マラヤ共産党シャム特別委員会として出発した。

他方，同じ頃シャム東北部にはベトナム青年革命会の流れを汲む越僑（ベトナム人移民）を構成員とする共産主義グループが存在していた。シャム共産党はこれら2勢力の統一の上に1930年9月に結成されたが，その時点ではシャム人の党員は1人もいなかったとい

第8章　東南アジアにおける共産主義運動の胎動　**137**

タイ東北部ウドン・ターニーにある越僑革命家の墓。その1人ダン・トゥック・ファ（1870〜1932）という人物はベトナムのゲアン地方出身でのちに当時のシャムに移住し，ベトナム青年革命会やインドシナ共産党の運動に身を投じた。共産主義運動は本来民族や国家を越えるはずだったが，現実に勢力拡大の基盤となったのはエスニックな紐帯であった（2004年8月撮影）。

われる。このような党内勢力の実態を反映して，シャム共産党はマラヤ共産党・インドシナ共産党との緊密な関係の下で活動を展開していくことになる。

　フィリピンにおいても1920年代後半になると，タン・マラカのようなインドネシア共産党の活動家が移動途中で滞在したり，アメリカ共産党の活動家が来訪したり，中国共産党がマニラ在住華人青年の間で共産主義組織設立に着手したりするようになり，共産主義運動がしだいに芽生えつつあった。

　ただし，フィリピンの場合，マラヤやシャムとは異なり，華人勢力が共産主義運動をリードするという状況は見られなかった。ここ

で共産主義運動形成に重要な役割を果たしたのはフィリピン人を主体とする労働運動であった。たとえば1924年プロフィンテルン（赤色労働組合インターナショナル）の肝いりで広州において開かれた太平洋運輸労働者会議には早くもフィリピンから労働組合活動家が参加していた。

また同じ年にはエバンヘリスタら共産主義を志向する労働運動指導者によって労働者党が設立された。エバンヘリスタ自身はその後，1928年にはモスクワで開かれたプロフィンテルン大会にも参加している。コミンテルンはエバンヘリスタの活動に注目し，29年には労働者党を共産党に改変することによって，フィリピン共産党を結成するという方針を固めていた。これに忠実に沿って，エバンヘリスタを指導者とするフィリピン共産党が結成されたのは30年8月であった。このときの労働運動と華人勢力との関係は明らかではないが，結成直後のフィリピン共産党内には華人指導者・党員の存在も確認されることから，おそらく両者は統合したものと考えられる。

> コミンテルンによる各国共産党指導の限界

こうして東南アジアにおいて共産主義運動の主要な担い手が登場するにつれて，これらの運動をモスクワにつなぎとめておこうとするコミンテルンの基本的な戦略に内在するさまざまな欠陥が表面化するようになった。

その1つはモスクワと東南アジア地域との物理的な隔たりである。しかも，多くの地域で共産主義運動が弾圧されるという状況の下で，これら2地点の間を人間や文書，金銭が移動していくのは容易なことではなかった。たとえば，書簡（コミンテルンからの指示とそれに対する現地の返答）がこの2地点の間を往復するのに数ヵ月を要するのはごく普通のことだった。そのため，コミンテルンが現地の情報を絶えず入手して密着指導していくというようなことはおよそ不可

第8章　東南アジアにおける共産主義運動の胎動　139

モスクワ・マネージ広場にあるコミンテルンの中央機関が置かれていた建物。ホー・チ・ミンも，1923年から24年にかけて，ここに勤務していた（2005年6月撮影）。

能であった。これは前述したインドネシア共産党とコミンテルンの関係，さらにはインドシナ共産党結成に伴う一連の混乱がよく示すところである。

　また，コミンテルンから提供される資金の額も現地の要求に見合ったものではなかった。もっと活動資金が欲しいという趣旨の現地の不満を書きとどめた書簡は，現在コミンテルン関連文献を所蔵しているロシア国立社会政治史文書館に多数見出される。

　次に，モスクワの東方勤労者共産主義大学（クートゥフ）で養成した幹部を，現地に帰還させて共産党の指導者に据えて，これをコントロールしようとするコミンテルンの革命指導の前提にも大きな

無理があった。この前提が機能するためには、少なくともモスクワで養成された幹部がコミンテルンに終生忠誠であることと、彼らが現地の活動家から敬意をもって迎えられるという条件が必要であろう。

ハー・フイ・タップ（1902?～41）。モスクワ留学したのち、インドシナ共産党書記長を務めた（1935～38）。1930年代同党を代表する指導者。

しかし、現実はそうではなかった。これはとくにインドシナ共産党の場合に顕著に見られる。チャン・ヴァン・ザウやハー・フイ・タップなどモスクワからインドシナに帰還した人々は、自己主張を展開してコミンテルンの不興をしばしば買っている。また、ハー・フイ・タップとレ・ホン・フォンとの間の書記長の座をめぐる争いや、革命路線をめぐる対立は現地の活動家から尊敬や支持を得ることにはつながらなかった（後述）。

さらにコミンテルンは世界革命を標榜する一方で、実際には各共産党とモスクワの本部との間の縦割りの単線的な指導ラインに固執していた。東南アジア地域の共産党を1935年まで管轄・指導していたのはコミンテルン執行委員会の東方書記局であったが、指導は国別になされていた（インドネシア、インドシナ、フィリピン、シャム）。このような指導ラインを横断する共産党間の自主的な連携をコミンテルンは極度に嫌っていた。

たとえば1935年にインドシナ共産党指導部が、地理的近接性や革命運動の連関性からインドシナ、マラヤ、シャムの共産主義運動は1つにならなければならないとする自己主張を展開したときも、

第8章 東南アジアにおける共産主義運動の胎動　141

東方書記局はそれを聞き入れようとはしなかった。こうしたコミンテルンの硬直した指導体制が現地の運動から自主性や柔軟性を削いでいったことは否定できないだろう。

コミンテルンの解散（1943年）と東南アジアの共産主義運動

前項で述べたコミンテルンの指導体制にかかわる根本的な欠陥は，1930年代半ば頃にはディミトロフのようなコミンテルンの指導者によっても十分に認識されていた。しかし，35年に実行されたコミンテルンの機構改革は，指導体制の質を向上させるというよりもむしろ，世界各地の共産主義運動への全面的なコミンテルンの関与を弱めようとする後ろ向きの性格をもっていた。

この機構改革は東方書記局など8つの地域書記局を全廃し，スターリンの腹心をトップに据えた9つの個人書記局を設置することを骨子とするものであり，ソ連の国益擁護を反映して地域的にはヨーロッパと中国に重点が置かれていた。東方書記局の廃止によって，東南アジア地域の指導に関しては，インドネシアはエルコリ書記局，シャムはクーシネン書記局，フィリピンはマルティ書記局，インドシナはマヌイリスキー書記局の担当というように，ますます広域性と相互連関性が失われ，一国革命の枠組みが強化された。これと同時に明確になってきたのは，東南アジア地域も含め植民地共産党の指導を宗主国の共産党に委任させようとするコミンテルン本部の姿勢であった。

こうして，コミンテルン自体が後ろ向きとなる中，かねてよりコミンテルンの世界革命戦略に否定的な立場をとっていたソ連の最高指導者スターリンは1941年以降，コミンテルンの存在が各国共産党の発展を阻害していると口にするようになっていた。その後，43年コミンテルンは各国共産党の成長により，単一の指導機関は不要となったと解散を宣言し，その24年間の活動に終止符を打つことになった。しかし，後述するように東南アジアでは，30年代後半

より各地の共産主義運動の自立化が進展しており，コミンテルン解散の影響はほとんどなかったといってよい。

> **局地化する共産主義運動（1）：フィリピン**

フィリピン共産党は他の植民地共産党と同様，基本的にその結成以来，東方書記局などコミンテルン東方地域指導機関および宗主国共産党という2つのラインを通じてコミンテルン本部と結ばれてきた。すなわち，フィリピン共産党は東方書記局とアメリカ共産党を通じてモスクワと連結されていた。1935年の東方書記局廃止によって，フィリピン共産党はマルティ書記局の管轄下に置かれるが，現実にはマルティ書記局以上にフィリピン共産党に対する指導的地位を強化したのはアメリカ共産党であった。

フィリピン共産党は結成後まもなく，1932年10月に非合法化され，指導者のエバンヘリスタも収監されるに至った。しかし，35年ケソンが独立準備政府（コモンウェルス）大統領に就任して，社会正義を唱え，日本を念頭に置いた反ファシズムの姿勢を鮮明にすると，フィリピン共産党と政権との間にも政策的な一致点が生まれ始めた。コミンテルンも第7回世界大会において，それまでの階級対決路線から反ファシズム統一戦線政策への転換を図っていたことはすでに述べたとおりである。

このような状況の中で，アメリカ共産党は1936年に使者をフィリピンに派遣して，エバンヘリスタらフィリピン共産党指導者の釈放と同党の合法化をケソンに働きかけた。これに加えて，労働組合からの陳情もあり，38年末エバンヘリスタは釈放され，フィリピン共産党はケソン政権に協力する形で政治活動を再開した。

1938年に入り，10月同党はアメリカ共産党の関与の下に，農村部を基盤とするフィリピン社会党との統合を果たした。これはコミンテルン第7回大会の統一戦線政策を受けての行動ではあったが，この時期にはフィリピン共産党の進路を決定するまでに，アメリカ

第8章　東南アジアにおける共産主義運動の胎動　**143**

共産党のフィリピンにおける共産主義運動への関与の度合いが深まったことを示している。そして，フィリピン共産党が「アメリカ共産党と常時緊密な関係を維持し，自らの行動と闘争をアメリカ共産党の行動と闘争と一致させるよう勧告する」というコミンテルン執行委員会書記局の決議（1939 年）が示すように，コミンテルン本部もアメリカ共産党の指導的地位を是認していた。

また，1937 年頃からは現地の革命運動から隔絶された形でのクートゥフにおける幹部養成方式には問題があるという認識の下に，アメリカ共産党中央委員会の下，アメリカにフィリピン共産党幹部を養成する学校を設立すべきだという議論がコミンテルン本部ではおこなわれ始めていた。アメリカならば「価値ある『実践的大衆活動』」を学習することができるというのがその理由であった（栗原 [2002]）。これはクートゥフにおける幹部養成のあり方を根本から問う主張ではあったが，それに代わるシステムを構築することなくそれまでコミンテルン本部の担ってきた重要な活動部門を切り捨て，これを宗主国共産党に委託しようとする側面があったことも否定できない。

1938 年 10 月にフィリピン社会党との統合の上に誕生した新生フィリピン共産党の議長にはエバンヘリスタ，副議長にはペドロ・アバド・サントス（元社会党党首）が就任した。しかし，主だった指導者は 42 年 1 月，前年末フィリピンに侵攻してきた日本軍によって逮捕されてしまい，運動はヴィチェンテ・ラバらによって引き継がれた。

同党は日本軍に対する軍事・政治・経済各面での抵抗を掲げ，1942 年 5 月にはフクバラハップ（抗日人民軍）の創設を決定し，ルイス・タルクがその指導者となった。フクバラハップは中国共産党の紅軍をモデルにしたといわれ，その後ゲリラ闘争によって日本軍を悩まし続けることになる。

144　　第Ⅱ部　帝国主義・世界戦争そして独立

|局地化する共産主義運動 (2)：インドシナ|

インドシナ共産党の場合，1935年以降，コミンテルン本部は30年代前半にインドシナ共産党の指導にあたって傾注した熱意をもはや示さなくなり，同党への指示送付回数や資金が急速に減少しつつあった。2人のクートゥフ留学幹部（ハー・フイ・タップとレ・ホン・フォン）の間の権力闘争や統一戦線政策の導入をめぐる対立と反目は，コミンテルンの威信の低下とモスクワ留学経験のない現地の活動家の台頭へとつながった。

1938年3月の中央委員会総会で現地活動家の1人グエン・ヴァン・クーが新書記長に選出されたことは，35年以降のインドシナ共産党とコミンテルン本部の関係を象徴する事件であった。このとき，コミンテルン本部はインドシナ共産党指導部人事の変更について同党からの事後報告で初めて知るという有様であった。

ハー・フイ・タップは書記長を解任され，レ・ホン・フォンも書記長の座にはつけないというように，コミンテルンから将来を嘱望されたはずの2人のクートゥフ留学幹部が冷遇され，コミンテルンの威信そのものが大きく問われたにもかかわらず，コミンテルン本部はもはや書記長人事に介入しようともしなかった。1938年にコミンテルン執行委員会書記局が提起したインドシナ・フランス両共産党中央委員会間での人事交流や，フランス共産党がインドシナに駐在要員を派遣してインドシナ共産党を援助すべきだとする方針，すなわち宗主国共産党への指導権委託もその延長上にあった。

しかし，インドシナ共産党をめぐる政治状況はまったく別の方向へと動いていった。1939年以降，グエン・ヴァン・クー，ハー・フイ・タップ，レ・ホン・フォンを含む指導部の中心的なメンバーが植民地当局によって次々と逮捕・投獄，さらには処刑されたため，サイゴン一帯を活動拠点としていた中央委員会は事実上崩壊してしまった。40年以降，中央委員会を継承したのはダン・スアン・ク

中国・昆明金碧路にあったホー・チ・ミンの旧居。1940年，ホー・チ・ミンは当地の越僑の居宅に身を寄せ，情報収集や党の組織活動にあたっていた。この家は再開発のためにすでに取り壊された（1996年12月撮影）。

一（チュオン・チン）らトンキン地方の現地活動家と，彼らと信頼関係を築くことに成功したグエン・アイ・クオックであった。

1938年，5年に及ぶモスクワでの生活に終止符を打ったグエン・アイ・クオックが向かったのは，インドシナ共産党中央委員会の置かれていたサイゴンではなく，中国共産党の根拠地となっていた延安であった。その後，グエン・アイ・クオックは中国共産党の支援を受けながら，40年までの間，広西や雲南を中心にコミンテルン本部との連絡，文筆活動，インドシナ共産党組織との接触の試み，ベトナムの民族解放革命に向けた越僑の組織化などにあたった。

1940年に入るとグエン・アイ・クオックは，昆明でインドシナ共産党組織との接触に成功し，ファム・ヴァン・ドンやヴォー・グエン・ザップら，後にベトナム労働党の指導部を構成することになる活動家とも出会うことになる。その後，ベトナムにおける民族解

放革命に向けて越僑や民族主義的人士を結集する活動は，主として広西で進められ，40年から41年にかけて，グエン・アイ・クオックは越南独立同盟弁事処，中越文化工作同志会，越南民族解放委員会，越南民族解放同盟会などの合法組織の設立に努力を傾注した。

ここで重要なことは，越南民族解放同盟会（1941年4月成立）の設立趣旨が示すように，①革命活動の枠組みとしての「ベトナム（越南）」の提示，②革命の力量としての民族という要素の重視，③中国革命との連携重視といった方向性が浮かび上がってきた点であり，前述したフランス共産党によるインドシナ共産党の指導を追求したコミンテルンの路線とは異質のものであった。

1940年12月から翌41年初めにかけて，グエン・アイ・クオックとトンキン地方で40年11月に成立したチュオン・チン臨時指導部との間に連絡が確立されたものと思われ，41年2月にグエン・アイ・クオックは国境を越えてカオバンのパクボーに到達し，約30年ぶりの帰国を果たした。

その後5月10日から19日にかけて，パクボーで開催されたインドシナ共産党第8回中央委員会総会は，同党史上，大きな路線転換を記した。総会決議は階級的な要求を棚上げにして国家・民族的な課題の追求を優先し，インドシナを俯瞰する視点を確保しながらも，ベトナムにおける民族解放闘争を先行させるという方針を提起した。

闘争を遂行する政治組織に関してもインドシナ反帝民族統一戦線結成方針を取り下げ，これに代わってベトナム独立同盟（ベトミン）の結成を打ち出した。ベトミンの綱領の基本線は，あらゆる階層の人民を結集することによって，仏日打倒・駆逐，ベトナムの独立達成や，ベトナム民主共和国の樹立，中国などとの連携を図ることに置かれており，前述した越南民族解放同盟会の設立主旨を継承しているといえる（歴史学研究会編［2006]）。

こうしてインドシナ共産党の拠点はコーチシナからトンキンの中

第8章　東南アジアにおける共産主義運動の胎動　**147**

へと移動し，指導部の陣容も一変することになった。新たに形成された指導部はコミンテルンでの長い活動経歴をもつグエン・アイ・クオックと，モスクワ留学経験はもとよりコミンテルンとは無縁な生活を送ってきた現地の共産主義者たちとの連合体であった。このような形態はコミンテルンが究極的にめざしてきたものであったといえるが，皮肉なことに世界的に見ても稀有のケースとなってしまった。

　モスクワから現地に帰還した活動家の多くは，弾圧にあって命を落としたり，消息不明になったり，あるいは中国共産党の王明のように現地の党組織からはじき出されてしまったりとコミンテルンの期待に応えられないままに終わっている。ブルガリアのディミトロフ，旧東ドイツのピーク，チェコスロヴァキアのゴットヴァルトのように第二次世界大戦後，東欧の社会主義国で指導的地位についたコミンテルンの元有力幹部がいないわけではないが，ソ連の庇護を抜きにしてこれらの人々の地位を語ることはできないだろう。しかし，インドシナ共産党の場合は，そのような条件もないままに第二次世界大戦後国家権力の掌握に成功し，グエン・アイ・クオックはホー・チ・ミンと名前を変えて死去するまで，党と国家の最高指導者としての地位を保持することになったのである。

局地化する共産主義運動(3)：マラヤ，シャム

マラヤ共産党が華人勢力を基盤に，またシャム共産党が華人勢力とベトナム人勢力を基盤としてそれぞれ成立したことはすでに述べたとおりだが，これら2つの党からコミンテルン本部に送付された文書や，マラヤ，シャム出身者のモスクワのクートゥフや民族植民地問題研究所在籍が確認されているにもかかわらず，両党はフィリピン共産党やインドシナ共産党のようにコミンテルンの正式な支部として承認されることがなかった。その理由について，コミンテルンの文献は両党とコミンテルン本部間の恒常的な連絡体制が未

確立であることを挙げている（栗原［2005］）。

　しかし，コミンテルンとの接触いかんにかかわらず，実際には1930年代後半，マラヤにおいても，シャムにおいても共産党は手をこまねいていたわけではなく，自主的な情勢判断の下に活動を展開していた。華人勢力を基盤としていたマラヤ共産党ではライテクというベトナム人が頭角を現し，39年書記長に就任した。この間，同党はマラヤ在住華人を「愛国運動」すなわち中国人民の抗日闘争支援に向けて動員する姿勢を強めていた。元来，共産主義運動には民族や国家を越えて階級的に連帯するという主張があったはずだが，この時期華人にとっての「祖国」としての中国とのエスニックな紐帯が強調されるようになったことは特筆に値する。

　1941年12月に日本軍がマラヤに侵攻すると，翌42年マラヤ共産党は武装組織であるマラヤ人民抗日軍を結成し，全土で抗日ゲリラ闘争を展開した。当時，ライテクは日本軍に内通していたといわれ，そのためにマラヤ共産党もダメージを受けたが，華人の支持や日本占領地域での抵抗運動支援を任務とするイギリス軍136部隊の協力を得ながら勢力を拡大していった（原［2009］）。

　シャム共産党内においては，1936年以降ベトナム人勢力が急減するという状況の中で，日中戦争開始後，華人が中心となって暹羅華僑各界抗日救国連合会を組織して日貨排斥などの活動を展開するようになっていた（栗原［2005］，村嶋［2009］）。41年末から45年8月までの間に，共産党によって泰国反日大同盟南線総盟や泰国抗日義勇隊南線総隊部などの抗日組織やゲリラ武装組織が設立された。マラヤと接する南部ではマラヤ人民抗日軍との共闘もおこなわれたという（原［2009］）。なお，この間42年12月シャム共産党はタイ共産党に改編されている。

> **局地化する共産主義
> 運動（4）：ビルマ**

ビルマ共産党は 1938 年 8 月，「ビルマ民族・文化中心主義を前面に押し出した主張」を掲げたタキン党の一部メンバーによって結成された。コミンテルンの世界大会へのビルマ人代表の出席や，クートゥフ，民族植民地問題研究所におけるビルマ出身者の在籍が確認されないことから，ビルマにおける共産主義運動は東南アジアで唯一，コミンテルンとの接点をもつことなく，「ビルマ内部のナショナリズム運動のなかから自生した形で結成」された事例であると見なすことができる（根本 [2010]）。

ビルマでは 1937 年頃から，左翼文献の読書会がタキン党員の間でも隆盛を見るに至っていた。これを基盤として，さらにインド共産党からの働きかけもあって，38 年 8 月にビルマ共産党が結成されることになった。新生ビルマ共産党の書記長に選出されたのは，タキン党の書記長の座にあったアウンサンであった。

しかし，結成後まもなく同党は植民地政庁の弾圧を受け，実質的な活動の展開は 1942 年以降に持ち越されることになる。41 年 12 月末に日本軍がビルマに侵攻するという状況の中で，ビルマ共産党はタキン・ソウらを中心に，抗日，反ファシズム，連合国軍との共闘などを軸とした運動を展開していった。ビルマ共産党がコミンテルンとは接点がなかったとはいえ，これらの方針は反ファシズム統一戦線というコミンテルンの方針から逸脱するものではなかったことも確かである。

日本軍によるインパール作戦が悲惨な失敗に終わり，作戦中止を余儀なくされた 1944 年 7 月，タキン・ソウとビルマ国軍を率いるアウンサンとの間で，ビルマ共産党・ビルマ国軍・人民革命党による抗日統一組織の設立について協議が始まり，翌 8 月 3 者によるパサパラ（反ファシスト人民自由連盟）結成が実現するに至った。パサパラは反日・反ファシズム・反帝国主義を掲げ，農民の組織化に力

を入れ，45 年 3 月に国軍兵士と農民ゲリラを主体とする抗日武装蜂起に突入した。蜂起は日本の敗戦まで続き，フィリピン同様，日本軍はビルマでもゲリラ闘争に悩まされることになった。

第9章 アジア・太平洋戦争

日本軍による東南アジア占領

日本占領下のインドネシアで日の丸を振る少女たち（雑誌『ジャワ・バル』の表紙，1943年）

近代日本のアジア膨張政策

日本は明治維新（1868年）以降，版籍奉還（1869年）と廃藩置県（1871年）を経て，それまでの幕藩体制に代わる東京を中心とする中央集権国家の形成に転じた。並行して富国強兵策を採用し，工

業化の推進と近代的軍事力の育成に力を入れ，1872年には徴兵制も施行した。また，ヨーロッパに倣って立憲君主制の国家を構築すべく，1889年には大日本帝国憲法（明治憲法）を公布し（翌1890年施行），帝国議会も開設した。

ただ，立憲君主制を採用する以上，君主である天皇は憲法によってその権限を規定される存在になるはずであったが，大日本帝国憲法ではそうした要素に加えて天皇の神聖性も認めた。そのため，憲法上の天皇の性格づけが立憲君主と絶対君主の両義性をもつあいまいなものとなった。一般国民のあいだでは神聖な天皇像のほうが強調され，立憲君主としての天皇のイメージは薄かった。また，天皇の大権を2つに分け，軍の最高指導者としての統帥権と，政府の最高指導者としての統治権を認めた。そのため，1930年代以降，軍が天皇の統帥権を過度に主張し，政府に軍事予算の増額をはじめとするさまざまな要求をつきつけ，政治への介入を強めるようになった。さらに，大日本帝国憲法は閣僚（大臣）各人が自らの権限に関する事項を天皇に直接助言する輔弼という制度を認めたため，内閣をまとめる総理大臣の権限が相対的に弱く，のちに政府内で軍部を代表する陸軍大臣と海軍大臣が総理の意思に反する行動をとることが見られるようになった。このように東アジアで最初の立憲君主制国家になった日本であったが，そこには軍が政府に対し影響力を行使しやすい欠陥が含まれていた。

そうした中，日本は国家としてアジアへの膨張政策を推進するようになる。帝政ロシア（のちのソ連）によるシベリア東進と東アジアへの影響力増大を恐れた日本は，朝鮮半島を橋頭堡として確保し，中国大陸への進出を図りロシアに対抗しようと考えた。日清戦争（1894～95）で清を破った日本は，台湾の獲得や巨額の賠償金受け取りに加え，朝鮮に対する清の宗主権を放棄させた。これにより朝鮮は独立国家となり，1897年には大韓帝国に改名したが，日本の

第9章　アジア・太平洋戦争　**153**

強い影響を受けるようになった。その後，日露戦争（1904〜05）の結果，日本にとって有利な内容のポーツマス条約をロシアと結ぶと，韓国の指導・監督権を獲得し，そのほかにも南満州鉄道の利権，遼東半島南部の租借権を得て，中国大陸へのかかわりをいっそう深めた。こうしてロシアの脅威から国を守るという論理の下，朝鮮半島への進出を果たし，1910年には韓国を併合して大日本帝国の領土に組み入れた。

　しかし，日本の大陸進出はこれで終わることなく，韓国併合はその始まりにすぎなかった。第一次世界大戦（1914〜18）ではドイツの租借地だった青島（膠州湾）と，太平洋上にあったサイパンなどのドイツ領南洋群島を占領し（のちに国際連盟の委任統治領），1915年には中国に対し山東のドイツ利権の継承などを要求した（対華二十一カ条要求）。すでに辛亥革命（1911）を経て共和国となっていた中国（中華民国）では，袁世凱政権が日本の軍事力を恐れ，主要な要求を受け入れ妥協せざるをえなかった。1931年には関東州（遼東半島先端）の守備と南満州鉄道の警備にあたっていた日本の関東軍が満州事変を起こし，翌年には満州国を建国，関東軍が監督する日本の属国とした。これに対し国際連盟はリットン調査団の報告をもとに，満州事変を日本の自衛的行為とは認定せず，満州国の建国も地元の自発的意思によるものではないと判断したが，そのことに不満を抱いた日本は33年に国際連盟を脱退した。

　その後，1937年7月には盧溝橋で起きた日中武力衝突を機に，中国に対する日本軍の全面侵攻が始まり，華北と華中への攻撃が激化する（日支事変，日華事変）。同年12月には多くの虐殺を生んだ南京事件を起こしている。これに対し，中国側は蔣介石率いる国民政府（重慶）と毛沢東率いる中国共産党の政府（延安）が共同して日本の侵略に抵抗したため，日本軍は中国で勝利を得られず泥沼の戦いを継続することになった。

この間，1939年1月に英領ビルマから雲南を経て重慶に至る英米による物資補給路（ビルマ・ルート）が完成すると，同じくベトナム北部から雲南を経由して重慶に至る補給路（ベトナム・ルート）と共に，両者は「援蔣ルート」として注目されるようになった。日本軍はこれを遮断すべく，同地域への軍事的関心を深めていった。

東南アジアへの日本の
軍事的関心の深まり

当時「南洋」や「南方」と呼ばれた東南アジアへの関心自体は，明治期から経済面を中心に日本では強かった。しかし，第一次世界大戦後に旧ドイツ領の南洋群島（現在のマーシャル群島ほか）を国連委任統治領として獲得すると，その関心は徐々に軍事的色彩を帯びるようになった。1939年の「援蔣ルート」の開通はそれを決定的にし，中国戦線の泥沼化がもたらした日本軍の資源確保への不安も東南アジアへの関心を強めた。石油と鉄くずの輸入をアメリカに頼っていた日本は，アメリカが中国大陸での日本の軍事行動に反発を強め，石油の禁輸措置をとることを恐れていた。そのため大油田のあるオランダ領東インド（現インドネシア）のスマトラ島パレンバン油田や，錫と天然ゴムの資源が豊富な英領マラヤへの軍事的関心が深まった。

国内では陸軍が推す北進論（対ソ連攻撃論）と海軍が推す南進論（東南アジア軍事侵攻論）の対立があった。双方ともに譲らなかったため，最終的には南進論を優先しつつ，両論が併記される国策が決定されるに至る。南進政策の要である東南アジア侵攻にしても，陸軍と海軍とではその目的が大きく異なった。陸軍はドイツがソ連を破ったら満州からシベリアに進軍してソ連と戦うことを想定していた。そのため東南アジア侵攻はそのための資源の確保のためとされ，侵攻後の占領を長期化させ安定させることを優先した。一方，海軍のほうは，アメリカが日本との戦争準備を整える前に東南アジアと太平洋諸島の主要拠点を占領し，それによってアメリカの戦意を砕

第9章 アジア・太平洋戦争 **155**

いて，有利な和平交渉に持ち込む短期決戦を考えていた。このように陸海軍双方は東南アジア侵攻をめぐって同床異夢の状態にあった。

ヨーロッパでの戦争拡大が東南アジアへ与えた影響

1939 年 9 月，ヨーロッパでは急速に軍事力を蓄えたヒトラー率いるドイツがポーランドに侵攻し，翌 40 年 4 月以降，世界中に多くの植民地国家を領有する英仏両国とドイツが戦うことになった（第 2 次世界大戦の開始）。東アジアにおいては，上述のとおり朝鮮半島，台湾，満州などを領有する日本が，さらに中国の核心地域への侵攻を拡大していた。

欧米列強の植民地下にあった東南アジア植民地各国のナショナリストたちは，迫りくる戦争の中でどのような立場をとるべきか決断を迫られた。フランスとオランダがドイツに敗れ，その占領下に入ったことは彼らを動揺させた。ドイツと日本が同盟関係にあったため（日独伊三国同盟），ヨーロッパ情勢をにらみながら日本とのかかわり方を模索せざるをえなくなった。それはまた，自分たちの国を植民地統治する宗主国を倒すよい機会であるとも受け止められた。他方，東南アジアのナショナリズム（独立運動）に共産主義の立場から大きな影響を与えていたソ連は，39 年 8 月にドイツと不可侵条約を結んだものの，41 年 6 月にドイツ軍が同条約を破ってソ連に侵攻したため，「祖国防衛」の激しい戦闘に巻き込まれた（独ソ戦）。これにより，共通の敵ドイツを前に，ソ連は英米と共闘して連合国（the United Nations）を形成することになり，これも東南アジア各地において共産主義運動とかかわっていた活動家たちに影響を与えることになった。

日本軍の侵攻

日本軍の東南アジアへの軍事的影響力の行使は 1940 年 9 月 26 日の北部仏印進駐に始まる。フランス領インドシナ連邦の北部に，フランス本国（ヴィシー政権）の承認を得て軍事進駐したこの行動は，本国フランスがド

156　第Ⅱ部　帝国主義・世界戦争そして独立

イツに占領されたために，その状況を活用して実現されたものである。この直後に日本は日独伊三国同盟を締結している。翌41年7月には南部仏印にも進駐し，これによって日本軍は東南アジア攻略のための橋頭堡をサイゴン（現ホーチミン）に築いた。

　一方，アメリカは対抗措置として在米日本資産を凍結し，さらに石油と鉄くず等の禁輸措置をとった。イギリスも日英通商航海条約を破棄し，オランダ領東インド（インドネシア）も日本との石油民間協定を停止した。こうして日本は中国での侵略戦争と仏印への進駐，その間の日独伊三国同盟の締結によって，アメリカ，イギリス，オランダ（蘭印）から資源供給を止められる状況に至った。昭和天皇は現状を打開するため，1941年10月16日に首相に指名した東条英機に日米交渉の継続を命じたが，結果は芳しくなかった。同年11月26日にはアメリカのハル国務長官から交渉を継続するにあたっての基本条件（ハル・ノート）を受け取ったが，それは日本に対し「中国と仏印からの撤退，蔣介石政権の承認，日独伊三国同盟の死文化」を求めるものであった。すでに対米開戦を決めていた日本政府はこれをアメリカからの「最後通牒」と解釈し，東南アジア侵攻とそれに伴うアメリカとイギリスとの戦争を正当化するに至った。

　1941年12月8日未明，日本軍はマレー半島（英領）のコタバルに宣戦布告なしに上陸した。これがアジア・太平洋戦争の始まりである。その65分後，ハワイの真珠湾を奇襲し，アメリカ太平洋艦隊に大打撃を与えた。それまで続けられていた日米交渉が打ち切られ，その通告がこの奇襲に間に合わなかったため，アメリカはこれを「だまし討ち」ととらえ，日本への敵意を強めた。日本軍としては東南アジア全面侵攻を短期間に成功させるため，米海軍の主力が当面動けないようにするための戦術として真珠湾を奇襲したが，空母を一隻も沈められなかったことや，航空戦力や燃料タンクへの攻撃が不十分だったことから，アメリカは比較的短期間のうちに軍事

第9章　アジア・太平洋戦争　**157**

マレー半島に上陸しシンガポールをめざして進撃を始めた日本軍（1941年）。

的に立ち直ることになった。

とはいえ，最初の半年間は日本軍の勝利が東南アジアで続いた。真珠湾奇襲とほぼ同じころ，独立国タイに進駐し（同盟条約を締結），その後，アメリカ領フィリピンに上陸して1942年1月にマニラを占領，2月にはイギリス領シンガポールを攻略し，スマトラ島のパレンバン油田の攻撃を経て3月にはジャワ島を攻略してオランダ領東インドに展開するオランダ軍を降伏させた。フィリピンのコレヒドール島で戦略自給戦の抵抗をつづけた米比軍（アメリカ・フィリピン合同軍）も同年5月に降伏し，翌6月にはイギリス領ビルマ攻略戦も終わった。十分に戦力を整えていなかったイギリス軍やオランダ軍や，事実上の「二軍」ともいえる植民地軍が相手だったため，一部の例外を除いて，日本軍は少ない損害で東南アジア各地を占領することに成功した。

> **日本軍政：抵抗と協力のはざまで**

日本の東南アジア軍事占領は，各地を「借地」として戦った戦争であったといわれ，短期的で略奪的なものであった。日米交渉が行き詰まりを見せる中，東南アジアへの全面侵攻を計画していた1941年11月5日，日本では天皇臨席の御前会議で「帝国国策遂行要領」が作成され，東南アジアを占領した後の基本方針が定められた。それは「治安回復，早期資源獲得，軍部隊の現地自活」というストレートなもので，これに沿って日本軍の東南アジア侵攻と占領は進められた。

当時の日本には欧米列強によって東南アジアに形成されていた地域経済圏を一国だけで支える経済力はなかった。よって戦争開始以前から日本の経済官僚たちは東南アジアでの占領が「搾取的」になることを自認していた。また補給についても「現地自活」方針が最初から確定していたことからわかるように，戦域全体を軍事的かつ経済的に長期に維持する力量を日本は有していなかった。それでも日本は東南アジアに侵攻したのである。

1943年以降，日本の敗色が濃厚になるに伴って，占領下における日本軍の粗暴さは現地民衆を苦しめることとなり，彼らに対して掲げた大東亜共栄圏（日本を盟主とした「アジア人のアジア」の確立）というスローガンは空文化した。そもそも日本は，植民地支配の準備が不十分なまま現地に侵攻し，占領後の軍政に必要な数千人規模の「民政官」を，急遽日本本土の内務省地方官僚などから抜擢して派遣せざるをえない状況にあった。彼らのおこなった植民地行政は軍事占領の補助にすぎず，ひたすら強圧的な行政を実施しただけに終わった。占領各地で実施した民衆動員体制も，たとえば警防団，隣組，青年団などは，日本本国で作り上げられた民衆動員および監視体制を東南アジア占領地に移し替えたものであり，動員監視の東南アジア版にすぎなかった。

第9章　アジア・太平洋戦争　159

占領地における通貨金融制度においても，日本は軍が発行した軍用手票（軍票）をもとに対応し，1942 年に南方開発金庫を創設，これを発券銀行として事実上の植民地中央銀行として機能させる政策をとった。しかし，軍票はどの地域においても現地企業家や民衆から受容されることはなく，日本の戦局の悪化とともに通貨の信用度は下落の一途をたどった。このことは東南アジア各地に深刻なインフレを生じさせ，民衆生活を破局に導いた。

　一方，このような状況下で，東南アジア現地のナショナリストたちは，とくにビルマ，フィリピン，インドネシアにおいて，日本軍に対し「抵抗と協力のはざま」に立った対応をとりながら，自らの権力基盤の強化と自国のナショナリズムの強化を図った。それは「容易に倒せない強力な体制や敵に対し，協力姿勢を基盤に相手側の信頼を獲得し，その上で交渉をおこない，段階的に自らの主張を実現させていくこと」を意味する。いわば合法的な抵抗手段である。協力姿勢といっても魂まで相手に売るわけではなく，戦略としての「協力」を意味する。すでに日本軍に対する武力的な抵抗基盤が存在したのであれば別だが，そうした準備がなかった東南アジアのナショナリストたちにとって，新しい占領者である日本軍に対し，こうした戦略をとるしか有効な対抗手段はなかった。日本軍にとっても，ほとんど事前の情報がないまま東南アジア各地を占領したため，現地で協力者を必要とした。双方の利害はこうして一致し，日仏共同統治がおこなわれたフランス領インドシナ連邦と独立国タイを別として，ビルマ，フィリピン，インドネシアでは対日協力者が現れ，日本に協力する政府をつくり，日本はそれを歓迎した。

　この戦争は一般に太平洋戦争と呼ばれ，あたかも真珠湾奇襲で始まり，広島と長崎への原爆投下で終わった「日米戦争」として語られがちであるが，戦争の目的は泥沼化した中国大陸での戦争を逆転させるべく，援蔣ルートを断ち切り，石油を筆頭とする資源を確保

するために東南アジア全域を軍事占領することにあった。けっして
アメリカの打倒を目的にしたわけではない。戦域はアジア・太平洋
全域にわたり，戦った相手もけっしてアメリカだけではなかったこ
とを考えると，この戦争の名称は太平洋戦争ではなく，アジア・太
平洋戦争とすべきであろう。

　以下，日本軍占領下の東南アジア各地域の実情を見ていくことに
する。

> **フランス領インドシナ連邦**
>
　既述のようにフランス領インドシナ連邦
（仏印，現在のベトナム，ラオス，カンボジア）
では，フランスと日本による共同統治とい
う支配形態がとられた。日本軍は 1940 年 9 月 23 日から仏印の北部
地方へ進駐を開始した（北部仏印進駐）。目的はハノイから重慶に至
る「援蔣ルート」の閉鎖と，東南アジア侵攻の橋頭堡を確保するこ
とにあった。この進駐は，その年の 7 月，第 2 次近衛内閣によって
出された「基本国策要綱」および「世界情勢の推移に伴う時局処理
要綱」を通じて明確化された日本の「南進」の方針に基づき，8 月
の「松岡・アンリー協定」と 9 月の「西原・マルタン協定」によっ
てフランス（親独ヴィシー政権）の同意を得た上で実施された。こ
のため仏印植民地政庁当局は日本軍の進駐受け入れを認めざるをえな
かった。この北部仏印進駐開始 4 日後に，日本は独・伊と三国同盟
を締結している。

　日本は翌 1941 年 7 月，南部仏印にも進駐する。これも「日仏共
同防衛」の名の下にフランスの同意を得た上で実施されたものであ
る。しかし，目的は東南アジアにおける日本の軍事拠点強化にあり，
そのため日米関係をいっそう悪化させる要因となった。この間，日
本側に有利ないくつかの経済協定も日仏間で結ばれた。

　1941 年 12 月 8 日，日本軍は仏印からいっせいに東南アジア各地
に侵攻を開始した。仏印では引き続き日仏共同統治が維持されたが，

第 9 章　アジア・太平洋戦争　　**161**

本来なら「大東亜共栄圏」のイデオロギーに基づき，白人支配から
アジアを解放する姿勢を現地の人々に見せる必要があった。しかし，
白人であるフランス人と共同統治をおこなう矛盾した姿勢を，日本
は「静謐保持」政策と呼んで自己正当化した。ただ，枢軸国側の戦
況が不利になってくると，フランスとの共同統治に無理が生じるよ
うになった。ヨーロッパでは44年7月，連合軍がパリを解放し，
ヴィシー政権が崩壊，太平洋戦線においても同年10月に米軍がフ
ィリピンのレイテ島へ上陸を開始した。日本は米軍がフィリピンを
奪還後，仏印を攻撃するのではないかと考え，その場合，仏印のフ
ランス勢力が日本に反旗を翻すことを恐れた。こうして，45年3
月9日，クーデタを決行し（明号作戦），フランス側を武力で封じ込
め，自ら「静謐保持」政策に終止符を打った。そして名目的な存在
と化していたベトナム阮朝のバオダイ皇帝（在位1925〜45）にフラ
ンスからの独立を宣言させた。この独立は実質的な意味をもつもの
ではなく，政治的実権は日本軍が握っていた。

　この間，日仏両軍によるインドシナ政庁を介したコメの強制調達
がおこなわれ，北部地域の農村は1944年後半から飢餓状態に追い
込まれた。45年6月に紅河で大洪水が発生すると，それは大飢饉
に発展し，最終的に200万人を超える死者を出したとベトナムでは
いわれている。

　同年8月15日，日本で昭和天皇によるポツダム宣言受け入れの
玉音放送が流れた日，ベトナムでは中越国境の山岳地帯を中心に反
日・反仏抗争を展開していたホー・チ・ミン（阮愛国）指導下のベ
トナム独立同盟（ベトミン）がインドシナ共産党と共に蜂起し，8
月30日，バオダイ皇帝を退位させ，9月2日，ベトナム民主共和
国臨時政府を設立してハノイで独立宣言を発した。

　同じ仏印内のカンボジアでは，1945年3月の日本軍による対仏
クーデタの後，同軍に後押しされたシアヌーク国王による独立の宣

言がなされたが，日本軍降伏後，フランスはこの独立を認めず，49年にフランス連合内の協同国という形で自治領にした。カンボジアの完全独立をフランスが許容したのは53年11月になってからである。ラオスでも45年4月，日本軍に支持されたシーサワンウォン王がルアンパバーン王国の独立を宣言したが，日本の敗戦後，ラオス王国はカンボジアと共にフランス連合内の協同国とされ（1949年），独立許容もカンボジアと同じ53年になってからであった。

シアヌーク

オランダ領東インド（インドネシア）

日本軍のオランダ領東インド（蘭印，現在のインドネシア）への軍事攻撃は，1942年1月，ボルネオ沖タラカン島上陸から始まる。その後，スマトラ島のパレンバン油田を攻撃して占拠し，3月1日にはジャワ島に上陸，オランダ軍は同月9日に降伏した。

インドネシアで開始された日本軍政は，統治機構を①ジャワ，②スマトラ，③セレベス，ボルネオ，ニューギニア，その他の3地域に大きく分割し，①を陸軍第16軍に，②を同第25軍に，そして③を海軍にそれぞれ担当させた。1942年8月にはジャワとスマトラにそれぞれ軍政監部が置かれた。総務・財務・産業・警務・宣伝など計8部が設置され，陸軍統治地区における一元的な行政機構がつくられた。海軍統治地区ではセレベス島マカッサルに中央行政組織「民政府」が設置された。こうした機構整備にもかかわらず，実際の行政は日本の各省からの出向で派遣された行政官があたることが

第9章　アジア・太平洋戦争　163

日本占領下のインドネシア。「バンザイ」の垂れ幕と日の丸（1942年）

多かった。

　アジアの解放という大義名分からも，また蘭印に関する知識や情報を十分にもっていなかったことからも，日本軍政はインドネシア人の協力に依拠する必要に迫られていた。このため，インドネシア人に人気のあったスカルノ（1901～70）やハッタ（1902～80）など，オランダ統治期に投獄されていた独立運動指導者を解放し，軍政への協力を求めた。のちに独立インドネシアの初代大統領となるスカルノは，共通の敵オランダの復帰を阻止するという考えに基づき，対日協力を承諾し，それを通じて独立の機会を早期に見出そうとした。

　日本軍政はナショナリストに協力を求めつつ，他方で，インドネシア・ナショナリズムを日本の統制下に掌握しようとした。民族旗の使用や，民族歌「インドネシア・ラヤ」の歌唱を禁じ，集会・結社・出版の自由も厳しく制限した。メディアも日本軍が掌握した。

西暦に代わる皇紀の使用がなされ，日本標準時間の採用，日の丸の国旗化，君が代の国歌化，道路や公園・公共建造物の名前の日本語化なども実施された。通貨政策においてもオランダ通貨ギルダーを円と等価レートで設定し（オランダ植民地期は1ギルダー＝2.8円），その後，軍票を流通させた。また，学校教育ではオランダ語使用を禁止し，インドネシア語を教授用語とし，日本語教育もおこなった。

ナショナリストたちの協力を得ながら，プートラ（総力結集運動）を展開し，警防団，青年団など官製の大衆組織がつくられ，反オランダ意識と日本への戦争協力の意欲を高める努力がなされた。しかし，インドネシア・ナショナリズムの色彩が強く現れることは最後まで抑制し，あくまでも日本の指導性を強調した。

日本がインドネシアに最も期待していたものは石油・鉄鉱石など，戦争遂行のための戦略物資の獲得だった。このため，蘭印における物資流通には，きわめて厳しい統制が実施された。物資流通機構は軍政によって完全掌握された。しかし，油田と石油精製工場の確保はできたものの，石油製品の輸出は海上補給路を米軍の空軍力と潜水艦によって激しく乱されたため，1944年以降は輸出できなくなった石油について焼却処分がなされるまでに至った。

このほか，駐留日本軍の自活のため籾米の強制供出制度も導入された。さらにジャワ島が過剰人口地域であるとの認識の下で労務者の大規模な動員がおこなわれ，多くの人々が日本の軍事施設や軍需工場を始め，泰緬鉄道（タイとビルマをつなぐ鉄道）建設現場などへ強制徴用された。これはインドネシア民衆にさまざまな悲劇をもたらした（日本語の「労務者」は「ロームシャ」という発音で戦後もインドネシア語に残った）。全占領期間を通じ，インドネシアの地域間の貿易構造は機能せず，砂糖・茶・コーヒーなどの商品作物は輸出先を失い，生産削減と米作への転換がおこなわれた。また輸入が途絶えたため，繊維製品をはじめとする生活物資の不足が日常化した。

軍事面においても，日本軍の兵力を補充すべく，インドネシア人に依拠する政策が採用された。補助兵として兵補が大量採用され，ジャワ（1943年）とスマトラ（1944年）にはそれぞれインドネシア人だけから構成される軍がつくられた。ジャワでは郷土防衛義勇軍（PETA），スマトラではラスカル・ラヤット（国民軍）と呼ばれた。指揮命令系統はいずれも日本軍の統制下に置かれ，将校養成も十分にはなされなかった。しかし，兵士としての軍事訓練はなされていた。これらの兵士たちの多くは，日本軍降伏後，オランダからの独立戦争に加わることになる。

アメリカ領フィリピン アメリカは1935年11月，植民地フィリピンに独立準備政府を発足させ，10年後の独立を約束していた。このためにフィリピン人から見た日本軍の侵攻は，およそ歓迎されないものであった。日本もそのことを意識せざるをえなかった。

日本軍の上陸は1941年12月22日から始まり（ルソン島北部リンガエン湾），翌年1月2日にはマニラを占領した。アメリカ極東軍（USAFFE：ユサッフェと発音）は，マニラを放棄したあともバターン半島とコレヒドール島で激しく抵抗を続けたが，同年5月7日に降伏した。その際，日本軍が大量の捕虜を炎天下において100キロ以上も徒歩行軍させたため，1万人を超える犠牲者を出した（バターン死の行進）。

軍政が始まると，抗日ゲリラへの対抗策として治安維持に力が入れられ，住民の相互監視システムの導入とその強化がなされた。ゲリラへの報復は激しさを増し，日本軍による一般住民への暴行，拷問，略奪も多発した。日常生活においては，配給制度や勤労奉仕の強制もなされた。人々の生活状況は悪化し，貿易ネットワークが壊されたため，それまでアメリカに依存してきた輸出入が麻痺し，農業生産物の輸出は滞り，輸入に頼っていた工業製品・衣料品・食糧

品の欠乏が際立つようになった。

　日本は南方作戦（東南アジア侵攻作戦）において，大本営直轄の後方連絡基地としてフィリピンを重視していた。このため民衆のいっそうの協力を得ようと，1943年10月14日，フィリピンの独立を認め，ラウレル（1891〜1959）を大統領とするフィリピン共和国を発足させた。しかしこの独立は形ばかりのものにすぎず，日本軍による統治が実質的に継続した。対日協力政府（ラウレル政権）が存在する一方で，フィリピン人ゲリラ（米極東軍ユサッフェ・ゲリラ，および戦前のフィリピン共産党を核とする抗日人民軍フクバラハップ）の活動が展開され，日本軍はフィリピン占領期間中，一貫してそれらに苦しめられた。またアメリカにはフィリピン亡命政府（独立準備政府のケソン大統領が亡命して結成）があり，アメリカ政府との連絡を密にした。対日協力政府関係者の多くもユサッフェ・ゲリラと地下で連絡を取り合うなどして，フィリピンを日本軍による被害から守ろうとした。

　1944年10月，米軍はレイテ島に上陸，翌45年1月にはリンガエン湾に進攻，2月には日本軍との激しい市街戦を制してマニラを奪還し，同月27日にコモンウェルス政府を復活させた。日本軍占領期のフィリピン側犠牲者は，このマニラ市街戦を筆頭に，米軍再上陸後に日本軍将兵による現地人に対する殺害が相次いだため，総計110万人に上るといわれている（日本軍戦没者は19万人）。このように日本の占領は，フィリピンに多大な人的・物的損害をもたらした。

イギリス領マラヤ，シンガポール

英領マラヤには，真珠湾奇襲の65分前にあたる1941年12月8日の日本時間午前2時15分，宣戦布告なしで攻撃を開始した。日本軍はマラヤ北東のコタバルに上陸し，その後マレー半島を南進，60日余りでシンガポール島に達した。42年2月15日，イギリス軍

第9章　アジア・太平洋戦争　　167

が降伏すると，マラヤ・シンガポールにおける軍政を開始した。

　マラヤとシンガポールへの侵攻作戦では，華僑が組織した義勇兵による抵抗が激しかったため，日本軍は占領後，彼らへの疑念を深め，厳しい抑圧的な政策をとった。シンガポールでは「検証」という名の華僑の逮捕・虐殺がおこなわれ，その犠牲者数は4万人以上と推定されている。マラヤでもジョホール，ペラ，トレンガヌなどで日本軍が「治安粛清」と呼んだ華僑の虐殺がおこなわれた。華僑への抑圧とは対照的に，日本軍はマレー人を重視し，スルタンや王族の保護に始まり，軍政下の行政組織に彼らを多く迎え入れた。

　抗日闘争は華僑が中心となり，彼らが大多数を占めるマラヤ共産党指導下のマラヤ抗日人民軍がゲリラ戦を展開し，警察署の襲撃や日本軍の輸送網への攻撃をおこなった。またイギリス特殊作戦局（SOE）の下に組織された136部隊（F136）がマレー半島にパラシュートで夜間降下し，マラヤ人民抗日軍へ軍事訓練を施したり，必要物資を補給したりした。一方，マレー人で構成されるマレー青年統一組織（KMM）は，日本軍政に協力する一方で，秘密裏にマラヤ抗日人民軍とも連携した。

　1945年9月，マラヤ・シンガポールに復帰したイギリスは，独立をめぐるマレー人と華僑との対立を巧みに操りつつ，マラヤ抗日人民軍の流れを汲むマラヤ共産党を武力で徹底的に封じ込め，イギリスの主導の下に，57年8月31日，マラヤ連邦の独立を認める。シンガポールは59年に英連邦の自治領（ドミニオン）という形で主権国家となった。その後，両国は合体して63年にマレーシア連邦を形成したが，2年後の65年にシンガポールは連邦から離脱して独立した。

　3年半にわたるマラヤ・シンガポールにおける日本軍の占領は，マレー人と華僑（のちの華人）の両民族間の分離を深めたといわれている。もともと複合社会として知られるマラヤとシンガポールで

は，ヨーロッパ人・華僑・マレー人・インド人（タミル人）の4者が，市場以外では相互に接触せずに暮らしており，それだけにいったん政治的緊張が生じれば民族間対立が生じやすい構造をもっていた。

戦時中の日本の雑誌『写真週報』の表紙を飾ったビルマのアウンサン将軍（1943年）

イギリス領ビルマ

日本軍は1942年から45年まで3年半にわたりビルマを占領した。英領ビルマへの日本軍の侵攻は，現地のナショナリズムを利用した形でおこなわれた。30年代後半以降激しい反英運動を展開していたタキン党（我らのビルマ協会）に注目した日本軍は，鈴木敬司という陸軍参謀本部第2部第8課（謀略担当）に属する大佐の活動を通じて，41年2月，南機関という対ビルマ謀略組織をつくる。同機関はビルマ国内からタキン党員を中心とする青年たちを30人脱出させて海南島で秘密軍事訓練を施し（30人志士），開戦後は彼らを核にビルマ独立義勇軍（BIA）を結成して，日本軍と共にビルマへ侵攻した。鈴木大佐はこのとき，独断でアウンサン（1915～47）らBIAのメンバーにビルマ独立を認める約束をしていたが，日本軍は42年6月に全土を制圧すると軍政を布告し，BIAのメンバーたちを失望させた。

軍政下では1936年4月から39年2月まで植民地政府の初代ビルマ人首相を務め，その後反英姿勢に転じた政治家バモオ（1893～1977）を長官とする中央行政府が設置され，第15軍（1943年3月よ

りビルマ方面軍）がその指導をおこなった。43年8月1日にはビルマ人の協力を得るためバモオを国家元首兼首相にしてビルマを独立させた。BIA から発展したビルマ国軍（BNA）が独立ビルマの政府軍として機能した。しかし，日本軍の駐留と国内における行動の自由が秘密協定に基づいて認められたため，実態は完全独立とはとてもいえなかった。もっとも，バモオ政府は上述した日本軍に対する「抵抗と協力のはざま」に立った対応をとり，地味ではあるが，ビルマ語の公用語化の実現や，日本語教育の強制拒否，英語教育の継続など，自らの主張を実現させている。また，バモオ内閣にはアウンサン（国防相）をはじめ，ウー・ヌ（外相）ら戦前のタキン党系政治家が6人加わっていた。戦前の反英団体として植民地議会や政府との接点をほとんどもたなかったタキン党のメンバーが，限られた範囲とはいえ，日本占領期において初めて統治経験を積むことになったことは，彼らに政治的な自信を身に付けさせた。

国民の生活はビルマでも悪化し，英軍による空襲の激化，衣料品を筆頭とする物不足，急激なインフレの進行，主産業であった米作の輸出不振，抗日・反日を疑われた人々に対する憲兵隊の拷問，泰緬鉄道建設工事に象徴される強制労働，一部日本軍将兵による民衆への乱暴などのために，占領期の3年半を通じてビルマの人々は苦しみの日々を送った。その結果，占領末期には次に述べるような抗日闘争が展開された。

1944年後半以降，日本軍は反攻してきた連合軍と劣勢な戦いを強いられる一方，翌45年3月末以降は夜間を中心にゲリラ戦で攻撃をしかけてくる現地のパサパラ勢力にも悩まされることになった。パサパラ（反ファシスト人民自由連盟）とは，抗日のために44年8月にビルマで秘密のうちに結成された組織のことで，タキン党系のナショナリズム運動の流れを汲むビルマ国軍とビルマ共産党，ビルマ人民革命党の3組織を中核としていた。タキン党出身で国軍を率い

170 第II部 帝国主義・世界戦争そして独立

ていたアウンサンが議長となり，共産党の指導者 2 名が最高幹部に
名を連ねた。実際の抗日闘争においては，武力的中核を構成した国
軍がその中心を担ったが，蜂起前の連合軍（英側）との秘密裏の連
絡や，蜂起準備段階における農民の動員と彼らに対する思想教育に
おいては共産党が積極的に動いた。

　抗日蜂起は，ビルマ側史料に基づくと 1945 年 3 月末から日本の
敗戦の 8 月までの約 4 ヵ月半に，国軍将兵 9220 人・農民ゲリラ約
2000 人が動員され，推定で最小 1000 人，最大 4000 人程度の日本
軍将兵を倒した。一方で，蜂起に参加したビルマ側の犠牲者は 320
人ほどにとどまっている。このように蜂起の規模は大きくなく，地
域的に限定されていたが，アウンサンらはこの蜂起の事実を政治的
に最大限利用し，戻ってきたイギリスとの独立交渉において，自分
たちがけっして対日協力者であったわけではなく，ファシスト（＝
日本軍）と戦ったナショナリスト・愛国者であることを強調した。
またパサパラがビルマのあらゆる階層を代表する政治勢力であるこ
とも主張した。英軍のマウントバッテン提督（連合軍東南アジア軍司
令部［SEAC］最高司令官）がパサパラの抗日蜂起へ感謝を表明した
こともあり，アウンサンたちはイギリスとの交渉に自信をもった。

　パサパラが当時，ビルマを代表する唯一無二の政治団体としての
内実を備えていたかどうかの判断は難しい。しかし，日本占領期を
経て，ビルマにおけるナショナリズム運動の主流が，バモオに代表
される戦前の植民地議会で主流を構成した GCBA 系諸政党に属し
た年長の政治家を中心とするものから，タキン党系の若い世代の活
動家を中心とする流れに大きく変わったことだけは確かである。こ
れはビルマのナショナリズム運動を担ったビルマ人中間層エリート
の急速な世代交代を意味していた。言い換えれば，日本軍のビルマ
占領が，本来の意図とはかけ離れて，ビルマ人ナショナリストの世
代交代を劇的に促したといえるのである。

第 9 章　アジア・太平洋戦争　　**171**

| 独立国タイ |

タイは東南アジア地域で唯一独立を維持していた王国（ラタナコーシン朝）であり，その王室は日本の皇室とも関係が深かったので，日本軍は同国に対しては侵攻という方法をとらず，「日本・タイ同盟条約」（1941年12月21日）と「日泰共同作戦ニ関スル協定」（1942年1月3日）を結んで部隊を駐留させることとした。タイは日本に同調して自らの意思で米英へ宣戦布告したので，両国は共同で戦争を遂行する形となった。ただ，開戦当日の1941年12月8日未明の段階では，日本はまだ同盟を結ぶ提案をおこなっていなかったので，日本軍がシャム湾に面する数カ所から上陸を開始するとタイ軍との間に短時間の交戦が生じた。

軍人出身のピブーン首相は，1940年11月，仏印との旧「領土」割譲をめぐる国境紛争が不利に展開すると日本に調停を依頼するなど，すでに日本の南方進出の姿勢を自国の「領土」回復の好機ととらえていた。開戦後は日本との同盟を強化することでタイの発展を推し進めようと考え，42年に隣国ビルマが日本占領下に入るとタイ軍は日本軍と共同でビルマのシャン連合州にあるケントゥンに攻め入り同地を占領する。タイはその後，シャン連合州から2州，（英領）マラヤから4州をそれぞれ日本によって割譲され，「領土」回復の目的を達成した。

しかし，日本軍の戦局の悪化に伴いタイは徐々に対日姿勢を変えていく。日本が1943年11月に国威をかけて開催した大東亜会議（大東亜共栄圏内の国々の国家元首クラスを東京に集めた国際会議）にはピブーン首相を欠席させ，政治責任の生じないワンワイタヤコーン親王を派遣した。同親王は「大東亜宣言」に署名したものの，帰国後，同会議に強い不満を表明した。一方，駐米タイ公使セーニー・プラモートによって組織された抗日組織「自由タイ」は，アメリカ在住のタイ人留学生を中心にアメリカの情報組織OSS（CIAの前身）

の訓練を受けて，44年3月からタイへ潜入を開始した。タイ国内でも摂政プリーディーによって43年には地下抗日組織の活動が始まっていた。日本で東条首相が戦局の悪化の責任をとって44年7月に辞任すると，タイでもピブーン首相が辞任させられ，知日派・親日派を排除した親連合国の内閣が発足した（クワン・アパイウォン首相）。45年8月15日の日本軍降伏後，タイは摂政の1人（プリーディー）が宣戦布告書に署名していなかったことを理由にして対米英宣戦布告の無効を宣言，戦時中に獲得した領土の速やかな返還を約束した。イギリスはこうしたタイの対応に厳しい態度で臨み，連合国による占領を主張したが，アメリカはタイ側の事情と冷戦の東南アジアへの影響を考慮してそれに反対した。その結果，タイは国際社会に比較的すみやかに復帰することが可能となった。

第10章 歴史の変動

国家独立の史的ポジション

インドネシア独立宣言が行われたその日,スカルノ(左)の自宅で国旗の掲揚がおこなわれた(1945年8月17日)。

戦争終結

　1945年8月15日,日本がポツダム宣言受諾を公表した。日本の無条件降伏,そして第二次世界大戦の完全終結日となった。日本政府は,この日,昭和天皇がラジオ放送を通じ日本国民に降伏を公表,アジア各地に分散する日本軍に戦闘停止,武装放棄を命じたのであった。このことは,すでに述べたように,東南アジアの諸民族にとって,独立の絶好な実現機会となり,そしてまた独立擁護の戦いの新たな幕開けであった。この時点のこの地域には,フィリピン群島を日本軍から奪還したアメリカ軍を除き,旧植民地支配国家の軍隊はほとんど進攻していなかったからであった。世界戦争の勝者として復帰してくるイギリス,オランダ,フランス,アメリカは,この地の長年の植民地支

マラヤでの日本軍将兵の武装放棄セレモニー

配者だった。そしてこれら戦勝連合国は、戦前秩序（東南アジア植民地支配体系）への回帰をめざしていた。彼らにとって第二次世界大戦以前の植民地支配の体制再建は、何ら疑問の余地のない自明なことであり、日本の侵略によって踏みにじられた彼らの「正義」の回復・実現と考えていた。国土が世界戦争の戦場となり、戦後経済復興に膨大な資金を必要とするこれらの戦勝連合国は、むしろ植民地再建から生じる植民地利潤をあてにしていたのであった。

独立意思の宣言：近代植民地秩序への挑戦

　第二次世界大戦は、もともと、この地域世界における外部世界からの「圧力」（すなわち暴力）の相克そのものであり、直接的には、無関係な「抗争」にすぎなかった。もちろん、にもかかわらず、近代戦のすべてがそうであったように、「戦場・戦域」となったこの地域世界で、前章までで詳述してきたように、その空間に存

するすべてのものが重大な影響を受け，ここに生活してきた人々の日常に影響し，その生存を損なう被害をもたらすものとなった。そしてまたこの戦争は，日・米（連合軍）双方が彼我の人種偏見を大量宣伝し，相互に人種対立をあおり立てるものでもあったと指摘される（ダワー［1987］）。この宣伝の対象となっていた東南アジアの諸民族には，それゆえに，それぞれに歪んだ交戦国家像が増幅されていったといってよいであろう。それでもなお，この地の長期植民地支配者は西欧諸国であるという歴史事実に変わりなかった。だが，そうした災厄の下にあって，ただ１つ，その後の歴史展開にプラスの要因を刻んだのは，外部（域外）巨大軍事勢力の「抗争」の帰趨が決した時が，この地域世界にとって「自明」と見なされてきた近代植民地秩序が，根底から覆された時ともなったことである。日本敗戦とともに，独立機会がこの地域世界に出現したのであった。

　そもそも，この世界戦争は，その本性として，著しく相反する構成要素をもっていた。ヨーロッパ戦線の反「枢軸国」連合は，自由と民主主義を擁護する諸国家の連合戦線（反ファシズム連合）と位置づけられ，ことにユダヤ人虐殺が明らかになって以降は，そこに人道・人権の擁護者イメージが付け加わった。しかしこの国家グループも，植民地として長年にわたって抑圧され，民族独立を希求してきた東南アジアの側から見ると，日本を侵略者・軍国主義国家，ナチス・ドイツの同盟国家と規定するとしても，その日本といかほどの違いもなかった。それゆえにこそ，諸民族は独立を希求し，対する植民地旧領有諸国は，あらゆる手管をもって，その独立への行動を有名無実のものとしようとしていた。

米軍のフィリピン
「復帰」：独立の諸相①

日本降伏の半年前，1945年2月末，フィリピンを戦域とする日米戦闘は，日本軍の壊滅で終結した。マッカーサーがマニラに「帰還」した。アメリカ軍政は，対日ゲリラ戦闘の主要勢力であっ

176　　第Ⅱ部　帝国主義・世界戦争そして独立

日本軍と米軍の市街戦で，マニラの街は壊滅状態になった(1945年)。

たフクバラハップの部隊を武装解除し，幹部を「逮捕」した。抗日ゲリラ活動に土地改革を結合していたフクバラハップを，アメリカ植民地支配の復活，引き続くアメリカ主導のフィリピン「独立」の障害物と見なしていたのである。

　フィリピンに復帰したアメリカ軍政のこの手法は，残る英仏オランダ3国が植民地復帰をした東南アジアの行方を暗示するものであった。1945年8月中旬，戦争前に3国の植民地領域であった東南アジアのうち，インドネシア主要域（ジャワ，スマトラ）やインドシナ，マラヤなどの「戦後」は，日本軍武装解除を主任務とするイギリス軍主力の連合国軍武装部隊が，これら各地に急展開することに始まった。実際，日本無条件降伏時の軍情勢は，インド・ビルマ国境沿いにイギリス軍主力の連合国軍が配置されているだけであった。武装解除目的に限定された部隊展開は，今日の東インドネシア群島域にオーストラリア軍，北緯17度線以北のインドシナ領域に中国国民党軍，17度線以南のインドシナ，およびジャワ，スマトラ，

第10章　歴史の変動　177

独立を祝う式典のためフィリピンを訪れたマッカーサー（右）とフィリピン独立初代大統領ロハス（左）（1946年7月2日）。

マレー半島域がイギリス軍と区分された。「権力の空白」が生じたのは、45年8月中旬から10月にかけてであった。東南アジアの人々にとって、独立実現の機会が訪れていたのであった。それはまた、植民地支配を当然視していた戦勝国にとって、戦前秩序再建への機会喪失を意味し、かつまたこの空白こそが、この植民地地域の人々の独立への熱意とその活動の広がりを見誤る要素ともなった。

イギリスのビルマおよびマレー半島復帰：独立の諸相②

1945年5月、ラングーンを奪還し、軍政を敷いていたイギリスが、ビルマ全土で民政支配体制復活を図ったのは、同年10月であった。社会経済基盤復興を最優先課題と位置づけたイギリスは、まず3年間を英人ビルマ総督の全権統治期間とした。その後に、選挙を実施し、戦前のビルマ統治法体制（1937年施行、上下両院の立法府、責任内閣制形態の行政府を核とする）の全面的復活を計画した。この後に、ビルマを英連邦（コモンウェルス）内自治領とする具体的準

備を開始するというのが『ビルマ白書』（45年5月発表）の計画だった。日本敗戦後に復帰したビルマ総督ドーマン・スミスは，この計画に従い，またアメリカのフィリピン復帰事例と同様に，独立運動の中心パサパラを排除し，アウンサンを対日協力者として逮捕，排除しようとした。だが，イギリスの場合は，マウントバッテンおよびビルマ駐留部隊の逮捕反対を受け，方針を転換，逆に総督更迭，アウンサンとの直接交渉によって，47年1月にアウンサン＝アトリー協定を締結して，完全独立をも容認するようになった。その際，かつて戦前の植民地支配で，交流を厳しく制限してきた「辺境ビルマ」（間接統治地域）を，居住する少数民族の自由意思で「管区ビルマ」（平野部直接統治地域）と併せ，独立ビルマを構成することも受け入れたのであった。

　また天然ゴム農園，錫鉱山を有する重要植民地であったマレー地域についても，同じようにマラヤ連合構想を1943年に作成していたイギリス（1945年10月，構想提示）は，マレー連合州，非連合州，直轄支配の海峡植民地（シンガポールは除外して）を併せて，直轄支配を復活し，その支配の統制を強め，スルタン権限を制限し，かつ市民権付与に出生地主義を採用した統治を企てていた。このため，先住権限を侵害されたとマレー人が反発した。連合は46年4月発足させたが，イギリスはマレー人に譲歩せざるをえず，48年，スルタン権限回復，市民権付与にも一定の制限を付したマラヤ連邦に移行した。

　なおこの後のマラヤ連邦では，1955年に選挙が実施され，早期独立を求めたアブドゥル・ラーマンのマラヤ連合党（マレー人・華人・インド人の連合政党）が勝利し，イギリスも独立を受け入れた。57年8月，9州とマラッカ，ペナンの11州*で独立が実現した。この国家の特異な点は，その国家体系にあった。すなわち，57年8月，独立とともに発効した連邦憲法（ムルデカ憲法）は，マラヤ連

第10章　歴史の変動　　**179**

マラヤのゴム・プランテーションで樹液採取の労働者と武装した管理者（1948年）。

邦を、スルタン制度に基礎を置く立憲君主国とし、国王（Yang di Pertuan Agung）は連邦構成9州のスルタンの互選で就任し、在位期間は各5年の輪番制、という制度としていた。またイスラームを国教、マレー語を国語、等とした制度を通じ、マレー人を憲法上も特別な地位に置き、その保護者をスルタン・国王としていたのであった。初代国王はヌグリ・スンビランのスルタンが選出された。

　＊英直轄海峡植民地（シンガポール、マラッカ、ペナン、ココス島、クリスマス島、ラブアン島）、マレー連合州（英総督下の連邦＝保護国、ペラ、セランゴール、ネグリ・セムビラン、パパン）、非連合州（統治に英顧問参加、ジョホール、ケダー、ペルリス、ケダン、トレンガヌー）。

| 理念上の独立、および国家観の分岐 |

こうして独立をめぐる歴史的推移を概観していくと、東南アジア諸民族、諸地域が独立を実現するには、どのような条件が用意されるべきかをめぐって、植民地支配者であるイギリス、フランス、

オランダはいうまでもないが，当の独立運動内部においても，明確な方向性ないし姿を描ききれてはおらず，混乱が生じていたことも見て取ることができる。もともと，第二次世界大戦中にアジアの民衆と植民地支配者との間に生じていたある種の共感は，軍国主義国家日本の「不正な侵略」を打ち破るという「共同行動」，その一時的な同盟者ということにすぎなかった。それゆえに，日本降伏後，両者の間でただちに問われたのは，植民地東南アジアの独立は何をもって満たされうるかであった。これが東南アジアの「戦後」すべての原点であった。

　「独立」は誰が認めるならば独立となるのか，そしてこの「誰か」は不要なのか，そして独立の「主体」は誰か，が大きな争点となった。1940年代の半ば，西欧型主権国家のみで構成されてきた国際体系を律する国際法は，すべて西欧「近代国家」の要件を満たしているものをこそ「独立」国家，主権国家と規定し，それら国家が統治下においてきた非西欧地域の植民地を独立させるなどという想定を，その規定に含んでいなかった。すなわち植民地は，その支配国家である西欧諸国家が，特別の恩恵をもって「独立」を付与しない限り，半ば永遠に植民地として支配し続けられる法規範の下に置かれていたのであった。

　この法観念の根強さの事例を，独立宣言直後，1945年10月以来続いたインドネシア共和国政権内部の主導権争いに，その底流に存するものとして見ることができる。独立国家を構成する国民の範囲，また独立国家の領土的範囲，政権の主導権等に加え，「独立宣言」だけをもってしては，独立は実現したとはいえないと考える者が，インドネシア独立派にも多かったのである。東南アジア独立運動指導者の多くが，植民地支配を正当化する西欧国際法を「知識」として与えられていたからである。こうした考えに囚われていた1人であったインドネシアのスタン・シャフリルは，スカルノ，ハッタが

正副大統領の名において発した独立宣言を，オランダに認めてもら
わなければならないと考え，これを彼の政治行動の基本に据えてい
たのであった。それは独立宣言後のインドネシア共和国政権内部に
おける権力闘争という形態で現れていた。シャフリルは，インドネ
シア共和国の権力奪取を図り，スカルノを単なる大統領の座に据え
た上で，首相として西欧型の民主主義国家体制を実現し，議院内閣
制を施行して，この形態を実現したことをもって，改めてオランダ
との「独立交渉」を開始し，独立の承認を得ようとした。この試み
は，「独立交渉」を単なる時間稼ぎとし，武力制圧をもくろんだオ
ランダの行動から，インドネシア大衆の支持を失い，やがて失脚し
ていったのである。

　こうした東南アジアの独立をめぐる政治動向は，歴史的には，広
く近代植民地体制を支えてきた理念への挑戦であり，1960 年の国
連総会決議「植民地独立付与宣言」の採択を契機とし，のちに述べ
られるように，独立国家形成から国民統合，そして経済政策に至る
までの東南アジア諸国の 50 年代，60 年代歴史過程の根底を規定す
るものであった。

アウンサン，独立ビル
マの青写真：国内統治
の様式①

1947 年，アウンサンは，東北部シャン州
パンロンで主要少数民族代表と連邦国家結
成で合意（パンロン協定，2 月 12 日）した。
ここに「民族州」からなる連邦国家体制の基礎がつくられた。同 4
月制憲議会選挙にパサパラが勝利し，翌 5 月，憲法案策定に取り組
んでいった。植民地を脱した独立国は，いずれも人材（専門家）不
足に苦しむ中，ビルマでは，イギリス留学経験をもつビルマ人法律
専門家が条文化を担当している。憲法案は，民主主義に基づく共和
制，そして連邦を構成する「民族州」には分離権の付与を約束し，
経済体制としては資本主義体制の維持を掲げるものだった。

　こうしてビルマは，1948 年 1 月，完全独立を実現する。だがそ

の前年の 47 年 7 月 19 日，アウンサンは国家独立の日を見ることなく暗殺された。この後のビルマは，次章で述べるように，共産党勢力の伸長，少数民族の分離運動，議会制民主主義の停滞，軍の政治介入，社会主義国家建設をめざしての挫折，などの「現実」に直面していくことになった。

　第二次世界大戦中から準備を始めていたイギリスの急速な政策転換は，ビルマ，マラヤに加えインドにおいても独立運動が強まり，さらに，イギリスの支配力の低下，世界的規模で高まる冷戦体制，社会主義陣営への警戒が重なったためであった。この地域は，現代史においても，国際事情が，根深くその後の歴史発展に大きな影を落としていくのであった。

> 交渉と植民地戦争（ベ
> トナム）：独立の諸相③

ベトナムも，1945 年 9 月，独立を宣言，その宣言に，18 世紀アメリカの独立宣言，フランス革命の権利の宣言を引用して，世界すべての民族は平等，かつ自由，独立を享受する権利があると主張した。そして日本が降伏したことで，民族的主権を得て，自由で独立した国家を樹立したのだと宣言し，民族の自決・平等原則を確認している連合国は，この独立を必ず認めるであろうと期待していた。だがしかし植民地再建をもくろむフランスは，46 年末にベトナムに侵攻，征服戦争（植民地戦争）を開始した。以後 30 年に及ぶ独立への戦いを，ベトナム民衆が強いられる始まりとなった。

　そしてこのベトナムも，パサパラのビルマと同様に，民主共和国として独立を宣言したとき，その国家および政府は，社会主義体制の樹立を意味するものでも，直ちにそれをめざすものでもなかった。民主共和国の最初の政府には非共産主義者も参加し，独立を実質的なものとする連合政権であった。インドシナ共産党もベトミンの背後にあったが，「解散」を宣言し，政治の前面に立っていなかった。

　さらに，やや先回りして述べておけば，民主共和国政府が自らの

第 10 章　歴史の変動　**183**

手で経済復興，発展の政策を立案実行する間もなく，フランスがインドシナに復帰し，独立擁護の戦争が勃発した。これに伴いベトミンを主体とした民主共和国政権は，1949年以降，共産党政権となった中華人民共和国から多面的な支援を受けるようになった。そして東西冷戦が強まる中，ホー・チ・ミンほか民主共和国指導者は，自国は社会主義陣営に属するという立場を明確にしていった。51年のベトナム労働党第2回党大会はこの認識を再確認する場であった。このとき，労働党を主体とする政府は，カオバン，ランソン（中国国境地帯）を根拠地とする一抵抗勢力だったが，土地改革など，社会主義に向かう一連の施策が，やがて実施されるようになった（1953年頃）。

戦争と交渉（インドネシア）：独立の諸相④

このフランスと並んで植民地復帰・再征服に固執し，植民地征服戦争を辞さなかったのがオランダであった。本国がナチス・ドイツに占領され，ロンドンに亡命政府を樹立せざるをえなかった第二次世界大戦中，インドネシア民族主義者から，自治を認めるなら協力すると表明されても，独立はもとより自治さえ容認しない態度に，植民地領有に固執するその姿が示されていた。オランダは日本敗戦後，インドネシアの独立宣言に直面してもなお，それを無条件降伏した日本の策謀であるとして，これをまともに受け止めることをせずに，やがて征服戦争を開始したのであった。

すなわちオランダは，独立の宣言に直面して，武力行使を準備しながら，1946年7月，セレベス島マリノで，同12月，バリ島デンパサールで，インドネシア群島域各地の王侯・首長を招き，広範なオランダ支配を受け入れる「独立国家」・自治国の樹立を提案，受け入れさせた（マリノ諸国という）。こうして6「国家」，9「自治地域」，計16の間接統治型政治機構（国・地域）を形づくって，実質的な支配の維持・継続を進めようとしたのであった。しかしただち

184　第Ⅱ部　帝国主義・世界戦争そして独立

にこのインドネシア独立問題は，その処理が設立直後の国連を舞台として展開されるようになっていった。

1947年8月，国連安全保障理事会は「オランダ領東インド紛争処理の為の3カ国委員会」（国連斡旋委員会）を設置した。委員会には，インドネシアがオーストラリアを，オランダがベルギーを，自国の利益代表国として選び，この両国は調整国としてアメリカを推薦した。当初からアメリカが問題処理に深くかかわっていたのである。49年1月になって，安保理は同委員会の権限を拡大し，名称も国連インドネシア委員会（UN Commission for Indonesia）に変更した。かくて49年4月以降，アメリカの主導権下で委員会が主権移譲交渉を推進したのであった。対ソ対共産主義戦略の見地から，スカルノ政権の独立容認に踏み出したアメリカの政治的圧力に屈し，オランダはようやく交渉に臨むことになった。それでもなおこの国は，ハーグ会議において，「現在のインドネシアで生じていることを理解できず」，本国「議会内の論議で通用している基準で」判断して，「インドネシア問題をオランダ王国の『改革』，すなわち再編成で解決できるという夢をいまだ持って」いたのであった（シマトゥパン［1985]）。

この時期には，前記したフィリピン（1946年7月），ビルマ（48年1月）に加え，パキスタン（47年8月14日），インド（47年8月15日），スリランカ（48年2月），大韓民国（48年8月），朝鮮民主主義人民共和国（48年9月），などが次々に独立，そしてフランスもまたベトナム（49年3月）に続いて，ラオス（49年7月），カンボジア（49年11月）に，フランス連合内の自治国という形の独立を認めるなど，アジア各地に独立国が誕生していった。

アメリカは，対ソ戦略の見地に加え，アジアのこうした趨勢の中で，オランダが頑固に独立運動を否定し続けることは得策ではない，と見なしていたのである。冷戦戦略というアメリカの二者択一の見

第10章　歴史の変動　185

地からすれば，スカルノ政権は明らかな反共政権だった。それは1948年のマディウン事件（9月18日〜10月4日，インドネシア共産党によるとされるジャワ島マディウンの地方政権樹立行動をスカルノ政権が武力弾圧）処理が示すものだった。アメリカはオランダに対してマーシャル援助の供与停止を切り札にして，インドネシア独立を受け入れさせ，独立合意が成立した49年11月3日，アメリカのアチソン国務長官は声明を発表して，西側陣営の一員にインドネシアを迎え入れられたと歓迎したのであった。

独立の展開過程（インドネシア）：国内統治の様式②

インドネシアは，1949年12月，ハーグ円卓会議協定をもって，連邦共和国として，オランダから主権移譲を受け，独立が容認された（なお今日に至るも，インドネシアが独立日を1945年8月17日とするのに対し，オランダはハーグ協定発効の49年12月をインドネシア独立日とする）。スカルノを大統領，ハッタを副大統領としたインドネシア共和国は，この主権移譲の時，ジャワ，スマトラを領域とする連邦共和国の一構成国にすぎなかった。ただし，連邦共和国大統領はスカルノであり，副大統領はハッタでもあった。そしてビルマやマラヤとの違いは，この後にあった。すなわちオランダによってつくられた「国々」が，50年3月，ジャワ島内につくられていた「東ジャワ国」が共和国に合併したことを皮切りとして，16すべての「国・自治地域」が，50年8月17日までに，共和国に合併し，独立インドネシア連邦共和国は，単一の共和国，インドネシア共和国へと転換したことだった（しかしながら最もオランダに忠実だった南マルク〔キリスト教改宗が進み，またオランダ植民地軍参加者が多かった〕は，1950年代後半に至っても分離自立を掲げ，この後も武力抵抗を続けた）。

　1950年代にかけて，このように実現していった東南アジア諸民族の独立は，政治的には実現したとはいえ，何よりも植民地支配国家による実質的な経済支配から離脱できていないことがしばしばだ

った。インドネシアの場合、独立とは、具体的には、主権移譲憲章、オランダ・インドネシア連合規定、外交関係の協力を規正するための協定、オランダ王国とインドネシア連邦共和国との間の財政・経済協定、などからなるものだった。しかしオランダ植民地権益を保護するようなこの時期の国際法の実態を反映して、それらは著しくインドネシア側に不利益をもたらすものだった。たとえばインドネシアの新政府は、独立と引き替えに、かつてのオランダ植民地権益の核心であったプランテーション用地の「保全」を課せられていた。独立を実現しながら、食糧生産地としてその用地内で農業を営む自国民を、オランダ人のために、政府自らが追い立てる義務を負わされるに至ったのである。しかしこうした事態に、独立を現実のものとした国民の不満が強まり、この不合理性を容認しなかった。そしてインドネシアは、独立をしたからこそ、その主権を最大限に利用した。インドネシア政府は、やがて54年6月8日、「農園用地使用問題の解決に関する1954年緊急法律8号」を公布し、「プランテーション用地占拠農民」追い立てを停止した。独立協定の際に受け入れさせられた、これらの不当な条項を排除していくことになる。

二重の戦争被害、
二重の経済課題

植民地からの離脱は、同時に、自主的な経済運営の獲得でもあった。だが、戦争終結後、東南アジアの経済活動は、きわめて困難な段階からの再出発を余儀なくされていたのである。国連アジア極東経済社会理事会（ECAFE、1947年3月創立、国連経済社会理事会の地域機構、47年6月、上海で第1回総会）が発表した47年年次報告書は、アジア地域の戦争被害について、水田の耕作放棄、役畜の激減などから、46年の食糧生産量が戦前水準の16％に低下、同年の農産物輸出量も戦前水準の40％に減少した、と記した。

　加えて、インドネシア、ベトナムの独立運動が戦争を強いられた結果、戦争被害はさらに拡大していった。インドネシアがオランダ

第10章　歴史の変動　**187**

に抗し，独立擁護戦争を強いられたのは約4年間であった。戦争はインドネシア経済に新たな戦争被害を生じさせた。砂糖農園，ゴム園が焼かれ，スマトラ油田が破壊され，交通網も道路・橋梁，鉄道施設が破壊された。ゴム・茶の加工場，精米所等の破壊が拡大し，日本敗戦1年後の1946年8月，ジャワのゴム工場は70％が操業可能であったが，47年9月には44％に減少し，また精米所の精米能力も世界戦争終結時より50％低下した。戦勝連合国が植民地支配者として復帰をめざし，東南アジアの独立を受け入れず，植民地支配の再建・維持をめざして侵略を開始したため，世界戦争終結後に，むしろ生活および社会基盤の破壊が進行したのであった。

　第2次世界大戦をくぐり抜けたあとの東南アジア諸国は，日本と欧米諸国の世界戦争，そして独立擁護戦争という連続した2つの戦争の破壊からの回復，経済の復興・発展に取り組まねばならなかった。インドネシアの全戦争期間は約8年間に及び，ベトナムの場合はジュネーブ協定までの抗仏戦争期間だけで約9年間，対アメリカ戦争を含めると約30年間が戦争被害期間である。しかも植民地体制にしっかり組み込まれていた東南アジアは，ECAFE設立総会で「われわれの問題は戦争がつくりだしたものではない」「もっと長期的な問題」だ，とインド代表が指摘した，アジアに共通する植民地経済から離脱するための課題を抱えていた。

経済の独立戦略　独立をようやく実現した東南アジア各国にとって，①公共事業を推進し，輸送・生産部門の再建強化，②金融・為替・通貨，貿易部門などに国家の統制力を強める，③管理通貨制度を採用して，開発計画実施のための財政支出をまかない，かつ予算の赤字増大を防ぐ，などが共通課題だった。

　各国政府は，ほぼ共通して，独立後直ちに経済発展計画を立案した（→表10-1）。表に示したフィリピン，インドネシア両国のほかに，

188　第Ⅱ部　帝国主義・世界戦争そして独立

表 10-1　フィリピンとインドネシアの開発計画

(1)　フィリピンの戦後初期の開発計画案　　　　　　　　（単位：100 万ペソ）

	ビブーン・プラン（1948～52年）　　　（%）	ベイスター・プラン（1947～51年）　　　（%）	クアデルノ・プラン（1949～53年）　　　（%）	ユーロー・プラン（1950～54年）　　　（%）
農　　業	341（17.5）	398（22.8）	507（32.6）	554（56.7）
工　　業	188　（9.6）	336（19.3）	364（23.3）	212（21.7）
鉱　　業	95　（4.9）	495（28.5）	65　（4.2）	22　（2.2）
運輸・通信	1149（59.1）	－　（－）	409（26.3）	115（11.8）
公共事業	173　（8.9）	512（29.4）	213（13.7）	73　（7.6）
計	1945（100.）	1741（100.）	1558（100.）	977（100.）
総　　額	1962	3168	1849	977

（注）　部門別合計額と総額との差額は，民間投資部分。ただし，クアデルノ・プランについては，差額が政府投資の必要額である。

（資料）　Storer, James A. and Teresita［1960］．

（出所）　馬場［1962］。

(2)　インドネシアの開発計画（～1950 年代前半期）

1946 年 3 月	3 カ年農業計画（カシモ・プラン）
47 年 4 月	復興開発 10 カ年計画
48 年	産業復興および工業化計画
	具体案：工業開発特別計画
49 年 11 月	修正案：新工業建設計画
49 年 12 月	5 カ年計画（1950～54 年）
	ハッタ内閣作成，運輸・通信に重点。アメリカから 1億ドルの援助（部分的使用にとどまる）
50 年	福祉計画（農務省中心に作成）
50 年 9 月	開発公社および工業化案（ナシール内閣）
51 年 4 月	経済緊急計画（スミトロ・プラン）
	別名：緊急工業化計画（通産省の主管）①試験研究推進，小規模工業の保護育成，生産加工センターの設置，既存工場の再建復旧，②短期計画：7種 20 工場の政府による建設・運営と民間への譲渡計画，③長期計画：18 種の大規模プロジェクト→政府援助による民間企業振興が主目的

　ほかに，農務省 5 カ年計画，地域開発計画，移住全体計画，など

（出所）　原［1967］。

第 10 章　歴史の変動　**189**

ビルマは，1947 年に作成に着手し，48 年 4 月発表の経済開発 2 ヵ年計画が，独立国であったタイは，57 年に世界銀行に調査立案を依頼し，その勧告を受け 59 年に国家計画庁を設置し，6 ヵ年計画案（61 年実施）を作成した。他方，英仏両国もまたマラヤ，インドシナに関する経済発展計画を立案した。植民地支配を継続していくためだった。マラヤについても，47 年，イギリス植民省は 10 ヵ年開発計画案（～1956 年，マラヤ独立は 57 年 8 月）を作成し，フランスもベトナム民主共和国制圧戦争をしかけながら，48 年，インドシナに関する経済発展計画案を作成したのであった。

英仏両国を含むこれら諸国の経済発展計画の立案は，東南アジア諸国の経済基盤が世界戦争・独立戦争によって破壊されたという，その深刻さを映し出した鏡であり，かつまた独立そのものが諸国民の経済生活向上への「期待増大の革命」（ミュルダール［1974］）であったことを物語っていた。しかしこの期待は「誤算」となり，発展計画も失敗することが多かった。戦後初期のフィリピン経済は，アメリカのフィリピン経済使節団作成レポート（1950 年）が，生産的部門（農業・鉱工業・運輸）投資が少なく，アメリカ援助もかえって政治腐敗につながり，資本逃避の機会となっていると指摘するほどであった。

そもそも植民地支配下にあった諸国の経済開発が計画性を有するには，その国の人材が圧倒的に不足している条件下にあって，計画立案や，資金，技術などの面で，何らかの国際的協力体制があって初めて実現可能となるのが実情だった。独立を実現していった東南アジア諸国は，国際社会の中でどのような政治的・経済的ポジションをとるか，とり得るのか，旧支配国，先進国側がどのような政策で応じるのかが，経済発展を左右するものとなっていた。だがこの時期，国外資金供給の選択肢は限定的だった。旧植民地政府企業の漸進的国有企業化と旧植民地民間企業の接収は限られた手段の 1 つ

だったが，これは企業経営資材（人材）の不足に加え，先進国からの資金供給が絶たれる「社会主義的」手段にすぎなかった。もう1つが，数ヵ国が期待した対日戦時賠償支払い請求，および後述する新独立国相互間の経済協力の追求であった。

対日戦時賠償請求：開発の資金源

1950年代，フランスとの戦いが続くベトナムを除いて，東南アジア諸国が経済発展政策に取り組み始めた時期，日本がサンフランシスコ平和条約を批准した。この条約に規定された戦時賠償支払いを求めたのがフィリピン，ビルマ，インドネシアの3ヵ国であった。賠償額，支払い方法などは，国際賠償委員会を設置する手法ではなく，請求国と被請求国が直接2国間で交渉する方式だった。平和条約が賠償請求権の自発的放棄を原則とし，賠償請求を例外規定として定めたからであった。2国間交渉は50年代初めから開始され，妥結に至るまで比較的長い時間を必要とした。

　講和会議そのものに不参加であったビルマの場合は，1952年4月，「日本との戦争状態の終結」を通告し，53年8月に賠償協定交渉の外交接触をし，54年8月から交渉を具体化させた。賠償・経済協力協定は，54年11月に調印，55年4月に発効した。賠償支払金総額2億ドル（720億円），経済協力費5000万ドルである。支払いは平和条約の規定「日本人の役務および日本国の生産物」供与から「実物賠償」に拡大され，戦時賠償支払いというより経済援助の面が強まった。55年10月18日付の「供与の手続きに関する交換公文合意議事録」は，「契約の実施の責任は，契約の当事者たるビルマ賠償使節団および日本国の国民または法人のみが負う」としていた。すなわちこの「経済協力」は，この時代に一般的な援助形式「ひもつき援助」そのものであった。ビルマは戦時賠償を自国の戦後復興資金，経済協力と見なしたことを物語っていた。

　事情はフィリピンも同じであった。同国は厳しい要求を日本に突

第10章　歴史の変動　　191

ウー・ヌ（1955年）

きつけた。1952年1月のことだった。当初内容は，賠償総額約80億ドル（161億5924万7959ペソ），払込期間10年，もしくは15年未満，協定締結前に部分的ないし中間賠償即時支払い，の要求だった。協定調印は56年5月（発効同年7月）であった。開発借款交換公文がふせられ，賠償総額5億5000万ドル，経済借款2億5000万ドルとなった。長期の交渉過程で，機械，資材など経済建設関連1000項目の賠償要求品目希望リストが提示され，戦時賠償請求形式の経済建設資金確保が鮮明に示されていた。のちの時代に主張されるような，戦争被害者個々人救済という観点は見られなかった。この時期，経済開発資金確保が，それほどに困難を極めていたといってよいであろう。

内乱：国内統治の様式③

1948年1月，完全独立したビルマ連邦の国家形態は，象徴的役割の国家元首に大統領を据え，責任内閣制に基づく首相が行政の実権を有するものだった。議会に圧倒的多数議席を有するパサパラを与党とするウー・ヌが初代首相に就任した。議会制民主主義の尊重や経済面で段階的に社会主義化をめざすとする「左翼国家」を宣言していた。だがビルマ共産党が武装反乱を起こした。土地解放やイギリスの経済利権からの追放等をスローガンとしたが，独立交渉過程で傍流化し，独立政府に居場所をなくしたことに対するルサンチマン（怨嗟）を反映したものと見なされている。続くカレン民族同盟（KNU）の武装闘

争もまた，カレン民族州が未確定なままの独立に反発したこと，ビ
ルマ民族中心の国家に参加することへの根源的反発を原因としてい
た。しかし，カレン民族側も，「カレン国家」の範囲（もしくは連邦
政府に認めさせるべきカレン州の範囲）に一致はなかった。1949年以
降，全面武装蜂起するという現実のみが先行しており，それゆえに，
この問題はその後もビルマを悩ませ続ける課題であり続けた。内乱
は50年を境に弱まった。代わって，与党パサパラの地方支部レベ
ルで人的関係，幹部対立が表面化，中央を含めて拡大し，ついに党
分裂に至った（ウー・ヌの「清廉パサパラ」，チョオニェインの「安定パ
サパラ」）。統治能力を失ったパサパラ政府に代わって，1958年，政
権が国軍（ネィウィン大将）に託され，ビルマ政治の表舞台に軍が登
場することになったのであった。

　後述するバンドゥン会議の開催国インドネシアも，独立後の国内
政治に「内紛」が生じていた。会議開催時，1953年7月，アリ・
サストロアミジョヨ内閣が発足した。内閣は，コロンボ5ヵ国首相
会議（1954年4月，インドシナ問題討議のため）で，バンドゥン会議開
催を提唱する一方，同年7月，インドネシア・オランダ連合を破棄
して，対オランダ交渉を開始して，9月発足のSEATOに参加を表
明した。こうして対外政策で実績を残したものの，バンドゥン会議
直後の55年7月，国内政治不安定のゆえに総辞職した。

　1955年9月，独立宣言から10年，インドネシア初の総選挙が実
施された。結果は，ナフダトール・ウラマ（東ジャワ農村部を拠点の
正統派イスラーム政党），マシュミ（改革派イスラーム政党），国民党，
共産党の4大政党体制となった。この選挙を通じ，地方ごとに民族，
種族に依拠した政治勢力が配置され，その中で中央権力をリードす
るのはジャワ，というインドネシア政治社会の構図が浮かび上がっ
た。石油，錫，木材等，一次産品産出はスマトラ，カリマンタンな
どの外島に，人口はその3分の2がジャワに集中しているという，

第10章　歴史の変動　　**193**

オランダとの間で起こったインドネシア独立戦争（1945〜49）で活躍したスディルマン（中央）。バタビア・マンガイ駅に到着し、大群衆から歓迎を受けている様子（1946年11月）。

資源分布と人口分布の著しい不均衡が、その基礎に横たわっていた。インドネシア社会は政治的独立を重点とする段階から、地域均衡を重視する経済の再建・発展へと移行していくことを必要とする段階になりつつあった。

　だが現実の政治局面では、国家統一、国民統合をいかに実現していくかを中心に動いていた。1950年代後半、改めて中央対地方という形をとった対立が先鋭化していたのである。57年に地方行政基本法が制定され、中央政府の地方首長任命制を廃止し、地方議会に地方首長の任命権が与えられた。だがこれによって不満が解消されることはなかった。不満は反乱の形をとった。イスラーム国家樹立を唱えるダル・ウル・イスラーム（西ジャワ）、そしてまたジャワ人の政治的優越に対する反発から、アンボン人、メナド人、アチェ人などが外島で反乱した。独立軍改編への反発や不満も重なって、外島配備の国軍幹部などが、地方軍閥化していった。56年12月以

降，西スマトラ，北スマトラ，北スラウェシなどで国軍地方師団が反中央政府クーデタを起こした。スマトラでは，マシュミや社会党の指導者たちも加わり，58年2月，インドネシア共和国革命政府（PRRI）樹立が宣言された。北スラウェシでも「全般的闘争」（PERMESTA）が宣言された。スカルノ大統領は非常事態宣言を出して議会を解散し，反乱に加担したとマシュミ党・社会党を解散させ，議会を任命議員で構成した。国軍による反乱の鎮圧に成功すると，不安定要因を議会制民主主義に帰した大統領が，「指導された民主主義」（事実上のスカルノ独裁）という名の中央集権体制とした。59年9月，大統領布告で地方首長の中央任命も復活させた。これはやがてスハルト政権に引き継がれることとなった。ジャワと外島，ジャワ人と非ジャワ人，中央と地方，という対立の清算が，国家の形式を問う時期に入ったのであった。

> ジュネーブ協定：
> 国内統治の様式④

1946年から始められていた，フランスのベトナム再植民地化の戦争は，ホー・チ・ミン（グエン・アイ・クオックが1941年以降改名）率いるベトナム民主共和国（以下，民主共和国）が抗戦し，50年代に入っても戦いは続いていた。49年10月，中国に共産党政権が成立すると，東南アジア共産化を恐れるアメリカは，ベトナム戦争遂行のため対仏財政軍事援助を本格化した。だが54年5月，ディエンビエンフーでの攻防戦で決定的な敗北を喫すると，フランスは，インドシナ植民地維持政策を放棄，撤退を決めたのであった。

朝鮮戦争休戦協定（1953年7月），朝鮮統一協議のジュネーブ会議など，国際的緊張緩和の動きとも結合し，1954年，ベトナム戦争（第1次インドシナ戦争）に終止符を打つためジュネーブ国際会議が開催された。調印された休戦協定（1954年7月）は，9年間続いてきた戦争に終止符を打った点で画期的な性格をもつものであった。ベトナムは，民主共和国政府支配地域と，49年，フランス擁立の

第10章　歴史の変動　**195**

バオダイ（阮朝最後の皇帝で1945年に退位）を元首とするベトナム国支配（フランス軍駐留）地域とがモザイク状に混在していた。協定は、①敵対行動停止、②暫定的軍事境界線（北緯17度線）設定、兵力分離、③56年7月に全土総選挙実施、④南北兵力集結地区の軍事同盟参加、軍事資材搬入や軍事要員導入、外国軍事基地設置などの禁止、⑤国際停戦監視委員会設置などを骨子とした。

休戦会議参加国（アメリカ、イギリス、フランス、ソ連、中華人民共和国、ベトナム民主共和国、ベトナム国、ラオス、カンボジア）のうち、ベトナム国政府は、休戦協定がベトナム民主共和国・フランス間が協定に調印、自分たちの主張が検討されなかったことを不服とし、協定を認めなかった。アメリカも協定を武力で妨害しないが、ベトナムの全土統一総選挙規定最終宣言に参加しないと声明した。アメリカは総選挙でベトナムに共産主義政権が樹立される可能性を恐れていたといわれる。ジュネーブ協定は、アメリカとベトナム国政府に行動の自由を許し、全当事者を包括することができなかった。

北緯17度線は、兵力分離の一時的軍事境界線であり、総選挙終了後に消滅するものだった。だがその後の歴史は、北緯17度線を北緯38度線、「ベルリンの壁」と等しく分断国家の悲劇の象徴に転化させたのである。協定崩壊は17度線の南（南ベトナム）から始まった。ベトナム国で、バオダイが元首の座を追放され、首相ゴ・ディン・ジエムが実権を掌握し、1955年、カトリック教徒・反共主義者のジエムがベトナム共和国（以下、共和国）を樹立、大統領に就任した。憲法を制定、国家の体裁を整備した。実態はジエム族の独裁国家体制の確立だった。

トルーマン・ドクトリン発表以来のアメリカは、自由世界の守護者と自己規定し、ダレス国務長官の下、共産党政権成立で、その周辺地域全体に共産党政権が広まるとする「ドミノ理論」を戦略の基礎に、各地で共産主義勢力拡張阻止に全力を挙げた。東南アジアに

ついて，1949 年 10 月，中華人民共和国成立を境に，共産主義勢力拡大を危惧したアメリカにとって，ベトナムは重要な戦略的位置を占めるものだった。54 年 9 月，東南アジア条約機構（SEATO）設立は，東南アジア共産主義の封じ込め政策を具体化したものであった。アメリカは経済・軍事援助を大規模に実施して，ジエム政権を直接に支えた。冷戦の複雑化とともに，南ベトナムに新たな形の単独国家が形成され，56 年 7 月，ジュネーブ協定に規定された総選挙が実施されることもなく，南北分断が固定化されることとなった。

バンドゥン会議そして植民地支配の清算：国内統治の様式⑤ 同じ時期，独立したアジア・アフリカ諸国が，インドシナ戦争の休戦会議に対し，平和を求め，初めてまとまった意見を表明しようとしていた。アジア・アフリカ会議である（1955 年 4 月，バンドゥンで開催，以下バンドゥン会議）。会議開催国代表演説（同 4 月 18日）で，インドネシア大統領スカルノは，「私は，このホールに参集した著名な代表の皆さんを前に，感動でいっぱいです。この会議は，人類史上初めて開かれた諸大陸を越えた有色人種の国際会議なのです」と述べた。「（インドネシアは）たくさんの宗教，教義をもつ国である。我がインドネシアには，ムスリム，クリスチャン，シヴァや仏教の信徒，その他の宗教の信者がいる。それ以上に，数多くのエスニック集団がある，アチェ人，バタック人，中部スマトラ人，スンダ人，中部ジャワ人，マドゥラ人，トラジャ人，バリ人，のように。それでも統一しようというのが，われわれの意志である」と演説した。またビルマ首相ウー・ヌは，「われわれ（アジア・アフリカ諸民族）の大半は，これまで，自身の小さな世界に生きる傾向が強かった。われわれは外側にも世界をもっているという知識は，あくまで理念の問題だった。会議に参加して，自己の境界を越えて世界というものがあると強く確認するようになった」と述懐した（Kahin［1956］）。

第 10 章 歴史の変動 197

アジア・アフリカ会議（バンドゥン会議）（1955 年）

　会議の最終コミュニケは，冒頭（第1項目 A）で経済協力を取り上げ，各国間相互経済協力を経済発展の打開策とした。同時に，外国資本投資拡大，参加国間の経済協力促進，域外国との多国間，2国間協定を通じた援助受け入れ，経済開発国連特別基金の早期設置などを示し，かつ主要輸出品の石油その他一次産品事業利潤の本国送金制限権，課税権の拡大，さらに国際価格安定の国際措置要求，輸出品輸送海運会社の寡占的支配排除など，多方面に及ぶアジア・アフリカ諸国側の主張を提出していた。また前年，1954 年末のインド，インドネシア，セイロン（現国名スリランカ），パキスタン，ビルマ首脳ボゴール準備会議コミュニケは，「アジアの経済開発には，利用可能資源を効果的に活用する見地から，計画性の樹立が必要で，資源に関する完全な知識は不可欠な要件」であり，「鉱石，地下資源調査を各国は実施すべきで，技術要員の相互供給他の協力

Column ⑦　植民地遺制の清算（インドネシアの場合）

　植民地独立の際，現実的かつ切実な課題は，支配国家，その国民と民間企業が保有する各種権益，および損益（植民地政庁が抱えた負債を含む）を，どのように承継（処理）するかであった。国家分離・併合に関する一般合意はあったが，植民地独立を想定していなかったからであった。

　この植民地遺制処理をインドネシアの場合で見てみよう。ハーグ協定では，連邦共和国制を受け入れたが，1950 年 8 月，全連邦構成国家を独立宣言時の単一共和国に吸収・合併した。56 年 2 月 13 日，独立政府は「オランダ・インドネシア連合」廃棄を決定し，同 16 日，ハラハップ首相が「……連合結成以来，わが国民が，連合はわれわれの目的に叶うものではなく」，「願望や理想に合致」せず，「現在では不適切」と声明した。同 3 月 3 日，オランダ政府覚書は「インドネシアの行為は，国際法を逸脱」とし，当時，なお植民地支配を合法としていた国際法に則って，ハーグ条約で確保した植民地時の権益保有を主張した。同 5 月 22 日，インドネシア政府は「円卓会議協定に基づくインドネシア・オランダ関係解消に関する 1956 年法律第 13 号」公布。「1949 年ハーグで署名し，50 年 8 月 14 日，第 894 号として国際連合に登録した円卓会議協定に基づくインドネシア共和国とオランダ王国との関係を解消し，無効とする」（第 1 条）と宣言，「領域内にあるオランダ人権益は，インドネシア共和国暫定憲法規定，現行また将来，インドネシア共和国領域に適用される法律によって取り扱われる。オランダ企業の権利，利権，許可および企業活動は，国家の開発に反しない限り尊重される。上記取扱いは，いかなる場合も，特別な権利に基づいておこなわれるものではない」（第 7 条）と規定。独立以来残存する植民地支配者オランダの残存権益を一掃する法的整備を実現した。

関係を確立すべき」と主張した。各国の経済再建に，旧植民地支配国の支援で国際経済地位の向上は不可欠だが，同時に新独立国間の相互協力も必要としたのであった。会議参加アジア・アフリカ諸国は，国民的統合と経済発展をいかにバランスを保って実現していく

かという共通課題を自覚した上で，何よりも経済の再建・発展をめ
ざし，自立国民経済の建設を目標としていた。

　しかし，このバンドゥン会議が国際政治の場で注目を集めたのは，
もう1つの課題，すなわちベトナム戦争（第1次インドシナ戦争）休
戦交渉など，アジア諸国に関係の深い決定について，西欧列強諸国
が十分に協議しなかったことに対し抗議し，積極的に関与する権利
を主張していたという側面であった（Kahin [1956]）。かくして経済
再建という課題は，実質的には1970年代に至るまで，具体的な解
決策の提示が引き延ばされていったのであった。

　スカルノ政府はバンドゥン会議に引き続き，対外関係の修正に取
り組んでいた。1955年4月，「インドネシアと中国との間の二重国
籍条約」に調印し，その後，国内に残存するオランダ保有の植民地
的特権を排除する行動を起こした。56年5月，インドネシアは「円
卓会議協定に基づくインドネシア・オランダ関係解消に関する
1956年法律第13号」を公布し，独立後の旧植民地支配者オランダ
の残存権益を一掃する法的整備をしたのであった。引き続きインド
ネシアは，イリアンジャヤの「回復」を求め，オランダに対し改め
て反植民地主義闘争を展開した。反植民地主義・反帝国主義運動に
国民の関心を集め，国民統合を進め，分裂の危機を回避する役割も
担っていた。

　こうして，バンドゥン会議開催の成功，対仏独立擁護戦争でのベ
トナムの事実上勝利，などで，反植民地主義の気運が国際的に改め
て高まる中で，西欧の価値に対するアジアの伝統が強調されように
なった。合意の形成，意思決定システムなどの伝統を強調・再評価
し，国家の政治体系に再生しようとする試みが，東南アジアからア
ジア全般に広まった。インドネシアで，ムシャワラ（話合い），ゴト
ン・ロヨン（相互扶助）などが，選挙に基づく代議制政治などの
「西欧型民主主義」に代わるものとされ，インドネシア型の民主主

義，国家の体系と位置づけられた。すなわち「指導された民主主義」体系が「インドネシア社会主義」と名づけられていったのであった。カンボジアでシアヌークが1955年4月に結成した政治組織「人民社会主義共同体」（サンクム・レアストル・ニョム）は，直接民主主義の理念に基づくものと解釈され，王政社会主義，もしくは仏教社会主義と特徴づけられた。南アジア世界にもこれらの動きが広がり，インドからネパールにかけての住民意思決定制度パンチャーヤット（地方自治組織）の政治制度化が進められた。これら一連のアジア的価値「再発見」は，もう1つの国家の形式ではあったが，この時期以降に成立していく独裁政治体制を下支えする機構ともなっていった。植民地遺制を全社会的に忌避して，アジア社会にもともとあったと見なした意思決定制度で，その政治システムに代位させようとする「伝統への回帰」は，カリスマ性をもつ政治指導者が進めた中央集権国家体制，強権政治体制の萌芽として，のちの経済成長重視の開発政治が展開される時期に，東南アジアに成立する政治権力が極度に肥大化した「開発独裁」体制の原型となったのであった。

「単独国家」化：
戦争への道のり

ベトナムでは，南ベトナムの単独国家形成が既成事実となり，全土統一が困難となっていった。これに伴い，1958年以降，ベトナム労働党も農業集団化や企業国営化を骨子とする北ベトナムの社会主義化を進め，また中国・ソ連との関係を強化していった。しかし，体制の異なる分断国家が形成されたことが，両者の戦争に直結するとは限らない。この後に，ベトナムで，アメリカ軍の軍事介入，ベトナム戦争につながった要因は，既成事実化を推し進めた結果として成立した国家ではあっても，主権をもつ国家であるという，アメリカがもつ国家観，それに加えて，59年，労働党がホーチミン・ルート建設を開始したことにあった。

第10章 歴史の変動　201

1959 年，労働党は，南ベトナムでの武力闘争を容認し，南ベトナムに残留しジエム政権の弾圧下にあった同党員を救援するため，各種物資の輸送道路（ホーチミン・ルート）建設に着手するなど，ジュネーブ協定に沿う平和統一路線を大きく転換するようになった。そして 60 年 12 月，ジエム政権打倒と民族民主連合政府樹立をめざす南ベトナム解放民族戦線が，労働党の指令で旗揚げした。

　北ベトナム（民主共和国）からラオス，カンボジアという 2 つの国家領域を経由し，南ベトナムに到達するホーチミン・ルート建設は，近代欧米起源の国境観念や主権国家という認識が労働党指導部に稀薄であったことを示していた。そしてまた，労働党指導部は南北ベトナムがもともと不可分であり，17 度線の南に別の国家が存在するようになったなどとは考えていなかった。一時的にアメリカ帝国主義者と傀儡政権に占領されているというのが基本的な認識だったのである。対する当時のアメリカの首脳は，ともかく北緯 17 度線以南にベトナム共和国という主権国家を成立させた。代わって 17 度線以北にもベトナム民主共和国という別の国家が成立しているとの論理を組み立てていた。ホーチミン・ルートを通じ，主権国家ベトナム共和国に国外から人間と物資を搬入することは，「浸透」(infiltration) すなわち侵略そのものだと，まさにアメリカ流の論理が立てられていたのである。これに加えて，アメリカの軍事介入を不可逆なものとさせたのは，ベトナムに対して示したケネディの非妥協的姿勢であった。この時期，アメリカは目と鼻の先のキューバでカストロ政権打倒に失敗し，ヨーロッパではフルシチョフが進めた攻勢すなわちベルリンの壁構築に対抗できなかった。ケネディはベトナム政策で共産主義者に一歩も譲歩できなかった，ということであろう。

　ケネディの時代に南ベトナム駐留軍事顧問団の人員は倍増され，民主共和国領内への特殊部隊の潜入・破壊活動計画（OPLAN 34A）

図 10-1 ホーチミン・ルート（1973〜75年段階の状況）

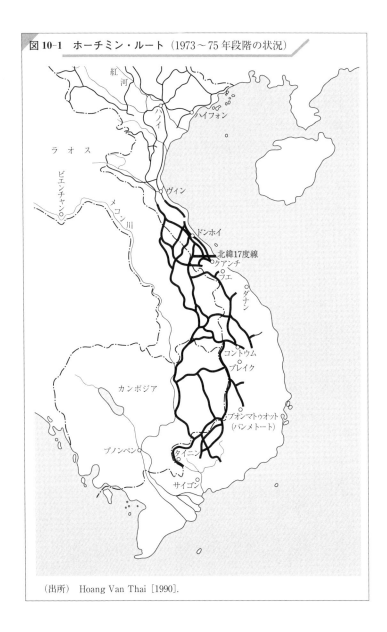

（出所） Hoang Van Thai [1990].

原案も作成されていた。また民族主義的傾向を強めていたジエム政権をクーデタで倒すなど，この時期からアメリカがベトナム共和国の政治に深入りしていくことになった。一方，民主共和国が社会主義を国家体制の日程にのせるようになったのは，ディエンビエンフー勝利を基礎に調印したジュネーブ協定（1954年7月）によって，北緯17度線以北の地域を実効統治してからであった。それでも社会主義化にきわめて慎重であった。土地改革を実行しつつあった農村地域に対し，農業合作社設置は試験的で，集団化は成否を見てという漸進的方針だった。南北の平和統一追求が労働党の基本姿勢だったからであった。

第Ⅲ部
ASEAN 10 が切り開く地域世界

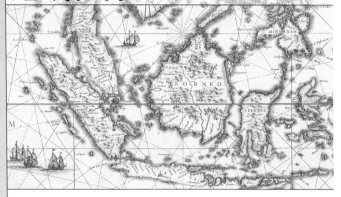

　第Ⅲ部は，1960年代以降，現在に至る東南アジア現代の歴史過程の叙述である。ベトナムを除く東南アジアが，植民地支配離脱に成功したのは，おおむね50年代初めまでだった。独立実現直後には出現していた米ソ冷戦の国際体制下で，さまざまな植民地後遺症を抱えつつ統一された国家を形成し，維持することは，これまでとは一段と異なる試練だった。20世紀後半に入りつつあったこの第Ⅲ部が叙述する時代，「自立」国民経済の形成を図ろうとすること自体が難問である。歴史が世界的に転換に向かっていたからであった。必須のものであった経済発展政策は，当初，日本の戦時賠償支払い金に期待をよせざるをえないほど資金提供がまれだった。インドネシアやマラヤのように，多数のエスニック・グループや宗教勢力を抱える諸国は，統合の道を模索して，民衆に残る反帝国主義感情を，統合維持の絶好の要石としていた。東南アジア諸国の中に「アジア」の強調が広まるとともに，領域をめぐる対立をすら発生させた。

　アメリカによるベトナム戦争拡大と中ソ対立激化を象徴とする歴史の転換は，ベトナム戦争がアメリカの戦争と化し，単なるイデオロギ

一対立ではなく，近代欧米的な国家観を根拠とする勢力と，必ずしもそうした国家観を有しない勢力との衝突へと変質していった。だが独立宣言以来ほぼ30年間にわたって断続した近代史上まれな長期戦争となったベトナムの戦いは，負の影響こそが甚大であった。ベトナムは，抗戦力維持に中ソ陣営に傾斜し，経済コースも集団経済に求めることになった。同じ時期，周辺諸国は，緩やかな国家連合 ASEANを結成し，外国資本を積極導入する転換をした。そのために開発政治体制が形づくられ，政治権力を著しく肥大化させ，庶民の政治的権利も制約され，貧富の格差が一段と拡大したが，それでも歴史的な転換を進め，やがては ASEAN 10 体制を形成することにつながっていった。そして対米戦争の勝利者となり，統一を実現したベトナムは，経済社会の発展に立ち後れつつ，この ASEAN 10 体制に合流することとなった。

　かくて，その近代史がつねに外部勢力の関与で発展のコースを左右されてきた東南アジアは，21 世紀も外部勢力，ことに北方で大国化した中国の分断・懐柔策に ASEAN 10 ヵ国体制を維持しながら，「はしがき」に触れたように，今世紀，「地域世界」がもつ特性の世界史的発露をもって，その展開を見ることとなろう。

第11章 国家体系の形成と混乱

国内体制の強化・域内紛争の頻発——ベトナム戦争の影

マレーシア・クアラルンプールで開催された ASEAN 首脳との会談に出席する福田赳夫首相(左から3人目)(1977年)。

バンドゥン会議を経て,多くの地で曲がりなりにも独立を実現させたこの東南アジア地域において,1960年代になると,国家体制・制度のいっそうの強化・整備,そして民族の結集・国民形成へと動き,そのための基礎となるべき経済戦略(この時点では「経済建設」と名づけられた)への取り組みが,政治指導者達に強く意識されていた。またこうした動きの根底に,「国家」を国民国家型(普通選挙で成立する代議制,ほぼ同質の構成員など),あるいはまったく別タイプを,構想するか否か,すなわち国家観をめぐる錯綜する潮流が重なっていた。これは経済タイプにも及ぶが,すでに鮮明になっ

ていた「資本主義対社会主義」という二項対立では表示されえない
ものでもあった。第10章で見たように，実際，非西欧的政治制度
の確立を主張し，強権政治へと向かう傾向が強まっていったのであ
った。以下で見るように，それらは既存の，あるいは新たな用語
（概念）をもってとらえられていったといえるであろう。

> マレーシアの結成：
> 「国民」統合国家をめ
> ざして

1950年代末から60年代前半の時期，この
地域の植民地体制は最終的清算の時代とな
っていた。だがそれは，国内外，国家間紛
争をかえって頻発させることにもなった。
独立した国家が，「内」（国民統合）の確立，「境界」＝国境確定の時
期となり，国民国家をモデル化し，自国がもつ地域的条件を無視，
あるいは否定して，中央政府に権力を集中させる政治の確立を各政
府が指向し始めていたからであった。これらは後述するように，や
がて，強権政治体制へと向かわせる要素でもあった。

　1957年8月，マラヤ連邦が独立した後，61年5月，同連邦ラー
マン首相によって，カリマンタン（ボルネオ）島北部地域のサバ，
サラワク，ブルネイを加えた広域新独立国家「マレーシア」結成構
想が提唱された。この時，ブルネイで反乱が起きた。王族アザハリ
が統一北ボルネオを構想し，反英そして反マレーシア武装闘争を展
開したのであった。ブルネイのスルタンが非常事態を宣言し，イギ
リス軍部隊が鎮圧作戦を実施し，「反乱」は短期間で終わった。だ
がこれがブルネイのマレーシア不参加の決定要因となった。構想は，
63年9月，サバとサラワク（1946年にイギリスが直轄植民地に変更し
ていた），シンガポールが参加し，計14州で構成した連邦国家に結
実した。

　だが，かつて1958年，東南アジア条約機構（SEATO）加盟の際，
イギリス領ボルネオ地域に対する新独立国家マラヤ連邦の位置は，
今後，もしイギリスが戦争に突入したときには，という想定の下で，

「われわれ（マラヤ）が防衛を義務づけられている諸国の１つである
と見なす」（ラーマン首相，1958年12月）というものであった。しか
しそのマラヤもマレーシア結成にあたって，サバ，サラワクに関し
マラヤの「固有の領土」と主張した。結成に関するインドネシアの
介入を「大マラヤ主義」だと批判したマラヤ自体が，サバ，サラワ
ク側から，マレーシア提案は局外者アブドゥル・ラーマンから出さ
れた「拡張主義」的合邦案と受け取られていたのであった。ここで
は，地域民衆の感情から乖離した小「パワー・ゲーム」が展開され
ていたのである。マレーシア結成に至るこの歴史的経緯が，今日も
なお，西マレーシア（マレー半島部）からサバ，サラワクに入域す
る際に，マレーシア国籍保有者に対しても「入国審査」をする，と
いう規則に名残をとどめた。

　上述したように，マレーシア結成に隣国インドネシア，フィリピ
ンが反対した。インドネシア政府は，1961年11月，住民の意思を
尊重するよう主張し，フィリピン政府は，同61年12月，サバの領
有権を主張するようになった。関係国の領土紛争の始まりである。

　その一方，紛争拡大の引き金を引いたフィリピンでは，大統領マ
カパガルが大マラヤ連盟の結成を提唱（1962年７月）し，マラヤ，
フィリピン，インドネシアの３ヵ国は国家連合を構想するという矛
盾した外交交渉を続けていた。1962年９月，フィリピン政府の意
を受けて，スールーのスルタンがサバの主権をフィリピンに改めて
「移譲」した。そしてブルネイの反乱発生に伴って，インドネシア
政府は「同情」を表明し，翌63年１月，マレーシア結成反対を表
明，対決政策をとるに至った。しかも同年７〜８月になると，第１
回マフィリンド（マラヤ，フィリピン，インドネシア）首脳会議（マニ
ラ）を開催，翌９月，マレーシアが結成されると，インドネシア，
フィリピン両国は，マレーシアと外交関係を断絶したのであった。
やがてインドネシアはマレーシアの結成そのものを，「新」植民地

第11章　国家体系の形成と混乱　　209

主義の一形態とし，結成当日の 63 年 9 月 16 日，イギリス，マレーシアの大使館をデモ隊が襲撃するに至った。フィリピン政府の領有権主張も拡張主義にすぎなかった。マカパガルに領有権主張を放棄するよう政治的圧力を加えたのは，冷戦戦略の見地に立つアメリカ政府（ケネディ政権）だった。

統合の推進と少数派，
そして国内開発

ところで，こうした行動の背景をなしていたのが，開発問題と統合，それぞれの国が内包していた国内「少数派」（少数民族，少数異教徒）問題だった。上述のように，フィリピン政府は，サバに関しての領土主権保持者スールーのスルタンからの授権者ということが主張の根拠だった。だがそのフィリピンは，もともと，スールー列島，ミンダナオ島のムスリム問題を課題としていた。フィリピン政府は，アメリカ植民地政策に由来するキリスト教徒農民のミンダナオ島への「国内移住」（入植）政策を継続していた（1960 年代末まで）。北部農業問題と農業生産の発展の解決をめざすものだった。だが異なる土地所有形態をもつムスリム地域への彼らの移住・植民の一方的実施は，ミンダナオ住民（ムスリム）が土地（農地）を移住者キリスト教徒農民に奪われることを意味していた。土地紛争は，1960 年代後半から 70 年代初頭，武力衝突に発展し，紛争で土地を追われたムスリム住人が，70 年代にマレーシア領サバに難民となって移住するまでになっていた。紛争はやがてムスリム（モロ民族という）の分離運動に発展する原因をつくっていた。

　一方，インドネシアでは，マレーシアをめぐる紛争への関与とともに，独立協定の際に，なおオランダが領有権を確保していた「西パプア」（イリアンジャヤ）の帰属＝独立が課題となっていた。インドネシア領有を拒んでいたオランダが，1961 年，「西パプア」独立に動いたことが契機となった。スカルノは，「反植民地主義」をスローガンにインドネシアへの帰属を主張して国際問題化させ，国連

の関与，そして国連管理地化からインドネシアへの編入を獲得して
いった（1969年，イリアンジャヤ州として，ここでも，スハルト政権期に
鉱山・森林など開発が進行し，ジャワ農民の移住，官僚・軍人，商工業者
など，島外人口が増加，一説に1990年人口200万人の4分の1が外来者で
占められ，分離運動の促進要因となったという）。

> **タイ少数派，ビルマ**
> **の民族問題**

これらの少数派住民の国家統合への反
発・抵抗は，植民地時代，列強に伍し，独
立を維持してきたタイにも見られるものだ
った。21世紀まで続いているタイ南部のムスリム紛争である。す
でに述べられているようなタイ王国における近代国家体制確立の努
力は，タイ王国「深南部」（アンダマン海とシャム湾に囲まれたタイ領
マレー半島部，パッターニー県を中心とする現在のパタニ，ヤラー，ナラ
ティワートの各県）居住ムスリムにとって，同化政策の強要を意味す
るものだった。それは，かつての公教育の推進（初等義務教育法，
1921年制定）ですら，同化目的のタイ語の押しつけであり，1939年
始められたピブーン政権の愛国運動（ラッタ・ニヨム，愛国信条の意，
仏像礼拝を含む）も同じ意味をもっていた。57年マラヤ連邦の独立
がこの地域のムスリム住民にマレー人意識を波及させ，同化政策へ
の反感がさらに強まっていた。ところが同年軍事クーデタで代わっ
たサリット政権も，60年以降，国家開発政策を本格的に推進する
にあたって，教育改革も併せた統合政策（1961年制定の文部省規則で
寄宿宗教塾ポーノの登録を義務づけおよび新設禁止，すなわち文部省管轄
私立イスラーム宗教学校への改編で間接的管理下に置いた結果，71年に
500校超のポーノのうち100校余が廃校，81年には200校弱に減少したと
いう）を推進した。そして後述する工業化政策とともに，農村近代
化，国家統合政策の1つとして，この「深南部」ムスリム地域への
入植開拓（1960年以降，仏教徒移住策の開始。一説に約10万人が主に東
北部から移住したという）を進めている。60年代後半にはこうした政

第11章　国家体系の形成と混乱　**211**

策に反対し，暴力を行使する傾向が強まっていった（後述する 1980 年代タイ民主化の時代，南部国境県行政調整センター：SEPAC を設置して政府が政策転換し，21 世紀に入ってタクシン政権が再転換するまでは，一時的に運動は沈静化していた）。

　一方，隣国ビルマにおいては，1958 年，ネィウィン軍部政府が，国内治安の回復をして，総選挙を実施するための選挙管理内閣として，議会の承認を得て発足した。国軍を背景とするこの政権は，シャン州の分離主義運動に強硬姿勢を示していた。60 年，総選挙を実施，ウー・ヌの連邦党（旧清廉パサパラ）が圧勝し，彼が首相に返り咲いた。1 年半の軍政に国民が不満を抱いており，ウー・ヌがこれを利用した政治手法が，軍部（ネィウィン）に根深い反発を抱かせた。ウー・ヌ政権は，仏教の国教化をめざして失敗したり，ビルマ独立運動がもともと内包していた社会主義経済志向を，経済復興を進めるため資本主義経済運営へと転換を図って，左派に反発され，一方，シャン州自治権の拡大申し入れを受け入れるなどの政権運営が，ビルマ連邦弱体化につながるととらえ，ネィウィン側は反対姿勢を示していた。こうして，シャン，カチンの分離独立運動が強まる状況の下で，62 年 3 月，国軍クーデタが決行され，ネィウィンを議長とする革命評議会が全権を握った。58 年の政権設立の際とは異なり，国軍自らが権力を奪取したものであった。ネィウィン軍事政権は，憲法を停止して議会制民主主義を否定し，強圧的軍政の下に，「ビルマ式社会主義」を掲げた。「経済の実権をビルマ人の手に」を名目に，外資企業・外国人追放，そして石油，銀行，タバコ製造，宝石鉱山などの民間企業，および農地の国有化を強行した。また外国文化の影響を抑え，対外交流も最低限に狭めていった。だが農業生産，輸出の減少で，経済不振に陥った。それでも，74 年，新憲法を公布し，国名を「ビルマ連邦社会主義共和国」に改称（大統領ネィウィン）していった。ビルマ社会主義計画党（BSPP）の一

党支配体制で「社会主義化」なるものを推進したのであった。その結果は、87年、国連が「後発開発途上国」と規定するまでに至った。

> シンガポール独立と
> 9・30事件

マレーシア結成紛争は人種・民族問題が密接にかかわっていた。イギリス植民地支配の結果、マレー半島はマレー人の他、華人、インド系の人々など、諸民族・言語集団が居住する地であった。既述のように、マラヤ連邦の独立は、マレー人の政治的権利を優先させる国家となった。マレーシアにおけるブミプトラ政策（マレー人優先政策）も、マラヤ連邦憲法の「マレー的要素」を残すものだった。マレーシアそのものが、サバ、サラワクにブルネイを加えて、初めて華人人口比率の高いシンガポール参加を許容できるものであった。しかしすでに記したようにブルネイのマレーシア参加はなくなった。

1959年5月、シンガポールで総選挙がおこなわれ、華人左翼政治家リー・クアンユーの人民行動党（PAP, 1954年共産党と合同）が勝利して、リーがシンガポール自治州首相となっていた。危機感を抱いていたイギリスが、マレー人国家、すなわち「マレーシア」を結成し、シンガポールをその国家の内に包摂するようマラヤ連邦に働きかけたとされる。61年7月、PAPは分裂し、左派は社会主義戦線（BS）となった。シンガポールの政治構造変動の中で、同年8月、リーはマレーシア参加を指向した。単独で国家を形成することは困難であったからである。こうしてシンガポールは新国家マレーシアの一州となった。新国家でリーが追求したものの1つは、「マレーシア国民」、すなわちブミプトラではなく、華人系住民等も含めた国民形成だった。マレー人多数派体制維持を課題とする中央政府とは相容れない政治姿勢だった。64年7月、シンガポールで人種・民族騒乱が生じた。こうした民族的対立の中で、65年8月、

第11章　国家体系の形成と混乱　　213

1965年5月，シンガポールのマレーシア分離が決定的となる時期，UMNO総会で反リー・クアンユーを主張するピケ隊。プラカードには「リー・クアンユーを倒せ」と記されている。

　マレーシア国会は，シンガポール分離を議決し，その分離独立が確定していった。独立を迫られたシンガポールのリー政権は，小規模の国土と国民が生きるすべを求めて，いち早く，経済開発戦略に輸出志向工業化政策を採用し，また政治体制を，社会的安定を優先し政権に権力を集中させて国民の自由権を制約する政治，「開発独裁体制」を構築していったのである。

　一方，マレーシア対決政策を追求し，シンガポール分離をめぐる民族対立も影響を及ぼしていたインドネシアでは，後に見るように，反植民地主義・反帝国主義をスローガンとする外交戦略を掲げ，イリアンジャヤ帰属問題などから，オランダ企業，欧米企業など外国企業の接収・国有化を進めていた。だが実際には，企業接収・国有化は，それ自体が課題なのではなく，それをいかに経営するかだっ

インドネシア共産党解散を要求して、気勢をあげるイスラーム教徒青年のデモ（1965年10月25日）

た。この時期，インドネシア経済，国家財政は破綻に近づいていた。植民地状態の離脱からほぼ20年，巨大国家インドネシア（巨大群島国家，人口，言語民族の多様性をもつ国家として）を経営・運営する人材（この時代の用語では，「テクノクラート」）は大きく不足していた。「反帝国主義パフォーマンス外交」に終止符を打つべき時期にさしかかっていた。実際，この前後の時期，隣国のタイにしても，シンガポールにしても，それぞれに国連専門調査団を受け入れ，その経済路線の確定を急いでいた。インドネシアでは，それはきわめて深刻な国内政治集団対立として現れ，国軍と共産党の主導権争い，政策破綻状況となったスカルノ政権内部での陸軍部内権力抗争の激化を引き起こしていった。その行き着いた先が，1965年9月30日から10月初めに発生した「9・30事件」（ウントン大統領親衛隊中佐グ

第11章　国家体系の形成と混乱　215

ループが，保守派軍幹部「将軍評議会」グループから権力奪取を図り，失敗）とそれに引き続く左派勢力の大弾圧，それは第二次世界大戦後の世界で，最初の犠牲者100万人とも推測される大虐殺事件となった。インドネシアは，これの実行者スハルトの政権の下で，以後，国家政策の転換を進めていくのである。

ベトナム戦争のアメリカ化

国内ダラスで暗殺されたケネディの後を受け，副大統領からアメリカ大統領に就任したジョンソンは，ベトナムへの本格的軍事介入に踏み切った。その際，既述のようにアメリカは，ベトナム共和国（以下，共和国）の領域（領土・領海）にこだわり，領域外での軍事行動にはきわめて慎重であった。共和国駐留アメリカ軍司令部（MACV）の指揮権はアメリカ軍にしか及ばず，その作戦行動範囲も共和国の領域に限定するものだった。区域外での作戦は，太平洋軍司令部（ホノルル）や戦略空軍司令部（オマハ）など別の指揮系統に属し，この錯綜した指揮系統が作戦に不利に作用したといわれる。共和国は独立国家であり，ベトナムには2つの主権国家が存するのだから，民主共和国のベトナム南部統一の行動は侵略という，アメリカがベトナムに介入するためにつくった論拠で，かえって自縄自縛に陥っていたのである。

ジョンソン政権はたしかに民主共和国に対するいわゆる北爆（ローリング・サンダー作戦，1965年3月〜68年10月）を敢行したが，その実施に至るまでには，政治的詐術をさえ駆使せざるをえなかった。北からの「浸透」ルートやその送り出し元となっている民主共和国に打撃を与えねばならないといっても，ベトナムに2つの主権国家が併存，という論理を立てたアメリカにとって，共和国領域外への軍事行動拡大は重大問題であった。民主共和国という国家を空爆するには議会の同意を必要とすることになったからである。朝鮮戦争のときとは異なり，少人数の部隊（ゲリラ）による奇襲攻撃を主た

216　第Ⅲ部　ASEAN 10が切り開く地域世界

表 11-1　米空軍・共和国空軍の活動（出撃回数）

（単位：1,000）

年 地域	1965	1966	1967	1968	1969	1970	1971	1972
南ベトナム	105	203	261	307	289	159	74	175
北ベトナム	61	147	191	172	37	37	24	106
ラオス	16	77	89	136	242	186	159	69
カンボジア	—	—	—	—	2	42	61	25
計	182	427	541	615	570	424	318	375

（注）　カンボジアには，南ベトナムと報告されていた秘密出撃も含む。
（出所）　Thayer［1985］, p. 82.

る戦法とする「前線なき戦い」にあって，明白な侵略の証拠となる
ような事件は発生するはずがなかった。民主共和国空爆，すなわち
北爆を開始するために，64 年，米駆逐艦が公海上で民主共和国艦
艇から攻撃を受けたと「トンキン湾事件」を捏造し，議会の同意を
取りつけざるをえなかった。さらに空爆範囲や攻撃目標に関しても
さまざまな制限が設けられたこと，空軍の作戦行動全体（出撃回数）
で見ると，北爆は 30％ 程度にとどまっていることなど（→表 11-1），
ジョンソン政権が，主権，侵略などを論拠にした介入政策のゆえに，
議会や国内政治に配慮し，主たる戦場を南ベトナムに限定し，共和
国の領域外に出ることに慎重にならざるをえない状況にあったこと
をよく示している。北爆のような公然とした共和国領域外における
作戦と並行して，ケネディ政権時代に立案された OPLAN 34A が
実行に移されたり，ラオス領を通過するホーチミン・ルート攻撃な
ど，特殊部隊を使った作戦も実行されたが，少人数部隊による秘密
作戦として展開されており，ジョンソン自身はこうした作戦の効果
を疑問視し，拡大に消極的かつ慎重であったといわれる。

第 11 章　国家体系の形成と混乱　**217**

表 11-2　南ベトナムにおける戦争各当事者の兵力の推移（1964～72 年）

（単位：1,000 人）

当事者＼年	1964	1965	1966	1967	1968	1969	1970	1971	1972
共和国軍	514	571	623	643	819	969	1,047	1,046	1,090
米　　軍	23	184	385	486	536	475	335	158	24
第三国軍	0.5	23	53	59	66	70	68	54	36
計	538	778	1,061	1,188	1,421	1,514	1,450	1,258	1,150
人民軍・解放民族戦線（推計）	－	226	－	262	290～340	240～290	220～270	－	243～308

(注)　1)　共和国軍・米軍・第三国軍兵力はそれぞれ年末時のものである。米軍
　　　　　兵力のピークは 1969 年 4 月の 543,400 名である。
　　　2)　第三国軍には韓国，オーストラリア，ニュージーランド，タイ各国軍
　　　　　兵士およびフィリピン，中華民国，スペインからの非戦闘員を含む。
　　　3)　人民軍・解放民族戦線兵力は米国防総省の推計による。
(出所)　Thayer［1985］，p.32, p.34 より作成。

戦争の国際化　　共和国にはアメリカ軍のほかに，韓国，オーストラリア，ニュージーランド，タイ各軍の兵士が駐留し，フィリピン，中華民国（台湾），スペインから非戦闘員が参加していた。だがアメリカ軍と他国部隊との比率は 3 ～8 倍であり（1972 年を除く），アメリカ軍のプレゼンスがひときわ突出していた（→表 11-2）。このためにベトナム戦争といえば，アメリカが遠く本国から大軍を派兵し，小国ベトナムを侵略したというイメージが強い。

　その一方，アメリカ軍を迎え撃った民主共和国も単独で戦っていたのではなかった。民主共和国の防衛に，中国，ソ連，北朝鮮から派遣された兵士たちがさまざまな形で参加していた。まず中国は，1965 年 4 月，ベトナム労働党第一書記レ・ズアンが訪中した折に，支援部隊派遣の要請を受け，同年 6 月から 68 年 3 月まで総計 32 万

地対空ミサイルを組み立てる人民軍兵士

人の人民解放軍支援部隊が，民主共和国領内で，高射砲使用の防空作戦，鉄道やコンビナート防衛，飛行場建設，通信網整備，道路建設・改修などに従事した。もちろん支援兵数32万人は，同時期共和国駐留アメリカ軍兵数に比すれば少ない（→表11-2）。しかし中国のこの支援部隊人員数は，69年時点で推計20万3000人という人民軍の南ベトナム派兵によって，北ベトナムに生じていた兵力不足を，補って余りあるものであった。

　ソ連の軍事支援は中国に比べ限定的で，地対空ミサイル（SAM-2）・戦闘機関連人員がほとんどであった。戦争の全期間（1965年7月11日～74年12月31日）を通じ，民主共和国に派遣されたソ連軍将校・士官総数は6359名であった。ソ連地対空ミサイル部隊兵士は，ベトナム人民軍部隊と合同部隊を編成し，訓練と指導にあたった。民主共和国は射撃高度の異なるソ連提供ミサイル部隊と中国高射砲部隊を近接配置し，その結果，アメリカ軍は北爆で1700機を失うことになった。南部派遣人民軍兵士に代わり，中国の支援部隊やソ連軍兵士が民主共和国の防衛にあたるという戦争の構図だった。

第11章　国家体系の形成と混乱　　219

ベトナム戦争は中ソ対立と時期的に重なっていた。ベトナムに鉄道輸送されたソ連の地対空ミサイルが中国領内で，輸送妨害されたといわれる。また中国に技術が盗まれるのを恐れたソ連は，最新型ミサイルを供与せず，現地で技術改良する方針をとるなど，その余波が及んでいた。ベトナム労働党はこの対立に距離を置いていたが，中ソ双方は民主共和国を自陣営に組み入れる思惑から援助を惜しまなかった。ソ連が民主共和国向けに供与した援助額は，1968 年から 70 年の期間に，総額 12 億 2800 万ルーブルであった。この額は，それ以前の 15 年間（1953〜67 年）約 10 億ルーブルの援助総額を凌駕する巨額なものだった。一方，中国も，戦争期間中の民主共和国向け軍事・経済援助物資は毎年 100 万トンに及んだこと，50 年から 78 年 3 月までの援助総額は 200 億米ドルであったと主張している。ベトナム戦争中，民主共和国に中国，ソ連その他社会主義国から供与された援助・借款は，65〜73 年の時期，国家歳入に平均 62％ を占めるようになり，国家財政の重要な基礎を提供していた。

地域機構 ASEAN の結成

　激しい戦争が続くベトナムに隣接する諸国では，すでに見たように，マレーシア紛争は終息に向かい，またインドネシアは 1965 年の「9・30 事件」を契機に，大きく外交政策を変更した。そして 66 年 3 月成立したスハルト軍事政権は，ベトナムに対するアメリカの全面軍事介入に，直接かつきわめて有利に作用した。スカルノ時代とは正反対に，反米親社会主義国外交から親米親資本主義国外交へと転換した。マレーシア対決政策も撤回され，反帝国主義という名の紛争そのものが消滅していったのである。ベトナム戦争の激化をよそに，インドシナ 3 国を除く東南アジア地域主要部で，日ならずして，実体をもった地域機構として，ASEAN が結成されたことは，独立運動初代の政治指導者たちがめざしたのとは異なった姿で，経済的発展実現を緒につけるものともなった。

そもそもこの地域の地域機構には，アメリカ主導の反共軍事同盟「東南アジア条約機構（1954年結成，SEATO：South-East Asia Treaty Organization，米英仏豪州 NZ，パキスタン，フィリピン，タイ参加）」があった。対する域内から発想したといえる地域機構は1961年に設立された東南アジア連合（マラヤ連邦ラーマン首相提唱，タイ，フィリピン参加）である。いうまでもなく東南アジアの国家のみで成立し，関心をこの地域世界の問題にのみ限定していた。だがすでに見たマレーシア結成問題によって，この機構は機能不全に陥った。その後，60年代半ばに，上記インドネシアの政変，フィリピンのマルコス政権成立，等によって，66年にマレーシア，フィリピン，インドネシア間に公式な和解が成立した。かくして67年，新機構「東南アジア諸国連合（ASEAN）」が設立に至った（→図11-1）。国家間紛争の抑制や国内経済開発を中心とする連合であった。国際機構でありながらも，当初，基本条約をつくらず，「バンコク宣言」という形式で設立し，事務局も置かない連合体としての出発だった。とはいえ，後述するように，ASEAN結成は，この地域における独立以降の経済発展政策の上で，歴史的な分岐となった。

　だがしかし激化したベトナム戦争は，この周辺東南アジア諸国の社会に，不安定さをもたらす要因でもあった。ベトナム反戦を中心軸としながら，さまざまな課題を掲げた民衆運動が，この地域でも先鋭化したのである。アメリカ軍に基地を提供し，自国軍を派兵したタイではタノム軍事政権（1971年11月，クーデタで政権奪取），フィリピンではマルコスの戒厳令政権（1972年9月布告）が成立していった。インドネシアと並んで，民衆運動に抗した各国政府の軍事化が進行したのであった。フィリピン南部ムスリム（モロと自称する）の自治・独立要求の武装闘争は，マルコス戒厳令体制に対する最初の組織的抵抗であり，しだいに内戦の様相を深めていった。マレーシアでも，69年5月，総選挙を機に発生したマレー人と中国

第11章　国家体系の形成と混乱　**221**

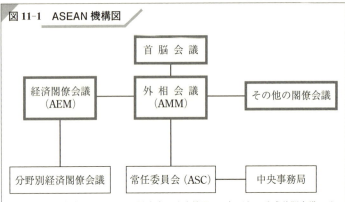

図 11-1　ASEAN 機構図

ASEAN首脳会議　ASEANの最高意思決定機関。3年ごとに公式首脳会議，その他の年は非公式首脳会議。1992年第4回首脳会議で合意。

ASEAN外相会議（AMM：ASEAN Ministerial Meeting）　1967年「バンコク宣言」で設立。主任務は政策ガイドライン策定，活動の調整。ASEANの公式会議として年1回開催。

ASEAN経済閣僚会議（AEM：ASEAN Economic Ministerial Meeting）　ASEAN経済協力への提言と調整。毎年開催。経済協力強化のための加盟国政府への提言を作成。1975年，第1回会議，77年から制度化。

ASEAN常任委員会（ASC：ASEAN Standing Committee）　ASEAN外相会議閉会後から翌年の外相会議までの政策・調整。構成は次回ASEAN外相会議主催国外相が議長，ASEAN中央事務総長および各国ASEAN国内事務局長。年5～7回主催。

ASEAN中央事務局　1976年，第1回首脳会議で設置。92年，中央事務総長の昇格，事務局の効率化，スタッフ増員など中央事務局強化を決定。4局（経済協力局，機能別協力局，ASEAN協力局，AFTA局）があり，本部所在地はジャカルタ。

（出所）　日本アセアンセンター・ホームページ　http://www.asean.or.jp/。

人間の「人種暴動」の鎮圧過程を通じて，マレー人の利益を優先させる強権政治体制がしかれていった。すなわちASEAN加盟5ヵ国政府は，否応なく自国民に対し強圧的・独裁的であった。と同時にまた，国家財政の面では，「ベトナム特需」（ベトナム戦争関連軍事費等）という「苦い果実」をともに口にしていたのであった。タイがアメリカから受け取った特需の規模は，66～71年の期間に15億

ドルにのぼった。68年度単年度支払額3億1800万ドルという金額は、同年度タイ輸出総額の30%にあたる金額であり、同年度のタイGNPの6%に相当していた。

もっともこの「ベトナム特需」という「苦い果実」を口にしたのは、戦争に隣り合ったASEAN加盟国だけではなかった。のちにNIEs（Newly Industrializing Economies：新興経済諸国地域、韓国、台湾、香港、シンガポール）の1つと数えられた韓国の場合でも、その経済発展に重要な役割を担った。アメリカの要請を受けた韓国は、1965年8月〜73年3月の時期、ベトナムに地上戦闘部隊を派兵した。派遣兵員数は常時4万人、延べ40万人に上った。そして同期間に韓国が受け取った「ベトナム特需」総額は約17億ドルとなった。東アジアの韓国も、ベトナム特需を経済発展の足がかりの1つとしたのであった。

こうして結成から約10年、1976年まで首脳会議すら開催せず、事務局なしの連合体だったASEANは、ベトナム戦争に加えた安全保障上の国際環境の変化（たとえばイギリス軍スエズ以東撤兵、1968年）に対応し、この地域機構初めての対外統一政策として、「東南アジア平和・自由・中立地帯（Zone of Peace, Freedom and Neutrality: ZOPFAN）宣言」（71年特別外相会議）に合意、発した。いわば戦争の波及から身を避けたのであった。

集団化と近代化

ベトナム労働党が急速な社会主義化を推進し始めるのは1950年代末であった。翻ってみると、これは路線の大きな転換であった。北部でかつて、54年以降、一党体制がなし崩しに進められ、各方面の統制が強まった期間があった。この時、これを批判する人々が現れ（作家、知識人など、主に新聞『ニャンヴァン』〔人文〕、雑誌『ザイファム』〔佳品〕に依拠）、また57年には、階級区分の機械的な設定で生じた土地改革の「誤り」修正で、農村で集団化の強制実施を手控え、結果、農業互

第11章 国家体系の形成と混乱　**223**

助組合は半減し，貧富の差も顕著になっていた（商品作物〔タバコなど〕栽培で収益を挙げ，土地集積を進めて近隣農民を雇用する農家出現などで）。北ベトナムの社会主義への道は，この54年から57年の時期，他の東南アジア諸国全般と同じく，岐路に立っていたのであった。

　かくてベトナム労働党は，急速な社会主義化に着手するようになった。この転換には，モスクワ12ヵ国共産党・労働者党（政権党）会議における社会主義路線の動揺（スターリン批判，ハンガリー事件，等）からの離脱，そして反修正主義闘争のため団結の促進，という環境変化が深くかかわっていた。ベトナム労働党は，1958年12月，農業集団化を方針とした。58年，約5000の農業合作社を，60年に約4万と急拡大させ，加入農家総数も同年85％強，規模も，平均戸数，耕作面積ともに当初案のほぼ3.7倍，2.8倍と，大規模志向となった。根底からの路線転換だった。政治面も寛容さを失い，58年に，政策批判の作家，知識人を「反革命分子」「スパイ」と告発，追放した（88年，名誉回復まで創作活動，教育・研究活動，公民権・各種サービスから排除）。59年1月，既述のように，南ベトナムでの武力闘争を認め，60年，南ベトナム解放民族戦線結成に結びつけ，同5月，ホーチミン・ルート建設も始めた。「北」は「南」とは別の道を歩み，「南」の解放をリードするという労働党の意思表明でもあった。

　この転換は，北ベトナム集団主義体制（社会主義体制）の確立でもあった。そしてこの後，戦争，全土統一からドイモイ提起まで30年余も続き，レ・ズアン（労働党書記長代行，のち書記長）が最高権力者という意味では「レ・ズアン時代」と名づけられる。それは，各個人の職場・機関（農業合作社，工場，学校，軍隊，など）を生活の基礎単位，生産・教育・戦闘の場とし，対労働党忠誠度のチェック・監視，生産・闘争意欲を高める「競争運動」の展開場とした。国民生活の政治化，集団的規律重視が，この時期を特徴づけていた。

224　　第Ⅲ部　ASEAN 10 が切り開く地域世界

農業部門で見ると，生産拠点の家族農業を排除し，家族経営を解体，
生産隊に再編成することだった。自作農復活を抑える目的もあった。
集団化は商工業分野に拡張され，国営化，集団化が進められ，私企
業や個人商店（家族経営）が姿を消した。ソ連型社会主義の機械的
引き写しだった。計画経済や集団経済（「一次経済」。フェヘールほか
[1984]）だけでなく，自由市場，「5％地」（自留地）が基礎農民の副
業，資本主義経済につながる闇ドル流通の経済セクターも存在し
（「二次経済」。フェヘールほか［1984]），補完していた。

　だが実際には，農業の集団化は十分に機能せず，食糧生産は集団
化実施直後1959年の560万トンをピークに伸び悩み，75年までで
上回ったのは2回だけだった（72年：574万トン，74年：628万トン）。
60年代に，農業生産の低下を抑えるため，労働党地方委員会自ら
自作農経営（「請負制」）を認める例もあった。70年代には請負制を
村ぐるみ導入の地方も現れた。そもそも食糧の生産低下はベトナム
戦争前から見られ，欠陥を内包したこの集団主義体制をほぼ30年
持続させたのがベトナム戦争だったのである。社会主義諸国からの
財政支援（借款など）は，多いときで，国家予算の60％を占めてい
た。対立関係にあったソ連と中国が競って民主共和国に実施した巨
額経済・軍事援助が，各単位構成員への国家の賃金支払いや食糧・
物資供給を可能とし，集団主義体制の欠陥を穴埋めし表面的には機
能させたのであった。

　この1950年代末からのベトナムの転機は，時あたかも，隣接東
南アジア諸国における独自の道（「アジア的価値」の再発見の動き）が
一時的に模索されていた時期であった。めざす道の違いを越えた模
索が同時的になされていた，といえるであろう。ただ，たとえばイ
ンドネシアの事例が示しているように，それは流血を伴う自国民弾
圧，政変になった。60年代に入って，インドネシア経済は，中
期・長期債務残高の肥大化，総輸入額に占める借款比率が37.7％

（1962年）に達するなど，すでに深刻化していた。1964〜65年の時期，巨大な軍事費支出と世界銀行およびアメリカの援助打切りなどから，ほとんど経済的破綻状態となっていた。政治的対立が激化し，農業政策では，収穫物配分法（1959年11月制定，地主対小作の取り分比5対5），農業基本法（1960年9月制定，水田所有面積の制限）の実施が主な対立点だった。食糧問題解決に土地改革を主張する共産党は，農民の組織拡大を図り（1961年450万人から63年710万人），64年2月から「一方的行動」という名の過激な土地分配運動を起こし，各地で地主勢力と対立した。既述の「9・30事件」は，こうした状況下で生じたものだった。

　流血の政変で成立したスハルト軍事政権は，農業政策で国外企業・および外国援助の力を借りて，メキシコ（小麦作），インド，フィリピン（稲作）などで開始されていた高収量品種の導入，化学肥料と農薬の大量投下，灌漑設備整備などによる収量の増大政策を採用した。いわゆる「緑の革命」と総称される農業近代化政策を本格的に展開したのであった（1984年，スハルト政権，米自給達成を宣言）。なお，この政策によって，以前に増して商業的農業化が進み，稲作への資金投下量が増加した結果，農村住民の慣習的な権利として容認されてきた稲作地帯の刈入れ作業参加が拒否され，土地所有層が特定集団に刈入れ作業を一括請け負わせる形態（ジャワで「トゥバサン」という刈入れ作業一括請負い）が広まった。緑の革命下の農村部で，貧困層が農作業から排除され，やがて離農・離村していく契機だった。こうした農業近代化政策の遂行で，制度名称は異なっても，慣習的・共同体的な慣行が廃れ，貧困層を事実上農作業から排除する傾向は，東南アジアに共通する現象となった。

和平への模索：ベトナム 　和平への第三者をまったくもたなかったベトナム戦争は，当事者間の直接交渉でのみ和平を実現する状態に追い込まれていた。膠着状態打破のため，

226　第Ⅲ部　ASEAN 10 が切り開く地域世界

「北」の人民軍と「南」の解放戦線は，1968 年 1 月，サイゴン，フエなど南ベトナムの主要都市を中心に，「テト攻勢」という名の一斉攻撃をしかけた。攻撃は彼我とも大きな損害をもたらした。かくてようやく，アメリカと民主共和国との和平交渉がパリで開始されるに至った。アメリカもまた，展望が見えず犠牲者が増大するばかりの戦争に疑念が膨らみ，全国にベトナム反戦運動の波が高揚していたからであった。支持率が急落し，ジョンソンは大統領選挙不出馬を表明した。後継ニクソン大統領（共和党）の政策は，共和国の「自立化」，戦争の「ベトナム化」であり，アメリカ軍の名誉ある撤退であった。ニクソン政権は，和平交渉を続けながら，ジョンソン政権がこだわった領域枠組みを撤廃し，民主共和国に改めて軍事的圧力をかけた。ホーチミン・ルートを標的にし，カンボジア，ラオス侵攻作戦など共和国領域外での作戦を実行し，無差別爆撃に等しい北爆も再開した。

　他方で，1971 年，民主共和国最大の支援国の 1 つであった中国との外交関係改善に踏み切った。キッシンジャー大統領補佐官を中心に推進された戦後の国際枠組み全体を変換する行動であった。そしてこれを受け入れ，国益中心に行動した中国の豹変は，中国・ベトナム関係悪化につながり，やがて，社会体制を越え，そして世紀を越えて，第 12 章以降で述べられるように，大国主義が公然と蔓延する時代の再来を示すものとなっていくのであった。

　アメリカ側からの軍事的・外交的な圧力が高まり，対する「北」では，「長期抗戦」「軍事・政治・外交の戦線」での戦いを主張しつつ，北爆やホーチミン・ルート空爆を最も恐れ懸念した労働党指導部の意向を反映し，1973 年 1 月，パリ和平協定がアメリカ・共和国・民主共和国・南ベトナム共和臨時革命政府（解放戦線主体で 1969 年樹立）4 者間で調印された。こうしてベトナムに束の間の平和がもたらされた。協定が描いたベトナム再統一の過程は，①アメ

第 11 章　国家体系の形成と混乱　　**227**

リカ軍撤退，②南ベトナムに共和国政府・中立グループ・解放戦線
3者の和解全国評議会設置，③南ベトナムで「自由で民主的な総選
挙」実施，新政権樹立，④新政権と民主共和国間で再統一交渉，で
あった。

> **南ベトナムの武力解放，30年戦争の終結**

パリ協定には本質的な限界があった。交渉，調印は4者間でなされた。だが実質はアメリカと民主共和国が主役であった。一方のアメリカはいずれ近い将来ベトナムを去る。他方，南ベトナムでの人民軍の処遇に明確な規定がなく，死闘を繰り返してきた解放戦線も公認となるなど，支援を受けてきた共和国政府からすると不利な内容であった。ニクソン政権はアメリカ軍撤退後の国際的和平保障システムの構築をほとんど追求しなかった。そして1971年ラオス侵攻作戦，72年人民軍の春季（テト）攻勢などの実情から，「ベトナム化」に実効性はなく，共和国軍はアメリカ軍の支援がなければ満足な戦闘力もないのは自明だった。アメリカ軍撤退後，ベトナムで軍事衝突が発生した場合，勝敗の帰趨は明らかだった。さらにテト攻勢後，動員兵力でも解放戦線より人民軍の比重が高まり，ソ連製近代兵器も「北」からの搬入が増えていった。

　加えてグエン・ヴァン・ティエウ（チュー）の共和国政権は，自主財源の確立，農地改革の実行など，経済自立の努力をアメリカから強く要求されていた。アメリカ軍撤退に伴い軍駐留に付随した業種は衰退傾向にあり，失業者が増加し，アメリカ・ドルの為替レート下落も加わり，アメリカ援助に依存した共和国財政の基盤も大きく揺らいでいた。

　労働党指導部がアメリカ軍の南ベトナム復帰（再配備）と空爆再開の可能性はないと判断し，武力解放に傾斜したのは1974年秋であった。レ・ズアンは，「2つの政権・2つの軍隊・2つの支配地区を認め，3つの部分からなる政府の樹立に至ることではない」とパ

228　第Ⅲ部　ASEAN 10が切り開く地域世界

リ協定を事実上否定（労働党政治局会議，1974年10月）し，「南」で
の戦闘継続，76年までの武力解放を提起した。アメリカ軍の撤退
後の戦闘再燃は，1975年3月，中部高原からの大攻勢が始まりだ
った。75年4月30日，人民軍が「南」を武力制圧し，30年に及ぶ
長期戦争に終止符が打たれた。パリ協定の再統一規定条項，「南北
ベトナム間の討議と合意を基礎に平和的方法で段階的に…」は，わ
ずか2年で完全に反故となった。だがこの解放の形，すなわち
「南」を武力制圧し，共和国政府を崩壊させるのは必ずしも労働党
が練り上げてきた長期戦略の実現ではなく，後述するように，のち
に課題を残す要因となった。

　終結に至ったこの長期戦争は，局地的にして，多大な人的犠牲を
強いる戦争であった。戦闘員に限定しても，戦死者は，アメリカ軍
5万8000名，共和国軍16万名，中国軍1100名，ソ連軍13名とさ
れる。人民軍と解放戦線の戦死者数は推定85万名という。南北ベ
トナムの非戦闘員犠牲者数に至っては，その正確な数がいまだ明ら
かにできないほどである。負傷兵や遺族の生活をいかに保障するか
は，現在まで続くベトナム政府の重い課題である。

　かくして1976年，ベトナム労働党は悲願の南北統一を実現し，
ベトナム史上でも稀少な全土統一国家，ベトナム社会主義共和国の
樹立に成功した。労働党指導者たちは，以後，南ベトナムの社会主
義化を強行，またベトナムと衝突を繰り返していたカンボジアのポ
ル・ポト政権を武力行使を優先させて打倒する（1979年）など，こ
の成功を「社会主義」という体制の勝利と錯覚した。このため，大
量の難民（ボート・ピープル）流出や，対中関係の悪化から国境地帯
での戦争，西側諸国の経済制裁，経済破綻など，現代国際社会の中
で以後10数年間にわたって大きな試練を招くことにもなった。

第11章　国家体系の形成と混乱　　229

「戦争の隣」ASEAN の変動：開発の道筋

戦争が激化し，それが和平交渉を経て北ベトナムの戦勝で終わりとなる期間，同じ地域世界の隣接国である ASEAN 原加盟国で，政治も，経済でも大きな変動が生じていた。なお多様な発展には制約がかかっていたこの地域に，戦争の終結は，ようやく一体的な地域経済圏の再建を現実化させ，「経済の時代」が開かれたはずであった。だがその後の過程は，なおもう一段，歴史の展開を必要とするものとなった。何よりもそれは，ベトナム戦争の影にあったカンボジア問題から生じた。ベトナムに前後して権力を掌握した（1975年4月17日）ポル・ポト派の特異性（反対派弾圧，通貨の廃止，学校教育の否定，等の強圧的支配）に起因していた。ことに自国民の大量虐殺は，衝撃的なものであった（100万〜170万人の殺害，一説に300万人）。そしてこれに便乗したアメリカ，中国など関係国の自国利害を前面に立てた行動があった。そこでは，ポル・ポト政権を倒したベトナム（1977年以来，国境戦争を仕掛けられたベトナムが，79年1月，反ポル・ポト派軍とプノンペン制圧）は侵略者とされ，そしてカンボジア難民救済が追い詰められていたポル・ポト派を支援する中国の隠れ蓑となり，そして中国によるベトナム侵略（1979年2月〜3月，膺懲を口実に）が正当化されていった*。

　　＊ 1989年，ベトナム軍，カンボジア撤退表明，91年10月カンボジア和平パリ協定調印，同年ベトナム，中国，関係正常化合意，貿易協定調印，93年国連カンボジア暫定統治機構（UNTAC）監視下で総選挙実施，98年ポル・ポト死亡。

　それでも，地域機構としての ASEAN は，ベトナム戦争終結に応じて，まず，国際機構としての形を整えた。ベトナムが南北統一を実現した1976年，ASEAN は初めて首脳会議を開催し，基本文書，ASEAN 協和宣言（域内経済協力を進める），そして東南アジア友好協力条約（TAC，内政不干渉，紛争の平和的解決）を締結し，さ

230　　第Ⅲ部　ASEAN 10 が切り開く地域世界

らに事務局を常設化した。域外関係では77年から日本と首脳会議開催を定例化し，また，79年から定期拡大外相会議（日米豪など域外対話国と）も設置した。地域協力機構としてのASEANの事実上の再結集の基礎には，統一ベトナムの影響力がインドシナ全域を越え，東南アジア全域にまで広がることへの不安，これに各国の工業化戦略の転換が重なっていた。

　東南アジア諸国の中で，1965年の分離独立以前，国連工業化調査団報告（ウィンセミウス報告）を受け，工業化戦略を輸入代替工業化と輸出志向工業化の2つを併存させ，また担当官庁「経済開発庁」を創設して，周辺国に先駆けて工業化と経済開発を推進していたのが，シンガポールだった。海上交通の要衝であり，かつ自由港であったという歴史的経緯を基礎に，企業の多国籍化に伴い活発化していった国外からの直接投資を，先駆けて積極的に誘致し，新たな製造拠点，「国際加工センター」の地位を築いていったのであった。この国は，マレーシアから分離せざるをえず，同時に小国でもあったがゆえに，この工業化政策推進は死活の問題として，人民行動党リー政権は強権政治体制を構築していった。やがてこの工業化戦略と強権政治体制をセットとする国家モデルが確立したのであった。そして流血の政変で成立したインドネシアで，スハルト政権が，スカルノ政権期に累積した巨額対外債務返済のため，多国間協議体インドネシア債権国会議を新設し，債務繰延べ，追加融資，新規援助供与を協議，国家財政と経済の再建の道筋がつくられた。各国から新規融資が供与され，日本，アメリカなど資本主義諸国の多くの企業が進出するようになった。マレーシアは，68年，投資奨励法を制定し，同様に輸出奨励工業化に転換し，71年には，輸出加工区設置のため自由貿易地域法を施行した。69年の人種暴動後，70年代に入ると，ブミプトラ政策下で，マレー系住民の経済的地位向上目的に政府が経済活動に介入して公営企業多数を設立するという

形で強権政治が推進されていった。さらにタイが，輸出指向工業化政策に転換したのは70年代前半（第三次開発計画期，1971〜76年），72年以降である。すなわち72年に投資奨励法を制定し，輸出産業の重点的奨励，工業地の地方分散，外資の選別的導入政策が進められた。輸出全体に占める工業製品輸出割合は，70年25％，80年35％となり，輸出に占める製造業製品比率が農業品を追い抜くこととなった。

「開発独裁」，その支配システム

翻って見てみると，1960年代後半，インドネシアにスハルト軍事政権が成立したことで，インドシナ3国を除く東南アジアに，独立後初めて，先進資本主義国と密接な経済関係を維持する，ほぼ同一の対外経済政策をもつ政権が並立することになった。各国は，同時期に同様な「外国資本導入法」（国による名称の違いがある）を制定した。かくてASEAN諸国は，日本を筆頭に，西側先進国からの経済援助・企業進出を積極的に受け入れることによって，その経済的基盤を支え，また政権の正統性を確保していくことになった（これへの大衆の反発が，1974年，田中角栄訪問時のタイ，インドネシア暴動）。

　表11-3が示すように，まずASEAN諸国は，外国資本導入法を整備した。70年代には，もう一歩進め，輸出加工区法（フィリピン，72年）を定め，いっそう積極的に外国企業進出の基盤整備を進め，誘致を図った。加工区では，働き手の労働基本権（労働条件改善のための組合結成権，交渉権，争議権，など）を制限しており，その立地を空港・港湾隣接地とした事例に加え，加工区設置者（多くは国営）が働き手を統制しやすいように考慮されていた。その結果，フィリピンのバターン輸出加工区に見られる（図11-2）ように，マニラ都市圏から離れた地域に立地していた。各国がそれぞれに加工区を設置するようになると，働き手を募集しやすい大都市圏が新たな設置

232　　第Ⅲ部　ASEAN 10 が切り開く地域世界

表 11-3　ASEAN 原加盟国の外資導入政策：1960, 70 年代

国／年	タ　イ	フィリピン	インドネシア	シンガポール	マレーシア
1962	投資奨励法				
65		投資奨励法			
67			外国投資法	経済拡大奨励法	
68	外資導入業種制限法	新規投資禁止業種法			投資奨励法
69		外資活動制限法			
70				外資導入奨励制限業種法	
71					ブミプトラ政策（マレー人優遇）
72	外資企業制限法	輸出加工区法			
74			新規投資ガイドライン		
75					ブミプトラ政策強化
78		輸出加工区優遇拡大			ブミプトラ弾力運用

（出所）　金［1987］より作成。

地となった（図 11-3）。ただしこれらの政策が成果をもたらし，NICs，NIEs 概念を生み，成長が「世界経済の成長のエンジン」と評されるようになるのは，次章に見るように，80 年代後半以降のことである。ASEAN 諸国を取り巻く世界経済の構造変化が生じてからであった。

　このようにして輸出志向工業化政策を推進し本格化させていった政治体制は，全体として「開発政治」「開発独裁」の体制と規定されてきた（坂本［1982］）。すでにシンガポールについて言及したとおり，それは，経済開発重視とそれを可能にするための政治的独裁の混合体制だったからである。また外資の積極的導入政策の推進体制として，どのような形であれ，社会的安定状態の恒常的維持を宿命とするものでもあった。その点では，「抑圧的」という形容詞をふされたこの体制は，まさしく「多国籍企業の時代という現代に特有」（フィース［1982］）で，この時代に至って初めて成立が可能となったといえるであろう。

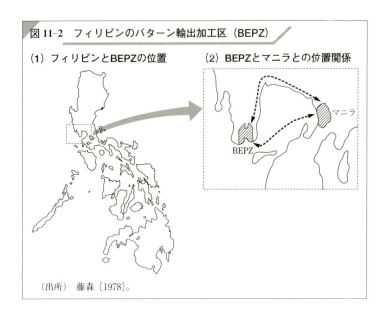

図 11-2 フィリピンのバターン輸出加工区（BEPZ）

(1) フィリピンとBEPZの位置

(2) BEPZとマニラとの位置関係

（出所）藤森［1978］。

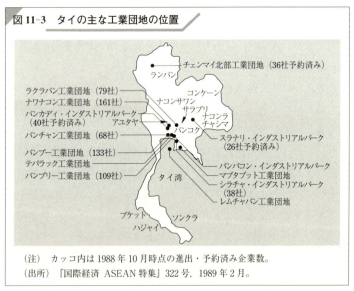

図 11-3 タイの主な工業団地の位置

（注）カッコ内は1988年10月時点の進出・予約済み企業数。
（出所）『国際経済 ASEAN特集』322号，1989年2月。

この開発独裁体制下で，緑の革命に代表される農業政策の採用によって，農村部には貧者と離農者と，相対的に少数の富者（農村部エリート）とが生み出される社会分解が進行し，この後者が支配の末端を担うことになっていった。そしてこの体制維持に，たとえばインドネシアの場合では，1964年，左翼民族運動に対抗し軍部が設立した「ゴルカル」が，スハルト政権下で，農村部エリート層を主な基盤に発展させた体制維持機構となった。またフィリピンは，69年，初の再選大統領マルコスが，自らの支配基盤強化に，地域住民の共同体組織バランガイを住民固有の再生行政制度と，その強権政治行政の末端機構に育成していったのであった。それらは，それぞれの国家でこの時期に形づくられ，独裁体制の維持装置として機能していったのであった。

第12章 産業社会定着化と地域統合の展開

域内「連鎖」の再組立て

タイにある日系精密機部品メーカーの工場。自動化が進んでいる様子が見て取れる（2013年9月撮影）。

「プラザ合意」：世界の変動，ASEANの変容

1970年代後半，東南アジア地域世界で，インドシナの「社会主義の勝利」が，自国の大衆運動に波及することを，ASEAN諸国政府は極度に警戒していた。だがカンボジアのポル・ポト政権が，既述のように，あまりにも凄惨な国内統治を実行し，また中国を後ろ盾にベトナムと武力国境紛争を引き起こして対立，やがては打倒されていく経過によって，80年代以降の域内政治・安全保障課題は，ASEAN諸国政府にとって，警戒からむしろ好機へと変化することとなった。それは，国内的には「金権内閣」と批判されることとなったタイ12年ぶりの文民内閣（1988〜91年）首相チャートチャーイが，「インドシナを戦場から市場へ」と提唱していたことにも示されていた。

各国政府は，いっそう，外資導入に熱心となり，その力を利用した輸出指向型工業化戦略を促進させるようになっていった。これに加えて，世界経済が，産業構成面でも，国別経済成長率や通貨・為替・金融などの面においても，大きく変容していっており，これらがこの地域の工業化政策推進にプラスに作用していた。1985年のプラザ合意の結果としての「円高」（日本円対ドルレートの急激な高進）容認も変容の代表事例であり，これによって日本製造業（生産工場）の急速な海外移転をもたらしていくこととなった。そしてこの主たる進出先に選ばれていたのが，ASEAN諸国であった。70年代に外資導入促進のための法的整備を完了させていたこれら諸国は，輸出加工区（関税の課税留保している工業団地）の増設，さらにこのような特典をふさない一般工業団地の整備も進めていた。貿易摩擦（とくに対米）対処のために海外での製造（工場の国外移転）を迫られた日本企業の格好の受け皿となっていったのであった。

　そして1990年代，ソ連を初めとした社会主義体系の崩壊によって，世界は「脱冷戦」の時代と見なされるようになった。言葉を換えると，アジアにあった各種の「社会主義」国も，その経済発展のためには，先進工業国からの企業進出を必須の条件とする時代となっていったのである。とりわけ「文化大革命」という名の10年を超える内乱状態が続いた中国が，その経済社会の再建のためには，日本を初めとした先進資本主義国からあらゆる技術（生産技術はもとより，通商取引上必須の実務知識に至るまで）を迅速に導入することは不可欠であった。国境紛争に端を発したベトナムによるカンボジアのポル・ポト政権制圧に対する武力制裁（中国は「膺懲」と表現）を口実としたベトナム侵攻も，この観点からすれば，後述する「刷新」政策を採用し，先進国企業導入に転換し始めようとするベトナムを，外資企業誘致の競争相手と見なし，事前に武力で「叩く」，そして先進国政府に対し，自国の有用性をアピールするものであっ

第12章　産業社会定着化と地域統合の展開　　237

たともいえるであろう。また「社会主義」産業政策（外資規制と国有企業中心政策）を採ってきていたインドもまた，91年に自由化政策へと転換していた。

　かくてこの時期に東南アジア諸国は，ASEANという「経済圏」的規模で経済成長を遂げていくこととなった。その成長は，何よりも日本企業の急激な進出を中軸に現実化したものであり，開発独裁体制は，その政治的保証となっていたのであった。そして外資導入型経済政策に移行したASEAN諸国は，先進諸国製造業の構造転換，すなわち国境を越えた生産活動の展開（サプライチェーン・ネットワーク構築戦略）を受け，その生産拠点として機能するよう国内経済社会構造を適応させていったのである。否応なく東南アジアの社会と経済は急激に変化した。

　その具体的内容の一端，すなわち日本の製造業進出（直接投資）をさらに詳しく見てみると，1980年代後半期以降は，60年代，70年代とは異なり，中小企業の進出事例が数多く見られるようになっていったこと，完成品製造から部品産業に至るまですべての分野で，輸出志向性が著しく強められたこと，エレクトロニクス部品，食品加工，自動車部品など，輸出を最優先とする分野で，100％日本企業出資の事例が増加し，ASEAN諸国から日本や第三国に向けた製造業製品輸出量を増やしたこと，また数ヵ国間を結んだ生産ネットワークを構築して，子会社間，あるいは親会社子会社間取引（企業内貿易）量も増加していったことなどが指摘できるであろう（Phongpaichit [1990]）。

　このようにして，外国企業（日本企業が中心）の急激な進出によって，ASEAN諸国という1つの「地域経済圏」に，製造業を中心とする「近代的工場」が多数つくられ，常雇の労働者数が急増するとともに，これら労働者と生産工程を管理する中間管理者（中産階層）が必然的に増加するようになっていったのであった。

> **社会変容の兆し①：**
> **中間層の出現**

1983 年 8 月，フィリピン反マルコス派の
シンボルという位置にあったベニグノ・ア
キノ元同国上院議員が，アメリカ亡命から
帰国直後，マニラ国際空港で警護役を名乗る軍兵士に射殺された事
件が引き起こされた。この「暗殺」を機に，国内外で反マルコス機
運が強まり，反マルコス運動は改めて全国に広がっていった。マル
コスは国際社会からの非難をかわそうと，任期途中，86 年 2 月，
大統領選挙を実施した。目論見は失敗し，立候補したアキノ議員の
未亡人であったコラソン・アキノが大衆的支持を得て当選した。マ
ルコスは不正選挙（露骨な開票操作）のゆえに，かえって失脚の時期
を早めることとなった。カトリック教会から財界や都市中間層まで
反発し，アメリカ政府も非難，「L」（Laban，タガログ語で「闘い」の
意）の指文字，黄色シャツ（シンボルカラー）の街頭デモが広がり
（マニラ 100 万人デモ），エンリレ国防相，ラモス参謀長などマルコス
体制を支えた軍幹部も離反した結果だった。

　これは，1980 年代以降，東南アジアの強権政治体制に対する，
政治的民主主義要求運動の高まりの 1 つの姿，時代を象徴する出来
事であった。すなわち，時の政府に反対する大衆的高まりを基礎と
し，マルコス独裁体制を打倒するに至ったフィリピンの姿も，その
後の社会傾向，権力移行の歴史的推移を見ると，実際には，むしろ
スペイン植民地時代から続く少数の大地主層を中軸とする勢力が，
この反マルコス政変の結果，復権してきたという側面をもっていた
のである。かつて成立時のマルコス政権は，新興フィリピン企業家
層の利害を代表する性格を有する体制であった。だがそれが時間の
経過，政権維持期間の長期化とともに独裁傾向を強めるようになっ
ていった。また政権を維持し，これを支えるための機構として，農
村のいわゆるバランガイ・システム（→第 4 章）を自治組織化した。
この組織は曲がりなりにも農村部小エリートを中心とした住民組織

第 12 章　産業社会定着化と地域統合の展開　　**239**

として機能していたのであった。開発政治を確立した東南アジア諸国においては，政治的安定を追求して権力独占に努めただけでなく，その農村部における権力基盤そのものが，緑の革命の推進と並んで，開発主義に必須の農村社会へと変化させられていった。同時にそれは農村慣行に生きる下層農民（貧者）を農業分野から追い出すものでもあったし，工業化路線を下支えする働き手を創成していくことにもなった。

　同時期のタイ社会（1987年就業労働人口構成）を見ると，農業部門就労者比率が65％を記録している（農業部門のGDP構成比は16％）。1980年代半ば，タイの就業実態からすれば，なおこの国は農業国と規定すべき，あるいはそれにふさわしい段階にあったのである。そしてまた同時期の労働市場は，労働移動現象そのものが，農業労働の季節性に起因した農村と都市間の季節的移動にすぎなかったとされる（タイ労働力調査，世界銀行・タイ国家統計局・タイ国家経済社会開発庁共同実施プロジェクト1984年労働力調査，84年1月実施）。工業化に向かう構造転換は，たしかにこの時期から急速に進行していった。とはいえ実態としては，なお緒についたばかりであった。政府の工業化政策の採用と外資導入政策の推進にもかかわらず，ことに製造業部門における転換は主として外国企業によって促進されていたものであった。前述したとおり，その中心にあったのが，日本経済力の急速な拡大を契機とする「日米貿易・経済摩擦」深刻化の余波だった。

　まさにこの時，政権の座にあったのは，軍人首相プレームであった（1980～88年）。それは実質上，開発政治でありながらも，政党活動を認め，選挙も実施されていた。政治学の上では，時に「軍主導民主化（半分の民主化）」期とこの時代は特徴づけされるが，その政権維持基盤は，国軍，および国王だった。1988年，プレームが首相就任を辞退し，同年総選挙（下院選挙）で，第1党となったタ

240　　第Ⅲ部　ASEAN 10が切り開く地域世界

イ民族党党首チャートチャーイが首相に就任した。既述のように実に12年ぶりの文民政権だった。かくてタイの90年代政治は，時に「改革の時代」とされる。だが同時にそれは，不安定政治の時代であり，軍事クーデタによる短命軍事政権樹立，そして総選挙（10年間で下院選挙5回）が繰り返される時代だった。政治的不安定は，経済政策の不安定さをも意味していた。

だが最も大きな特徴点（歴史的に）は，1991年，陸軍クーデタ（「腐敗政治を正す」名目，国民は支持したという），翌92年総選挙結果を受け，クーデタ首謀者スチンダー陸軍司令官が首相就任する（同年4月）に及んで，反対する「市民」の大規模集会が広がった。集会に軍兵士が発砲して，犠牲者が生じる流血事件（暗黒の5月事件）となり，プーミポン国王が介入して軍部を退かせて正常化させる，すなわち旧に復することとなった。反クーデタ民衆の，それなりの勝利であった。この時の集会参加者の多くが「携帯電話族」（なお高価な携帯電話を駆使する都市中間層が注目されて），もしくは「ニュー・エリート」と呼ばれることとなった。そしてこの後，政治家たちの汚職につながる利己的行動，「政治家腐敗」防止のために選挙制度改革，政治家監視体制に関する法整備のため，全力を挙げ，やがてそれらを1997年憲法にまとめ上げる改革を進めていくのも彼らを代表する者たちであった。まさしくタイの90年代変動期に，さまざまな制度改革をリードしていったのは彼ら都市中間層，「工業化」推進による社会変容の下，政治意識を高め，行動的となっていった「ニュー・エリート」層であった。それゆえにまた彼らには，「汚職に堕す政治家」に票を「売り渡す」一般庶民（主に農村部住民）という感性（一種の愚民観）もちらついていた，ともいわれる（この側面が，21世紀の社会的政治的混乱とつながっているという〔玉田，2013〕）。

かくて，こうした政治変動期にあって，都市住民の政治的活動の

第12章　産業社会定着化と地域統合の展開　　241

活発化は，中間層の形成を端的に示す，とだけは確かにいえること
だった。だがもう1つの社会変容もある。外資導入型工業化政策の
進展とともに，改めて広がっていった国内，域内外への労働力移動
である。ASEAN 諸国が採用した外資導入型の輸出促進工業化戦略
は，その内に，階層分解，賃金生活の恒常化，商業活動の広がり，
情報獲得手段の一般化，などの「近代化」を，さまざまな形で実現
した。そして「中間層」形成に乗り切れなかった階層がとる手段の
1つが，内外為替差を利用した賃金収入の拡大策，農村から都市へ
だけではなく，自国から国外へと労働の場を移す，すなわち国外労
働力移動である。もっとも，「海外出稼ぎ」の名で知られているこ
の現象は，近代世界の歴史ではごくありふれた歴史事象の1つでは
ある。そして1970年代以降の世界，何よりも80年代以降の
ASEAN 諸国においては，移動階層は最底辺ではなく，一定の学力
と技能を保有する層であった。海外送金手段，移動手段の現代化の
ゆえに，距離と規模が大きくなり，同時に域内他国へはあたかも国
内労働移動のごとき動きだった。またその目的は単に日常生活が貧
窮しているゆえに，というだけでなく，社会的地位の上昇資金をめ
ざす場合も数多い（子女の教育，後述）。外資企業の進出は，
ASEAN 域内外の労働移動を増大させる社会的条件を整えることに
もなったのであった。

　これらの労働移動の全体像は，1990年8月，いわゆる「湾岸危
機」の際に，その規模を改めて映し出した。この時示されたのは，
パキスタン，バングラデシュ，インドなど，南アジア諸国から湾岸
産油国に向かう大規模な海外出稼ぎ労働者群の存在であり，それら
に，80年代を通じて，フィリピン，タイ，ベトナムなど，東南ア
ジア諸国民が加わるようになっていたのである。湾岸危機の発生は，
ASEAN 地域の国外出稼ぎの流れを，東アジアおよび ASEAN 域
内へと転換させる役割を果たすことになったのであった。

タイ人労働者の事例で見ると，1990年代半ばの実態調査によれば，海外出稼ぎ者数は，総計45.1万人，就労産業別では建設業53.1％，工業部門24.5％で，多くが単純・未熟練業種に就労し，男女別では男性96.9％，女性3.1％，年齢構成では40歳以下が60.2％，学校教育歴では初中等教育修了者が87.7％（初等：67.3％，中等：20.4％），出稼ぎ先国別では，台湾18万人，日本8万人，シンガポール5万人，マレーシア4万人，ブルネイ2.6万人，香港2.6万人，中東1.85万人，イスラエル1.5万人，その他アジア1.05万人，アフリカ0.5万人，であったという（チュラロンコーン大学研究班，1995年調査）。

社会変容の兆し②：ドイモイ，ビルマ，そしてブミプトラへ

他方，長期戦争から抜け出したベトナムでは，1980年代に入ると，レ・ズアンを中心とする共産党（76年に労働党から改称）指導部が，主としてソ連・東欧諸国からの援助に依拠しながら，双務契約制度の普及と税金・食糧ノルマの据置きを骨子とした80年食糧供出義務安定化政策，81年農産物請負制導入，85年価格・賃金・通貨改革，などの部分的な改革をおこない，経済状況の改善を図ろうとしていた。しかしどれも根本的な解決にはつながらず，逆に85年改革によってインフレが亢進する結果となり，経済混乱に拍車をかけることとなった。一次経済の枠組み（計画経済的だが，要するに農業生産主体社会）存続を前提とした改革が主原因だった。本質的な改革機会は，86年，レ・ズアン死去でもたらされた。後継書記長チュオン・チンは知識人を中心とするブレーンに依拠し改革政策を作り上げ，86年12月，共産党は「ドイモイ」（「刷新」を意味するベトナム語）の名をもって公式政策とした。

1980年代末以降，ドイモイがめざすものがしだいに形をなしていった。特徴は，①一次経済を縮小，否定的だった二次経済を公認，

第12章　産業社会定着化と地域統合の展開　243

富裕な農家で蚕の糸取りをする近隣の女性たち。集団主義体制下では地主制の復活を招くとして厳禁されていた行為である（1991年，ベトナム・タイビン省）。

②国民各階層に経済的自活を求める，に集約される。集団主義体制に訣別する改革政策だった。農業では，農家単独経営を公認，農民の長期土地使用権も認めた（1988年）。配給制度廃止（1987〜89年），私営経済・家族副業の公認と奨励，非国営部門の経営自主権拡大など，集団主義体制の根幹をなしてきた一次経済の縮小を伴う政策が実行された。為替レートに実勢を反映させ，公定レートを闇レート（二次経済）とほぼ等価とし（1989年3月），為替・通貨の安定，インフレ終息に成功していった。ドイモイは一般国民に自活努力（家族経営・アルバイト・職探しなど）を課すものだった。同時にこれは，彼らがかつてない経済的自由を手に入れたということでもあった。

改革実行に国際環境の整備は不可欠だった。中国関係の改善に着手し，カンボジア撤兵を実行（1989年）など，関与していた紛争から離脱した。画期的な外交路線の転換は，集団主義時代の外交とは

ハノイ駅前の景観の変化——1986 年（左）と 2016 年（右）。モータリゼーションが急速に進行したことがわかる。

異なる，のちの全方位外交路線の確立に直結していった。同時期にソ連で進行したペレストロイカ，すなわち関係地域紛争から離脱したゴルバチョフ「新思考外交」が，援助対象国ベトナムに，その効率的運用を求め，同時にグエン・ヴァン・リン書記長の改革路線を支援したこと，などがドイモイ促進に有効に作用していた。かくして 20 世紀最後の十数年間のドイモイ路線推進がベトナム社会に大きな変化を生じさせたのであった。

まず，以前に比して「党」が国民生活に介入する余地が減り，言論の自由も大幅に広がり，1988 年，かつての『ニャンヴァン』『ザイファム』参加者が 30 年ぶりに創作活動に復帰した。出版活動は依然として許可制だったが，党や国家を批判する私的書簡がインターネットで全世界に知れわたる時代となり，国民の情報量もはるかに増大した。だが，地域格差，所得格差など貧富差は拡大することになった。ベトナム共産党は「社会主義的方向性をもった市場経済」「国土の工業化・現代化」をスローガンに掲げ，次項でも述べるように，95 年には，ASEAN に加盟した。それは明確な外資導入型工業化路線への転換表明でもあった。しかしこの段階では，工業化実現への道はなお遠かったといえるだろう。

他方，ビルマは，「ビルマ式社会主義」路線という名で，いわば

Column ⑧　「ビルマ」か「ミャンマー」か？

　竹山道雄の名作『ビルマの竪琴』を筆頭に，日本では「ビルマ」という呼び方が定着していたが，1990 年以降，マスメディアを始め，教科書などでは「ミャンマー」という呼称が主流となった。そのきっかけは 89 年 6 月にビルマの軍事政権が，対外向けの英語国名をそれまでの Burma（バーマ）から Myanmar（ミャンマー）に変更したことによる。しかし，欧米には現在でも Burma と呼ぶ政府やメディアが多く，また日本でも「ビルマ」を使い続ける人々が研究者を含め少なくない。Burma と Myanmar，もしくは「ビルマ」と「ミャンマー」，いったいどちらが正しい呼称なのであろうか。

　じつはこの質問，絶対的に正しいという答えはない。ビルマでは，パガン時代（11〜13 世紀）から碑文などの書き言葉では「ミャンマー」が使われ，一方，しゃべり言葉では「バマー」が使用されてきた。英語の Burma はこの口語体のビルマ語「バマー」からきている。「バマー」はオランダ語では Birma と表記されたため，日本では明治初期にこのオランダ語の呼び方が紹介され，「ビルマ」が定着した（それ以前は中国で用いられていた「緬甸」を使用）。問題はビルマ語の「ミャンマー」（文語）と「バマー」（口語）がそれぞれ何を意味したかである。じつは，歴史的に両者が意味してきたものは，狭義の「ビルマ民族」（ミャンマー民族）と彼らが住む領域であった。すなわち，現在でいう「少数民族」（カレン人，シャン人等）や，それらの人々が住む領域を含む概念としては使われてこなかったということに留意したい。しかし，軍政が対外向け英語国名を Myanmar に変更したとき，彼らは「バマー」が狭義の「ビルマ民族」しか指さないのに対し，「ミャンマー」は少数民族を含む「全ビルマ国民」を意味すると主張して，対外向け国名の変更を正当化した。この説明には歴史的根拠がない。逆に，軍政の基盤であるビルマ国軍の誕生と密接な関係を有した 1930 年代の有力民族団体タキン党は，口語の「バマー」こそ「英国統治下ビルマにおける被支配民族すべて」（すなわち「ビルマ国民」）と定義し，積極的に独立運動で使用した史実がある。軍政はこうした歴史的背景を無視しているといわざるをえない。

　このほか，純粋に日本語の問題として，国語表現に定着した「ビルマ」という呼び方をわざわざ「ミャンマー」に代える必要はないという主張もある（たとえば「グレート・ブリテンおよび北アイルランド

連合王国」は江戸時代から「英国」「イギリス」で一貫している）。また，民主化運動支持の立場から，クーデタで登場した軍政が国民の意見を聞かずに対外向け国名を変更したことは非民主的で認められないとして，Burma，「バマー」「ビルマ」を使う人も多くいる（アウンサンスーチーも Burma を使用）。

　一方で，国連での公式英語呼称は 1989 年 6 月以降 Myanmar であり，また日本国内でも同時期に国会の承認を経てこの国を「ミャンマー」と呼ぶことが法的に決定されている。これを重視する立場からは，「ミャンマー」こそ「正しい」ということになろう。ビルマの国名問題は，こうした背景を十分に考えた上で，各人が判断して「ビルマ」もしくは「ミャンマー」（もしくは両方）を使うことが望まれる。

◆―●―◆―●―◆―●―◆―●―◆―●―◆―●―◆―●―◆―●―◆―●―◆―●―◆―●―◆

鎖国的（外資，外国文化の排除，貿易の国家管理など）な長期軍事独裁体制を敷き，周辺 ASEAN 諸国の開発独裁体制とも異なって，個人商店に至るまでの各種経済手段の国有化，籾米の強制供出（ビルマは有数の米生産国）など，を手段に自力更生型経済発展政策を採ったが成果を挙げられず，工業化・経済成長で大きく後れをとっていた。

　このビルマでも，1988 年，経済停滞への人々の不満が爆発した。ファックス，インターネット情報の遮断を図っても，周辺国の経済発展情報は充分に伝達される時代であった（中間層形成は一国内で完結しない時代の事例）。同年 3 月，大学生が，反ネィウィン運動を展開し始め，8 月以降，市民多数も加わる全国規模の民主化要求運動に発展した。9 月初旬，運動の高揚の中，9 月 18 日，国軍が軍事クーデタで政権を奪取して軍政実施を宣言した（この時，複数政党制の国政選挙実施を「公約」）。民主化運動は武力弾圧され，一方，新軍政は，ネィウィン政権期の「社会主義」路線は放棄したが，国軍の政治運営（国家法秩序回復評議会 SLORC，97 年 11 月に国家平和発展評議会 SPDC）が続行され，逆に軍事政治も強まった。そして新軍政の経

済運営がめざそうとしたのが開発経済であった。民間企業規制を撤廃し、外国投資関連法も整備した。停滞していた国内総生産は一時的には回復（1992～96年）した。だが実際には、国営企業を残存させ、外貨送金・輸出入規制を逆に強化し、政府統制手法の経済介入主義が続けられ、またそもそも開発経済に必須の財政・金融の人材と知識の欠如から、その運営はきわめて困難な状況にあった。さらに、90年5月行われた総選挙では、新政党国民民主連盟（NLD、1988年9月結成、書記長アウンサンスーチーは89年7月、軍政自宅軟禁に）が、8割の議席を得て圧勝した。だが軍事政権は結果を無視し、政権の座に居座った。「社会主義」を名乗る軍政から、経済利権の確保、富裕層に依存し、そして人権弾圧の最悪の開発独裁政権へと姿を変えたのだった。しかしそれは、かつての周辺 ASEAN 諸国開発政治とは異なり、先進資本主義国企業の投資は、人権弾圧への忌避感、国際的経済制裁で、なお限定的にすぎなかった。

　1969年人種暴動を機に、前面に押し出され、実施されるようになっていた「ブミプトラ」政策（マレー人優遇策、1971年制定の「新経済政策」、当初案は20年間継続を予定）が継続中だった81年、マハティールがマレーシア第4代首相に就任した。政権は、マレー人起業家創出策に力点を置きながら、外資規制を緩和し、民営化も進め、併せて自動車産業を軸とする重工業化計画を実行した（政府100%出資で重工業公社設立）。また91年に、「2020年ビジョン」（2020年、マレーシアを先進国に計画）を掲げた。この規制緩和は、80年代半ば、非マレー系の国民（主に華人系）が表明していた不公平感への対応策でもあった。その根本に、この国が、比較政治学からは、「一党優位競争的権威主義」、あるいは「半民主主義」と定義される体制、すなわち、自由かつ公正な選挙を定期的に実施しながらも、制限的仕組み（人種別政党の連合組織形成）をもって、政権交代が生じえない仕組みをつくっていたからであった（同定義のシンガポールは選挙

Column ⑨　華僑・華人　▶━━━━━━━━━━━━━━━━

　在外華人（中国系住民）をさす言葉としての華僑はかなり古い歴史をもつ。しかし，東南アジアの華人の多くはこの言葉を嫌う。それは「僑」が，もともとは「お旅所」のことであろうといわれ，転じて「かりずまい」「一時身をよせる」などを意味し，「僑人」とは，他郷に仮住まいする人のことで，移住者をさし，「僑民」とは「海外居住者」をいうとされる（白川静 [1996]『字通』平凡社），この言葉の語感からであろう。

　植民地時代，彼らは時に植民地支配の道具となり，時に現地住民からの排撃の対象となってきた。独立後も，現地政府と本国政府との政治的軋轢の中で，同じように現地住民の排撃の対象とされてきており，そのことは根本的には，国籍法の違いに起因している。インドネシアほかの政府は，中国政府，もしくは台湾の中華民国政府と彼ら在外華人の国籍に関し，政治的に対立してきた。これらは多くは二重国籍防止条約を締結することで解決が図られたが，個々の華人がどちらの国籍を取得するかは，時間を要する決断であった。インドネシアでは，1980年頃の調査でも，国籍がインドネシアではなく，中華人民共和国，もしくは無国籍の華僑が30万人を数えたといわれる（両国の国交回復は90年）。インドネシア，マレーシア，タイ，フィリピンなどの華僑は，現地多数派住民の姓名を名乗るが，先祖伝来の文化習慣を捨てることはなく，中には富豪も含まれ，現地政府との政治的つながりも強い。

　近年，現地国籍を有するものを華人，中国国籍を有するものを華僑と呼ぶ傾向が強まっていたが，中国の国際経済上の地位の上昇，これに伴う内外華人に強まる中華ナショナリズムの高揚などで，1998年インドネシア政変の折に生じた，華人系インドネシア人襲撃事件の際，香港，中国などのインドネシア大使館への抗議行動が起こるなど，再び変化する兆しにある。

◆◇◆◇◆◇◆◇◆◇◆◇◆◇◆◇◆◇◆◇◆◇◆◇◆◇◆◇◆◇◆

区を政権党に有利な方式に常時改編）。

ASEAN の機能進化

ASEAN 諸国が「工業化」に向かって邁進し始めていた，この1980年代から90年代

第12章　産業社会定着化と地域統合の展開　　249

にかけての時代は，世界的には，新たな産業分野が立ち上がってき
ていた。それは，不断の技術革新と連続的な新技術・新分野開発の
進行していた時代であった。そのゆえに，日系電子・電子機器メー
カー社員（エンジニア）などには，この時期に，ASEAN へ赴任す
るのは，それがたとえシンガポール駐在であっても，自分が社内の
技術進歩に立ち後れるという恐怖感を抱くような時でもあった。

　たしかに 21 世紀の今日から見て，この時代の産業の変容は巨大
なものがあった。企業の海外進出（多国籍化，生産工場の国外移転な
ど），貿易の急拡大，それを担う物流システムの変化発展＊などから，
この時代の産業変動では，国際的分業体系が急速に確立・変容して
いったのであった。

　　＊コンテナ船国際輸送の本格開始は 1966 年，日本では 67 年北米航路だ
　　が，港湾設備整備に巨額投資を要し，設置港は限定的。国際取引増，港湾
　　設備の機械化・システム化が進展した結果，荷役人員削減，時間短縮，停
　　泊日数減，航海日数短縮で，海上輸送の主流となり，インコタームズ 1980
　　年版版はコンテナ取引条件 FCA（運送人渡），CPT（輸送費込），CIP（輸送
　　費保険料込）を定めるまで一般化していた。またこの時期には，航空貨物
　　輸送が拡大し，「機械機器」（高付加価値品，半導体製造装置，自動車部品
　　など）輸送の 7 割（金額ベース）を担うまでとなった。在庫減目的でサプ
　　ライチェーン・マネジメントの確立が進み，製品サイクル（供給スピード）
　　が早い情報家電分野（デジタルカメラ，液晶テレビ，携帯電話など）が主
　　な対象貨物となっていた。

　この時期の産業変動は，以下に見るようにきわめて急速，かつ大
きなものであったため，経営学，経済学など隣接する学問分野の業
績から投資促進レポートに至るまで，多数の報告書や現地調査がま
とめられ，データ分析や変化予測などが，なされてきた。それらを
踏まえて，まずここで，この変動がもつ歴史的な方向性を見ておこ
う。

　日本企業，ことに製造業が，東南アジア諸国に進出したのは，上
述したように 1970 年代からだった。だがそれが「ダッシュ」と表

現されるほどに急増していくのは，既述のとおり80年代半ば，すなわち「プラザ合意」以降の急激な円高局面においてだった。それらは，ASEAN諸国のうち，タイ，マレーシア，インドネシア，シンガポールに向かったが（この時期，フィリピンは政治不安定状況にあり，1992年ラモス政権成立まで進出企業は多くはなかった），どの国の輸出加工区，工業団地に立地するか，絶対的基準は見られず，進出大企業の恣意といえる選択によるものであった。日本製造業の生産モデル（ある種の企業文化）が機能しており，進出大企業の要請を受け，下請け中小企業（系列部品メーカー）が進出していった。これらは「日本式生産モデルのフルセット型の海外移転」と呼称されていた。日本国内での「生産協力企業」，取引関係企業が，そのままに東南アジアで「部材供給網」を形成していったのであった。そうした日本企業のうち，自動車産業の場合，60年代には，主な東南アジア各国にノックダウン方式（パーツを日本から輸入し，現地で組み立てる）で工場を置いていた。この時期になると，続いて，電機産業が急速に進出した。

　こうした日本企業，いやむしろ外資一般というべきだが，企業進出は，もう一点，押さえておくべき基本点がある。たとえば生活に不可欠な産業というべきアパレル分野であっても，熱帯・亜熱帯地域に適する需要品は，もともと温帯・寒帯地域向け繊維・織物製品とは異なっていた。それゆえに，この種の産品生産部門の多くは，輸出産業として域外から新たに持ち込まれた分野であった。ましてや電機産業部門は，それ以上に，少なくともこの時期においては一般的な国内需要は弱く，多くが日本市場や北米その他，「先進国市場」向け商品であり，部品製造業も完全な域外からの産業，現地社会にあってまったく新たに移植されたに等しい分野であった。進出日系大手企業が必要とする部品は，日系部品製造業に頼らざるをえず，だからこそ多くの系列中小企業が，それぞれに企業進出したの

第12章　産業社会定着化と地域統合の展開　251

であった。

　この後，冷戦崩壊後の世界で市場競争が強まるとともに，この部品製造部門はさらなる展開を遂げていった。すなわち「下請け」，「系列」からの切り離しである。そこでは「裾野産業」という部品メーカー概念が提起され，その重要性がしばしば指摘されるようになった。そして「系列外し」と並行し，東南アジアで展開されていった「工業化」は，産業内分業のいくつかのスタイル，工程間分業（同一生産工程上の加工段階区分による相互輸出，1985年頃から），製品差別化分業（高付加価値品，低付加価値品，1980年代後半から），そして同種だが，棲み分け分業（高級機種は日本，低価格機種はアジア）などを生み出すこととなった。さらにまた，ASEAN諸国の国別分業も分野によっては展開されていった。多くが自動車産業に比して後発だった家電製品，IT関連製品，工作機械の分野で進んだものであった。たとえば，最初に東南アジアの電子部品生産拠点となったシンガポールで賃金上昇が進むと，ここでは高付加価値工程に特化し，従来部品の製造はマレーシアに移され，それはやがてタイに移されていくなどであった。ただしこれらは，個別企業の事業戦略，工業化への域内外各国の期待と戦略，それにその事業分野の製品開発など，偶然的要素も絡み，ASEAN諸国間部品供給ネットワークの形成，さらに既述のような域内外を網羅したサプライチェーン・ネットワークにつなげられていったのであった[*]。

　　＊　1990年代に，ASEAN諸国電機産業の現地調達比率は急速に上がり，たとえば98年，タイ，マレーシア，インドネシア，フィリピンの4ヵ国平均日系進出企業原材料調達比率は，電機・電子組立65%，電機・電子部品製造業34.5%とされる（『通商白書』他）が，それらは現地人企業家ではなく，外資によって担われていた。高密度精密電子部品・材料製造，すなわち高規格，安定水準部品供給は，多額の設備投資を要し，それらマシーンの操業・維持管理は地元企業単独では技術面においてきわめて困難だった。「地場企業」育成＝工業化実現の困難さを反映していた。

経済結合の加速

こうした流れによって，また進出企業数が増加し，加えて改革開放政策に転換した中国が，ASEAN諸国にとって，外資企業誘致の有力な競争相手として浮上していくに伴い，ASEANは経済統合の具体化を進めざるをえなくなっていった。始まりはASEAN特恵貿易協定（PTA, 1977年発効）だった。PTAは品目を限定し限定的に関税削減を実施する協定であった。これに加えて，ASEAN共同工業プロジェクト（AIP），ASEAN工業補完協定（AIC）が作られた。域内経済協力具体化のシンボルだった。だがこの3つは，関税削減率が低いこと，また各国は保護による自国産業育成に，なお力点があり，加盟国間の利害対立の調整に失敗しており，実効性をもたせられなかった。この地域の70年代経済協力を象徴する経過であった。

だが，上述のように産業構成の変容が進み，多数の外資企業（日本企業が中心）が各国ごとに進出し，同じく各国ごとにそれを上回る外資系部品メーカーも進出するようになった。そして当該国内での取引も制約されているEPZから一般工業団地に立地する企業が増加するように進出事情も変化した。進出先国内，域内での部品供給システム構築に，高率関税，および貿易取引手続きの「不便さ」（税率に加え，手続き書類形式の相違，手続き時間などの実務的課題）が障害となり，企業側から一致と軽減要請が強まることとなった。表12-1に示したように，具体化の第一歩は，ブランド別自動車部品相互補完流通計画（BBC, 1988年，三菱自動車の提案）だった。自動車産業を工業化計画の最重要産業と位置づけ，保護の名の下，完成車だけでなく，部品貿易取引に高額関税をかけ，域内部品供給ネットワーク形成の障害になっていたからであった。このBBCが実効性ある貿易自由化実現を切り開くこととなった（域内自動車部品貿易関税50％削減，部品域内補完を促進）。この後に，ASEAN自由貿易地域（AFTA）創設の合意，あるいは，その過程でのASEAN産業協

第12章　産業社会定着化と地域統合の展開　　253

表 12-1　ASEAN 機能進化表

1976 年	ASEAN 事務局設置
77	ASEAN 特恵貿易協定（PTA）調印
87	各種機構設立・制度化（高級実務者会議，経済高級実務者会議，合同諮問会議）
87	PTA 対象品目数拡大，優遇関税対象品目の原産地規制率引下げ，等
88	ブランド別自動車部品相互補完流通計画（BBC スキーム）導入，優遇関税適用
90	「成長のトライアングル」設置（シンガポール，バタム，ジョホール）
92	中国「領海法」制定（2 月），南シナ海島嶼の領有権主張
92	ASEAN 自由貿易地域（AFTA）合意（93 年から 15 年間で実現）
92	事務局機能拡大，事務総長閣僚級とし各種活動の策定，助言，調整，実施権限
92	「南シナ海に関する ASEAN 宣言」（7 月），中国の脅威に対応
93	共通有効特恵関税（CEPT）スキーム開始（AFTA 実現メカニズム）
94	ASEAN 地域フォーラム創設（アジア太平洋広域安全保障目指す）
95	2003 年 AFTA 発足決定
95	サービス枠組自由化協定（AFAS），経済紛争処理メカニズム等，設置合意
95	東南アジア 10 ヵ国首脳会議「バンコク・サミット宣言」
96	ASEAN 産業協力スキーム（AICO），域内産業協力（水平分業）の強化目的
96	全東南アジア国家の 20 世紀中の加盟実現を確認
98	ASEAN 投資地域（AIA）枠組み協定
98	ASEAN 相互承認枠組み協定（検査済み協定対象産品の他加盟国販売可能協定）
99	ASEAN10 実現（4 月 30 日カンボジア加盟承認）
2003	ASEAN 防災委員会（ACDM）設立，域内防災および，災害対処協力

力スキーム（AICO，域内企業内貿易に特恵税率 0〜5% 適用）の実施などを進めながらも，AFTA 結成年の繰り上げ，関税引き下げ率拡大，対象品目拡張などが，ASEAN の関連機構確立とそれを通じた

協議によって実現・実施に結びつけられていった。

すなわち，日本を始めとする外資企業の企業進出（直接投資）の急増，産業構成の変容がASEANを1つの経済圏，経済単位とすることを要求したこと（本書前章までで言及しているように，この地域の経済活動そのものが，もともともつ歴史的性向でもある），各国が外資主導輸出指向型工業化戦略に転換していったこと，加えて外資導入経済政策を採用した中国が有力な競争相手として登場してきたことなどが，ASEANという国家連合の機能化を促し，統合の作用力となって現れざるをえない，というのが，地域世界としての東南アジア社会の歴史的性向でもあった。

通貨危機　1997年2月，タイ為替市場で，通貨バーツ売りが強まった。ヘッジファンド（投機性の強い金融商品取引業組織）が仕掛けていた空売りだった。5月にも再び売りが目立った。そして，買い支えていたタイ通貨当局が，準備金の不足を来し，ついに，防衛を放棄し，同年7月2日，通貨バスケット制（事実上のドル・ペッグ制，実際には米ドルと自国通貨の固定レート）から変動相場制に移行した（バーツの切り下げの効果）。通貨危機の始まりだった。東南アジア・東アジア諸国は独立以来初めて経験した，かつてない通貨動揺，金融危機となった。タイでは，企業の操業停止，失業が広がり，バンコクでは，建設中ビル群の工事が止まり，また有名だった交通渋滞が消え，その要因の1つが，失業した人々が出身地の農村部に帰村したためと推測され，このためにバンコクの人口が一時的に減少した，ともいわれた。危機は周辺のインドネシア，マレーシアに拡大していった。

主要国通貨が1970年代に変動相場制移行後も，ASEANのタイ，マレーシア，インドネシアの為替相場は，通貨バスケット制を採用していた。それはドル安（ASEAN諸国通貨は対円レート高）状態の下で，進出外資企業の輸出生産を通じた経済成長の実現につながっ

第12章　産業社会定着化と地域統合の展開　255

ていた。だがこの傾向に、域外からの変動要素が生まれた。92年以降に顕著になった中国の改革開放政策の再びの推進（1989年6月天安門事件で国際社会からの経済制裁を受け、また事件後、一時的に成長が停滞した。92年1月からの鄧小平の南方視察、いわゆる「南巡講話」で改革開放の重要性を強調し、市場経済化の流れを推進、同年10月、改革目標を「社会主義市場経済体制」確立と明確化）の影響だった。ASEAN諸国にすでに進出していた日系企業を含む外資企業が、この時点では相対的に安かった労務費（人件費他）を求めて中国に生産工場を移していった。さらに、アメリカ経済が景気回復に向かったことで、通貨政策の転換（ドル高誘導、1995年以降）が始まり、事実上対米ドル固定相場制だったASEAN各国の通貨も連動して上昇した。これらと結びあって、各国の貿易動向が変調し、貿易および国際収支赤字が大きくなっていった。この傾向に、この時期に、大きな影響力をもつようになっていたヘッジファンドに象徴される投機的投資家たちが、経済成長の持続可能性に疑問符を付け、各国通貨は実勢より過大な評価となっているとし、そこに「利」の機会を見て、空売り攻撃を仕掛けたのであった。

ASEAN諸国への資金流入（経済開発のため）は、1970年代には商業銀行団を通じた長期融資が中心だった。80年代になると、成長の続く東南アジアに、グローバリズム、規制緩和論、ボーダーレス経済論などが跋扈する（次項参照）中で、金融自由化政策が進められ、その結果、消化できないほどの大量の海外短期資金（銀行短期借入れ金、証券市場調達のため危機時に引き揚げが速い）流入状況が生まれていたのであった。

タイの場合で見ると、1980年代からその経常収支は赤字が続いており（86年を除く）、日本企業など外資の直接投資資金で補填されていた。90年代前半にはさらに赤字が拡大（70〜80億ドル台）した。タイ政府はバンコク・オフショア金融センター（BIBF、1993年設置）

256　第Ⅲ部　ASEAN 10が切り開く地域世界

に外国銀行を誘致して，内外金利差（バーツ市場金利は米ドル市場金利より 5% 超高）を利用（ドル原資の投資家が金利差を享受）し，ポートフォリオ（複数の株式，債券の組み合わせ）投資，短期資金導入，非居住者バーツ預金の自由化などを実行した。こうして BIBF 設置以降，ここを通じ赤字幅を上回る資金流入を確保し，96 年の外貨準備高は 387 億ドル（多くが短期返済資金）となったが，対外債務残高は 791 億ドルに膨張していた。90 年代は明らかに「バブル経済」状態となっていたのであった。

　バーツ空売り攻撃に屈したタイは，1997 年 7 月 28 日，IMF に支援要請し，IMF の金融支援・管理の下に置かれ，銀行再編，不良債権整理などを進めることとなった。8 月 11 日，IMF は支援国東京会合で支援必要試算額 140 億ドルとした（分担内訳，IMF40 億ドル，世銀 15 億ドル，アジア開銀〔ADB〕12 億ドル，二国間支援枠約 70 億ドル：ただし日本が二国間支援で最大規模額 40 億ドル拠出，併せてアジア諸国に呼びかけ二国間支援額計 105 億ドル，支援総額は 172 億ドルに増額）。

　IMF が支援パッケージ＊提示にあたってタイに課した緊縮政策（財政・金融引き締め，経営危機の金融機関閉鎖，他）に関し，民間の借入増大と過剰投資を要因とする危機に財政引き締めは，むしろ不況の深刻化となるとの批判があった（一時的な引き締め策は経験的に有効と IMF は反論）。

　　　＊ IMF 提示の支援条件（コンディショナリティ）は，財政・金融の構造改革，貿易・資本・労働市場改革（国営企業の民営化，労働規制の緩和）であり，財政収支均衡努力（付加価値税率引き上げ，公共料金：電力・水道など引き上げ），金融制度健全化（不適格金融会社業務停止，預金保険制度創設），財政再建取組み（為替政策変更，金融政策枠組み整備，経常収支赤字脱却，対外短期債務残高削減，外貨準備高積み上げ）など。

　インドネシアでは，1997 年 8 月，通貨ルピアを変動相場制に移行していた。9 月下旬にルピアが急落し，10 月，IMF・世銀・ADB に金融支援を要請し，総額 230 億ドルの金融支援で合意し，

11月に第二線準備（日本・シンガポール・アメリカなど）160億ドル超，計390億ドル超の支援枠組みを整えた。しかしスハルト政権は，IMF支援プログラムを受け廃止としたはずの開発プロジェクトを復活させてIMFと対立，一方，プログラムどおりに再建不能な銀行16行閉鎖などを実行して，逆に金融不安が助長されるという，不安定な対策のために，ルピアが暴落することとなった。このため，第二線準備に基づくルピア防衛の協調介入も効果は限定的であった。

1998年3月中旬予定の第二次融資30億ドルも，改革進展が不十分とIMFは延期してしまい，スハルト政権との対立がさらに深刻化した。その後，IMFは支援条件を部分的に見直し，98年5月，第二次融資を再開したが，その融資条件（均衡財政方針の強要でガソリン代，児童手当などの補助金カット，など）の実行，ことに燃料価格引き上げというIMF管理方式に国民が反発を強め，それは必然的に反政府運動に転化した。ジャカルタ市内に暴動も発生し，スハルト大統領が辞任，32年間継続した独裁政権が崩壊するに至った。通貨危機が政治変動に結びついた典型的姿であった。

マレーシアは，IMF管理を拒否し独自の立場を取り続けたことが，他諸国とは大きく異なっていた。1990年代マレーシア経済は経常収支が悪化し，緊縮財政・金融政策を採用していた。短期対外債務は多くなかった（1996年短期対外債務残高，韓国711億米ドル，タイ610億米ドルに対し，マレーシア127億米ドル〔OECD External Debt Statistics〕）。そして外国から銀行部門経由の資金流入を厳しく管理していたが，タイ危機の余波で，資本の急流出，リンギ・株価下落が発生して短期資本が流出し，外貨準備も低下した。だが対外債務支払いに支障を生じさせていなかったため，IMFの支援を受けない危機対応をマハティール政権は選択した。そして対通貨危機政策で，最も特異であったのが，資本規制（為替および資本移動に関する規制）の実施だった。この時期，世界的な資本自由化の流れに逆行

するもの、との否定的な見解が多く、また IMF も強く批判した。何より IMF 支援を「拒んだ」ということを理由にした「国際社会」での「マレーシアの孤立」、「市場」の反発が生じた。けれども日本が、「アジア通貨危機支援に関する新構想」（1998 年 10 月、IMF・世銀年次総会で発表、「新宮澤構想」と略称。300 億ドルの資金支援スキームで、通貨危機に陥った諸国の実体経済回復のため円借款・輸銀融資など、中長期資金支援 150 億ドル、経済改革推進過程で短期資金需要の備えに 150 億ドル、支援策中で最大級）を発表し、そこにマレーシア支援決定を含めたことで、双方（マレーシア、「市場」）に安心感（日本の揺るぎない支援姿勢を鮮明にし、国際社会で、危機にある国々の信用回復に大きな後ろ盾の役割を果たした、というのが、日本大蔵省報告書の立場であり、実際にも「構想」発表から 4 半期後、1998 年第 3 四半期から第 4 四半期の間に、株価は 57% 上昇）が生まれた。危機対応をめぐって政治危機に陥っていたマレーシア政府（マハティール首相と後継者と目されていたアンワル副首相との亀裂）を救済することともなった。

この通貨危機は、これまで経済成長を実現してきた ASEAN 諸国が、金融自由化論に流されたため、その通貨管理制度が不十分で、欧米の投機的通貨投資家に狙われ、変動相場制の下で活発化した通貨投機の横行に無警戒でおり、法制度も整えないままにいて、空売り攻勢に太刀打ちできなかった。そして短期融資の資金を引き揚げられることになった。これがために国際的ヘッジファンドが引き起こした「新型金融危機」とされる。この後に、ASEAN 諸国は、二国間資金融通協定、集団的資金融通協定（チェンマイ協定）などを締結して対応策とするようになった。

> 開発独裁から経済統合へ

1990 年代末、ASEAN の開発独裁体制の下で発生した、この通貨危機は、最も根本的には、70 年代以降、「金融抑圧が途上国の経済発展を妨害してきた」という論理（学説）を、IMF、世銀などが受け入れ、そして広

第 12 章 産業社会定着化と地域統合の展開 **259**

めたことによって，多くの途上国は金融自由化（「IMF・世銀型金融改革」という）を緊急の課題とするようになっていった。マレーシアの場合では，70年代末から断続的に，インドネシアは80年代に金融自由化政策を進め，同じくタイは80年代末から取り組み，施行していった。そこでは，国内金融の自由化と併せて海外資本取り引きの自由化も進められていた。

1997年通貨危機は，こうしたことの必然的帰結として，東南アジア諸国に通貨金融上の混乱と困難だけでなく，大きな政治変動をもたらすこととなった。そしてその深刻化をさらに深めたのは，まさにIMFという「金融自由化・資本取引の自由化」の推奨者・推進者が，危機からの救済者として立ち現れ，危機脱出の指揮者にして，そのための「改革」の強制者であったからだった。

すでに見たように，通貨危機への経過，現れ方は，東南アジア3ヵ国に限定しても相異なるものだった。通貨危機の最初の「震源国」タイについて見ると，1996年12月，総選挙結果を受けて，チャワリット（元軍司令官，経済自由化，規制緩和論者）が首相に就任していたが，97年7月発生した投機筋のバーツ売り攻撃に直面し，危機対処に失敗して，同年11月辞任した。後任にはチュワンが再任された（2001年2月まで）。チュワン首相は金融政策に精通する閣僚を起用し，IMFと協定し通貨安定と景気回復を図った。

最も劇的な政変が生じたのはインドネシアだった。IMFの画一的な支援プログラム（コンディショナリティ）の押しつけは，庶民に失業と生活苦（スハルト政権期に改善されつつあった乳幼児死亡率が，再び上昇する）など，を生んでいた。しかし国家としての経済活動という面において，開発独裁という政治形式は，もはや社会の歴史的変化に不適応であると，いわば「烙印」を押されたといってよいであろう。

スハルト体制の継続は困難との見解が広まるが，実際，政権の

260　第Ⅲ部　ASEAN 10 が切り開く地域世界

IMF 構造調整強制への抵抗も強かった。それは前項で述べた強行策（改革不十分を理由に二次融資延期）で，IMF が政権と対決し，日本の関与をもって，カレンシーボード制（固定相場制の一形態，他の安定通貨〔アンカー通貨，米ドルが該当〕との交換レートを固定，自国通貨とアンカー通貨間で無制限兌換の保証制度）案をインドネシアが撤回し，他方，IMF も支援条件を一部見直す，という妥協の経緯に端的に示されていた。開発独裁政治の歴史的役割に，終焉が迫っていたのであった。

　加えて，危機から回復策として，自国労働市場に雇用されている外国籍労働者（ASEAN 域内）の就労ビザを更新せずに帰国させ（本国送還費は受入国負担），代わりに自国失業者をもって雇用先に補填しようとする労働政策（危機対応策）を，ASEAN 各国政府がそれぞれに採用した。総計で数百万人に達する域内総失業者のために，外国籍労働者の職場を自国籍労働者に提供する，自国民第一の民族主義的安定化策であり経済回復策だった。だがその規模と構造は各政府担当者の予想外の広がりをもっていた。

　マレーシアで見ると，受け入れ外国人労働者総数は，1997 年に230 万人で，同国の実就労人口のほぼ11％ に相当し，総人口 300万人余りのシンガポールは，マレーシアからの通勤労働者 10 万人を含む 30〜50 万人の外国人労働者を受け入れていた。このほか，ブルネイでも約 10 万人，タイには 100 万人に上る外国籍労働者がいた。ASEAN 諸国の経済成長が顕著になってきた 90 年代に，域内における労働移動規模がいかに拡大していたかを物語っていた。そしてさらにそれには，域内労働力の相互環流という構造が横たわっていたのである。

　1997 年通貨・経済危機に至るまで，ASEAN 域内の労働力移動（環流）全般を見ると，まず労働力送り出し国（国外出稼ぎ労働者一方的送り出し国）に位置したのが，フィリピン，インドネシア，ビル

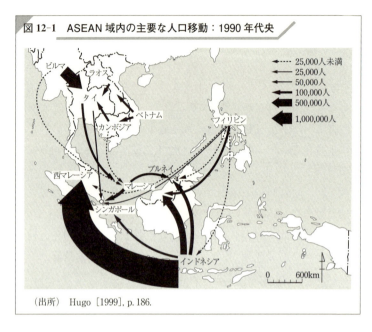

図 12-1　ASEAN 域内の主要な人口移動：1990 年代央

(出所) Hugo [1999], p. 186.

マ，ラオス，カンボジアであった。これら諸国は，ASEAN 域内労働移動ピラミッドの最底辺を構成している。労働力の一方的受け入れ国として，ピラミッド構成の頂点に位置するのが，シンガポール，ブルネイである。そしてピラミッド構成の中位に位置し，労働力の受け入れ国であると同時に送り出し国でもあるのが，タイ，マレーシアであった（→図 12-1）。90 年代を通じた ASEAN 諸国経済の急速な成長には，短期間に，外国直接投資の増大，製造業の発展に見合うような労働および雇用の形態が実現されたが，さらにもう 1 つの重要な側面として，これらを補完するものという位置に，域内労働力環流型ヒエラルキーが成立していたのであった。

それゆえにこそ，これらの職場は，自国籍失業者をもって代位することが困難なもの（自国籍労働者が忌避する職場）だった。経済危機に陥ったからとはいえ，タイやマレーシア経済にとって，外国人

シンガポール，外国籍労働者の休日。オーチャードロード沿いショッピングモール付近（2013年3月撮影）。

労働者本国送還政策は，安易にすぎ，外国人労働力に依存することで成り立ってきた産業分野に，労働力不足という結果をもたらすだけだった。政府は政策修正を余儀なくされた。ASEAN諸国の経済発展には，域内労働力の相互環流がしっかりと組み込まれていたのである。

危機を背景に，東ティモールに始まり，アチェ，イリアンジャヤなどで分離独立運動（国家再編成行動）が再燃したインドネシアが示すように，もともと民族関係が錯綜しているASEAN諸国は，経済発展の結果として生じている各国労働市場の多国籍化の深化に対応して，改めて国家内外における民族政策（労働政策）の根本的調整を迫られたのであった。すなわち，ASEAN経済統合への衝動は，既述のような，この地域に進出した外資企業の部品供給網形成への衝動だけでなく，労働の現場からの要請でもあった。

ASEAN各国政府は，ASEANの機構を通じた経済統合への道を具体的に模索し，その実現を促進するようになった。1997年危機発生は，ASEAN 10実現目前でもあった。まず初めの具体化は，

第12章 産業社会定着化と地域統合の展開　263

97年12月，ASEAN首脳会議が「ASEAN Vision 2020」を採択し，2020年までに財・サービス・投資，流通の自由，自由な資本移動が可能な経済地域を創設することで統合を進展させることに同意した。そして以降は，各協議機構を通じて，たとえば98年に，運輸簡易化枠組み協定（積替輸送手続き簡素化），相互認証枠組み協定（製品基準・認証手続きの標準化），2000年に，「e-ASEAN 枠組み協定」（通信情報技術：ICTの戦略的活用），2003年，「第二次協和宣言」（ASEAN共同体：安全保障，経済，社会・文化共同体形成をめざす），ASEAN憲章準備，あるいは関税分類基準統一で関税引き下げを進め，2004年に先行ASEAN諸国（原加盟国）の関税品目数の97.5%が関税率5%以下，など，個別的細部規定の統一とASEAN全体の共同体化が進められ，2005年になると，製品群基準認証の標準化も完了し，また事務局をはじめ機構・機能の新設・制度化・強化も進んでいった。共同体としての深化が見られるようになっていったのであった。

社会問題の具現化：薄れゆく「国民統合」

かくして，上に述べたように，1980年代以降，通貨危機発生期をも含めて，ASEAN諸国の外資導入型工業化政策は，外部経済構造の変化とも相まって，予想外ともいえる成果を挙げてきていた。それは何よりも，その実現のスピードの速さを，大きな特徴とするものだった。観点を移すと，この歴史的といえる巨大な変動が四半世紀に満たない年月に生じていたことで，人々に与えた社会的「波及効果」もきわめて大きいものだった。

まず，ASEAN各国が，工業化促進をめざして，競って準備した工業団地（EPZ，および一般ともに）造成にかかわるインフラ整備について，改めて見直すと，外的部分では，港湾・空港の整備，取り付け道路，物流用高速道路，情報通信手段，労働者確保上の基盤整備（通勤システム，宿泊施設，日常生活必需品提供：食事・食堂，日用品

雑貨提供商店)，金融機関整備（有人支店，ATM，他）などがまず挙げられる。そして数千人から数万人規模の雇用が生じる場合，それらは，実質的には地域開発・ニュータウン開発に匹敵するため，新たな治安・消防機構，行政機構の整備を伴うものとならざるをえなかった。

　さらに，制度と施設備，に加えて設備を運営，保守・点検していくための人材確保および育成も必須であった。その中には，許認可業務の人員配備，EPZ であれば関税業務，貿易関連業務の行政人材という専門職や通訳など（直接的公務人員），法の整備（法執行上の解釈判定，改定を含む，間接的公務の専門職要員）ほか，関連業務は，あらゆる意味で「無限の拡大」をしていった*，といえる。

　　　*事例をいくつか提示する。工業団地整備関連：1 内部道路，2 深井戸などの水源施設，給水施設，3 排水施設，4 下水処理施設，5 配電施設，6 固形廃棄物処理施設，7 共通施設（街路灯，標準工場，広場，スポーツ施設など），8 外周フェンス。さらに，電力購入（独立系発電事業者，ないし公営電力公社，売電収入で配電線運営），水道（同様），通信（民間・公営電話会社）など。ほかに，企業進出行政手続きのワンストップサービス，倉庫・運送センターでの輸入計画許可申請，関税手続き，運送，倉庫サービス等提供。商品・製品留置用保税倉庫運営，消防署，診療所，銀行支店（入居企業の入金，貸付申込書作成，ATM 設置），入居企業従業員寮，娯楽施設の提供など。

　そしてこのような「工業化」の進行で，「ダッシュ」，すなわち外資企業の進出の「スピード」そのものが，当該社会に「衝撃」をもたらしていた。時期的には，2000 年代に入ったデータであるが，たとえばタイの場合，在タイ日系企業数 6226 社（2003 年 10 月，これにタイ国商務省登記簿記載社数を加えた 2006 年 1 月時点の総数は 7332 社）。また盤谷日本人商工会議所加盟日系企業が雇用する従業員数は，58 万 5500 人と推計されている（うち製造業 620 社で 45 万 3300 人，2006 年 11 月〔盤谷日本人商工会議所〕。なお同会議所は，2005 年タイ製造業就業者数 558 万 8000 人，非製造業を含む日系企業就業者総数を 100 万人

第 12 章　産業社会定着化と地域統合の展開　　265

ベトナム南部ドンナイ省の日系工業団地排水浄化設備の様子（2010年8月撮影）。

以上，と推計している）。また同時期，タイ工業団地公社のデータによると，同公社が運営する工業団地は，タイ15県に38ヵ所（直営12，民間との共同運営26）あり，工場数3142，従業員数44万5237人，投資総額547億7000万米ドル，という。また，既述のように，この外資企業進出「ダッシュ」に出遅れていたフィリピンの場合でも，経済区庁（PEZA，輸出加工区庁1969～94年を改組した担当官庁）発表データによると，16EPZ（約3183 ha）から，229経済区に拡張され（2010年），直接雇用従業員数は95年約12万人から2000年に約27万8000人，タイの事例と同時期の2003年約36万3000人，2006年には54万5000人と記録されている（全入居社数の雇用者数）。

　こうした社会的条件の下で，たとえば，マレー半島西部（マレーシア）で，1990年代半ばすぎに，本章執筆者（桐山）のヒアリング先企業には，マレー半島先住民であるオラン・アスリの若者を雇用して，まずは，日常の衣服着用から金銭使用法までを教育したのちに製造ライン作業を訓練する，あるいは東マレーシア，サラワクに立地した企業の場合は，募集をラジオでおこない，3000人に及ぶ従業員を工場敷地内寄宿棟に住まわせる（通勤不能な範囲のため），という事態となっていた。そしてやはり同じ時期，タイ北部チェンマイ近郊農村では，従業員確保が困難となった日系企業担当者は，若者（女子）募集が困難な理由に，父母が子女の上級学校進学を希

望し，実行しているからと述べていた。これは，「筆者が東北タイのコンケン県農村に住み込みで調査していた 89 年当時，小学校を卒業後，さらに上の学校に進む村の子どもは例外的であった。ところが 2000 年に同じ村で調査したところ，ほとんどの農家子弟が中学より上の高校や高等専門学校に通っている」，という調査事例でも裏づけられる姿だった（重冨 [2010]）。

各種の公表，あるいは推定数字（UNESCO，民間シンクタンクなど）によれば，マレーシアの義務教育レベル就学率は 1980 年 85％ 強から 2010 年代になると 97％（識字率は 1970 年 60％ 弱から 2000 年に 90％ 超），同じくタイは 80 年 75％ 超が 2010 年代には約 96％（識字率 1970 年 80％，80 年 85％ 弱，2000 年 93％ 強）であるという。そしてインドネシアの識字率をみると 70 年約 56％，80 年 67％ 強，2000 年 87％（15 〜 24 歳識字率 98％ 弱）と計算されている。

これらの上昇（改善）は，国の教育体制整備を基礎としており，タイは，1992 年に教育政策を転換して中等教育の拡充を進めた（タイ開催教育国際会議で中等教育就学率の低さ確認が動機とされる。マレーシア 56％，インドネシア 46％，ベトナム 32％，タイ 30％）。そして 97 年に国家教育法（初の体系的教育法，2002 年施行）を制定した。マレーシアは，公立小学校をマレー語系と華語系・タミル語系に 2 大別し，英語とマレー語を必須教科とするが，90 年代には多文化主義を肯定するように転換している（小学校義務教育化は 2003 年，シンガポールも同時期）。またインドネシアは，1945 年憲法が単一の国民教育制度で「国民統合」達成をめざし，インドネシア語を国語と規定（学校教育の教授言語），50 年学校教育基本法を制定していたが，84 年初等教育義務化，89 年に国民教育制度法で国民統合と国家開発の整合を図り，94 年に前期中等教育義務化（義務教育年限 9 年間）した。

就学率，識字率の向上は，ASEAN 諸国の共通課題となったので

第 12 章　産業社会定着化と地域統合の展開　　267

あり，この姿は何よりも，もはや外資導入の前提として必須という段階から，もう一歩進んで，基礎力の向上こそが，工業化，産業化の基礎力となっていったのであり，社会一般が，その必要性に覚醒していった姿であった。

地方分権の進展および「定年」の社会的拡散

このような社会的変化は，1997年通貨危機の後の「民主化」の姿が，選挙の施行とそれによる政権の交代というレベルにとどまらず，地方分権化に進んでいることにも示されていた（国際機関の働きかけがもう1つの推進力である）。インドネシアでは，1974年，スハルト政権期の地方行政基本法は，地方の同一性を重視して中央集権を強調するものであった。しかしこの時期になって，地方分権推進が分離独立要求への対処法となっていったのである。99年制定した地方自治基本法（地方行政，中央地方財政均衡法）は，多様性の重視，地方自治の拡大，地方首長・議員の直接選挙制導入に転換した。そしてフィリピンも91年制定の地方自治体法で各地方開発協議会を設立し，開発に民意を反映させる制度を確立した。フィリピンとインドネシアは，「アジアでもっとも積極的な地方分権推進国」と評されている（井川〔2015，2016〕）。

　さらにもう1つ，工業化を推進してきたゆえに，共通して生じた「定年」という概念の一般化もあったといえるであろう。これまで見てきたように，一連の「近代化」政策の推進と，その成果の1つといえるものに，商品経済に投入された多数の勤労者（時間によって金銭＝賃金を入手する人々）を，ASEAN諸国社会に生み出していった。彼らの多くが，つい最近まで，農業社会にあって，農作業（農業労働）に従事していた人々であった。共通点は，これらの産業部門には，「定年」という概念は存在しなかったことである。しかし急速に進行した外資導入と工業化の進展は，必然的に，彼ら勤労者の「その後」，すなわち「定年労働者」を生み出すことになる。

彼らの存在が社会問題となったのが，この時期，すなわち20世紀末から今世紀初め，であった。すなわちここで共通して，ASEAN諸国は，「保険」（各種社会保障制度の確立）という概念に直面し，これを共通の解決課題とするようになったのであった*。これを端的に示すものの1つが，タイの政治状況にあった。2001年，タクシン率いるタイラックタイ党が議席の半数を占め圧勝したとき，タクシンが農村住民や都市下層に向けて掲げた政策の1つに，30バーツ（約100円）医療（健康保険）制度があった。これを必要とする社会状況がタイに生じていたことを示すものだった。

> *インドネシア：2004年国家社会保障制度法（SJSN）制定，国民皆保険導入決定。これまで加入対象者ごとの制度が並立。無保険者数国民の約4割。2004年国家社会保障制度法制定。実施機関設置は2011年。旧制度は，公務員，軍人向け，③貧困層向け国運営，地方政府運営，④民間労働者向け，⑤民間保険会社，企業自家保険，医療保険4制度。
> フィリピン：年金制度は民間企業勤務者対象と公務員対象の2制度制。医療保険制度は1995年2月に統合。
> シンガポール：全国民対象の福祉制度，年金制度，医療保険制度はなく，個人単位積立方式（CPF）の福祉制度。年金給付，医療費，住宅購入費，教育費などに支出。1968年「中央積立基金法」，2013年以降に一本化。2002年介護保険制度創設。
> タイ：1990年社会保障法成立，2002年に全事業所適用。98年老齢給付年金創設，2009年実施。96年政府年金基金法，国家公務員強制加入。医療制度は「国民医療保障制度」（2002年導入）（国民皆医療）通称「30バーツ医療」。
> ベトナム：2006年社会保険法施行。2009年1月社会保険法の失業保険法施行，2009年7月健康保険法施行，国民皆保険をめざすなど。

これらは，20世紀最後の四半世紀，ASEAN諸国が推進した「工業化」の結果，その社会は，急速に産業社会化し，人々は，この歴史的といえる変動の渦中をくぐって，その変化に適応するよう，「生きている」という時代となったということであろう。

Column ⑩ 東南アジアの環境問題 ━━◆━◆━◆━◆━◆━◆━◆━◆

　東京から東南アジアのどこかの都市，たとえばバンコク，ジャカルタ，クアラルンプールなどに渡航し，短期滞在したとき，「喉を痛める」ケースが増えた（西欧都市でも同じ体験をするが）。筆者個人として，若年期以来，再び体験する深刻な大気汚染である。汚染源でまず考えられるのは自動車の排気ガスである。

　東南アジア，すなわち ASEAN 諸国共通の環境汚染・破壊は，この地の急激な「工業化・産業社会化」の進展とともに，深刻化し，早急な解決課題となった。被害は，大気汚染以外にも，都市化とともに深刻化した日常の廃棄物処理問題（ゴミ収集処理体系が不安定）に現れた。何よりも貧困層の居住条件が悪化し，彼らの健康被害へとつながっていた（バンコクの「クロントゥーイ」，そしてマニラの「トンド」，かつての映像ではゴミ廃棄場「スモーキーマウンテン」に集まる貧困者＝廃棄物拾得者の姿が象徴）。また，国境を越えた「ヘイズ」（煙害）問題の深刻化，そして化学物質廃棄による河川，湖沼・海底汚染，さらには養殖漁業による海洋汚染やマングローブ林破壊，爆薬を利用する破壊漁業が引き起こすサンゴ礁破壊，などが挙げられてきた。翻って見ると，この地は，もともと，外来商業作物が西欧列強の植民地支配本格化とともに導入され，地域植生が大きく変化させられてきた。19 世紀後半以降，この地は外来商品作物（コーヒー，タバコ，天然ゴムなど）栽培農園用地が広がり続けてきた。その延長上に独立以降の工業化の進行があった。

　環境問題は，「近代化」に必ず伴うものだった。工業化は電力需要を膨らませ，電源開発が必須となり，水力発電と石炭火力によって充足されてきた。また「働き手」（工場労働者）の増加は都市人口全般の増加につながり，彼らの生活（職住）空間の拡大は，大規模移動手段（公共交通網）の確立・拡張を必要とした。だが工業化の進展に比し，未整備のままに時間が過ぎた。代替公共輸送手段は自動車（ことに中古・整備不良車）と自動二輪車（バイク）だった。また 1980 年代にシャム湾海底の重金属汚染が深刻化したように，企業活動に必須な水資源についても管理を要するに至っていた。

　大気汚染防止法で日本が法制面から自動車排ガス対策を開始したのは 1968 年だった。鉄道網が貧弱で安定した通勤システムを確立できなかった東南アジアでは，たとえばフィリピンの整備不良・非効率な

270　　第Ⅲ部　ASEAN 10 が切り開く地域世界

自動車の規制実施は 81 年，タイの自動車排ガス対策部分実施は 93 年だった。急速な都市化進行に交通インフラ整備が遅れ，交通渋滞も深刻化し，かつ質の悪い燃料が蔓延した。ASEAN 諸国が環境関連法制を整備するのは，多くが 21 世紀になってからである。インドネシアは 99 年大気汚染防止，2001 年水質管理規制強化を経て，ようやく事業活動に環境規制・罰則強化，「環境犯罪」規定設定（2009 年），有害廃棄物管理令（2014 年）などを制定した。ビルマが初の環境法「環境保全法」を制定したのは 2012 年であり，それぞれに比較的新たな行動である。

　ところで，この地の環境問題には，不断に外部要因，とりわけ先進工業国の産業政策や企業活動，市民運動の動向が深くかかわってきた。その 1 つの事例が「ヘイズ」，そして「パーム油」問題である。東南アジアで森林・泥炭火災の「煙霧」＝「ヘイズ」が越境大気汚染問題と化したのは，1980 年代から（初発は 72 年）であった。97 年には発生国インドネシアから周辺国 5 ヵ国（シンガポール，ブルネイ，マレーシア，フィリピン，タイ）に及んだ。21 世紀に入っても頻発したこの煙霧は硫黄酸化物，窒素酸化物など「有害微小粒子状物質」を含んでいた。スマトラ島，カリマンタン島（インドネシア領）のパーム椰子農園，製紙用パルプ材植林地での野焼き，つまり人による着火が主な原因であった。2002 年，ASEAN は越境煙霧汚染 ASEAN 協定を締結（2003 年発効）し，情報提供・防止策を取り決めたが，最大排出国インドネシアが批准したのは 2015 年 1 月だった。パーム油生産・利用の複雑さがあった。地球温暖化対策に，先進工業国，とくにEU は再生可能エネルギーという範疇を立て，自動車燃料に植物由来のバイオエタノール，バイオディーゼル使用を推奨した。主要原料がパーム油（バイオディーゼル用）であった。かつて「環境に優しい」の名の下で使用量を急速に増やし，食品，洗剤，せっけん，化粧品などに向けられていた「植物油脂」が，ヨーロッパではさらに自動車燃料に利用されているのである。だがヘイズ現象から，パーム油生産は森林破壊と市民団体が指摘すると，一転して，利用しつつも，その拡大に EU は制限的姿勢をとり，これに生産国インドネシア，マレーシアなどが反発している。加えて，たとえばフランス国内，菜種油営農者は，国内産菜種油需要の落ち込みを懸念し，競合するパーム油利用拡大に反対している。パーム油生産量が急速に増加し，90 年代半ば

からの約 20 年間で 4 倍化（2015 年 6000 万トン超，うちインドネシアが約半分，マレーシアと合わせ 2 ヵ国で計約 85％）した。また両国の同分野雇用者総数も 600 万人を超えているという。

またパーム油農園拡張は，東南アジアのマングローブ林減少に関連づけられている。だがこの現象の加害主因は，養殖漁業，そのうちでもエビ養殖だという。1960 年代日本で技術確立し，台湾で事業化されたエビ養殖は，その後，沿岸部養殖田の疲弊化とともに，東南アジア各地に広まっていった（放棄・移転，ゆえにマングローブ林消失原因と指摘される）。今では，養殖地は，中東，中南米諸国にまで広がっている。背後にあるのは，商業的漁業の国際的な需給網の確立である。それは，珊瑚礁海域などでの在来型漁業（いわば地産地消型）をも変質させ，「破壊的漁業」（爆薬使用漁法）をすら生み出していった。こうした珊瑚礁破壊（海洋汚染）には，21 世紀に入り，関係国が協力機構（CTI- CFF：Coral Triangle Initiative on Coral Reefs, Fisheries and Food Securuty）などを形成するまでとなっているが，他方で，国益優先の中国の南シナ海域の環礁埋立，時代遅れの乱獲型漁業（大型トロール船方式，EEZ＊無視）も続いている。

＊ EEZ（Exclusive Economic Zone），すなわち「排他的経済水域」とは，1994 年 11 月に発効した「海洋法に関する国際連合条約」のルールに基づき該当各国が制定している海域。

ASEAN 諸国は，なお，国家レベルでの対応策としての監督官庁新設，法整備を進めているが，その執行の困難さ，遵法の不確かさ，前提としての社会的知識の度合い，技術的困難さ（検査技師・技術・器具不足）などに，依然として直面している。

第13章 *21世紀の東南アジア*

現状と展望

バンコク中心部を走る高架鉄道（2016年）。

開発主義の終焉とその後の変化

21世紀前半の現代にあって，東南アジアはどのような課題に直面しているのであろうか。

第12章で明らかにされたように，20世紀最後の四半世紀に工業化を推進した東南アジアの主要国では，急速に産業社会化が進み，経済成長に伴って登場した都市中間層の政治的発言力の強まりや，開発主義（「開発独裁」）後のメディアの自由化進展によって，国民世論が政治に影響力を強めるようになった。それにより，大きな流れとしては民主化が進むようになった。この背景には1997年後半

に東南アジアの主要国を襲ったアジア通貨・金融危機と，その約10年後に起きた2008年の世界規模の金融危機（リーマン・ショック）を各国が乗り切り，その後も順調に経済成長を続けていることも影響している。

世界史的に振り返った場合，1989年11月に生じた東西ベルリンの壁の崩壊から，91年12月のソ連の崩壊（ゴルバチョフ大統領の辞任）に至る一連の流れによって，社会主義陣営と資本主義陣営の対立枠組みからなる冷戦体制が終焉したことが，東南アジア各国に民主化を促す環境を提供したといえる。それまで「反共産主義体制であれば独裁的体制でも支持する」姿勢を維持していたアメリカが対応を変え，非民主的で抑圧的な体制を取り続ける国家に対し，民主化を強く促す姿勢に転じたことは，スハルト大統領のインドネシア，マハティール首相のマレーシア，軍政と民政を繰り返したタイなどに変革を迫ることになった。冷戦下で中立を維持しながら1962年以降軍事独裁を続けていたビルマに対しても，アメリカは制裁を含む厳しい対応をとるようになった。

開発主義期にあっては，各国政府は経済成長を最優先させる姿勢をとり，それによって強権的な国民統合を推し進めようとした。しかし，1990年代にその継続が難しくなると，今度はそれまでの急速なGDP（国内総生産）の成長の下で拡大した国内の貧富の格差を縮めるべく，政府は所得の再分配の公平化に配慮するようになった。また，抑圧的な体制をゆるめ，「公正な選挙」をめざす制度改革を実施した。そのため，タイやインドネシアでは総選挙による政権交代が起きるようになり，21世紀を迎える頃には，東南アジアの主要国は「開発独裁」を「卒業」し，おおむね民主化に向け努力を進めていくかのように映った。

ただ，東南アジアにおける民主化の進展はけっして順風満帆とはいえない。それどころか，2019年現在，どの国も民主化の現実は

多かれ少なかれ混迷の様相を見せている。各国では経済成長こそ続いているものの，そのことと，政治的な民主化の進展が連関していない現実がある。そこには中国の影響も無視できない。21世紀に入り，中国は「民主化ぬき」でGDPを急速に上昇させ，2010年には日本を抜くまでに至った。その強力な経済力に支えられた中国は，大国として国際政治に関与するようになり，東南アジア各国に対しても，経済的かつ政治的な影響力を強めるようになった（第14章参照）。中国のこうした対応は，東南アジア各国の政府や国民が開発主義後に抱いた民主化実現への動機を弱体化させる方向に作用している。さらにフィリピン南部やタイ南部およびインドネシアのパプア州に象徴される分離独立運動をめぐる紛争の長期化や，深刻化するビルマ（ミャンマー）のロヒンギャ難民問題なども，東南アジアの不安定要因となっており，それらの解決に向けた努力が求められている。

　この間，ASEAN（東南アジア諸国連合）は1999年のカンボジアの加盟によってASEAN10（アセアン・テン）と呼ばれる10ヵ国体制を実現させ（未加盟国は2002年独立の東ティモールのみ），地域共同体としての性格を強めるばかりでなく，域外の国々との関係を強化し続けてきた。加盟国間の政治体制（民主化の度合い）と経済力（GDP等）に大きな格差を内包したままではあるが，安全保障対話を進める場として発足させたASEAN地域フォーラム（ARF，1994年発足）を充実させ，中国，インド，ロシアほか全26ヵ国とEUとの政治的・経済的な関係を深めることに努めている。毎年開催されるASEAN外相会議では，アメリカ，日本，オーストラリアなどが参加するASEAN拡大外相会議とASEAN地域フォーラムの閣僚会議を同時開催するまでに至っている（→図13-1）。そこでは相互の信頼醸成，国同士の紛争を予防するための外交推進，発生した紛争へのかかわり方を強める「ARFプロセス」が強調され，2009年に

第13章　21世紀の東南アジア　　275

図13-1 ASEAN主要枠組み

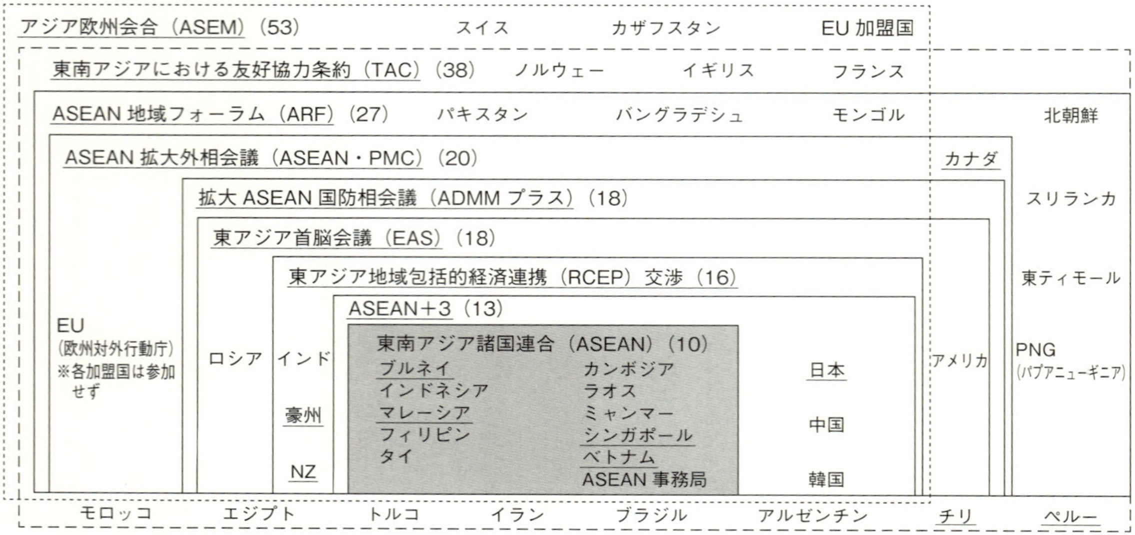

アジア欧州会合 (ASEM) (53)

東南アジアにおける友好協力条約 (TAC) (38)

ASEAN地域フォーラム (ARF) (27)

ASEAN拡大外相会議 (ASEAN・PMC) (20)

拡大ASEAN国防相会議 (ADMMプラス) (18)

東アジア首脳会議 (EAS) (18)

ASEAN+3 (13)

東アジア地域包括的経済連携 (RCEP) 交渉 (16)

東南アジア諸国連合 (ASEAN) (10)
ブルネイ　インドネシア　マレーシア　フィリピン　タイ
カンボジア　ラオス　ミャンマー　シンガポール　ベトナム
ASEAN事務局

日本　中国　韓国

ロシア　インド　豪州　NZ

アメリカ

カナダ

モンゴル

パキスタン　バングラデシュ

スイス　カザフスタン　イギリス　フランス　ノルウェー

EU加盟国

北朝鮮

スリランカ

東ティモール

PNG (パプアニューギニア)

EU（欧州対外行動庁）
※各加盟国は参加せず

モロッコ　エジプト　トルコ　イラン　ブラジル　アルゼンチン　チリ　ペルー

（注）1）（ ）内は参加している国・地域・機関の数。
　　　2）下線は環太平洋パートナーシップに関する包括的及び先進的な協定 (TPP 11) 参加国（その他の参加国はメキシコ）。
（出所）外務省ホームページ https://www.mofaj.go.jp/mofaj/area/asean/ より作成。

は核兵器不拡散や軍縮の推進に加え，海上の安全保障，テロ対策や国境を越える犯罪への対応，そして災害時救援などにも積極的に取り組むことが宣言された。しかし，南シナ海における領有権をめぐる問題で，中国がベトナムやフィリピンと対立していることもあり，その成果はまだ十分とはいえない。

南シナ海問題に関しては，2006年に始まったASEAN国防相会議（ADMN）に加え，2010年以降は拡大ASEAN国防相会議（ADMNプラス）を開催するようになり，2011年に南シナ海域における国際法に則った航行と飛行の自由を再確認している。この問題をめぐる中国との緊張関係は一朝一夕に解決に向かうものではなく，今後も長期的に難しい調整がなされる見込みである。

このほか，ASEANは2009年に政府間人権委員会（AICHR）を設置し，2012年にはASAEN人権宣言を採択するなど，国際社会における人権重視の流れを尊重する姿勢をとるようになった。23年間の長期にわたって軍事政権が続いたビルマ（ミャンマー）に対しても，同国が2011年3月に民政移管を実施すると，その後の選挙に選挙監視団を送るなど，民主化支援に力を入れるようになった。だが，こうした姿勢も，そもそもの人権宣言の内容が加盟各国を拘束するものにはなっていないため，その点を市民団体から批判されている。実際，悪化を続けるロヒンギャ難民問題では，ビルマ（ミャンマー）政府の自己努力を尊重するという判断から，AICHRによる調査も保護活動もなされていない（2019年11月現在）。

ASEANは2015年11月22日にASEAN経済共同体（AEC）の発足宣言を採択し，地域共同体としての性格をいっそう強めることになった。これは将来の「ASEAN共同体」設立に向けた大きな一歩だといえる。同「共同体」はAECを軸に，今後発足させるASEAN政治・安全保障共同体（APSC）とASEAN社会・文化共同体（ASCC）と共に構築されることになっている。AECの発足に

第13章　21世紀の東南アジア　　277

よって，ビジネス関係者や観光客に対する加盟国間の査証（ヴィザ）を免除する方向で合意され，域内移動の自由化は進んだ。しかし，加盟国間の経済格差是正がなかなか進まないため，非関税障壁の撤廃やサービス分野の自由化は徹底できていない。今後，民主化や人権問題について正面から扱うことになる APSC の発足についても，AEC 以上に加盟国間の利害対立が予想されるため，長い時間を要する見込みである。

本章では以下，東南アジアの開発主義後の変化をより具体的に考察するために，タイ，インドネシア，ビルマ（ミャンマー），カンボジアの4ヵ国を重点的に取り上げ，それぞれの国の今後の課題について指摘する。最後に，現在も開発主義の特徴を維持し続けるシンガポールに注目し，同国が経済成長を見事に達成して高所得国に到達した一方で，政治においては民主化への不熱心が一貫しており，そのギャップが生みだしている問題について指摘する。

> タイ：「タイ式立憲君主制」の復活

（1）　1990 年代までの動き

第二次世界大戦後のタイの政治変動は，「軍によるクーデタ→憲法廃止→新憲法制定→総選挙→新首相による組閣→国会の混乱→軍によるクーデタ」を繰り返す中，政権の正統性はつねにラーマ9世王（在位 1946〜2016）によって与えられ，その流れの中で 1950 年代末から開発主義に基づく経済政策がとられてきた。

1970 年代に入ると，ほかの東南アジア諸国より一足早く，民主化が叫ばれることになる。1973 年 10 月に，バンコクの学生や市民が中心となって，当時の軍事政権（タノーム，プラパート，ナロンからなる「3暴君」体制）を崩壊に追い込む事件が生じた（10 月 14 日政変）。ラーマ9世王がそれを認めたため，軍政から民政への移管に正統性が付与され，翌 1974 年には新しい民主的な憲法に基づき，

文民による政党政治が実現した（サンヤー内閣）。

　しかし，バンコクを中心とした「早すぎた」民主化は，第一次石油危機（1973年）による経済混乱や，民主化陣営の内部分裂によってすぐに弱体化し，これに対し右派勢力や王党派が攻撃を強めた。彼らは民主化支持者らを「共産主義者」と断定し，指導者らに対するテロ活動を展開した。軍も民主化勢力への弾圧に動き始め，そうした状況に危機意識を強めたバンコクの学生と市民が，タマサート大学構内や大学前広場に集結すると，1976年10月6日，国境警備軍と警察，そして右派グループからなる勢力が彼らを無差別に襲撃し，大量殺戮がなされた（血の水曜日事件）。政府発表で死者46人，行方不明100人以上，逮捕者2000人以上を出したが，実際の死者は200人を超えるといわれている。この直後に軍のクーデタが起き，1970年代のタイの民主化はわずか3年間で終焉した。

　その次の民主化要求の動きは，血の水曜日事件から16年後の1992年5月，やはり首都のバンコクで発生している。すでに第12章でも述べたように，このときは，軍政の首相であるスチンダー陸軍司令官に対する都市中間層や実業家，労働団体，マスメディアによる反発が強まり，元バンコク都知事チャムロン陸軍少将が指導する反スチンダー運動が展開された。デモや集会の参加者は40万人規模に上り，同年5月18日から19日にかけて，デモ隊に対する軍の発砲事件が発生するまでに至った（暗黒の5月事件）。直後に国王が調停に入り，「喧嘩両成敗」のような形でスチンダー首相を辞任させ，チャムロンの街頭行動も中止させた。

　この間，タイでは1980年代後半から90年代前半にかけて空前の好景気を迎えていた。プラザ合意（1985年）による国際通貨調整のために，円高や東アジア各国の通貨切り下げが生じ，その結果，日本を筆頭に，韓国，台湾，シンガポールから大規模な直接投資がタイに流れ込んだ。すでに1985年には，主要輸出品のトップがコメ

から衣料品となり，95年に情報機器の部品輸出がそれを抜いた。タイは第一次産業を中心とする農業国から，第二次・三次産業を中心とする国へと大きく変化した。首都バンコクも80年代から日本の円借款を活用した高速道路の整備が進み，90年代末以降は都市高架鉄道や地下鉄も整備され，2006年9月には新国際空港が開港するなど，近代的大都会へのメタモルフォーゼ（大規模な変容）を遂げていった。

(2)　タクシン首相の台頭と失脚（「1997年憲法」の頓挫）

　1992年のバンコクにおける民主化運動から5年後，今度は東南アジアで最も民主的といわれた憲法がタイで施行される（1997年憲法）。それは同年2月から始まったアジア通貨・経済危機（第12章「通貨危機」参照）がタイに押し寄せ，空前の経済ブームが崩壊し，国内経済が極端に悪化した状況の中でのことだった。この憲法では，軍の政治関与の禁止，利益誘導型政治の排除，政治汚職監視機構の設置などが定められ，そこには民主化に向かおうとするタイの強い姿勢と，軍の政治関与を恒久的に拒否する意思を読み取ることができた。

　しかし，21世紀に入ると政治は混迷を見せ始める。それは1997年憲法体制の下で，高い支持率を誇ったタクシン（1949〜）という政治家の出現によるものであった。タイ北部チェンマイ県出身の彼は，北部と東北部に広がる農村部で圧倒的な支持を得て，2001年と2005年の総選挙で勝利し，自ら率いるタイ愛国党の政権を樹立した。彼は首相として経済の急速な発展を成し遂げ，農村部や都市の下層住民に対する健康保険制度の導入や（第12章「社会問題の具現化」参照），農村部への重点的な経済的支援を実施するなど，数々の再分配政策を伴う改革をおこなった。しかし，それらは野党民主党の支持基盤である首都バンコクの中間層の反発を生むことになった。

タイ愛国党本部で報道陣に囲まれるタクシン元首相（2005年，バンコク）。

　彼らは直接的な抗議行動をバンコク市内で展開し，これにより，国内では北部・東北部で強いタクシン支持派と，バンコクで力を有する反タクシン派が激しくぶつかりあうようになった。タイ政治に大きな影響力をもつ王室と軍は，タクシン首相のポピュリズムを嫌って反タクシンの姿勢をとった。彼らから見て，タクシン首相は王室を尊重せず，軍に対して従順ではない政治家に映った。また，タクシン首相の一族が株の不法売買をおこなった事件に対しても反感を強めた。軍は2006年9月，15年ぶりのクーデタを起こすと，1997年憲法を廃棄し，タクシンを国外へ追いやった。

　翌2007年に総選挙が実施されたが，この選挙でもタクシン派の流れを継いだ国民の力党が農村部を基盤に比較第一党となり，連立を組んでサマック党首が首相に就任した。それに反発した反タクシン派は，2008年に入り，バンコクで激しい抗議活動を復活させた。サマック政権は非常事態宣言を出したが，軍は政府による治安出動に応じなかった。憲法裁判所も首相の失職と，後継首相に対する政

治活動禁止措置に加え，与党である国民の力党に解党命令まで出した。この結果，野党の民主党が政権を担当する異常な事態が生じた。このように軍も司法も反タクシン派の立場をとり続け，不満を強めたタクシン派は，解散総選挙を求めてバンコクで街頭デモや集会を展開した。軍はこのとき，サマック政権時とは異なり，デモの封じ込めをおこなっている。

　ところが，2011 年に実施された総選挙でも，再びタクシン派の流れを継ぐプアタイ党（国民の力党の後継政党）が議席の過半数を制して勝利し，タクシン元首相の妹にあたるインラック党首が首相に就いた。同首相は国民和解法案を提案し，タクシン派と反タクシン派による国民の分断を解決しようと試みたが，兄のタクシン元首相を恩赦で救おうとしたため，反タクシン派の怒りを買い，バンコクでの街頭闘争に再度火がついた。恩赦案は撤回されたが，インラック政権打倒を主張する反タクシン派は矛を収めず，それに対してインラック政権は下院を解散し総選挙を実施した。勝利を見込めない野党の民主党は選挙をボイコットし，投票所の占拠をおこなって大規模な混乱を生み出した。これに対し選挙管理委員会は総選挙無効宣言を出し，憲法裁判所も 2014 年にインラック首相に失職を命じた。

(3)　「タイ式立憲君主制」への回帰

　この事態を受けて，軍は再びクーデタを起こしプラユット陸軍司令官による政権を発足させ，タクシン派に対する徹底的な封じ込めをおこなった。プラユット率いる軍政は 5 年に及び，その間に新憲法草案をつくり，国民投票に諮って承認をとり（「2017 年憲法」），総選挙を経て 2019 年 7 月に民政移管をおこなった。

　しかし，国民の過半数が承認した「2017 年憲法」は，立法と行政における軍の強い影響力を認める内容に彩られ，かつての「1997年憲法」で示された民主化への強い意思はもはや見られない。とく

に選挙制度が複雑で，タクシン派が容易に過半数の議席をとれないよう工夫が施された。具体的には，上院の全200議席を非公選（セクター別互選に基づく国王の任命制）とし，下院の定数500は以前と変わりないが，比例代表制の枠内で獲得できる議席数を制限し（小選挙区制の優先），特定の政党が議会で多数派を占めにくくした。また，5年限定とはいえ，首相が下院議員である条件（下院議員要件）をはずしたので，軍や反タクシン派の影響が強まる上院が首相選出にあたって下院を牽制しやすい形になっている。これは選挙による旧タクシン派の復活を，何が何でも阻止したい軍の意向を反映させたためである。しかし，別の見方からすれば，経済が好調である限り，軍の影響を受けた政府が統治してもかまわないという判断を国民が下した結果であるとも見なせる。実際，2019年の総選挙でタクシン派が政権に返り咲くことはなかった。

　こうしてタイの民主化は21世紀に入って大きな壁にぶつかり，ラーマ9世王期に成立した国王の権威と軍の権限に基盤を置く「タイ式立憲君主制」，ないしは「タイ式民主主義」（国王の権威を軸とする民主主義）に戻ったといえる。それは憲法に基づき国王の権限を制約する立憲君主制国家であるにもかかわらず，実際は国王が憲法を超えた権限を行使することを認め，軍と政府がそれを支えるという体制である。

　一方で，首都バンコクの学生や市民が中心となって民主化を唱え，北部や東北の農村部の人々が軍主導の政権を黙認するという，1970年代半ばから90年代前半まで見られた現象は21世紀に入って逆転した。すなわち，「数の論理」としての民主主義に基づき21世紀初頭に政権を獲得したタクシン派の支持基盤は，バンコクではなく北部と東北部にあり，逆にバンコクの中間層（学生や市民）が「数の論理」としての民主主義に否を唱えるようになったのである。2019年現在，東京と変わらぬ超高層ビルやショッピングモールが華やか

に林立する好景気のバンコクに，かつて見られたような形での中間層による民主化への熱気は見られない。今後，タイが再び政治的に盛り上がるときが来るとすれば，それは経済成長や好景気に影がさしこむときかもしれない。

インドネシア：独裁
から民主化へ

（1）　スハルト体制の崩壊

開発主義の下でスハルトによる実質的な独裁が続いていた時代には想像もできなかったことだが，同体制崩壊後のインドネシアでは，民主化に向けた改革への取り組みが進み，イギリスの『エコノミスト』誌が発表する毎年の民主主義度の指標において，2012年から2016年まで5年連続で東南アジアのトップに輝くところまで変貌した。その経緯をあらためて振り返ると次のとおりである。

スハルト大統領の時代（1966〜98），インドネシア経済は大きな成長を見せ，1980年代に輸入代替から輸出志向工業への転換に成功し，輸出も97年前半まで伸び続けた。しかし，一方で債務の著しい増大も招き，80年時点で200億ドルを記録した債務残高は，87年に500億ドルを超え，93年には900億ドルにまで達した。その間，スハルトのファミリー企業による腐敗も進行した。それでも開発主義の下で裕福になった首都圏の中産階級は，スハルト体制への依存姿勢をとり続け，90年代に入って冷戦も終わり，国内で一部の政党や労働者を中心とした反スハルト運動が生じても，その運動に加わることはほとんどなかった。スハルトが退陣に追い込まれた1年前に実施された97年5月の総選挙においても，中産階級の多くは与党ゴルカルに投票し，圧勝させている。

しかし，総選挙後の1997年9月からアジア通貨・金融危機の荒波がインドネシアを襲うと，様相は激変した。現地通貨ルピアの大暴落，それに伴う物価の急騰，生産活動の縮小と失業者の増加が急速に進み，ジャワ島で発生した旱魃と森林火災がそれに追い打ちを

284　　第Ⅲ部　ASEAN10が切り開く地域世界

かけ，経済と社会は大混乱に陥った。第12章で見たように，政府は苦渋の選択を迫られ，同年10月に世銀，アジア開発銀行（ADB）による金融支援とIMF（国際通貨基金）による金融経済構造改革を受け入れ，超緊縮財政に転じたが，その副作用として物価のいっそうの高騰や，賃金の大幅低下をもたらした。そのため，首都ジャカルタなどの都市部で暴動が次々と起き，激化した学生運動とともに，全国的な反スハルト運動が短期間のあいだに広がった。1998年5月，アメリカの説得もあって，スハルト大統領はついに辞任に追い込まれ，ここに32年におよんだインドネシアにおける開発主義と独裁的な体制は終わりを迎えた。

（2）　ポスト・スハルト期の民主化

　スハルトの降板後，副大統領だったハビビが第3代大統領に就任し（在任1998〜99），それ以降，政党結成や報道の自由化が進むようになり，市民的自由権の拡充に向けた取り組みも見られた。その後，2002年までに4回にわたる憲法改正を経て，それまでの大統領権限の過度の集中（強すぎる行政府）を改め，大統領を国民が直接選挙で選ぶ制度に変更し，その任期にも制限をつけた。同時に議会（立法府）の権限を強化し，司法の独立権も保証して，スハルト大統領期には見られなかった三権分立を確立させた。一連の改革が進む中，大統領はアブドゥルラフマン・ワヒド（第4代，在任1999〜2001），メガワティ（第5代，在任2001〜04）と短期間に交替したが，第6代大統領のユドヨノ（在任2004〜14）のときから安定を示し，その後，第7代大統領ジョコ・ウィドド（在任2014年〜）も2019年4月の大統領選挙で55％の得票率を得て再選されている。同大統領は中部ジャワの貧困層出身で，独立の英雄や軍高官の系譜とは無縁の人物であり，そのことが国民の支持を集める要因となり，2014年の大統領選挙では軍出身の候補者に僅差で勝利した。このとき，投開票の不正がおこなわれないよう市民団体による選挙監視

大統領宮殿で行われた新閣僚の就任式で演説するジョコ・ウィドド大統領（2014年）。

がなされたことは，インドネシアの民主主義の成長を物語っている。

ポスト・スハルト期のインドネシアで生じた変化は，憲法の大幅改正に加え，次のようにまとめられる。国内的にはスハルト体制を支えた国軍の権限が大幅に縮小されたことが最大の変化である。議会で自動的に付与されていた25%の軍人議席がなくなり，軍が立法府で有した権限が消滅した。さらに国軍が支配下に置いていた警察権が独立したため，国内治安は警察機構に任せられることになり，軍は民主国家で見られるような国防に専念する機能集団として位置づけられるようになった。スハルト期にさまざまにおこなわれた国軍のビジネスへの関与も禁止された。次に，地方自治における大幅な制度改革が実施されたことも大きな変化をもたらした。地方首長に対する直接選挙制が導入され，政策決定の権限と税源の移譲がなされた。これによって，各地域で地元住民の意思が政治に反映されやすくなった。このほか，社会保障制度の充実や，儒教の公認に象徴される華人差別廃止に向けた取り組みも進んだ。また，2004年12月に発生したスマトラ沖大地震・津波災害をきっかけに，長年の課題であったスマトラ島北部のアチェ分離独立闘争において独立派と政府との間で和平協定が結ばれ，解決に向かったことも重要な変化である。2006年にはアチェ統治法が制定され，一定の自治権（とくにアチェ独自のイスラーム法の施行）

が認められるようになり，資源開発においてもアチェが不利にならないよう配慮された。

　対外的には，国連が介入した東ティモールの独立を容認したことに大きな変化が見られる（2002年）。スハルト体制期の1976年に強引にインドネシアへ併合された東ティモール（旧ポルトガル領）では，反インドネシア感情が広がり独立運動が続いたが，インドネシアはそれを激しく封じ込めた。しかし，ポスト・スハルト期に入って民主化が進むと，独立運動が再び活気づき，1999年1月に独立の是非を問う住民投票が実施された。その際，国軍がインドネシア残留支持派に武器を横流しし，それを活用した民兵（私兵団）による暴力が東ティモール内で広がって大きな混乱が生じたため，国連が介入した。その結果，同年10月より同国は国連東ティモール暫定統治機構（UNTAET）の下に置かれ，その間に憲法起草や統治機構の整備を進め，2002年5月に独立を宣言するに至る。

（3）　直面する課題

　このように劇的に姿勢を変化させて民主化に向かったインドネシアであるが，一方で，さまざまな問題とも直面している。その1つが汚職である。スハルト体制期に見られたようなあからさまな汚職は姿を消したが，閣僚ポストを得た政党が監督省庁の資金を横領し，許認可権を濫用して不当に利益を得るなど，新しいタイプの汚職が横行するようになった。また，権限を委譲された地方自治体においては，開発プロジェクトにおける利権をめぐる汚職が多発している。さらに選挙における票の売買という悪弊も根絶されていない。

　もう1つの問題は独立以来の国是である「多様性の中の統一」をめぐる混乱である。インドネシアは世界の中で最大のムスリム人口を有する国家であるが，この国是に基づいて穏健な宗教政策をとり，仏教徒やキリスト教徒，ヒンドゥー教徒などの宗教的少数派を尊重する姿勢を見せてきた。しかし，世界各地でイスラーム復興運動が

第13章　21世紀の東南アジア　　**287**

広がる中，インドネシアにもその影響が及び，ポスト・スハルト期以降の民主化の流れの中で，イスラームの教えに反する飲酒や不倫などをおこなった人々に対する私的制裁（リンチ）が発生したり，アルコール類の販売や女性の服装に対する規制を求める風潮が強くなった。並行して，イスラーム少数派のシーア派やアフマディア教団の信徒，また，キリスト教徒や仏教徒に対するヘイトスピーチの動きも生じている。2016 年に上座仏教徒が多数を占めるビルマ（ミャンマー）でムスリムのロヒンギャに対する弾圧が強まると，インドネシア国内の一部で仏教徒に対する非難や差別的行動が生じた。こうした傾向の中で，大統領選挙においても候補者はイスラーム重視の姿勢を見せざるをえなくなり，インドネシアにおける「多様性の中の統一」は，宗教の面で大きな壁にぶつかっている。

　このほか，イスラーム過激派組織 ISIL によるジャカルタ中心部でのテロ攻撃（2016 年 1 月）に象徴される治安上の脅威にもさらされている。また，ニューギニア島西部（インドネシア領）パプアにおける分離独立をめぐる紛争が複雑化し，解決への道筋が見えない状況にあることも見逃せない。ワヒド大統領期（1999～2001）にとられた独立派に対する融和姿勢に国軍が反発し，2001 年 11 月にパプア独立運動の指導者を国軍特殊部隊が殺害する事件が起きると，それによって治安がますます悪化した。政府は 2002 年にパプア特別自治法を制定したが，2005 年 1 月に国軍による自由パプア組織（OPM）の拠点地域への襲撃がなされ，その後も独立運動指導者の暗殺や住民への人権抑圧が続いた。パプアでは 2011 年 10 月に「西パプア連邦」の独立が OPM 等によって宣言されたが，インドネシア政府は国家分裂扇動罪を適用し，パプアの分離阻止の姿勢をとり続けている。

（1） 国軍の政治介入

> ビルマ：国軍が監視
> する議会制民主主義

日本占領期を経て，復帰したイギリスとの間で独立交渉を短期間で成功させたビルマ（ミャンマー）は，1948年1月に共和制の連邦国家として独立した。多数派のビルマ民族（バマー）を中心としつつ，「多民族国家」として自らを規定し，独立前年に公布した1947年憲法に基づいて議会制民主主義を採用の上，現実の政治においては段階的な経済の社会主義化をめざした（ウー・ヌ政権）。しかし，独立直後から始まったビルマ共産党や民兵組織（白色派人民義勇軍）による武装蜂起と，カレン民族同盟（KNU）とその軍事組織であるカレン民族防衛機構（KNDO）による本格的な武装闘争のために，国家は大混乱に陥った。イギリスや英連邦（コモンウェルス）諸国が財政と軍事面で政府側を支援し，国家の崩壊という事態は免れたが，与党AFPFLの分裂もあり内政は混迷をつづけた。経済水準も1950年代末に戦前レベルに回復するのがやっとであった。ウー・ヌ政権は1962年3月，国軍にクーデターを起こされ崩壊した。

ビルマ国軍（政府軍）は日本占領期において成長し（第9章参照），自国の独立の達成と発展，および社会主義に向けた国内の革命推進を自らの使命と信じるようになった。彼らは議会制民主主義国家では当然視される「国防にだけ専念する軍」という在り方を否定し，政治に深く関与して国家の発展に尽くす軍を理想形とした。

ネィウィン（1911〜2002）に率いられた国軍は，1962年のクーデター後，中央集権的で急進的な「ビルマ式社会主義」を国是に採用し，ビルマ社会主義計画党（BSPP）をつくって同党による一党支配を確立した。1974年4月以降は，新憲法の下で，国名を「ビルマ連邦社会主義共和国」に改称したが，形骸化した議会とトップダウン式の行政体制によって，国名に付した連邦制は名目的な存在と化した。それに反発した少数民族の多くは，武装組織をつくって中

第13章　21世紀の東南アジア　　289

央政府へ抵抗した。経済政策では外資の導入を拒否し，私企業の国有化を強行して計画経済に切り替え，その結果，生産力も生産性も下落し，極度の経済不振を招いた。外国からの援助受け入れについても，国際機関と日本および西ドイツからのものを除き，1970年代末まで極力抑える姿勢をとった。これは冷戦下にあって厳正な中立を維持し，ベトナム戦争の影響から自国を守るための措置でもあった。

(2) 1988年の民主化運動と軍事政権による統治

しかし，非民主的な体制と経済の低迷の長期化は国民の忍耐の限界を超え，1988年3月には学生たちが始めた運動をきっかけに，全土的な民主化運動が発生した。同年8月から9月にかけて，連日数10万人の学生や市民がラングーン市内をデモ行進し，この間にアウンサンスーチー（独立闘争の指導者アウンサンの娘，1945〜）も運動の表舞台に登場した。これに対し，国軍は一時的に静観の態度をとったが，同年9月18日以降，徹底的な封じ込めをおこない，軍事政権を樹立させて1974年の社会主義憲法を廃棄し，単一合法政党だったBSPPを解党して国軍が直接統治する道を選んだ（政権の名称は国家法秩序回復評議会，1997年11月に国家平和発展評議会へ改称）。社会主義は破棄されたが，国軍が国家統治の中心に位置する現実はいっそう明確な形で維持されることになった。この間，1989年6月，自国の英語名称を，それまでの「バーマ（日本語のビルマ）」からビルマ語名称の「ミャンマー」に一致させる措置もとっている（ただし，本書ではビルマという表記を優先）。

軍政は2011年まで23年間続き，その間，民主化運動の象徴的存在で国民民主連盟（NLD）指導者のアウンサンスーチーは，3度にわたり通算で15年2ヵ月ものあいだ自宅軟禁に処された。1990年5月には総選挙が実施されたものの，圧勝したNLDへの政権移譲は軍政によって拒絶され，国際社会から強い批判を浴びた。翌

290　第III部　ASEAN10が切り開く地域世界

1991 年，アウンサンスーチーは自宅軟禁のまま，非暴力による民主化運動の指導が評価されてノーベル平和賞を受賞する。経済政策において軍政は市場経済化をめざし，社会主義時代には見られなかった大幅な自由化措置をとったが，政策の立案と実施の両方を主に軍人が担当したこともあり，非合理で恣意的な政策が目立った。そのため，木材や天然ガスなどの資源の切り売りによる外貨収入こそ確保できたが，外資の本格的な導入は進まず，製造業を長期にわたって発展させることには失敗した。

軍政は民主化運動を厳しく取り締まる一方，2008 年に憲法を起案し，大規模サイクロン「ナルギス」の被害で，200 万人以上の国民が家を失う状況下において国民投票を強行し，承認を得て施行した（2008 年憲法）。この憲法体制に基づき，2010 年にアウンサンスーチーと彼女が率いる国民民主連盟（NLD）を参加させない総選挙をおこない，軍政系の連邦連帯発展党（USDP）を圧勝させた。翌2011 年 3 月，軍政のナンバー 4 だったテインセインが首相に選ばれ（任期2011～16），民政移管が宣言された。

(3) 民政移管と 2008 年憲法体制

2008 年憲法の特徴は，「国軍が監視する議会制民主主義」ということができる。選挙で選ばれた文民による支配と，国軍による支配の両方を併存させる「役割分担された民主主義」としての特徴を有するこの憲法は，国家元首である大統領の権限が国軍最高司令官の権限と拮抗しているところに最大の特徴が見られる。行政府においては，国防省に加え，警察権など国内治安を司る内務省，そして国境の治安を担当する国境省の 3 省の大臣を，国軍最高司令官が指名できる仕組みになっている。そのため，憲法上は大統領といえどもこの 3 つの分野に対する権限を行使することができない。立法府においても，上下両院それぞれに軍人の議席が 25% ずつ割り当てられている（指名権は国軍最高司令官）。上下両院それぞれの「75% ＋1

第 13 章　21 世紀の東南アジア　291

名以上」の議員による賛成がないと改憲の発議ができないように規定されているため，この25％の軍人議席の存在は，軍の権限を弱める方向での改憲を困難ならしめている。

2015年11月には，55年ぶりにすべての政党が参加できる自由で公正な総選挙が実施され，アウンサンスーチー率いるNLDが圧勝し，軍人の割り当て議席を含めても上下両院で過半数を大きく超える議席を獲得した。しかし，憲法の大統領資格条項が外国籍を有する家族（配偶者および2親等）の就任を禁じているため，死別した夫と2人の息子がイギリス国籍をもつアウンサンスーチーは大統領になれない壁と直面した。NLDは条項の改正を模索したが，国軍は受け入れず，苦肉の策として，議会の過半数の同意を得て，大統領に指示をおこなうことができる強力な権限をもつ国家顧問職を新たに設置し，アウンサンスーチーを同職に就けた（国軍は反対を表明）。これによって，実質的なアウンサンスーチー政権が発足することになった（2016年4月）。

(4) アウンサンスーチー政権の苦悩とロヒンギャ問題

こうして，1990年5月の「幻の総選挙」以来，26年間にわたり国民の多数が望んだアウンサンスーチーをリーダーとする政権はスタートしたが，それ以降のビルマはたいへんな荒波に揉まれ続けている。何よりも，「大統領の上に立つ」国家顧問といえども，国軍（国防省）と警察（および内務省管轄事項のすべて），そして国境治安（国境省管轄事項）については憲法上の権限がない。そのため選挙で選ばれた文民による支配と軍人支配が併存する「役割分担された民主主義」体制を変更させるには至っていない。

言論の自由化や，政治犯の解放，市場経済に基づく経済改革の推進，軍政期にビルマへ制裁を科していたアメリカやEUとの関係の修復については，すでにテインセイン大統領期の5年間でほぼ実現していた。そのためアウンサンスーチー政権にはさらなる改革が望

まれた。しかし，改憲を国軍に拒まれているため，軍が権限を有する分野への改革は手つかずの状態にあり，また言論の自由化推進も，国軍に関する情報公開や取材に国防省と内務省の抵抗が強く，メディアへの抑圧も一部復活するようになった。官僚制の改革も不十分で，手続きの遅延や汚職撲滅の不徹底が見られる。また，農村や少数民族居住地における教員不足や，行き過ぎた暗記教育の是正が求められる教育改革も問題山積の状況にある。

　国民和解の推進を重大な課題の1つに設定しているアウンサンスーチー政権は，独立後のビルマを長期に苦しめてきた少数民族問題の解決にも取り組んでいる。しかし，ここでも国軍の憲法上の権限が障壁となり，なかなか停戦協定の締結や和平協議を進められない現状にある。ビルマを連邦制国家として改革していくことについては，国軍側も少数民族武装勢力側も異論はないが，肝心の「連邦」の在り方や定義をめぐっては，解釈が大きく対立している。国軍のほうは，中央集権的な要素を残した制限的自治権を各民族州に付与する連邦制（ユニオン）に執着する。一方で，少数民族武装組織のほうは，アメリカ合衆国のような各州に強い権限を認める連邦制（フェデラル）を求めている。このため，妥協点になかなか至れないでいる。それでも，政府や軍が「土着」と認める135民族の枠内で国民和解を推進していくことの重要性については，関係者すべてが受け入れており，今後も話し合いは継続される見込みである。

　問題はロヒンギャをめぐる扱いである。ロヒンギャはビルマ西側沿岸のラカイン（アラカン）州の北西部に住むムスリム集団で，その起源は15世紀から18世紀まで同地に栄えたアラカン王国に居住したムスリム住民にまでさかのぼる。ロヒンギャという民族名称の使用については，独立後の1950年頃から使われていることが文書資料で確認できる。コミュニティの中心は，かつてインドのベンガル地方（現在のバングラデシュ）に住んでいた人々によって構成され，

ミャンマーから脱出したロヒンギャが暮らすバングラデシュ南東部の難民キャンプ（2018年8月）。

4世代以上の長期にわたる定住者から，比較的短期の移住者，また国境を接するバングラデシュとの行き来を繰り返す人々もいる。独立後のビルマでは，1960年代初期まで存在が事実上公認されたが，国軍主導の政権が成立して以後，厳しい抑圧が始まり，70年代後半と90年代前半に，2度にわたるバングラデシュへの大規模難民流出を起こしている。

その間，1982年に改正国籍法が施行され，第一次英緬戦争（1824〜26）が勃発する前年にあたる1823年以前から現在のビルマ領域に住み続ける民族だけを「土着」民族と認め，正規の国籍を自動付与することになった。そのため，それ以降に移住した人々は個別に国籍審査を受けることになり，その際，ロヒンギャは独立後に入国した「不法ベンガル人移民」として認識され，外国人扱いを受けることになった。

民政移管後のテインセイン政権期に入ると，仏教徒ラカイン人によるロヒンギャに対する嫌がらせや襲撃が強まり，言論の自由化に

伴って，国内ではムスリムに対するヘイトスピーチが一部の仏教僧侶らによってなされるようになった。政府も 2014 年以降ロヒンギャから国籍と選挙権（および被選挙権）を剝奪するに至る。ロヒンギャ側は 2017 年 8 月にアラカン・ロヒンギャ救世軍（ARSA）による警察施設襲撃事件を起こし，それに対し，警察と国軍によるロヒンギャ一般住民への度を越した捜索がなされ，数多くの住民が殺害されたり重傷を負ったりした。そのため，同年 8 月末から 10 月にかけて，70 万人以上の難民がバングラデシュ側へ流出する事態となり，国際社会の注目を集めた。その後，難民は 90 万人を超えるに至る。

　この問題への対処をめぐって，アウンサンスーチー政権は国際的な非難を受け，苦しい立場に追い込まれた。しかし，ロヒンギャの扱いについて政権は何もしていないわけではない。2016 年 8 月に国軍の反対を押し切って，コフィ・アナン元国連事務総長（1938～2018）を委員長に据えた諮問委員会を設置し，翌年 8 月にこの問題の解決に向けた答申を出させている。その内容は，ロヒンギャの国内移動の自由と，将来的に国籍を付与する方向で措置をとるよう政府に促すものであり，アウンサンスーチー政権もそれを受け入れる旨，公式に宣言した（同年 9 月）。しかし，この答申が出た直後に，上述した ARSA による襲撃事件が発生し，それに対する国軍の暴力的封じ込めによって，ロヒンギャ住民の大量難民流出が続き，事態は悪化の一途をたどった。ここでも，憲法上の制約から国軍と警察への権限を行使できないアウンサンスーチー政権の苦しい状況が見られる。国民世論の多数がロヒンギャに対し「ベンガルからの不法移民」として嫌悪感を示していることもあり，政権としては問題の解決に向けた意思があるにもかかわらず，積極的に動けない状況にあり，受け入れを約束したコフィ・アナン答申の実現も見通せない現実にある。

（1） ポル・ポト政権期の大混乱

> カンボジア：人民党政
> 権の一党独裁化

ベトナム戦争が米軍の撤退を経て北ベトナ
ムによる南ベトナムの制圧という形で
1975 年に終結すると，カンボジアでも左翼の民族統一戦線が首都
プノンペンを制圧し，翌 76 年に民主カンプチアを成立させた。実
権を握ったのはポル・ポト派（クメール・ルージュ）で，旧政権（ロ
ン・ノル派）関係者の殺害を経て，極端な共産主義政策を採用した。
それは都市や貨幣を否定し，200 万人に上ったプノンペン市民を農
村に強制移住させるというものであった。彼らは集団農業に従事さ
せられ，過酷で長時間にわたる農作業や公共労働に動員された。食
糧も十分に与えられず，情報も完全に遮断されたため，多くが餓死
や病気などで死亡した。資本主義的であるという理由から，知識人
や都市出身の住民に対する虐殺も幅広くおこなわれ，処刑された数
は 200 万人を超えたともいわれている。

　一方，ポル・ポト政権は中国の支持を得て，隣国のベトナムに対
する姿勢を強め，このためベトナムとカンボジアとの間に国境紛争
が生じ，両国は 1977 年末に国交を断絶した。ベトナムは対立を深
めていた中国とポル・ポト派のカンボジアの両方から挟み撃ちに遭
うことを防ぐ安全保障上の動機から，78 年 12 月にカンボジア国内
で結成された反ポル・ポトの救国民族統一戦線と組み，共同でカン
ボジアに侵攻してプノンペンを制圧し，同地にヘン・サムリン政権
を成立させた（1979 年 1 月）。ポル・ポト派はタイ国境地域へ移動し，
ノロドム・シアヌーク前国王（1922〜2012）が率いる王党派（フンシ
ンペック）と，共和派のソン・サン派（旧ロン・ノル政権系）と組ん
で 3 派連合と呼ばれるカンボジア連合政府をつくった。この状況に
対し，国連はベトナムがカンボジアの主権を侵害したと見なし，ヘ
ン・サムリン政権を承認せず，3 派連合をカンボジアの正統政権と
して認めた。一方，ソ連とベトナム，ラオスは，ヘン・サムリン政

296　　第Ⅲ部　ASEAN10 が切り開く地域世界

権を承認した。

国際社会で孤立を深めたベトナムは，国内ではドイモイ（刷新政策）に象徴される経済改革をおこなって市場経済化を進め，対外的には 1989 年にカンボジアからベトナム軍を撤退させ，カンボジア内戦の解決への道を切り開いた。これによって，パリ和平会議が開催され，91 年にはカンボジア紛争の政治的解決をめざす協定が 3 派連合とヘン・サムリン政府との間で合意された。以後，92 年から国連カンボジア暫定統治機構（UNTAC）による統治が始まり，翌 93 年には総選挙が実施された。選挙では王党派のフンシンペック党（ラナリット党首）が勝利し，ヘン・サムリン派の流れを継いだ人民党（フン・セン党首）が第 2 党となり，両党の代表が「第 1 首相」「第 2 首相」という名称でそれぞれ首相に就くという，変則的な形で新政権を発足させた。新憲法では国王を国家元首とする立憲君主制が採用され，国号をカンボジア王国に戻し，ノロドム・シアヌークが国王に復帰した。こうして長期に混乱し多くの犠牲者を出したカンボジア問題は，これ以降，民主化に向けて新しい出発をするかのように見えた。

（2） 民主化の頓挫

しかし，政権を構成した両党はその後，対立を深め，1997 年には首都で武力衝突を起こすまでに至る。この結果，ラナリット第 1 首相が失脚し，翌 98 年の総選挙では人民党が勝ち，フン・センが単独の首相に就き，第 2 党のフンシンペック党と連立を組んだ。99 年には遅れていた ASEAN 加盟も果たす。

人民党のフン・セン首相はその後，21 年以上にわたり政権を維持している。しかし，その間に独裁傾向を強め，有力野党だったフンシンペック党を中央と地方で追い詰め，不満を強めた国民が 2013 年の総選挙で新しい野党である救国党を躍進させると，同党に対するあからさまな弾圧を加えた。人民党政権は，2015 年に救

国党の党首サム・ランシーの議員資格と不逮捕特権を取り上げ，2017年9月には彼の跡を継いだクム・ソカー党首を国家反逆容疑で逮捕，最高裁判所に同党の解党を命じさせた。こうして最大野党を強引に消去したあと，翌2018年2月の上院選挙では人民党が全議席を独占し，同年7月の下院総選挙（定数125）でもほぼ全議席を獲得して，ここに一党独裁を実現するに至った。この間，有力な日刊紙で人民党に批判的だった『カンボジア・デイリー』紙を脱税疑惑で廃刊させてもいる（2017年9月）。こうした背景には2006年の憲法改正も関係している。この改正により，野党が審議を拒否しても本会議を開催し，法案を可決することが可能となった。また，2017年2月には政党法を改正し，党首が有罪となったらその政党を解党できる規定を盛り込んだことも人民党を有利にさせた。

(3) 中国との緊密な関係

人民党が民主主義に逆行する一連の行動を取り続けることを可能ならしめている理由には，中国の影響も無視できない。フン・セン率いる人民党は，もともとベトナムの支援で生まれた政党であり，ベトナムとの友好関係を深めてきた。しかし，そのベトナムが中国との友好関係を十分には維持できていない中，人民党は2000年代半ば以降，急速に中国との経済関係を強化するようになった。それにより中国からの投資，貿易，借款が急増し，カンボジア経済は成長を続け，中国からの観光客数も非常に増えた。

「一帯一路」政策で東南アジアへの影響力を深めている中国は，カンボジアとの関係をとくに緊密化させており，人民党政権はASEANの中にありながら，南シナ海の領有権問題で中国寄りの立場をとるまでになっている。独裁化や人権抑圧に対し何ら批判や介入をしない中国は，人民党政権にとってよき後ろ盾であり，そこにはまた，「（中国のように）民主化を封じ込めても，経済が順調に成長を続ける限り，国民の不満は強まらない」という考え方も影響し

ているように映る。

> シンガポール：高所得国への成長と民主化への不熱心

（1） 高所得国への成長

シンガポールは 1965 年にマレーシア連邦から離脱して独立して以来，議会制民主主義体制のもとで，イギリスの自治領期からの首相であるリー・クアンユー（1923〜2015，首相在任 1959〜90）が率いた人民行動党（PAP）による長期一党支配が続いている。首相はその後，90 年にゴー・チョクトンが引き継ぎ，2004 年以降はリー・シェンロンが就任している。2019 年の今日まで「生存のための政治」を謳い，能力主義を唱え，4 つの公用語（英語，中国語，タミル語，マレー語）に象徴される多文化主義を国是としている。一方で，国家に対する国民の貢献を強調し，議会が個人の自由を制限できる権限を定め，言論・出版や結社の自由をコントロールする法律も活用して，与党 PAP への反対勢力が増えないよう維持している。

経済政策に関しては，独立以降，経済開発庁を軸にした国家による強力な計画経済が推進され，アジア通貨・金融危機もリーマン・ショックも乗り切りながら，驚異的ともいえる長期の経済成長を持続させている。土地収用法を活用した工業用地の整備，進出外資への税金の優遇，インフラの整備などを通じて，外国資本を積極的に誘致し，輸出志向型工業を推進し，1980 年代以降は石油化学産業と金融業の成長に力点をシフトし，さらに 90 年代以降は情報通信，研究開発に力を入れ，21 世紀に入ってからは医療やバイオテクノロジーに経済を牽引させるように導いた。

その結果，独立 5 年前の 1960 年に 3389 米ドルだった 1 人当たりの実質 GDP（物価変動の影響を除いたもの）は，55 年後の 2015 年には 5 万 5330 米ドル（16.3 倍）にまで達し，1 人当たりの購買力平価の変化で見ても，1980 年に 8886 米ドルだったものが，35 年後の2015 年には 8 万 7950 ドル（9.9 倍）に成長している（同年の日本は 4

第 13 章　21 世紀の東南アジア　　299

シンガポールの象徴であるマーライオン。左奥に高級リゾートホテルが立地している様子が確認できる（2018年）。

万458米ドル，シンガポールの46％）。こうして1人当たりのGDPや購買力平価を見る限り，今やシンガポールは東南アジア随一であることはもちろん，世界トップクラスに入る高所得国であることがわかる。実際，都市国家シンガポールに林立する高層ビルや，「庭園国家」を謳う緑豊かで美しい環境と高度な衛生事情，便利な公共交通機関，東南アジア随一の規模を誇る国際空港，効率的な交通渋滞の抑制，各種リゾート施設の充実や世界的富裕層による別荘の建設推進などを見ると，容易にこの国の豊かさを感じ取ることができる。

(2) 民主化への不熱心と外国人労働者問題

しかし，一方で国内の貧富の格差が大きいことも特徴的である。2012年の数値で，所得上位10％の平均世帯月収がシンガポール・ドルで2万3684ドルなのに対し，所得下位10％のそれは1400ドルにしか満たず，その差は16.9倍にも達している。所得下位10％の平均世帯月収を平均家族人数（3.5人）で割ると，その層の1人当たりの月収は，わずか400ドルにすぎない。

高所得国化を実現したにもかかわらず，国家を運営する主体である与党 PAP には民主化を進展させる意思が見えない。それでも同党が長期に政権を維持できている大きな理由は，経済政策の成功への国民の理解と支持を別にすれば，選挙制度の巧みな操作（ゲリマンダリング）にある。そのことは与党 PAP の議席占有率と得票率との大きな差を見ればよくわかる。1968 年から 86 年まで，国会の議席のほとんどを PAP が独占する事態が生まれた。その後は野党が議席を増やすようになったが，それでも 2015 年 9 月におこなわれた総選挙では，PAP が定数 89 のうち 83 議席を獲得している（議席占有率 93.3%。残り 6 議席は野党の労働者党）。一方で得票率のほうは 69.9% にとどまっている。全盛期でも PAP の得票率は 75.3% であり，90% を優に超える議席占有率を大きく下回っている。その得票率は下落傾向を見せているが，野党が乱立しているため，今後も PAP に有利な選挙制度のもとで，選挙のたびに与党が圧勝を続ける可能性が高い。

　PAP はその卓越した経済政策と，官僚の規律の高さに加え，国民の持ち家制度の充実，そして自己責任を重視した社会福祉政策を推進し，世界に冠たる経済国家を維持することに成功している。しかし，基本的には国家が主導する経済政策を基盤に国民統合を進め，野党を牽制し，選挙制度を操作しながら議席の大半を独占し，政権を長期安定させようとしている点において開発主義的な政策を変えていないといえる。

　シンガポールが抱える課題は，こうした長期にわたる非民主的な一党支配と国内の貧富の格差の拡大に加え，国外から外国人の高度な人材と多数の労働者を受け入れてきた政策の副作用も指摘できる。とくに 2010 年までに外国人労働者が全労働者に占める比率が約 4 割に達し，シンガポールの一般市民の雇用機会に影響を与え，住宅費の上昇や住環境の悪化を招いたことは，国民の反発を招いた。

2011年以降，政府は外国人労働者の比率引き下げなどの政策をとるようになったものの，経済成長の恩恵から大きくはずれた位置に置かれた国民は増えており，その不満が政府による一連の懐柔策だけでは済まない現実を迎えている。こうした問題をどのように克服していくのかがこの国の重要課題だといえよう。

第14章 中国のインパクト

中国との新たな付き合い方の模索

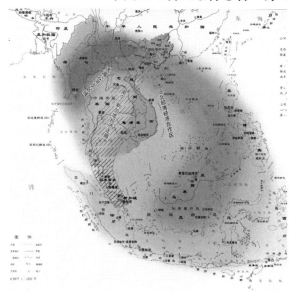

中国・ASEAN「一軸二翼」地域経済協力戦略概念図。中国の地方政府（広西チワン族自治区）レベルでの地域経済協力構想ではあるが,「南寧・シンガポール経済回廊」を基軸に,メコン流域圏や「汎北部湾」など2006年時点での進出方向がうかがえる。南シナ海のいわゆる「9段線」も明示されており,その後の中国の東南アジアにおける拡張戦略を先取りするものとなっている。

中華人民共和国にとっての東南アジア

中華人民共和国（以下,中国）は,ベトナム,ラオス,ビルマと3000キロメートル近くにわたり,陸上国境を接するのみならず,南シナ海を経て近距離でマレーシア,シンガポール,インドネシア,フィリピン等の国々とも向かい合っている。換言すれば,中

303

国は大陸部と海洋部の別なく，東南アジアにとっては等しく隣人である。したがって，中国の存在を抜きにして東南アジアの平和と安定はありえないだろうし，その逆もまたしかりであるが，1949年の中国の建国以降，両者の関係は決して平坦なものではなかった。晩年のスターリンからアジア地域の共産党の指導を委任された中国共産党は，インドネシアや日本の共産主義運動に対する影響力を拡大していったほか，朝鮮戦争や第一次インドシナ戦争に義勇軍や軍事顧問を派遣して，隣接する社会主義友邦（朝鮮・ベトナム）の独立や統一を求める闘争を積極的に支援した。

　こうした中国の影響力拡大は，1950年代から60年代にかけて東西冷戦という環境の中で，「ドミノ理論」などアメリカが主唱した言説に大いに現実味をもたせることになった。とくに東南アジアの場合，いくつかの国の支配層の警戒感は中国が自国内の共産主義者や華人を「第五列」（スパイ）として利用し，体制転覆を画策しているとする中国脅威論に支えられていた。政治・経済を中心にアメリカや台湾と緊密な関係を維持していたフィリピンは共産主義勢力の浸透を防止すべく，中国大陸からの移民受け入れを大きく制限していた。マレーシアの初代首相ラーマンも，マラヤ共産党の背後には中国があると見て，承認することをせず，反共的な姿勢を貫いた。多数の華人人口を抱えるタイも事情は同じであった。

　こうした状況の中で，同時期に中国が東南アジア地域で外交関係を樹立することができたのは，社会主義友邦のベトナム民主共和国を除くと，ビルマ，インドネシア，カンボジア，ラオスなど非同盟中立を国是とする国々に限られていた。周恩来による平和五原則の提唱（1954年），バンドゥン会議への参加（1955年），平和五原則を基礎とした中国・ビルマ間の陸上国境画定（1960年10月国境条約に調印）など非同盟諸国との安定した関係の構築は，中国が平和勢力であることを国際的にアピールし，前述した周辺諸国の抱く警戒感

を払拭する上できわめて重要であった。しかしその後60年代半ばに発生した文化大革命による中国国内の混乱や権力闘争の激化，中ソ対立という状況下での他国の共産党に対する干渉などはそうした努力をかき消すことにつながった。

1950年の国交樹立以来，中国と良好な関係を維持してきたスカルノ政権下のインドネシアでは，65年の9・30事件の発生後（→第11章），67年10月から90年8月まで23年にわたり，両国関係は断絶状態に陥ることを余儀なくされた。その背景にあったのは，中国がインドネシア共産党に対する支援を通じて，革命を輸出しようとしているというインドネシア国軍内に根強い中国脅威論であった。また，友邦であるベトナム民主共和国とも，ベトナム戦争が終わりに近づいた70年代前半から，しだいに関係が悪化し，陸上国境や南シナ海での武力衝突を繰り返すことになった。その一因は，革命闘争経験を共有するホー・チ・ミン，毛沢東，劉少奇，周恩来など両国指導者間の深い友情と信頼に立脚していた50年代と60年代の両国関係が，次世代に引き継がれないままに終わってしまった点にあった。両国関係の悪化と，指導者が他界する時期との一致がそのことをよく示している。

他方，1970年代に入ると，中国の国連への復帰や米中関係，日中関係の改善を受けて東南アジア諸国との中国に対する警戒感もしだいに和らぐようになり，74年から75年にかけてマレーシア，フィリピン，タイ各国が相次いで中国と外交関係を樹立した（→表14-1）。ベトナムと中国は，70年代から80年代にかけて，カンボジア問題，陸上国境，南シナ海の領有などをめぐって対立状態にあったが，91年に両国首脳間で「過去を閉ざし，未来を切り開く」という精神をもって関係正常化を実現することが合意された。ほぼ同時期に，67年以来断絶状態にあったインドネシアとの外交関係も再開したほか，シンガポール，ブルネイとの外交関係が樹立された

表 14-1　東南アジア諸国のデータ比較

国名	独立年月日	中国との外交関係樹立年月日	ASEAN 加盟年月日
インドネシア	1945 年 8 月 17 日	1950 年 4 月 13 日（外交関係中断：1961 年 10 月 30 日／再開：1990 年 8 月 8 日）	1967 年 8 月 8 日
シンガポール	1965 年 8 月 9 日	1990 年 10 月 3 日	1967 年 8 月 8 日
タイ	—	1975 年 7 月 1 日	1967 年 8 月 8 日
フィリピン	1898 年 6 月 12 日	1975 年 6 月 9 日	1967 年 8 月 8 日
マレーシア	1957 年 8 月 31 日	1974 年 5 月 31 日	1967 年 8 月 8 日
ブルネイ	1984 年 1 月 1 日	1991 年 9 月 30 日	1984 年 1 月 8 日
ベトナム	1945 年 9 月 2 日	1950 年 1 月 18 日	1995 年 7 月 28 日
ビルマ	1948 年 1 月 4 日	1950 年 6 月 8 日	1997 年 7 月 23 日
ラオス	1945 年 10 月 12 日	1961 年 4 月 25 日	1997 年 7 月 23 日
カンボジア	1953 年 11 月 9 日	1958 年 7 月 19 日	1999 年 4 月 30 日

ことにより，中国は 90 年代初頭に東南アジアのすべての国々とさまざまな面での関係を発展させるための基盤を確立したといえる。

中国・ASEAN 関係の発展

中国が東南アジア諸国との関係を進展させるための前提条件を整えたことは，ASEAN との交流の開始をも意味した。1991 年 7 月，コロンボで開催された第 24 回 ASEAN 外相会議に中国の銭其琛外相が初めて参加し，当時の ASEAN 加盟 6 ヵ国と域内情勢等について意見交換をおこなった。これ以降，中国は ASEAN の「協議パートナー国」として，継続的に ASEAN 外相会議や地域フォーラムに参加するようになった。96 年には ASEAN の「全面的対話パートナー国」への昇格が認められたこと

は，東南アジアにおけるそのプレゼンスの高まりを示すものとなった。その後97年にはアジア通貨危機を背景に開始されたASEAN＋3の一員として日本・韓国とともに迎え入れられた。2002年以降，ASEAN・中国自由貿易地域構想の進展により，両者間の経済関係が新たな次元に入ったほか（後述），翌2003年にかけて，中国は南シナ海行動宣言や東南アジア友好協力条約など地域の平和と安定につながる文書に相次いで調印し，自らが平和勢力であることをあらためてアピールした。

貿易（物品）においては，1990年代には中国における改革開放路線の推進や，ASEAN諸国の経済発展を背景として，両者間の貿易額は88億6900万米ドル（1993年）から4410億米ドル（2017年）へと増大した。ASEAN諸国全体の貿易額（ASEAN域内貿易を含む）に占める中国の比重も，同期間に2％（1993年）から17％（2017年）に増大し，2009年以降中国は日本を抜いて，ASEAN諸国の貿易相手国として首位を占めるに至った（*ASEAN Statistical Yearbook* 2005, 同2018）。なお，その間，ASEANの側も90年代後半に入り，ベトナム，ラオス，カンボジア，ビルマの加盟により，創設時の反共的な性格を脱し，加盟国6ヵ国の組織から域内全10ヵ国を包含した，名実共に東南アジアを代表する地域機構へと変貌を遂げた。

貿易の内訳に関して見ると，ASEAN諸国から中国への輸出品は，1993年時点では原油や鉱産物，木材などの一次産品や天然資源が中心であり，これらの品目でASEAN諸国（6ヵ国）の輸出額の55％を占めていたが，2000年以降，それに代わって携帯電話等の通信機器，半導体デバイス，集積回路を含む電気機器とその部品等（HSコード85類）が首位を占めるようになった（2017年には10ヵ国の輸出額の27.3％を占めた）。また，ASEAN諸国が中国から輸入する品目では93年以降，上記のHSコード85類が首位を占めるという構成に大きな変化は見られないが，輸入額に占めるその比重は

第14章　中国のインパクト　　307

11％（1993年）から30.5％（2017年）へと増大している。HSコード85類に関しては，21世紀に入り，ASEAN諸国と中国の間に分業構造が成立したことがうかがえる（*ASEAN Statistical Yearbook* 2001, 同2018, 大泉［2018］)。

さらに，2002年以降，中国とASEANは他国に先んじて自由貿易地域創設のための協議に入った。「中国・ASEAN包括的経済協力枠組協定」（2002年11月），「物品貿易協定」（2004年11月），「中国・ASEAN自由貿易地域投資協定」（2009年8月）などの調印を通じて，関税の撤廃や引き下げにより，2020年には関税率5％以下の品目が貿易全体の98.2％を占めることが見込まれている（大泉［2018］)。

ASEAN諸国への直接投資（FDI）は，2008年に490億米ドル（域内分も含む）であり，中国はそのうち1.5％を占めるにすぎなかったが，2017年には1356億米ドル中，8.4％（114億ドル）を占めるまでになった。他方，ASEAN諸国の中国へのFDIも2017年には約51億米ドルに達しており，FDIの双方向的な性格が示されている。2018年にはASEAN各国でFDIに携わる中国企業の数は4000に及び，リース・商業サービス，製造，卸売・小売，電力・熱・ガス・水の生産と供給，採鉱などの業種が中心となっている（*ASEAN Statistical Yearbook* 2018, 中華人民共和国商務部［2017］, 同［2018］)。

これ以外に，中国の対外経済活動には，「海外工事請負」や「労務協力」などの項目からなる対外経済協力と呼ばれる独特なカテゴリーがある。これは中国の企業が海外で受注した事業を，中国から人材・労働力・物資・ノウハウなどを一括提供することによって完成させる方式であり，現地に雇用を生み出さないと批判されることも少なくない。2016年末の時点で，ASEAN全体で約17万7000名の中国人が対外経済協力に従事している（中華人民共和国商務部

［2017］）。なお，ここには，同様な方式で運営される中国の対外援助に関連して ASEAN 諸国に滞在する中国人の数は含まれていない。

また，物品にとどまらず，人の移動もさかんになり，とくに中国人の海外への団体観光旅行が解禁されると，東南アジアは最寄りの観光地として注目を集めるようになり，中国からの訪問者数は年々増大した。2016 年に ASEAN 諸国を訪れた中国人観光客の数は2034 万人に達し，観光客全体（域内観光客を含む）の 17.6％ を占めるまでになった。そのうち，4 割以上の人々が訪問先としてタイを選択しているのが特徴となっている（*ASEAN Statistical Yearbook* 2018）。

中国・ASEAN 間地域協力構想の展開と現実

これまで「中国と東南アジアの関係」という表現をたびたび使ってきたが，中国で最も東南アジア地域，とくに大陸部と密接な関係をもつのは広西チワン族自治区（以下，広西と略）とその西隣の雲南省（以下，雲南と略）である。それを象徴的に示すのは，雲南の省都昆明で 1993 年以降，東南アジアや南アジアに重点の置かれた輸出入商品交易会が毎年開催される一方，広西でも 2004 年以降，首府南寧が中国・ASEAN 博覧会の恒常的な開催地となっているという事実である。広西と雲南はベトナム，ラオス，ミャンマー 3 国と接しているため，地方行政府レベルでの日常的な交流関係を維持しているほか，ASEAN との貿易や交流の窓口ともいうべき東興，友誼関，河口などの国境ゲートや防城港，欽州，北海などの港湾都市を擁する。まさに広西と雲南は中国と東南アジア・南アジアを結ぶ要衝となっている（侯 ［2008］）。地方行政府とはいえ，面積で見ると雲南（39 万 4000 平方キロメートル）はマレーシアやベトナムよりやや広く，広西（23 万 6000 平方キロメートル）はラオスとほぼ同等であり，人口面でも（雲南 4742 万，広西 4885 万），マレーシア，カンボジア，ラオスを凌駕する。

第 14 章　中国のインパクト　　309

南寧にある国際会議・展示センター。ここで2004年以降毎年,中国・ASEAN博覧会が開催されている。

　1990年代初めには広西・雲南ともに,経済発展が急務とされる一方,広西に関しては中央政府によって中国西南地域発展のための重要な海への出口として位置づけられていた。その後改革開放路線が定着し,積極的に海外に打って出ることを意味する「走出去(ゾウチューチュイ)」がスローガンとして掲げられる中,広西・雲南いずれも隣接する東南アジアとの地域協力に関与していくことになった。

　雲南の場合,1992年という時点で,アジア開発銀行(ADB)の主導する大メコン圏(GMS)プログラムの一員として,ラオス,カンボジア,タイ,ビルマ,ベトナムとともに第1回閣僚級会議から参加している(2004年末に広西も参加)。GMSプログラムは交通,エネルギー,通信,環境,観光,人力資源開発,貿易・投資,麻薬禁止など多くの分野での協力を推進することを内容としていたが,参加国が独自の広域的な地域協力や地域開発を模索する上で,刺激を与えることになった。とりわけ,98年にADBが提起した経済回廊

Column ⑪　一党制と SNS

　ある統計によると，ベトナムのフェイスブック利用者数は世界でも
トップ 10 に入るという。自分や家族の写真ばかりアップする人や，
商売や宣伝に活用する人がいる一方で，個人的な政治的見解や主張の
発信もさかんに行われている。明らかに，一党体制の下で，フェイス
ブックのような SNS が政権に対する批判の回路をもたない一般の
人々の不満のはけ口としての役割を果たしている。たとえば，ハノイ
でフェイスブックを閲覧していると，「この国に共産党がなかったら，
戦争もなかったろうし，もっとまともな国になっていただろう」とい
った趣旨の詩や「中国は南シナ海から出て行け」といった強烈なメッ
セージが目に飛び込んでくる。これを恒常的に発信しているのはハノ
イ在住のベトナム人であるが，共産党と異なる見解を発信することで
逮捕されることもなく，出入国を繰り返している。その他の投稿内容
から判断すると，人々の共産党への不満や批判は，対中国関係，党幹
部や国会議員の資質，私生活，特権さらには土地収用や集会をめぐる
行政や警察の横暴な対応，環境汚染などに向けられている。これらの
点は，共産党の統制下にあるマスメディアによる報道からは決してう
かがい知ることができない。

　このような SNS をめぐるベトナムの状況は，同様に一党体制をと
る中国がフェイスブックを足元からブロックし，ネット上の反体制的
な言論の取り締まりに躍起となっているのとはきわめて対照的である。
ベトナムにも「サイバーセキュリティ法」(2019 年 1 月 1 日発効) が
あり，SNS 上での政権批判を禁じているようにもとれる。また，
SNS 上での投稿を監視する専門要員や公安の部隊が実際に存在する。
事実に反する情報を流したとして逮捕されるケースもある一方で，前
述したハノイ在住の人物のようにお咎めなしというケースもある。ベ
トナム共産党が SNS を半ば放置している理由については，技術的な
困難によって中国共産党のような措置がとれないのか，あるいは中国
共産党とは別の道を模索しているのか，残念ながら本コラム執筆時点
(2019 年 7 月) では確たる結論を出すことができない。とはいえ，共
産党が SNS の動向を気にかけながら政策を推進しようとしているこ
とは間違いなさそうである。

第 14 章　中国のインパクト　**311**

というアプローチは重要である。経済回廊とは，GMS における越境幹線道路の整備や建設を軸に，人と物の移動の円滑化，人材育成，通信網整備，投資の促進などを図り，幹線道路通過地域の経済発展や経済統合につなげようとする概念であり，南北・東西・南部 3 経済回廊が想定されていた（*Building on Success*［2002］）。

2004 年 10 月には，ベトナム・中国両国政府間で「二回廊一経済圏」の名の下に国境地帯の共同開発を進めることで合意がなされた（覚書の調印は 2006 年 11 月）。「二回廊」とは昆明 = ラオカイ = ハノイ = ハイフォンおよび南寧 = ランソン = ハノイ = ハイフォンの 2 経済回廊を，「一経済圏」とは北部湾（トンキン湾）沿海地域をそれぞれ指す。重点的な協力分野として，インフラ建設（鉄道・道路・港を含む），貨物・旅客運輸，資源開発と加工，輸出入貿易，観光，農業，工業，北部湾協力（漁業，石油開発協力を含む）などが挙げられている。「回廊」が「経済回廊」を意味する点や，「二回廊一経済圏」構想が GMS 地域協力の枠内で推進されるとしている点に（中華人民共和国外交部［2013］），GMS プログラムでの実践経験が強く影響していることがうかがえる（→図 14-1）。

「二回廊一経済圏」構想はベトナム側が中国側に提案したことから始まったが，このことは，ADB 主導の GMS プログラムに相乗りする形でその一員となっていたベトナムが，「南寧 = ランソン = ハノイ = ハイフォン経済回廊」や「一経済圏」のような独自の地域開発構想を提案する能力を備えるに至ったことをも示している。同様なことは中国（広西）に関してもあてはまる。中国・ベトナム間で国家レベルの「二回廊一経済圏」プロジェクトが動き出そうとしていた時，広西党書記劉奇葆は，「中国と ASEAN をつなげる重要な基点」としての広西の位置を重視し，「一軸二翼」の名で，より華々しい地域経済協力構想を提起した（2006 年 7 月）。

「一軸二翼」は 3 つの構成部分からなる。「一軸」とは「南寧・シ

312　第Ⅲ部　ASEAN10 が切り開く地域世界

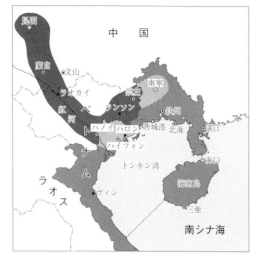

図 14-1 二回廊一経済圏構想

(注) ■二回廊　■一経済圏　▨重複しているエリア。
(出所) 万 [2006] より作成。

ンガポール経済回廊」を指し，南寧を含む「汎珠江デルタ地域」からインドシナ半島を縦貫し，シンガポールへとつながる鉄道や高速道路を建設し，その通過地域の経済発展を促進しようとするものである。「二翼」のうちの1つは，「汎北部湾経済協力区」である。これは，前述した「一経済圏」として提起された広西とベトナムに限定された北部湾沿海地域の経済協力を，海を隔てた東南アジア海洋部諸国家，すなわちマレーシア，シンガポール，インドネシア，フィリピン，ブルネイにまで拡大しようとするものであり，拡張的・膨張的志向の強い内容をもつ（中共広西壮族自治区委員会宣伝部 [2007]）。「二翼」のもう一方が，GMS 地域協力であり，既存の協力機構を活用しながらその拡大と深化を図る方向性が提示されていた。

劉奇葆が2007年末，四川省党委員会書記として転出して以降，「一軸二翼」が広西で言及されることは少なくなったが，その根幹部分である「南寧・シンガポール経済回廊」構想および「汎北部湾経済協力」は広西の重要な対外戦略として継承され，さらには2012年，中央で習近平指導部が成立すると，「中国・インドシナ半島経済協力回廊」や「海のシルクロード」など「一帯一路」の構成部分として国策に取り込まれ，現在に至っている。

それでは中国が関与する地域経済協力構想はどの程度実現されたのであろうか。現在も継続中の「二回廊一経済圏」構想を例にとると，覚書調印から10年以上を経過しても停滞状態にある。両国間で高速道路などの建設や港湾整備など個別のインフラ整備事業は動いてはいるものの，それを超えるメカニズムはとくに構築されていない。2015年までに昆明＝ラオカイ＝ハノイ＝ハイフォンは高速道路で結ばれたが，そこを両国の各種車両が自由に往来し，通関もシングルストップ化されるといった経済回廊の本来めざす段階にまでは到達していないのが実情である。

こうした事例は，2国間ですら，一定の地域空間や道路などのインフラを実際に共同利用に供することが，それほど容易ではないことを示している。また，中国の地域協力への関与に限って見れば，これまでにも，中国が国内のダム建設や鉄道建設にGMSプログラムを利用しているという指摘や，中国・ASEANという看板を掲げながら，中国は「自国の開発に東南アジアを利用しようとしている」のではないかといった懸念が日本の識者によって表明されてきた点にも留意しておきたい（田中・宮原・山本［2011]）。

南シナ海問題の形成

前項で述べたように，東南アジア大陸部においては，さまざまな問題はあるにせよ，ASEAN・中国間で地域協力が進展しつつある。さらに，中国とビルマ，ラオス，ベトナム3国との間では1999年末までに陸上国境

314　第Ⅲ部　ASEAN10が切り開く地域世界

Column ⑫ 「一帯一路」

　「一帯」とは中国から中央アジア・ロシアを経てヨーロッパに至る「シルクロード経済ベルト」（"絲調之路経済帯"）を，「一路」とは中国沿海地域から南シナ海・東南アジア・南アジア・西アジア・アフリカ東海岸・地中海を経てヨーロッパに至る 21 世紀「海のシルクロード」（二十一世紀"海上絲調之路"）をそれぞれ意味し，前者は中国共産党第 5 代総書記習近平の 2013 年のカザフスタン訪問時に，後者は同じ年のインドネシア訪問時にそれぞれ言及された。両者が「一帯一路」と総称されるようになったのは 2014 年からである。

　その骨子は，当該地域に位置する各国間の「相互接続」をめざすべく，経済回廊の建設を軸に，交通インフラ建設，金融プラットフォーム建設，文化交流を推進しようとする点にある。本文中でも述べたように，経済回廊を基軸とした地域開発プロジェクトは，すでに前例がありそれ自体斬新なものではないが，その規模の大きさと，中国の主導で設立された金融機関（アジアインフラ投資銀行）が融資を担当するという点で注目される。「一帯一路」の根底にあるのは，グローバル化時代にあって各国が「運命共同体」を構成する現在，1 国が利益を独占することはありえないという発想であり，関係各国に対しては「共に協議し，共に建設し，共に享受する」という原則と，「ウィン・ウィン，共同発展」の目標を掲げている。習近平によれば 2016 年時点で，「一帯一路」構想には 100 余りの国家と国際組織の参加を得たという。その後 2017 年 10 月の中国共産党第 19 回全国代表大会で同構想は党規約に明記され，事実上国策と化した。

　以上のように「一帯一路」には聞こえのよい語句が並ぶが，内容が不明瞭で具体性に欠ける面があるのも事実である。たとえば前述した「運命共同体」もそうだが，「経済回廊」と並んで「経済協力回廊」という語も登場する。中国のいう「経済協力」には独自の意味合いがあることは本文でも述べたとおりである。これに加えて，南シナ海やスリランカにおける中国の実際の行動に照らして，「一帯一路」の狙いは途上国を債務で縛り，担保として港湾などの経営権を手に入れ，究極的には中国の海外軍事拠点の確保につなげ，さらには南シナ海で中国と対立している国々を経済的に従属させ，その抵抗力を削ぐことにあるとするという見解も中国国外では出てきている。

第 14 章　中国のインパクト　　315

ベトナムのハノイ・ハイフォンと中国雲南省の昆明をつなぐ高速道路の結節点（ラオカイ・河口（かこう）間）。ここを往来する車両の通行範囲は双方ともに限定されているが，それが撤廃される日は来るのだろうか（2014年11月，ベトナム側より撮影）。

が画定しているほか，ベトナム・中国間では北部湾領海も画定（2000年）しており，領土紛争の発生する余地もなくなっている。これに対して領有権をめぐる関係国の主張が異なり，一致点を見出せないばかりか，武力衝突発生の可能性を排除しきれないのが南シナ海である。

　南シナ海は太平洋とインド洋を結ぶ航路の通過地域であり，歴史的にも東西交易で重要な役割を果たしてきたばかりでなく，現在も世界経済の命脈を握る海域となっている。また，南シナ海は漁業資源の豊富な漁場としても周辺地域住民の生活を支えてきたことはいうまでもないが，近年はさらに石油・天然ガスなどの資源が埋蔵されている点でも注目されるようになり，その重要性は増すばかりである。その反面，南シナ海には海南島を除けば大きな島は存在せず，サウスウェスト島のように「島」の名称をもった地形，多数の砂洲，堆，岩，暗礁，満潮時に水没する「低潮高地」からなる（佐藤

［2010］）。いずれも人間が生活を営むことができるような状況にないため，スプラトリー諸島やパラセル諸島の帰属が不明確な状態が歴史上長らく続いてきた。

20世紀に入ると，1920年代から30年代にかけて，フランスがたびたびパラセル諸島とスプラトリー諸島で調査を行う一方で，36年以降日本の企業がスプラトリー諸島の一角にある「長島」（イトゥアバ島）で硫黄の採掘調査に着手するという状況が生まれていた。その後，第二次世界大戦における日本の敗戦を機に中華民国は46年11月から12月にかけて軍艦を西沙諸島と南沙諸島に派遣し，主要な島々の接収にあたった。なお，この時に作成された「南海諸島位置略図」には南シナ海を取り囲むようにU字線（11段線）が記載され，中華民国の領海であるかのように描かれている。

一方，日本はサンフランシスコ講和条約（1951年9月8日調印）で「新南群島及び西沙群島」すなわちスプラトリー諸島とパラセル諸島に対する主権，権原および請求権を放棄したが，その新たな帰属先については明示しなかった。しかし，中国はこれよりわずか前の51年8月15日に，周恩来が「西沙諸島と南威島（スプラトリー島）は，南沙諸島，中沙諸島，東沙諸島全体と同様，かつては中国の領土であり，日本帝国主義が発動した侵略戦争の時代に一度失陥したものの，日本投降後すでに当時の中国政府によってすべて接収された」という声明を発している。

インドシナ戦争終結後の1956年，中国はウッディー島（永興島）を含むパラセル諸島東部に軍隊を進駐させ，支配下に置いた。他方，パラセル諸島西部は55年に成立した，北緯17度線以南を領域とするベトナム共和国の統治下に入った。中国は，ベトナム共和国の行動が領土主権の侵害にあたると非難していたが，それ以上の実力行使に出ることはなかった。また，台湾はプラタス諸島とイトゥアバ島（太平島）に対する実効支配を維持し，70年代初めまでに，中国，

台湾，ベトナム共和国，フィリピンが南シナ海のいくつかの岩礁や「島」を実効支配するという構図ができあがることになった。

こうした状況が変化するのは 1974 年以降のことであり，中国は南シナ海でたびたび武力を行使するようになっていった。同年 1 月中国はパラセル諸島西部に軍隊を投入して，当地に駐留していたベトナム共和国海軍を撃破し（パラセル諸島海戦），パラセル諸島全域を支配下に置くに至った。ベトナム共和国はパラセル諸島から追われる一方で，2 月にはパラセル諸島とスプラトリー諸島に対する主権を確認するとともに，スプラトリー諸島の 5 つの島に軍隊を駐屯させた。

しかし，中国によるパラセル諸島西部の奪取は，中国の友邦であり，ベトナム共和国と対立関係にあったベトナム民主共和国の指導者にも，中国がベトナムの領土を併呑しようとしているのではないかという強い不信感を抱かせる結果となった。1975 年 4 月，サイゴン入城の前に共産主義勢力はスプラトリー諸島でベトナム共和国の支配下にあった地域を奪取した。そして南北統一直後の 75 年 9 月，ベトナム労働党代表団を率いて訪中したレ・ズアンは，中国側に，パラセル諸島とスプラトリー諸島に対するベトナムの主権を正式に表明した。こうして南シナ海は 70 年代後半から，中国とベトナムの関係が悪化する中で，対立点の 1 つを構成していくことになった。

フィリピンもマルコス政権時代に 1970 年以降，スプラトリー諸島のいくつかの島と岩礁の実効支配に着手するとともに，78 年大統領令によってスプラトリー諸島の実効支配地域を「カラヤン諸島」と命名して，主権を主張したほか，スプラトリー諸島を含む海域に排他的経済水域を設定した。

> **中国による南シナ海で
> の軍事行動の強化と
> 軍事拠点化**

1974年のパラセル諸島海戦の後，88年3
月に中国がスプラトリー諸島のユニオン堆
で，ベトナムの支配していた岩礁（ファイ
アリークロス礁，クアルテロン礁，ヒューズ礁，
ガヴェン礁，スビ礁，ジョンソン南礁）を武力で奪取するまで大きな武
力衝突は発生していなかった。この88年3月の中国・ベトナム間
のスプラトリー諸島海戦は，79年2月以来，もっぱら陸上国境地
帯に限られていた中国・ベトナムの武力衝突の場に新たに海洋部
（南シナ海）が加わったことを意味していた。それは同時に，中国海
軍による南進の意図を示す事件であるとともに，海戦の場が重要な
シーレーン上にあったことから，東アジア諸国やASEAN諸国の
懸念を呼び起こすことになった（佐藤［2010］）。

その後，中国は「領海及び接続水域法」（1992年）で，「東沙群島，
西沙群島，中沙群島，南沙群島」が中国の領土であることを再確認
し，1995年に入ると，それまでフィリピンが実効支配していたミ
スチーフ礁に建造物を構築して，占拠するなど南シナ海での行動範
囲を拡大していった。さらに2009年5月にベトナムとマレーシア
が共同で国連大陸棚限界委員会に，大陸棚の外側の限界を定めるべ
く「境界決定案」を提出すると，中国は自国の「主権，主権権利，
管轄権」を侵害するものとして反対し，同案を葬り去った。その時
に中国の「主権，主権権利，管轄権」が及ぶ範囲として，9つの破
線からなるU字線（9段線）で囲まれた海域（南シナ海の面積の80%
に及ぶ）が示された。

2010年代に入ると，ベトナムやフィリピンの排他的経済水域
（EEZ）内での中国による挑発的な行動が目立つようになった。ベ
トナムとの間では，同国の資源探査船がEEZ内で調査中に，中国
の艦船にケーブルを切断される事件（2011年）や，2014年に中国が
ベトナムのEEZ内に石油掘削リグを設置したために，現場周辺で

第14章　中国のインパクト　**319**

両国の艦船が対峙したりするという事件が発生した。また，2012年に中国はフィリピンのEEZ内に位置するスカボロー礁に建造物を構築し，ここを実効支配するに至った。

2013年以降は中国による南シナ海の軍事拠点化の傾向が顕著になっている。パラセル諸島に地対空ミサイルと戦闘機が配備されたほか，スプラトリー諸島では1988年にベトナムから奪取した6つの岩礁とミスチーフ礁を埋め立てて人工島を造成し，そこに滑走路の建設や地対空ミサイルの配備を進めている。こうして，中国は南シナ海におけるプレゼンスの恒久化を図る一方で，フィリピンやベトナムとの問題解決に向けた対話も維持している。そこでの中国の姿勢は，①領土紛争は当事者2国間で平和的な手段と友好的な協議により解決する，②南シナ海問題は中国と当事国間の問題である，③中国は南シナ海での航行と飛行の自由を尊重するなどの点に集約できるが（呉 [2013]），そこにはアメリカや日本を域外国として交渉の場から排除した上で，圧倒的な経済力と軍事力を背景に，南シナ海の「共同開発」などをちらつかせながら，2国間交渉で自国に有利な条件で問題の「解決」を図ろうとする中国の思惑が透けて見える。

こうした2国間と域内を重視する中国のアプローチに対して，ベトナムは2009年以来，外務省が開催している「南シナ海国際会議」が象徴するように，南シナ海問題には多数の国が関係するという観点から，問題の公然化と国際化という立場をとり，領有権に関して中国との2国間協議に応じる構えを見せていない。また，フィリピンは南シナ海をめぐる中国の主張やそこでの行動は不当であるとして，2014年，国連海洋法条約に規定する紛争解決手続きに従い，中国を常設仲裁裁判所（PCA）に提訴するという行動に出た（後述）。さらにアメリカは，中国による人工島の造成は国際法違反であるとの立場をとり，2015年以降，中国の造成した人工島の12海里以内

320　第Ⅲ部　ASEAN10が切り開く地域世界

ハノイで中国による南シナ海領有の主張に反対する人々（2011 年 8 月撮影）。

を軍艦に航行させる「航行の自由」作戦をたびたび実施しているほか，南シナ海への空母派遣，空軍爆撃機による南シナ海上空飛行もおこない，南シナ海問題への関与を深めている。

> 南シナ海判決

2014 年のフィリピンによる PCA への提訴に対し，中国は，当該案件の本質は「南シナ海のいくつかの海洋地形に対する領土主権」であり，国連海洋法条約の範囲を越えること，同条約の解釈や適用に服するものではないなどの理由を列挙して，PCA には管轄権がないとの判断から仲裁手続きを拒否した。PCA は 2015 年 10 月に中国の主張を退け，提訴を受理した後，中国が欠席したまま審理に入った。2016 年 7 月に下された PCA の判決（南シナ海判決）では，フィリピンの主張がほぼ認められたのに対し，中国の従来からの主張が全面的に却下されることになった。この判決自体は仲裁裁定であり，拘束力をもたないが，緻密な検証に基づいて作成されており，南シナ海問題の今後を考える上で，示唆に富む内容となっている。まず，いわゆる

第 14 章　中国のインパクト　321

「9段線」内での諸資源に対する中国の歴史的権利の主張は，国連海洋法条約で定められた範囲を逸脱するものであり，法的な根拠がないという判断が示された。また，フィリピンが問題とした地形に関して，スカボロー礁，ジョンソン南礁，クアルテロン礁，ファイアリークロス礁，ガヴェン礁（北）およびマッケナン礁は12海里の領海のみを設定できる「高潮地形」である一方，ミスチーフ礁，セカンドトーマス礁，スビ礁は，満潮時に水没するため，いかなる海洋権限も付与されないと判断された。なお，ミスチーフ礁，セカンドトーマス礁およびリード堆は，フィリピンのEEZおよび大陸棚の一部を構成する地形であるとの判断が示される一方で，スカボロー礁の帰属に関しては言及されず，歴史的にフィリピン，中国その他の国の漁民の漁場となってきた点が尊重されなければならないことが指摘された。

　さらに判決では，フィリピン以外にスプラトリー諸島で「島」の名称をもつ地形を実効支配する台湾やベトナムに影響を及ぼす内容も示された。判決はこれらの「島」における人間の存在が外部からの資源や補給によって支えられていると指摘し，台湾，ベトナム，フィリピンいずれかの実効支配下にあるイトゥアバ島，パグアサ島，ウェストヨーク島，スプラトリー島，ノースイースト島，サウスウエスト島などはいずれも「高潮地形」であると判定し，国連海洋法条約第121条に照らして，「人間の居住又は独自の経済的生活を維持することのできない岩」であり，EEZおよび大陸棚を生成しないとされた。

　このほか，判決では中国の人工島造成に際しての埋立てが著しい環境破壊を引き起こしていることや，人工島造成にあたって周辺国に通報がなかったこと，中国当局が自国漁民による絶滅危惧種捕獲行為を知りながら適切な措置を講じなかったことなどが国連海洋法条約に違反しているとして批判された。

これに対して中国政府と外務省は，声明を発し（2016年7月12日）判決は無効であり，拘束力をもたないと述べ，南シナ海問題に関する従来からの立場に変更がないことを確認した。

> 南シナ海問題と
> ASEAN

これまで主として，ASEANの中でも南シナ海で中国と領有権等の問題を抱える国々に言及してきたが，ASEAN全体に目を移すと，南シナ海から離れている国もあれば，親中国的な政権もある。それにもかかわらず，ASEANはスプラトリー諸島海戦直後の早い時期から南シナ海問題を全体にかかわる問題として取り上げてきた。当時のASEAN 6の中で，問題の平和的解決に向けてイニシアチブをとったのはインドネシアであった。インドネシアはナトゥナ諸島海域の排他的経済水域が，中国の主張する9段線と重なるという問題を抱えてはいたが，中立的な立場をとり，1990年から「南シナ海の潜在的紛争の制御に関するワークショップ」を主催し，今日に至っている（1991年からは中国や台湾も参加）。

ASEAN全体では，1992年の外相会議共同声明を皮切りに，ASEAN地域フォーラムやASEAN首脳会議などの議長声明でも南シナ海問題に毎回言及がなされるようになった。そして2002年にはASEAN・中国間で，南シナ海での紛争防止のための協力促進を主たる内容とする「南シナ海における関係国の行動宣言（DOC）」が発表された。そこでは，関係当事国は南シナ海における航行と飛行の自由を尊重することや，領土的・法的紛争の解決にあたって，武力による威嚇やその行使に訴えることなく，直接当事国の主権に基づく友好的協議と交渉を通じ，平和的手段によることが合意され，いずれも1982年の国連海洋法条約を含む国際法の諸原則が法的な根拠として位置づけられている。そのほか，紛争を複雑化させる無人の島や岩礁などでの居住活動の自制や，海洋環境保護，海洋科学研究，海上での航行と通信の安全，捜査・救助活動，広域犯罪取締

第14章　中国のインパクト　**323**

表 14-2　南シナ海関連地名の対照表（英語・中国語・ベトナム語）

【岩礁等名称対照表】

番号	英語 （　）内は日本語表記	中国語	ベトナム語	備考
1	Paracel Islands （パラセル諸島）	西沙群島	Quần đảo Hoàng Sa	中国が実効支配
2	Sprately Islands （スプラトリー諸島）	南沙群島	Quần đảo Trường Sa	フィリピン，ベトナム，台湾，中国，マレーシアの実効支配地が混在
3	Pratas Islands （プラタス諸島）	東沙群島	Quần đảo Đông Sa	台湾が実効支配
4	Itu Aba Island （イトゥアバ島）	太平島	Đảo Ba Bình	同上
5	Sprately Island （スプラトリー島）	南威島	Đảo Trường Sa	ベトナムが実効支配
6	Central Reef/ Central London Reef （セントラル礁／セントラル・ロンドン礁）	中礁	Đảo Trường Sa Đông	同上
7	Sin Cowe Island （シンコウ島）	景宏島	Đảo Sinh Tồn	同上
8	Southwest Cay （サウスウエスト島）	南子島	Đảo Song Tử Tây	同上
9	Northeast Cay （ノースイースト島）	北子島	Đảo Song Tử Đông	同上
10	Namyit Island （ナムイット島）	鴻麻島	Đảo Nam Yết	同上
11	Thitu Island （ティツ島）	中業島	Đảo Thị Tứ	フィリピンが実効支配，タガログ語名パグアサ島
12	Mischief Reef （ミスチーフ礁）	美済礁	（略）	中国が実効支配
13	Scarborough Shoal （スカボロー礁）	民主礁，黄岩島	（略）	同上
14	Fiery Cross Reef （ファイアリークロス礁）	永暑礁	Đá Chữ Thập	同上
15	Cuarteron Reef （クアルテロン礁）	華陽礁	Đá Châu Viên	同上
16	Hughes Reef （ヒューズ礁）	東門礁	Đá Tư Nghĩa	同上
17	Gaven Reef （ガヴェン礁）	南薫礁	Đá Gaven	同上
18	Subi Reef （スビ礁）	渚碧礁	Đá Xu Bi	同上
19	Johnson South Reef （ジョンソン南礁）	赤瓜礁	Đá Gạc Ma	同上

図 14-2（1） 南シナ海の略図

（注） ---中国の主張する U 字線。中国の主張を承認することを意味するものではない。
（出所） Daniels［2013］, p. 139, 佐藤［2010］, p. 38 より作成。

図 14-2（2） スプラトリー諸島の拡大図

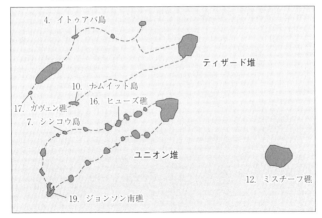

（注） 図中の番号は表 14-2 の南シナ海関連地名に割り振られた番号に対応している。

などの分野で協力することでも合意を見た。

　また，2013年以降はDOCを，法的拘束力をもった「行動規範（COC）」に格上げするための協議がASEAN・中国間で続いているが，完成までには時間がかかることが予想される。

　前述したように南シナ海問題に対するASEAN諸国の立場は決して一様ではないこと，ASEANが合意形成にあたって全会一致方式をとっていること，さらには中国によるASEAN加盟国との個別交渉を通じた分断工作が存在することを考えれば，毎年のように表現に差こそあれ，また名指しこそないものの，ASEANの重要な会議で南シナ海問題への言及がなされていることは，ASEANが必ずしも中国の思いどおりに動くものではないことを意味する。それとともに，ASEANが中国を引き込んでDOCをまとめ，さらにはCOC作成につなげようとしていることは，南シナ海における中国の行動を抑制する上で一定の効果を上げているといえる。スプラトリー諸島海戦以降，ミスチーフ礁とスカボロー礁の占拠を除けば，中国がスプラトリー諸島でベトナムやフィリピンの実効支配する「島」を新たに奪取するなどの軍事行動に出ていないことがそれを示している。DOCは法的拘束力がないとはいえ，中国は当事国の1つになっている以上，PCAの南シナ海判決のように無視することは不可能であろう。

参照・参考文献

赤嶺淳［2010］,『ナマコを歩く——現場から考える生物多様性と文化多様性』新泉社

アゴンシルリョ, テオドロ（岩崎玄訳）［1977］,『フィリピン史物語』井村文化事業社（原著 1969 年）

アジア資本市場研究会編［2018］,『環南シナ海の国・地域の金融・資本市場』日本証券経済研究所

アジア太平洋安全保障ワークショップ報告書［2012］,『アジア太平洋諸国の安全保障上の課題と国防部門への影響（第 3 回）』防衛研究所

アジア福祉教育財団難民事業本部［2007］,『タイにおけるミャンマー（ビルマ）難民の状況及び支援活動の状況調査報告書』

アビト, ルーベン・山田経三編［1986］,『フィリピンの民衆と解放の神学』明石書店

有賀賢一・江島真也［2000］,「タイ王国『東部臨海開発計画総合インパクト評価』——円借款事業事後評価」『開発金融研究所報』第 2 巻, 国際協力銀行開発金融研究所

アンダーソン, ベネディクト（白石隆・白石さや訳）［2007］,『定本 想像の共同体——ナショナリズムの起源と流行』書籍工房早山（原著 1983 年）

アンワル, ロシハン編（後藤乾一編訳）［1990］,『シャフリル追想』井村文化事業社（原著 1980 年）

飯島明子・石井米雄・伊東利勝［1999］,「上座仏教世界」石井米雄・桜井由躬雄編『東南アジア史Ⅰ 大陸部』（世界各国史 5）山川出版社

井川博研究者代表［2015］,『アジア諸国における地方分権と地方自治——アジア諸国における地方分権改革の成果と地方自治の基盤に関する研究（第 1 分冊）』政策研究大学院

―――研究者代表［2016］,『アジア諸国における地方分権と地方自治——アジア諸国における地方分権改革の成果と地方自治の基盤に関する研究

（第 2 分冊）』政策研究大学院

池端雪浦 [1987]，『フィリピン革命とカトリシズム』動草書房

───── [1994]，「東南アジア史へのアプローチ」池端雪浦編『変わる東南アジア史像』山川出版社

─────編 [1994]，『変わる東南アジア史像』山川出版社

─────編 [1999]，『東南アジア史Ⅱ　島嶼部』（世界各国史 6）山川出版社

───── [2002]，「総説」池端雪浦責任編集『岩波講座東南アジア史』第 7 巻，岩波書店

─────・生田滋 [1977]，『東南アジア現代史Ⅲ』山川出版社

石井米雄 [1975]，『上座部仏教の政治社会学』創文社

─────編 [1991]，『上座仏教の受容と変容 2　東南アジア編』佼成出版社

───── [1994]，「タイの中世国家像」池端雪浦編『変わる東南アジア史像』山川出版社

───── [1999]，「シャム世界の形成」石井米雄・桜井由躬雄編『東南アジア史Ⅰ　大陸部』（世界各国史 5）山川出版社

─────・桜井由躬雄 [1985]，『東南アジア世界の形成』講談社

─────・桜井由躬雄 [1999]，「メコン・サルウィンの世界」石井米雄・桜井由躬雄編『東南アジア史Ⅰ　大陸部』（世界各国史 5）山川出版社

─────・桜井由躬雄編 [1999]，『東南アジア史　Ⅰ大陸部』山川出版社

─────・高谷好一・立本成文・土屋健治・池端雪浦監修 [2008]，『東南アジアを知る事典』（新版）平凡社

───── （飯島明子解説）[2015]，『もうひとつの「王様と私」』めこん

石澤良昭 [2001]，「カンボジア平原・メコンデルタ」山本達郎責任編集『岩波講座東南アジア史』第 1 巻，岩波書店

───── [2013]，『〈新〉古代カンボジア史研究』風響社

─────・生田滋 [1998]，『東南アジアの伝統と発展』（世界の歴史 13）中央公論社

井出和貴子 [2014]，「ASEAN における教育の充実と経済成長」『大和総研レポート』6 月 11 日号

伊東利勝 [1999]，「イラワジ川の世界」石井米雄・桜井由躬雄編『東南アジア史Ⅰ　大陸部』（世界各国史 5）山川出版社

───── [1999]，「帝国ビルマの形成」石井米雄・桜井由躬雄編『東南アジア史Ⅰ　大陸部』（世界各国史 5）山川出版社

─────［2001］，「綿布と旭日銀貨──ビュー，ドゥヴァラヴァティー，扶南」山本達郎責任編集『岩波講座東南アジア史』第 1 巻，岩波書店

─────［2001］，「エーヤーワディ流域における南伝上座仏教政治体制の確立」石澤良昭責任編集『岩波講座東南アジア史』第 2 巻，岩波書店

─────［2016］，「ミャンマーと民族問題」阿曽村邦昭・奥平龍二編『ミャンマー──国家と民族』古今書院

─────・根本敬［1999］，「植民地下のビルマ」石井米雄・桜井由躬雄編『東南アジア史 I　大陸部』（世界各国史 5）山川出版社

伊野憲治［2001］，「ビルマ農民大反乱（サヤー・サン反乱）──農民蜂起の意識過程」池端雪浦責任編集『岩波講座東南アジア史』第 7 巻，岩波書店

─────［2018］，「ミャンマー──人間関係で動く政治のジレンマ」清水一史ほか編『東南アジア現代政治入門』（改訂版）ミネルヴァ書房

岩城高広［2001］，「コンバウン朝の成立──「ビルマ国家」の外延と内実」桜井由躬雄責任編集『岩波講座東南アジア史』第 4 巻，岩波書店

イワ・クスマ・スマントリ（後藤乾一訳）［2003］，『インドネシア民族主義の源流──イワ・クスマ・スマントリ自伝』（新版）早稲田大学出版部（原著 1971 年）

岩佐和幸［2018］，「アグリビジネスのグローバル化とパーム油産業の構造変化──『パーム油開発先進国』マレーシアを中心に」『東南アジア研究』第 55 巻第 2 号

岩崎育夫［2013］，『物語シンガポールの歴史──エリート開発主義国家の 200 年』（中公新書）中央公論新社

植田啓嗣［2016］，「タイの初等教育における ASEAN 教育の展開に関する一考察」『早稲田大学教育・総合科学学術研究院学術研究（人文科学・社会科学編）』第 64 号

上原有紀子［2005］，「国連・持続可能な開発のための教育の 10 年をめぐって」『レファレンス』3 月号

潮木守一［1995］，「タイにおける中等教育普遍化政策の展開とその背景（前編）」『国際開発研究フォーラム』第 2 号

内海愛子［1982］，『朝鮮人 BC 級戦犯の記録』勁草書房

─────・村井吉敬［1980］，『赤道下の朝鮮人叛乱』勁草書房

海原峻［1998］，『ヨーロッパがみた日本・アジア・アフリカ──フランス植民地主義というプリズムをとおして』梨の木舎

遠藤聡［2016］,「ASEAN の形成と発展」中野亜里ほか『入門東南アジア現代政治史』（改訂版）福村出版

大泉啓一郎［2018］,「深化する ASEAN 中国 FTA」Research Focus, No. 2017-038
〈https://www.jri.co.jp/MediaLibrary/file/report/researchfocus/pdf/10351.pdf〉

大野徹［2001］,「パガンの歴史」石澤良昭責任編集『岩波講座東南アジア史』第 2 巻, 岩波書店

岡倉古志郎編［1986］,『バンドン会議と五〇年代のアジア』大東文化大学東洋研究所

小川啓一, 江連誠, 武寛子［2005］,『万人のための教育（EFA）への挑戦──日本の ODA に対する提言』JICA

奥平龍二［1994］,「上座仏教国家」池端雪浦編『変わる東南アジア史像』山川出版社

奥村茂次編［1987］,『アジア新工業化の展望』東京大学出版会

尾本恵市・濱下武志・村井吉敬・家島彦一編［2000］,『海のパラダイム』（海のアジア 1）岩波書店

カウスブルック, ルディ（近藤紀子訳）［1998］,『西欧の植民地喪失と日本──オランダ領東インドの消滅と日本軍抑留所』草思社（原著 1944 年）

柿崎一郎［2007］,『物語タイの歴史──微笑みの国の真実』（中公新書）中央公論新社

─────［2016］,『タイの基礎知識』（アジアの基礎知識 1）めこん

鹿熊信一郎［2007］,「サンゴ礁海域における海洋保護区（MPA）の多様性と多面的機能」Galaxea 8 号, JCRS（Japanese Coral Reef Society）

─────［2017］,「海洋保護区を管理ツールとするフィリピンの村落主体沿岸資源管理」『国際漁業研究』第 15 巻

籠谷直人［2000］,『アジア国際通商秩序と近代日本』名古屋大学出版会

粕谷祐子［2015］,「東南アジアにおける 1990 年代以降の選挙制度改革」『選挙研究』第 31 巻第 2 号

片岡樹［2018］,「タイ」増原綾子ほか『はじめての東南アジア政治』有斐閣

─────［2018］,「国民国家建設」増原綾子ほか『はじめての東南アジア政治』有斐閣

河西晃祐［2012］,『帝国日本の拡張と崩壊──「大東亜共栄圏」への歴史的

展開』法政大学出版局

河野真理子［2017］，「南シナ海仲裁の手続と判断実施の展望」『国際問題』No. 659

川村晃一編［2015］，『新興民主主義大国インドネシア──ユドヨノ政権の10年とジョコウィ大統領の誕生』アジア経済研究所

金泳鎬［1987］，「アジア新工業化の政治経済学」奥村茂次編『アジア新工業化の展望』東京大学出版会

木村俊介［2015］，「比較制度研究アジア3カ国の地方分権と地方財政──インドネシア国，フィリピン国及び日本の地方一般財源に関する考察」『一橋法学』第14巻第1号

倉沢愛子［1992］，「インドネシア」吉川利治編『近現代史のなかの「日本と東南アジア」』東京書籍

─────編［2001］，『東南アジア史のなかの日本占領』（新装版）早稲田大学出版部

─────［2002］，「日本占領下のインドネシア」後藤乾一責任編集『岩波講座東南アジア史』第8巻，岩波書店

─────［2012］，『資源の戦争──「大東亜共栄圏」の人流・物流』岩波書店

栗原浩英［1991］，「コミンテルンとベトナムにおける初期の共産主義運動」伊東利勝・栗原浩英・中野聡・根本敬『東南アジアのナショナリズムにおける都市と農村』東京外国語大学アジア・アフリカ言語文化研究所

─────［1993］，「ベトナム戦争」森利一編『現代アジアの戦争』啓文社

─────［1999］，「ドイモイの起源に関する一考察」栗原浩英『東南アジアにおける「共存」・「共生」の諸相』東京外国語大学アジア・アフリカ言語文化研究所

─────［2000］，「ベトナム戦争と中国・ソ連」『アジア研究』第46巻第3・4合併号

─────［2002］，「コミンテルンと東南アジア」『岩波講座東南アジア史』第7巻，岩波書店

─────［2005］，『コミンテルン・システムとインドシナ共産党』東京大学出版会

国際協力銀行開発金融研究所［2002］，『教育セクターの現状と課題──東南アジア4ヵ国の自立的発展に向けて』JBICI Research Paper No. 17

参照・参考文献 　331

―――編［2003］，『インドネシアの宗教・民族・社会問題と国家再統合への展望』（JBICI Research Paper No.25）国際協力銀行開発金融研究所

国際協力事業団・国際協力総合研修所［2001］，『地方行政と地方分権報告書』

国立教育政策研究所訳［2009］，『万人のため教育（EFA）と持続発展教育（ESD）の対話のはじまり』（原著 Ros Wade & Jenneth Parker, *EFA-ESD Dialogue: Educating for a Sustainable World*, UNESCO, 2008）

後藤乾一［1989］，『近代日本とインドネシア――「交流」百年史』北樹出版

―――［1993］，「東南アジアにおける「戦時対日協力」の諸相」後藤乾一ほか編『岩波講座近代日本と植民地 6――抵抗と屈従』岩波書店

蔡史君［1992］，「マレーシア，シンガポール」吉川利治編『近現代史のなかの「日本と東南アジア」』東京書籍

斎藤紋子［2019］，「ミャンマーにおけるムスリム」塩崎悠輝編『ロヒンギャ難民の生存基盤――ビルマ/ミャンマーにおける背景と，マレーシア，インドネシア，パキスタンにおける現地社会との関係』（SIAS Working Paper Series No. 30）上智大学イスラーム研究センター

斎藤照子［2016］，「英国植民地下のミャンマー」阿曽村邦昭・奥平龍二編『ミャンマー――国家と民族』古今書院

坂野正高［1973］，『近代中国政治外交史』東京大学出版会

坂本義和編［1982］，『暴力と平和』朝日新聞社

作本直行［2002］，『アジアの経済社会開発と法』アジア経済研究所

櫻井利江［2015］，「アジアにおける分離権（三）――ICJ コソボ独立宣言勧告の意見を踏まえて」，『富山大学紀要――富大経済論集』第 61 巻第 2 号

桜井由躬雄［1994］，「東南アジアの生態的枠組み」池端雪浦編『変わる東南アジア史像』山川出版社

―――［1999］，「植民地下のベトナム」石井米雄・桜井由躬雄編『東南アジア史 I　大陸部』（世界各国史 5）山川出版社

―――［2001］，「東南アジアの原史――歴史圏の誕生」山本達郎責任編集『岩波講座東南アジア史』第 1 巻，岩波書店

笹川秀夫［2018］，「カンボジア――内戦と傷痕，復興の明暗」清水一史ほか編『東南アジア現代政治入門』（改訂版）ミネルヴァ書房

佐藤考一［2010］，「中国と『辺疆』――海洋国境――南シナ海の地図上の U 字線をめぐる問題」『境界研究』No. 1

JETRO［2013］,「アジアにおける新たな産業集積の動向」『ジェトロ』9月号

シェファー, マージョリー（栗原泉訳）［2014］,『胡椒――暴虐の世界史』白水社

重冨真一［2010］,「タイの政治混乱――その歴史的位置」『アジ研ワールド・トレンド』No. 178

自治体国際化協会編［2004］,『ASEAN 諸国の地方行政』自治体国際化協会

――――［2005］,『シンガポールの政策』（改訂版）自治体国際化協会

――――編［2007］,『ASEAN 諸国の地方行政――ベトナム社会主義共和国編』各国の地方自治シリーズ第 28 号, 自治体国際化協会

――――編［2009］,『インドネシアの地方自治』各国の地方自治シリーズ第 29 号, 自治体国際化協会

――――編［2019］,『タイの地方自治第 1 編――概要・地方行政体制・実例編』各国の地方自治シリーズ第 58 号, 自治体国際化協会

――――編［2019］,『タイの地方自治第 2 編――歴史・国家統治機構・地方財政制度・税制編』各国の地方自治シリーズ第 59 号, 自治体国際化協会

――――編［2019］,『タイの地方自治第 3 編――経済・選挙制度・公務員制度編』各国の地方自治シリーズ第 60 号, 自治体国際化協会

シマトゥパン, タヒ・ボナール（左藤正範訳）［1985］,『インドネシア独立への道』井村文化事業社（原著 1980 年）

島本英樹・早田幸政・堀井祐介・林透・望月太郎・原和世［2016］,「ASEAN 地域連携による高等教育の質保証とタイ王国のアクレディテーション・システム――2015 年度バンコク調査報告」『大阪大学高等教育研究』3 月号

清水一史［2018］,「ASEAN――世界政治経済の構造変化と地域協力の深化」清水一史ほか編『東南アジア現代政治入門』（改訂版）ミネルヴァ書房

白石隆［1979］,「サミニスムとラヤット, ラディカリズム」『東京大学東洋文化研究所紀要』第 77 号

――――［1999］,『崩壊　インドネシアはどこへ行く』NTT 出版

――――・村松岐夫編［2003］,『日本の政治経済とアジア諸国（上巻）政治秩序編』国際日本文化研究センター

白石昌也［1992］,「ベトナム」吉川利治編『近現代史のなかの「日本と東南

参照・参考文献　333

アジア』』東京書籍

―――― [1993]，『ベトナム革命と建設のはざま』東京大学出版会

末廣昭 [2002]，「総説」末廣昭責任編集『岩波講座東南アジア史』第9巻，岩波書店

―――― [2009]，『タイ――中進国への模索』（岩波新書）岩波書店

菅谷広宣 [2010]，「インドネシアの老齢所得保障制度」『年金と経済』第28巻第4号，財団法人年金シニアプラン総合研究機構

菅谷和宏・川名剛 [2012]，「マレーシアおよびインドネシアの年金に関する現地調査報告」公益財団法人年金シニアプラン総合研究機構

杉原薫 [1996]，『アジア間貿易の形成と構造』ミネルヴァ書房

杉本大三 [2001]，「『緑の革命』先進地域における農地保有構造の変容と地主像の変化」『アジア研究』第47巻第3号

杉山晶子 [2004]，「シャムにおける公定ナショナリズムと新聞紙上の言論（1910年〜25年）」根本敬編『東南アジアにとって20世紀とは何か――ナショナリズムをめぐる思想状況』（AA研東南アジア研究第6巻）東京外国語大学アジア・アフリカ言語文化研究所

鈴木絢女 [2018]，「地域統合とASEAN」増原綾子ほか『はじめての東南アジア政治』有斐閣

鈴木康二 [2000]，「アジア法制改革と企業情報開示」『開発金融研究所報』第2号

鈴木早苗 [2016-1]「南シナ海問題とASEAN（1）」『アジアの出来事』〈http://hdl.handle.net/2344/00049525〉

―――― [2016-2]「南シナ海問題とASEAN（2）」『アジアの出来事』〈http://hdl.handle.net/2344/00049524〉

鈴木静夫 [1997]，『物語フィリピンの歴史』中公新書（中央公論社）

鈴木久子 [2014]，「インドネシアの公的医療保険制度改革の動向」『損保ジャパン総研レポート』第64巻

政策投資銀行 [2001]，『シンガポール駐在員事務所報告』（12月）

セデス，ジョリュジュ（辛島昇・桜井由躬雄・内田晶子共訳）[1980]，『インドシナ文明史』（新版）みすず書房（原著1962年）

ソーン，クリストファー（市川洋一訳）[1989]，『太平洋戦争とは何だったのか』草思社（原著1985年）

武田清子 [2001]，『天皇観の相克――1945年前後』（岩波現代文庫）岩波書

334

店

田口三夫［1984］，『アジアを変えたクーデター──インドネシア 9・30 事件と日本大使』時事通信社

田中英式・宮原暁・山本博之共編［2011］，『ASEAN・中国』JCAS Collaboration Series 1

玉田芳史［2001］，「タイの近代国家形成」斎藤照子責任編集『岩波講座東南アジア史』第 5 巻，岩波書店

──────［2003］，「タイの民主化と安定」『日本の政治経済とアジア諸国（上巻）政治秩序編』国際日本文化研究センター

──────［2003］，『民主化の虚像と実像──タイ現代政治変動のメカニズム』京都大学学術出版会

──────［2013］，「民主化と抵抗──新局面に入ったタイの政治」『国際問題』第 625 号

──────［2015］，「タイにおける脱民主化とナショナリズム」『アジア研究』第 61 巻第 4 号

田村慶子［2016］，『シンガポールの基礎知識』めこん

──────［2018］，「シンガポール──「超管理国家」の繁栄とジレンマ」清水一史ほか編『東南アジア現代政治入門』（改訂版）ミネルヴァ書房

ダワー，ジョン・W.（猿谷要監修・斎藤元一訳）［1987］，『人種偏見──太平洋戦争に見る日米摩擦の底流』TBS ブリタニカ（原著 1986 年）

土屋健治［1971］，「サミン運動とインドネシア民族主義」『東南アジア研究』第 9 巻第 2 号

──────［1990］，「〈想像の共同体〉としての国民国家」矢野暢編『東南アジア学の手法』（講座東南アジア学 1）弘文堂

──────［1990］，「ナショナリズム」土屋健治編『東南アジアの思想』（講座東南アジア学 6）弘文堂

──────［1991］，『カルティニの風景』めこん

──────［1994］，「ナショナリズムと国民国家の時代」土屋健治編『ナショナリズムと国民国家』東京大学出版会

──────・加藤剛・深見純生編［1991］，『インドネシアの事典』同朋舎出版

恒川潤編［2009］，『中国の台頭──東南アジアと日本の対応』（国際共同研究シリーズ 4）防衛研究所

寺尾忠能・大塚健司編［2005］，『アジアにおける環境政策と社会変動──産

業化・民主化・グローバル化』（研究双書 541）アジア経済研究所

土佐桂子 [2016]，「仏教徒とイスラーム教徒の共存の可能性」阿曽村邦昭・奥平龍二編『ミャンマー——国家と民族』古今書院

トンチャイ・ウィニッチャクン（石井米雄訳）[2003]，『地図がつくったタイ——国民国家誕生の歴史』明石書店（原論文 1994 年）

永井史男 [2018]，「タイ——『国王を元首とする民主主義』国家」清水一史ほか編『東南アジア現代政治入門』（改訂版）ミネルヴァ書房

永積昭 [1980]，『インドネシア民族意識の形成』東京大学出版会

——— [2000]，『オランダ東インド会社』（講談社学術文庫）講談社

中西嘉宏 [2003]，「未完の党＝国家——ネー・ウィンとビルマ社会主義計画党」『東南アジア研究』第 41 巻第 3 号

——— [2016]，「国軍と政治——軍事政権の時代は終わったのか」阿曽村邦昭・奥平龍二編『ミャンマー——国家と民族』古今書院

中野亜里・小高泰・増原綾子 [2016]，「終わる紛争，終わらない紛争」中野亜里ほか『入門東南アジア現代政治史』（改訂版）福村出版

中野聡 [2002]，「日本占領の歴史的衝撃とフィリピン」後藤乾一責任編集『岩波講座東南アジア史』第 8 巻，岩波書店

——— [2012]，『東南アジア占領と日本人——帝国・日本の解体』岩波書店

中村正志 [2011]，「東南アジア政治制度の比較分析」（アジア経済研究所調査研究報告書）

西芳実 [2014]，『災害復興で内戦を乗り越える——スマトラ沖地震・津波とアチェ紛争』京都大学学術出版会

日通総合研究所 [2017]，『2017・2018 年度の経済と貨物の見通し』日通総合研究所

日本政策投資銀行シンガポール駐在員事務所 [2001]，『タイの工業化の概要』（報告 S-20）

根本敬 [1990]，「1930 年代ビルマ・ナショナリズムにおける社会主義受容の特質——タキン党の思想形成を中心に」『東南アジア研究』第 27 巻第 4 号，京都大学東南アジア研究センター

——— [1992]，「ビルマ」吉川利治編『近現代史のなかの日本と東南アジア』東京書籍

——— [1993]，「ビルマの民族運動と日本」後藤乾一ほか編『岩波講座近

代日本と植民地 6——抵抗と屈従』岩波書店

——— [1996], 『アウン・サン——封印された独立ビルマの夢』(現代アジアの肖像 13) 岩波書店

——— [2002], 「ビルマのナショナリズム——中間層ナショナリスト・エリートたちの軌跡」池端雪浦責任編集『岩波講座東南アジア史』第 7 巻, 岩波書店

——— [2002], 「ビルマの独立——日本占領期からウ・ヌ時代まで」後藤乾一責任編集『岩波講座東南アジア史』第 8 巻, 岩波書店

——— [2010], 『抵抗と協力のはざま——近代ビルマ史のなかのイギリスと日本』岩波書店

——— [2010], 「東南アジアにおける植民地エリートの形成——英領期ビルマの場合」『岩波講座東アジア近現代通史』第 3 巻, 岩波書店

——— [2014], 『物語ビルマの歴史——王朝時代から現代まで』(中公新書 2249) 中央公論新社

——— [2015], 『アウンサンスーチーのビルマ——民主化と国民和解への道』岩波書店

——— [2016], 「連邦国家の形成と挫折」阿曽村邦昭・奥平龍二編『ミャンマー——国家と民族』古今書院

——— [2019], 「ロヒンギャの歴史叙述はどこまで可能か」塩崎悠輝編『ロヒンギャ難民の生存基盤——ビルマ／ミャンマーにおける背景と, マレーシア, インドネシア, パキスタンにおける現地社会との関係』(SIAS Working Paper Series No. 30) 上智大学イスラーム研究センター

農林政策研究所 [2015], 『平成 26 年度カントリーレポート——インド, アルゼンチン, ベトナム, インドネシア』(プロジェクト研究 [主要国農業戦略]) 研究資料, 第 7 号

馬場啓之助編 [1962], 『フィリピンの経済開発』アジア経済研究所

早瀬晋三 [1989], 『「ベンゲット移民」の虚像と実像』同文舘出版

——— [1992], 「フィリピン」吉川利治編『近現代史のなかの「日本と東南アジア」』東京書籍

——— [2007], 『戦争の記憶を歩く——東南アジアのいま』岩波書店

原覚天 [1967], 『現代アジア経済論』勁草書房

——— [1975], 『アジア経済発展論』日本経済新聞社

原不二夫 [2009], 『未完に終わった国際協力——マラヤ共産党と兄弟党』風

響社

パーリ学仏教文化学会上座仏教事典編集委員会編［2016］,『上座仏教事典』
めこん

氷見康二［1994］,「わが国とアジア諸国の大気汚染対策」Inorganic
Materials, Vol. 1, No. 253

平井京之介［2011］,『村から工場へ――東南アジア女性の近代化経験』
NTT出版

フィース,ハーバート［1982］,「経済開発と強権政治」坂本義和編『暴力と
平和』朝日新聞社

フェヘール,F. ほか（富田武訳）［1984］,『欲求に対する独裁』岩波書店
（原著1983年）

深見純生［1994］,「シュリーヴィジャヤ帝国」池端雪浦編『変わる東南アジ
ア史像』山川出版社

―――［2001］,「マラッカ海峡交易世界の変遷」山本達郎責任編集『岩波
講座東南アジア史』第1巻,岩波書店

―――［2001］,「海峡の覇者」石澤良昭責任編集『岩波講座東南アジア
史』第2巻,岩波書店

藤森英男編［1978］,『アジア諸国の輸出加工区』アジア経済研究所

淵本康方・野村亨・石川幸一［1994］,『東南アジア世界の実像』中央経済社

船津鶴代・永井史男編［2012］,『変わりゆく東南アジアの地方自治』アジ研
選書 No. 28

プルヴィーア,J. M.（長井信一監訳）［1977］,『東南アジア現代史』（上・
下）東洋経済新報社（原著1974年）

古田元夫［1991］,『ベトナム人共産主義者の民族政策史』大月書店

古屋博子［2018］,「ベトナム,ラオス,カンボジア」増原綾子ほか『はじめ
ての東南アジア政治』有斐閣

―――［2018］,「国境を越える人々」増原綾子ほか『はじめての東南アジ
ア政治』有斐閣

防衛庁防衛研究所戦史部編［1985］,『史料集南方の軍政』朝雲新聞社

堀芳枝［2001］,「フィリピン農地改革における政府,NGO,住民組織の対
立と協調」『アジア研究』第47巻第3号

増原綾子［2018］,「インドネシア,東ティモール」増原綾子ほか『はじめて
の東南アジア政治』有斐閣

三菱 UFJ リサーチ＆コンサルティング［2017］，『諸外国における外国人受入制度に係る調査・研究報告書』（法務省入国管理局委託）

宮脇聡史［2018］，「模索する民主主義」増原綾子ほか『はじめての東南アジア政治』有斐閣

ミュルダール，G.（板垣与一監訳）［1974］，『アジアのドラマ──諸国民の貧困の一研究』（上・下）東洋経済新報社

三輪和宏［2006］，「諸外国の下院の選挙制度」『レファレンス』12 月号，国会図書館調査及び立法考査局

村井吉敬・佐伯奈津子・間瀬朋子編［2013］，『現代インドネシアを知るための 60 章』明石書店

村嶋英治［1987］，「タイにおける政治体制の周期的転換──議会制民主主義と軍部の政治介入」萩原宜之・村嶋英治編『ASEAN 諸国の政治体制』アジア経済研究所

───［1996］，『ピブーン──独立タイ王国の立憲革命』岩波書店

───［1999］，「タイ近代国家の形成」石井米雄・桜井由躬雄編『東南アジア史 I　大陸部』（世界各国史 5）山川出版社

───［2009］，「タイにおける共産主義運動の初期時代（1930-1936）──シャム共産党内におけるベトナム人幹部の役割を中心として」早稲田大学アジア太平洋研究センター出版・編集委員会編『アジア太平洋討究』第 13 号

村田俊一［2005］，「フィリピン・ミンダナオ島における資源をめぐる紛争の検証──ミンダナオ島中央部の "Ligawasan（リガワサン）" 湿地帯の地下資源とそれに関連する重要行為主体の利害関係の考察」小柏葉子編『資源管理をめぐる紛争の予防と解決』IPSHU（広島大学平和科学研究センター）研究報告シリーズ No.35

桃木至朗［1996］，『歴史世界としての東南アジア』（世界史リブレット 12）山川出版社

───［2001］，「唐宋変革とベトナム」「『ベトナム史』の確立」『岩波講座東南アジア史』第 2 巻，岩波書店

森田桐郎編［1987］，『国際労働力移動』東京大学出版会

森山優［2006］，「『南進論』と『北進論』」倉沢愛子ほか編『岩波講座アジア・太平洋戦争 7──支配と暴力』岩波書店

八尾隆生［2001］，「収縮と拡大の交互する時代」『岩波講座東南アジア史』

参照・参考文献　　339

第 3 巻, 岩波書店

山下永子研究主査 [2008], 『東南アジア地域における自治体政府の国際政策に関する研究——福岡市における東南アジア都市連携政策のあり方に関する一考察』財団法人福岡アジア都市研究所

矢野暢 [1975], 『「南進」の系譜』中公新書（中央公論社）

——— [1979], 『日本の南洋史観』中公新書（中央公論社）

——— [1986], 『冷戦と東南アジア』中央公論社

山田裕史 [2009], 『カンボジア人民党の特質とその変容（1979〜2008 年)』（上智大学アジア文化研究所 Monograph Series No. 4）上智大学アジア文化研究所

——— [2015], 「カンボジア人民党の体制維持戦略——議会を通じた反対勢力の取り込み・分断と選挙への影響」山田紀彦編『独裁体制における議会と正当性——中国, ラオス, ベトナム, カンボジア』アジア経済研究所

山本信人 [2002], 「インドネシアのナショナリズム——ムラユ語・出版市場・政治」池端雪浦責任編集『岩波講座東南アジア史』第 7 巻, 岩波書店

山本博史 [2016], 「タクシン政権とタイにおける民主主義」, 『商経論叢』第 51 巻第 4 号

吉川利治 [1992], 「タイ」吉川利治編『近現代史のなかの日本と東南アジア』東京書籍

横山豪史 [2018], 「インドネシア——「多様性の中の統一」を目指して」清水一史ほか編『東南アジア現代政治入門』（改訂版）ミネルヴァ書房

リード, アンソニー（平野秀秋・田中優子訳）[1997], 『大航海時代の東南アジア 1 貿易風の下で』法政大学出版局（原著 1988 年）

歴史学研究会編 [2006], 『世界史史料 20 世紀の世界 I ——ふたつの世界大戦』第 10 巻, 岩波書店

ローレン, ポール・ゴードン（大蔵雄之助訳）[1995], 『国家と人種偏見』TBS ブリタニカ（原著 1988 年）

渡辺佳成 [2001], 「コンバウン朝ビルマと『近代』世界」斎藤照子責任編集『岩波講座東南アジア史』第 5 巻, 岩波書店

Building on Success: A Strategic Framework for the Next Ten Years of the Greater Mekong Subregion Economic Cooperation Program [2002]
〈https://www.adb.org/publications/strategic-framework-ten-years-gms-economic-cooperation-program〉

Daniels, Christopher L. [2013], *South China Sea: Energy and Security Conflicts*, Scarecrow Press, Incorporated.

Fels, Enrico, Truong-Minh Vu, (Eds.) [2016], *Power Politics in Asia's Contested Waters: Territorial Disputes in the South China Sea,* Springer International Publishing Switzerland.

Hugo, Graeme [1999], "Managing Mobilization and Migration of Southeast Asia's Population," Wong Tai-Chee and Mohan Singh, eds., *Development and Challenge: Southeast Asia in the New Millennium*, Singapore: Times Academic Press.

Indian Ocean Rim Association: IORA (established on 7 March 1997) ⟨https://www.iora.int/en⟩

Justice Antonio T. Carpio, THE SOUTH CHINA SEA DISPUTE, ⟨https://www.ifri.org/sites/default/files/atoms/files/antonio_carpio_south_china_sea.pdf⟩

Kahin, G. M. [1956], *The Asian-African Conference, Bandung, Indonesia, April 1955*, Cornell University Press.

Lieberman, Victor [2003], *Strange Parallels: Southeast Asia in Global Context, c. 800–1830*, Cambridge University Press.

Linn, Brian McAllister [1989], *The U. S. Army and Counterinsurgency in the Philippine War, 1899–1902*, University of North Carolina Press.

Lockwood, Rupert [1970], The Indonesian Exiles in Australia, 1942–47, *Indonesia*, October, No. 10.

New Mandala: New perspectives on Southeast Asia⟨https://www.new-mandala.org/about/⟩Hosted by the Australian National University's (ANU) Coral Bell School of Asia Pacific Affairs, established in June 2006

PCA [2016-1] Press Release (The South China Sea Arbitration), The Hague, 12 July 2016 ⟨https://pca-cpa.org/wp-content/uploads/sites/175/2016/07/PH-CN-20160712-Press-Release-No-11-English-pdf⟩

——— [2016-2] PCA Case Nº 2013-19 (Award) ⟨https://pca-cpa.org/wp-content/uploads/sites/175/2016/07/PH-CN-20160712-Award.pdf⟩

Phongpaichit, Pasuk [1990], *The New Wave of Japanese Investment in ASEAN*, ASEAN Economic Research Unit, Institute of Southeast Asian Studies.

Storer, James A. and Teresia [1960], "Philippine Economic Planning and Progress, 1945～1960," The Administration of Economic Planning in the Philippines ed., *Planning for Progress*, University of the Philippines.

Tarling, Nicholas ed. [1992], *The Cambridge History of Southeast Asia*, Vol. 1, 2, Cambridge University Press.

Tarling, Nicholas [2001], *Imperialism in Southeast Asia*, Routledge.

Thayer, Thomas C. [1985], *War without Fronts*, Boulder: Westview Press.

The ASEAN Secretariat [2005], ASEAN Statistical Yearbook 2005, Jakarta: ASEAN Secretariat.

The ASEAN Secretariat, ASEAN Investment Report 2016: Foreign Direct Investment and MSME Linkages, September 2016
〈https://investmentpolicy.unctad.org/publications/150/asean-investment-report-2016-foreign-direct-investment-and-msme-linkages〉

The ASEAN Secretariat [2018], ASEAN Statistical Yearbook 2018, Jakarta: ASEAN Secretariat.

United Nations [1950], *Economic Survey of Asia and the Far East*.

Warr, Peter G. ed. [1993], *The Thai Economy in Transition*, Cambridge University Press.

国家統計局編 [2018]，『中国統計年鑑 2018』
〈www.stats.gov.cn/tjsj/ndsj/2018/indexch.htm〉

侯振宇，凌雲志 [2008]，『国際視角下的中国――東盟研究』広西師範大学出版社

齊鵬飛 [2013]，『大国疆域』中共党史出版社

万輔彬 [2006]，『中越両国建立"両廊一圏"可行性研究主報告』中国商務出版社

呉士存 [2013]，『南沙争端的起源與発展』（修訂版）中国経済出版社

中共広西壮族自治区委員会宣伝部，北部湾（広西）経済区規劃建設管理委員会弁公室編 [2007]，『風生水起北部湾』広西師範大学出版社

中華人民共和国商務部 [2017]，『中国対外投資合作発展報告』
〈http://fec.mofcom.gov.cn/article/tzhzcj/tzhz/upload/zgdwtzhzfz-

bg2017.pdf〉

中華人民共和国商務部［2018］，『中国対外投資発展報告』
〈http://images.mofcom.gov.cn/fec/201901/2019012815534858158.pdf〉

中華人民共和国外交部辺界與海洋事務司編［2013］，『中華人民共和国辺界事務条約集（2004 年〜2012 年）（下冊）』世界知識出版社

Cong hoa Xa hoi chu nghia Viet Nam［1977］，*Nien giam thong ke 1976*，Tong cuc thong ke.

Hoang Van Thai［1990］，*Nhung nam thang quyet dinh*，NXB Quan doi uhan dan.

Ngo Van Phuong, Ngo Dieu Ke［1991］，*Nghe thuat kinh doanh : Thoi gian khong cho doi chung ta*，NXB Thong tin.

Viet Nam Dan chu Cong hoa［1976］，*Nien giam thong ke 1975*，Tong cuc thong ke.

読 書 案 内

　ここでは本書の理解を深め，かつ東南アジア史に関するさらなる学習を
進めるにあたって役立つ文献について，主に 1990 年から 2018 年までの約
30 年間に出版された日本語著作（邦訳，改訂版を含む）に限定して紹介する。
本書全体に関係する文献においては各書籍の簡潔な特徴についても記した。

◆本書全体に関係する文献

①桃木至朗ほか編『東南アジアを知る事典』（新版）平凡社，2008 年
　東南アジアの歴史，生態（環境），文化，宗教，政治，経済など全般にわたる
　便利で正確な記述からなる事典。1986 年の旧版刊行以来，22 年を経て大幅な
　改訂を経て出版された。東南アジアに知的関心を抱く人々にとって座右の書
　の 1 つ。

②信田敏宏ほか編『東南アジア文化事典』丸善出版，2019 年
　東南アジアの文化について，歴史的背景，民族，言語，教育，宗教，生業，
　社会，食文化，芸術・芸能，ジェンダー，観光・文化遺産，日本との関係な
　ど，現代的で幅広いテーマにわたって読みやすい形で編集されている。

③パーリ学仏教文化学会・上座仏教事典編集委員会編『上座仏教事典』
　めこん，2016 年
　東南アジア大陸部に広がる上座仏教に関する正確な知識を確認し，その歴史
　的背景をつかむにあたって必要とされる詳細かつ最新の研究成果からなる事
　典。

④池端雪浦ほか編『岩波講座東南アジア史』全 9 巻＋別巻，岩波書店，
　2001 ～ 03 年
　日本の東南アジア史研究者の手による包括的かつ本格的な東南アジア史講座。
　20 世紀末までの研究成果を反映した 110 本の論文からなる。東南アジア史研
　究のテーマや論点が見渡せるだけでなく，研究史や基礎史実の確認にも役立
　つ。東南アジア史を専門に学ぼうとする学生や大学院生にとって必読の書。

＊ちなみに，『岩波講座世界歴史』全28巻＋別巻（岩波書店）にも東南アジア史に関する論考が複数含まれている。

⑤池端雪浦編『変わる東南アジア史像』山川出版社，1994年

1990年代前半までの研究成果に基づき，東南アジアの歴史像の再構築を追究した知的冒険に富む論文集。現在でも読む価値は十分にあり，研究史の整理にも役立つ。

⑥石井米雄・桜井由躬雄編『東南アジア史Ⅰ大陸部』山川出版社，1999年

⑦池端雪浦編『東南アジア史Ⅱ島嶼部』山川出版社，1999年

⑥と⑦はいずれも東南アジア史概説書の定番。1990年代後半までの研究成果が反映された詳細な叙述がなされている。

⑧石井米雄編『上座仏教の受容と変容2　東南アジア編』佼成出版社，1991年

東南アジア大陸部に広がる上座仏教について，歴史的背景を含む宗教上の特徴に加え，宗教生活，儀礼，文字，民衆反乱など多岐にわたり，6人の研究者がわかりやすく執筆している。

⑨桃木至朗『歴史世界としての東南アジア』（世界史リブレット）山川出版社，1996年

東南アジア史における熱帯の生態と国際交易に焦点を絞り，前近代を中心にわかりやすく論じた本。研究史についても丁寧に叙述している。

⑩古田元夫編『東南アジアの歴史』放送大学教育振興会，2018年

東南アジア史研究の第一人者の編者が放送大学で担当した講座の教科書。編者を含め5人が分担執筆しており，最新の研究成果に基づき基本史実をわかりやすく整理している。

⑪石井米雄・辛島昇・和田久徳編『東南アジア世界の歴史的位相』東京大学出版会，1992年

1990年代初めまでの研究成果に基づく論文集とはいえ，東南アジア史を考える論題が「伝統的社会の構造と国際交易」「植民地支配と現地社会」「国民国家の成立と展開」の3部構成の下で14編収められてあり，いまでも十分に知見を得ることができる。

⑫石井米雄編『東南アジアの歴史』弘文堂，1991年

『講座東南アジア学』（全10巻，別巻1，弘文堂）の中の第4巻。1980年代までの東南アジア史研究の成果と問題状況を知ることができる。

読書案内　345

⑬ベネディクト・アンダーソン著，白石隆・白石さや訳『定本 想像の共同体——ナショナリズムの起源と流行』書籍工房早山，2007 年（原著1983 年）

国民という同胞意識はいかにして形成されたのか，インドネシア政治史研究者である著者がその歴史的過程を世界史的に論証する。東南アジア史の中のナショナリズムを考える上でも貴重な論点を提供してくれる。

⑭小倉貞男『物語ヴェトナムの歴史』（中公新書）中央公論新社，1997 年

⑮鈴木静夫『物語フィリピンの歴史』（中公新書）中央公論新社，1997 年

⑯柿崎一郎『物語タイの歴史』（中公新書）中央公論新社，2007 年

⑰根本敬『物語ビルマの歴史』（中公新書）中央公論新社，2014 年

⑭から⑰の 4 冊は東南アジアにおける特定国家の歴史を取り上げ，各国の政治史を中心に，基本史実の理解が深められるようわかりやすく叙述されている。出版された段階までの研究成果が反映されているため学術的価値も高い。

⑱田村慶子『シンガポールの基礎知識』めこん，2016 年

⑲柿崎一郎『タイの基礎知識』めこん，2016 年

⑳加納啓良『インドネシアの基礎知識』めこん，2017 年

㉑古田元夫『ベトナムの基礎知識』めこん，2017 年

㉒山田紀彦『ラオスの基礎知識』めこん，2018 年

⑱から㉒の 5 冊は，いずれも対象国の研究における第一人者による単独の著作で，歴史に加え，自然地理・政治・経済・文化・宗教・国際関係・日本との関係などを詳細に叙述している。高レベルの東南アジア国別入門書。

㉓古田元夫『ベトナムの世界史——中華世界から東南アジア世界へ』（増補新装版）東京大学出版会，2015 年

ベトナムの歴史を周辺地域さらにはグローバルな意味での「世界」とのかかわりに重点を置いて分析・叙述した画期的な著作。1995 年に書き著されたものを，その後のベトナムの変化に即して 20 年後に増補。

㉔伊東利勝編『ミャンマー概説』めこん，2011 年

ビルマ（ミャンマー連邦）を構成する主要8民族それぞれ固有の歴史・政治・社会・文化について，24 人の研究者らによる論考（翻訳含む）からなる本格的概説書。

㉕ラオス文化研究所編『ラオス概説』めこん，2003 年

ラオス人と日本人の研究者によってまとめられた日本初の詳細なラオス概説書。

㉖鶴見良行『東南アジアを知る──私の方法』（岩波新書）岩波書店，
1995 年

まさに「歩く，見る，訊く」を実践しながら東南アジアを論じた著者の方法
を知る遺稿。

◆第 1 部の理解を深めるための文献

本書全体に関係する文献に示した①②③④⑤⑥⑦⑧⑨⑩⑪⑫⑭⑮⑯⑰に加え，
下記の文献が挙げられる。

①ジョリュジュ・セデス著，辛島昇・桜井由躬雄・内田晶子訳『イン
ドシナ文明史』みすず書房（新版），1980 年（原著1962 年）

②坂井隆・西村正雄・新田栄治『東南アジアの考古学』（世界の考古学8）
同成社，1998 年

③弘末雅士『東南アジアの建国神話』（世界史リブレット）山川出版社，
2003 年

④石澤良昭・生田滋『東南アジアの伝統と発展』（世界の歴史 13）中央公
論社，1998 年

⑤三上次男『陶磁の道──東西文明の接点をたずねて』中央公論美術出
版，2000 年

⑥石澤良昭著，大村次郷（写真）『アンコールからのメッセージ』山川
出版社，2002 年

⑦桜井由躬雄『前近代の東南アジア』放送大学教育振興会，2006 年

⑧ベルナール・P. グロリエ著，石澤良昭・中島節子訳『西欧が見たア
ンコール──水利都市アンコールの繁栄と没落』連合出版，1997 年
（原著1958 年）

⑨桃木至朗・樋口英夫・重枝豊『チャンパ──歴史・末裔・建築』めこ
ん，1999 年

⑩石井米雄『タイ近世史研究序説』岩波書店，1999 年

⑪加藤久美子『盆地世界の国家論──雲南，シプソンパンナーのタイ
族史』京都大学学術出版会，2000 年

⑫坂井隆『港市国家バンテンと陶磁貿易』同成社，2002 年

⑬アンソニー・リード著，平野秀秋・田中優子訳『大航海時代の東南
アジア I ──貿易風の下で』法政大学出版局，2002 年（原著1988 年）

⑭弘末雅士『東南アジアの港市世界──地域社会の形成と世界秩序』

読書案内　347

岩波書店，2004 年

◆第 2 部の理解を深めるための文献

本書全体に関係する文献に示した①②④⑤⑥⑦⑨⑩⑪⑫⑭⑮⑯⑰に加え，下記の文献が挙げられる。

①加納啓良『東大講義——東南アジア近現代史』めこん，2012 年

②小泉順子編『歴史の生成——叙述と沈黙のヒストリオグラフィ』京都大学出版会，2018 年

③ベネディクト・アンダーソン著，高地薫・糟谷啓介ほか訳『比較の亡霊——ナショナリズム・東南アジア・世界』作品社，2005 年（原著1998 年）

④永原陽子編『生まれる歴史，創られる歴史——アジア・アフリカ史研究の最前線から』東京外国語大学アジア・アフリカ言語文化研究所，2011 年

⑤ジェームス・C. スコット著，高橋彰訳『モーラル・エコノミー——東南アジアの農民反乱と生存維持』勁草書房，1999 年（原著 1976 年）

⑥ジェームズ・C. スコット著，佐藤仁監訳『ゾミア——脱国家の世界史』みすず書房，2013 年（原著 2009 年）

⑦クリスチャン・ダニエルス編『東南アジア大陸部山地民の歴史と文化』東京外国語大学アジア・アフリカ言語文化研究所，2014 年

⑧梅原峻『ヨーロッパがみた日本・アジア・アフリカ——フランス植民地主義というプリズムをとおして』梨の木舎，1998 年

⑨斯波義信『華僑』（岩波新書）岩波書店，1995 年

⑩田中恭子『国家と移民——東南アジア華僑世界の変容』名古屋大学出版会，2002 年

⑪永積昭『インドネシア民族意識の形成』東京大学出版会，1980 年

⑫土屋健治『カルティニの風景』めこん，1991 年

⑬大橋厚子『世界システムと地域社会——西ジャワが得たもの失ったもの 1700 ～ 1830』京都大学学術出版会，2010 年

⑭小林寧子『インドネシア——展開するイスラーム』名古屋大学出版会，2008 年

⑮池端雪浦『フィリピン革命とカトリシズム』勁草書房，1987 年

⑯中野聡『歴史経験としてのアメリカ帝国——米比関係史の群像』岩波

書店，2007 年

⑰トンチャイ・ウィニッチャクン著，石井米雄訳『地図がつくったタイ──国民国家誕生の歴史』明石書店，2003 年（原著 1994 年）

⑱石井米雄著，飯島明子解説『もうひとつの「王様と私」』めこん，2015 年

⑲小泉順子『歴史叙述とナショナリズム──タイ近代史批判序説』東京大学出版会，2006 年

⑳村嶋英治『ピブーン──独立タイの立憲革命』（現代アジアの肖像 9）岩波書店，1996 年

㉑古田元夫『ホー・チ・ミン──民族解放とドイモイ』（現代アジアの肖像 10）岩波書店，1996 年

㉒根本敬『アウン・サン──封印された独立ビルマの夢』（現代アジアの肖像 13）岩波書店，1996 年

㉓根本敬『抵抗と協力のはざま──近代ビルマ史のなかのイギリスと日本』岩波書店，2010 年

㉔長田紀之『胎動する国境──英領ビルマの移民問題と都市統治』山川出版社，2016 年

㉕古田元夫『ベトナム人共産主義者の民族政策史──革命の中のエスニシティ』大月書店，1991 年

㉖栗原浩英『コミンテルン・システムとインドシナ共産党』東京大学出版会，2005 年

㉗吉川利治編『近現代史のなかの日本と東南アジア』東京書籍，1992 年

㉘後藤乾一『近代日本と東南アジア──南進の「衝撃」と「遺産」』岩波書店，1995 年

㉙ルディ・カウスブルック著，近藤紀子訳『西欧の植民地喪失と日本──オランダ領東インドの消滅と日本軍抑留所』草思社，1998 年（原著 1998 年）

㉚倉沢愛子編『東南アジア史のなかの日本占領』（新装版）早稲田大学出版部，2001 年

㉛倉沢愛子ほか『支配と暴力（岩波講座アジア・太平洋戦争 7）』岩波書店，2006 年

㉜倉沢愛子『日本占領下のジャワ農村の変容』草思社，1992 年

㉝インドネシア日本占領期史料フォーラム編『証言集──日本軍占領

下のインドネシア』龍渓書舎, 1991 年

㉞池端雪浦編『日本占領下のフィリピン』岩波書店, 1996 年

㉟柿崎一郎『タイ鉄道と日本軍——鉄道の戦時動員の実像 1941〜1945 年』京都大学学術出版会, 2018 年

㊱中野聡『東南アジア占領と日本人——帝国・日本の解体』岩波書店, 2012 年

㊲倉沢愛子『資源の戦争——「大東亜共栄圏」の人流・物流』岩波書店, 2012 年

㊳鈴木静夫・横山真佳編『神聖国家日本とアジア——占領下の反日の原像』勁草書房, 1984 年

㊴油井大三郎・古田元夫『第二次世界大戦から米ソ対立へ』(世界の歴史 28) 中央公論社, 1998 年

㊵木畑洋一『帝国のたそがれ——冷戦下のイギリスとアジア』東京大学出版会, 1996 年

㊶早瀬晋三『戦争の記憶を歩く——東南アジアのいま』岩波書店, 2007 年

㊷遠藤美幸『「戦場体験」を受け継ぐということ——ビルマルートの拉孟全滅戦の生存者を尋ね歩いて』高文研, 2014 年

㊸ジャック・チョーカーほか著, 根本尚美訳, 小菅信子・朴裕河・根本敬解説『歴史和解と泰緬鉄道——英国人捕虜が描いた収容所の真実』朝日新聞出版, 2008 年

◆第 3 部の理解を深めるための文献

本書全体に関係する文献に示した①②④⑥⑦⑩⑭⑮⑯⑰⑱⑲⑳㉑㉒㉓㉔㉕に加え, 下記の文献が挙げられる。

①中野亜里・遠藤聡・小高泰・玉置充子・増原綾子『入門東南アジア現代政治史』(改訂版) 福村出版, 2016 年

②清水一史・田村慶子・横山豪志編『東南アジア現代政治入門』(改訂版) ミネルヴァ書房, 2018 年

③増原綾子・鈴木絢女・片岡樹・宮脇聡史・古屋博子『はじめての東南アジア政治』(有斐閣ストゥディア) 有斐閣, 2018 年

④早稲田大学アジア太平洋研究センター「戦後日本・東南アジア関係史総合年表」編集委員会編『戦後日本・東南アジア関係史総合年表』

龍渓書舎, 2003 年

⑤加藤剛編『変容する東南アジア社会』めこん, 2004 年

⑥桐山昇『東南アジア経済史――不均一発展国家群の経済結合』有斐閣, 2008 年

⑦古田元夫『歴史としてのベトナム戦争』大月書店, 1991 年

⑧遠藤聡『ベトナム戦争を考える――戦争と平和の関係』明石書店, 2005 年

⑨山影進編『転換期の ASEAN』日本国際問題研究所, 2001 年

⑩黒柳米司『ASEAN35 年の軌跡――'ASEAN Way' の効用と限界』有信堂高文社, 2003 年

⑪黒柳米司編『「米中対峙」時代の ASEAN――共同体への深化と対外関与の拡大』明石書店, 2014 年

⑫鈴木早苗『合意形成モデルとしての ASEAN――国際政治における議長国制度』東京大学出版会, 2014 年

⑬黒柳米司・金子芳樹・吉野文雄編『ASEAN を知るための 50 章』明石書店, 2015 年

⑭綾部恒雄・林行夫編『タイを知るための 60 章』明石書店, 2003 年

⑮村井吉敬・佐伯奈津子編『インドネシアを知るための 50 章』明石書店, 2004 年

⑯今井昭夫・岩井美佐紀編『現代ベトナムを知るための 60 章』明石書店, 2004 年

⑰上田広美・岡田知子編『カンボジアを知るための 60 章』明石書店, 2006 年

⑱田村慶子編『シンガポールを知るための 65 章』(第 4 版) 明石書店, 2014 年

⑲大野拓司・寺田勇文編『現代フィリピンを知るための 61 章』明石書店, 2009 年

⑳田村克己・松田正彦編『ミャンマーを知るための 60 章』明石書店, 2013 年

㉑宮崎恒二・山下晋司・伊藤眞編『暮らしがわかるアジア読本――インドネシア』河出書房新社, 1994 年

㉒水島司編『暮らしがわかるアジア読本――マレーシア』河出書房新社, 1993 年

㉓小野澤正喜編『暮らしがわかるアジア読本――タイ』河出書房新社，1994年

㉔宮本勝・寺田勇文編『暮らしがわかるアジア読本――フィリピン』河出書房新社，1994年

㉕坪井善明編『暮らしがわかるアジア読本――ヴェトナム』河出書房新社，1995年

㉖田村克己・根本敬編『暮らしがわかるアジア読本――ビルマ』河出書房新社，1997年

㉗白石隆『スカルノとスハルト――偉大なるインドネシアをめざして』（現代アジアの肖像11）岩波書店，1997年

㉘萩原宜之『ラーマンとマハティール――ブミプトラの挑戦』（現代アジアの肖像14）岩波書店，1996年

㉙岩崎育夫『リー・クアンユー――西洋とアジアのはざまで』（現代アジアの肖像15）岩波書店，1996年

㉚中村正志『パワーシェアリング――多民族国家マレーシアの経験』東京大学出版会，2015年

㉛久志本裕子『変容するイスラームの学びの文化――マレーシア・ムスリム社会と近代学校教育』ナカニシヤ出版，2014年

㉜五十嵐誠一『民主化と市民社会の新地平――フィリピン政治のダイナミズム』早稲田大学出版部，2011年

㉝倉沢愛子編『消費するインドネシア』慶應義塾大学出版会，2013年

㉞倉沢愛子『戦後日本＝インドネシア関係史』草思社，2011年

㉟中西嘉宏『軍政ビルマの権力構造――ネー・ウィン体制下の国家と軍隊1962～1988』京都大学学術出版会，2009年

㊱根本敬『アウンサンスーチーのビルマ――民主化と国民和解への道』岩波書店，2015年

㊲阿曽村邦昭・奥平龍二編『ミャンマー――国家と民族』古今書院，2016年

㊳山本博之『倒せ独裁！　――アウンサンスーチー政権をつくった若者たち』梨の木舎，2016年

㊴伊野憲治『ミャンマー民主化運動――学生たちの苦悩，アウンサンスーチーの理想，民のこころ』めこん，2018年

㊵中坪央暁『ロヒンギャ難民100万人の衝撃』めこん，2019年

㊶玉田芳史『民主化の虚像と実像――タイ現代政治変動のメカニズム』京都大学学術出版会，2003 年

㊷末廣昭『タイ 中進国の模索』（岩波新書）岩波書店，2009 年

㊸柴田直治『バンコク燃ゆ――タックシンと「タイ式」民主主義』めこん，2010 年

㊹坪井善明『ヴェトナム現代政治』東京大学出版会，2002 年

㊺坪井善明『ヴェトナム新時代――「豊かさ」への模索』（岩波新書）岩波書店，2008 年

㊻白石昌也編『ベトナムの対外関係――21 世紀の挑戦』暁印書館，2004 年

㊼中野亜里『現代ベトナムの政治と外交――国際社会参入への道』暁印書館，2006 年

㊽阿曽村邦昭編『ベトナム――国家と民族』（上・下）古今書院，2013 年

㊾山田紀彦編『ラオスにおける国民国家建設――理想と現実』アジア経済研究所，2011 年

㊿山田寛『ポル・ポト＜革命＞史――虐殺と破壊の四年間』（講談社選書メチエ）講談社，2004 年

★ 年　表 ★

	年	出来事（丸囲み数字は月）
110万年前		ジャワ原人
前3千年紀		オーストロネシア語族が島嶼部に進出，新石器時代
前2千年紀後半		稲作が始まる
前1500年頃		ドンソン青銅器文化（ベトナム）が興る，バンチェン文化（タイ）形成
前600年頃		バン・ナディ（タイ東北部）で鉄器使用
前214		秦，象郡を設置（現在のベトナム北部）
前111		前漢武帝，南越を滅ぼし，現在のベトナム北部に交趾・九真・日南3郡を置く
1世紀		カンボジア南部に扶南興る
		この頃，（ビルマ）ピューの城市ベイッタノウつくられる
2世紀頃		この頃，海の交易網形成（扶南とローマとの交易なども）
2世紀末		この頃，林邑（チャンパー）興る
3世紀	203	交趾が交州と改称。この頃，（ビルマ）ピューの城市タイェーキッタヤーとハリンヂーつくられる
4世紀	399	林邑，日南・九真・交趾に侵入
6世紀後半		この頃，真臘（クメール）がメコン中流域に興る
7世紀初		シャイレーンドラ朝興る（スジョムルト碑文/最古のマレー語碑文）
		この頃，タイのチャオプラヤー川流域にモン人の王国ドゥヴァーラヴァティ興る（？）
	44	マラユ国（パレンバン）が唐に朝貢
	70頃	シュリーヴィジャヤ（室利仏逝国）がマレー半島で台頭
	71	義浄，海路でインドへ
	79	唐（調露元年），交州都督府を安南都護府と改称
	82	シュリーヴィジャヤがマラユ（パレンバン）征服
	87	義浄がインドからの帰途，パレンバンに滞在（5年間）
8世紀	74	ジャワがチャンパー侵攻
	75	シャイレーンドラ朝がシュリーヴィジャヤ国支配（リゴール碑文）
9世紀	820頃	ボロブドゥール寺院建立
	32	南詔，（ビルマの）ピューを攻撃，ピューは急速に衰退
	42	シャイレーンドラとサンジャヤ王統が合体（トゥリトゥプサン刻文）
	866	南詔，安南都護府を攻撃するが撃退される
9世紀半ば		プランバナン寺院建立，『ラーマーヤナ・カカウィン』成立
10世紀	60～962	占城国王，宋に遣使
	68	丁部領，大瞿越を建国
	75	宋，丁部領を交趾郡王に封ず
	79	丁部領殺害される

	80	十道将軍黎桓，丁氏を廃し，自ら帝となる（ベトナム前黎朝，〜1005）
	93	宋太宗，黎桓を交趾郡王に封ず
	99	黎桓，ラオスに侵攻
11 世紀	1009	前黎朝滅ぶ
	10	李公蘊即位（太祖），李朝を開く（ベトナム，〜1225）
	25	チョーラがマラッカ海峡に大遠征，支配権樹立
	44	ビルマでパガン朝成立（〜1299）
	57	パガン朝アノーヤター王，タトンおよびテナセリムを攻撃
	75	李朝，科挙を初めて実施（ベトナム）
	88	タミル人商業ギルド活動の記録（バルス碑文）
	90	この頃，シャイレーンドラ朝がクダで復活
12 世紀	1113	パガン朝で最古のビルマ語碑文「ミャーゼディ碑文」刻まれる
	17	三仏斉が宋に最後の朝貢
	64	宋孝宗，交趾を安南国とし，李朝の英宗を安南国王に封じる（安南という国名始まる）
12 世紀		アンコール・ワットの造営
13 世紀	1270	この頃，元がビルマ，チャンパー，ベトナム，ジャワに侵攻（〜1292）
	71	黎文休，『大越史記』30 巻を著す（ベトナム）
	82	（タイ）スコータイ朝（1240 ？〜1438），第 3 代ラーマカムヘン王による碑文刻まれる。この頃，スコータイに南タイ経由で上座仏教伝わる
	93	マジャパイト朝建国，マルコ・ポーロがスマトラ北岸に立ち寄る
	99	パガン朝滅亡
14 世紀	1329〜1341	ベトナム，陳憲宗在位。牛吼族の反乱
	31	ガジャ・マダがマジャパイトの宰相に（〜64）
	33	黎崱，『安南志略』を完成（ベトナム）
	51	タイにアユタヤ朝興る（〜1767）
	53	ランサーン王国の建国（ラオス）
	64	上ビルマにインワ朝興る
	69	下ビルマにハンタワディ（ペグー）朝興る
	89〜1390	占城大挙して安南に侵入
	00 頃	マラッカ王国建国
15 世紀	1405	マラッカが明に初めて朝貢，鄭和遠征が始まる（05〜22 年第 1 〜6 回，31〜33 年第 7 回）
	07〜1427	ベトナム，明の支配下におかれる（属明期）
	18	ベトナムで黎利の反明蜂起始まる（〜1428）
	21	シャム，マラッカに進攻（26〜31，45〜46，50 年にも進攻）
	27	ベトナムから明の撤退。ベトナムで黎利が即位し，後黎朝が始まる

	~28	(~1789)
	38	スコータイ朝，アユタヤ朝に併合される
	50頃	マラッカ王，イスラームに改宗（スルタン・ムザッファル・シャーを名乗る）
	70	黎聖宗，『洪徳律例』を頒布（ベトナム）
	76	下ビルマ，ハンタワディ朝のダンマゼーディ王，スリランカに22名の僧侶を派遣し，79年帰国後カルヤーニ戒壇を設置，この後，上座仏教広まる
	79	呉士連，『大越史記全書』15巻（ベトナム）
15世紀後半		スールーにイスラーム王国成立，ジャワ北岸にイスラームの港市国家興る
16世紀	1511	ポルトガル，マラッカ占領
	21	マゼランが比，マルク等に来訪，ラプラプ（マクタン島）との戦闘でマゼラン死去
	27	莫登庸が帝を称して自立（ベトナム）
	30頃	旧マラッカ王族，ジョホールに王国を建設
	31	ビルマのタウングー朝，タビンシュエティ王即位，周辺地域併合
	32	阮淦が黎帝を擁立して莫氏と対峙（ベトナム）
	45	阮淦が毒殺され，鄭氏が権力を掌握（ベトナム）
	51	タウングー朝，バインナウン王即位，アラカンを除くビルマ全土制圧
	64	アユタヤ朝，タウングー朝バインナウン王の攻撃を受け，一時的に滅亡
	71	西がマニラ（ルソン島）を比統治の拠点に
	80	西がポルトガル併合（~1640年），この頃ジャワにマタラム王国興る
	92	鄭氏，昇竜を占領し，莫氏を追放（ベトナム）
	96	蘭船が初めてバンテン（ジャワ）来航
	99	ナレースエン率いるアユタヤ軍，ペグー，マダマを攻撃，タニンダイー地方を支配下に入れる。タウングー朝滅亡
	00	ベトナム，阮淦の次子阮潢，広南阮氏の基礎を築く
17世紀	1601	英東インド会社（1600年設立）船，初めてジャワ来航
	02	蘭東インド会社設立
	04	ビルマ，ニャウンヤン朝（復興タウングー朝）始まる
	07	アチェでイスカンダル・ムダが即位（~36年），全盛期を迎える
	11	マニラにサント・トマス学院創立（45年大学に改称）
	12	『スジャラ・ムラユ（ムラユ王統記）』の原型成立
	19	蘭がジャカルタをバタヴィアと改称
	20	マタラム王国（中部ジャワ）がジャワ東部征服
	23	蘭，アンボンの英商館員を殺害（アンボン事件）
	24	蘭が台湾に拠点（~61年）
	46	スールー，西と和平条約締結
	61	鄭成功が台湾の蘭拠点ゼーランディア城を奪取
	92	占城，広南阮氏によって滅ぼされる
	94	蘭が西ジャワのプリアンガンで義務供出制開始

356

18 世紀	1704	マタラムが第 1 次王位継承戦争（〜08 年）
	05	マタラムが西ジャワの一部とマドゥラ島東半分を蘭に割譲
	07	ランサーン王国がルアンプラバンとヴィエンチャンに分裂
	11	蘭，西ジャワでコーヒーの義務供出制開始
	13	ラオスにチャンパサック王国の分立
	33	アユタヤ朝ボロマコート王即位，文化的黄金時代を迎える
	38	ベトナム，広南阮氏，カンボジアを侵略し，嘉定を占領（〜1765 年）
	46	マタラム，第 3 次王位継承戦争（〜55 年），王パクブウォノ 2 世が蘭に王国を移譲
	52	ビルマ，モン軍の攻撃で，ニャウンヤン（復興タウングー）朝滅亡，アラウンパヤー王即位し，コンバウン朝開く
	55	マタラム王国分裂（スラカルタとジョクジャカルタ）
	57	アラウンパヤー王，モン人の王国を消滅させる
	67	アユタヤ朝，コンバウン朝の攻撃により滅亡
	68	タイで，タークシンがトンブリー朝を開く（〜1782 年）
	71	ベトナム，西山阮氏の蜂起
	77	蘭がジャワ全土に支配権確立
	81	西山軍がサイゴン侵入
	82	タイ，プラヤー・チャクリ，バンコクにラタナコーシン朝を開き，ラーマ 1 世となる
	84	シャムの安南侵入。西山阮朝に撃退される（〜1785 年）。コンバウン朝バドン王，アラカン王国を滅ぼす
	85	西，王立フィリピン会社設立（〜1834 年）
	86	阮恵がフエ，ハノイに侵攻
	89	西山朝の攻撃を受け，黎朝滅亡，清軍撤退
	99	蘭，東インド会社解散
19 世紀	1802	ベトナムの統一（阮［グェン］朝／〜1945 年）
	11	ジャワ，英領時代始まる（〜16 年）
	24	英蘭ロンドン条約締結，相互の植民地勢力範囲確定
	25	ジャワ戦争始まる（〜30 年）
	26	第 1 次英・ビルマ戦争終結，タイが英東インド会社とバーネイ和親条約締結
	30	蘭，ジャワで強制栽培制度を始める
	33	マラヤ，この頃から契約制インド人労働者移民始まる
	41	ベトナム，阮朝がカンボジアを併合
	53	英東インド会社解散（海峡植民地，英インド省の直轄に）
	55	タイ，英とバウリング条約を締結
	60	ムルタトゥリ，『マックス・ハーフェラール』刊行
	68	タイのラーマ 5 世（チュラロンコーン大王）即位（〜1910 年）インド人労働者の下ビルマ大量流入始まる
	73	アチェ戦争（〜1910 年頃まで）
	74	タイ，チャクリ改革（国家機構改革），奴隷制度段階的廃止へ

		（1905 年完全廃止）
	82	比，西双方でプロパガンダ運動（～95 年頃）
	84	⑨清仏戦争開始（～85）
	87	仏領インドシナ連邦成立，ホセ・リサールの小説『ノリ・メ・タンヘレ』刊行
	88	ジャワのバンテンで反蘭農民蜂起
	90	この頃，中部ジャワでサミン運動創始
	94	日清戦争（～95 年）
	95	ベトナムの抗仏勢力，抵抗終わる
	96	比独立革命勃発
20 世紀	1904	日露戦争（～05 年）
	05	この頃，ベトナムで日本留学を勧める「東遊（ドンズー）運動」さかんになる
	08	インドネシア最初の民族主義団体ブディ・ウトモ結成
	12	サリカット・イスラーム（イスラーム同盟）設立，東インド党設立
	14	東インド社会民主同盟（ISDV）設立（24 年インドネシア共産党に党名変更）
	19	ホー・チ・ミン，ヴェルサイユ会議に，「アンナン人民の要求」書簡を提出 比でメシア運動的な農民反乱が続発
	23	英，ビルマに両頭制を施行
	26	インドネシア共産党，武装蜂起（～27 年），失敗
	26 ～27	タイ，英仏などとの不平等条約改定（完全撤廃は 1937 年）
	28	第 2 回インドネシア青年会議，「青年の誓い」を採択
	30	ビルマでタキン党結成，フィリピン共産党，インドシナ共産党成立 ベトナムでゲティン・ソヴェット運動（～31 年）
	31	④蘭の禁止策で国民党解散，インドネシア党（パルティンド）結成
	32	⑥タイ立憲革命，⑧スカルノ，パルティンド党首に
	33	蘭，パルティンド他独立派民族団体幹部を逮捕，流刑
	34	③比独立法（タイディングス・マックダフィー法）成立
	35	⑤サクダル党（即時完全独立主張，日本の支援を宣伝・期待）蜂起，⑪比でコモンウェルス発足，⑫ブディ・ウトモ他の蘭協調派諸団体，大インドネシア党（パリンドラ）を結成
	36	⑤仏で人民戦線政府成立，⑪パルティンドが解散させられる
	37	この年，マラヤ・インド人中央協会結成，②ムハマディヤー，ナフダトゥル・ウラマ他，全インドネシア・イスラーム協議会（ミアイ）結成，④ビルマ統治法施行（英領インドから分離），⑤旧パルティンド幹部がインドネシア人民運動（ゲリンド）組織
	38	この年，ビルマで「ビルマ暦 1300 年の反乱」，反インド人暴動，油田労働者，大学生のストなど，頻発（～39 年初めまで）
	39	⑤パリンドラ，ゲリンド他がインドネシア政治連合（ガピ）結成，

	⑨「ガビ宣言」自治条件に対蘭協力表明，⑨ビルマで戦争非協力を揚げタキン党，シンイェダー党等が「自由ブロック」結成，⑫第1回インドネシア人民大会，民族旗，民族歌，国語を決める
40	②蘭植民地総督諮問機関「国民参議会」が自治案可決，⑥タイが対日友好和親条約，相互不可侵条約，⑧蘭ロンドン亡命政府自治案拒否，⑨日本軍，北部仏印「進駐」，⑩ベトナム北部仏印軍に民衆蜂起，⑩タイ（ピブーン政権），カンボジア3省返還要求し仏印進攻
41	⑤仏印＝タイ平和条約締結，ベトナム独立同盟（ベトミン）結成，⑦タイが第二次世界大戦に厳正中立声明，⑦日本が南部仏印「進駐」，⑫日タイ同盟条約・日本軍タイ領内通過容認協定，⑫アウンサンがビルマ独立義勇軍をバンコクで編成しビルマへ
42	①タイが対米英宣戦布告，①日本軍マニラ占領，ビルマ進攻，マレー半島完全占領，②シンガポール占領，③日本軍ジャワ占領，フィリピン抗日人民軍（フクバラハップ）結成，④自由タイ運動が米で開始（タイ国内で43年②～），⑤比の米極東軍降伏，ビルマ独立義勇軍とカレン人間で暴動，⑥日本がシンガポール中国人に5000万ドル献金強制，ビルマで日本軍政開始，⑦日本軍政，スカルノ，ハッタを軍政監部参与に，ビルマ独立義勇軍解体，防衛軍を編成，⑫比で，日本協力「カリバピ」（新生比奉仕団）組織
43	③日本軍，インドネシアで民衆総力結集運動（44年③ジャワ奉公会に改組），④警防団・青年団，⑨兵補大量採用，⑩ジャワ郷土防衛義勇軍（PETA）を組織，⑧ビルマ「独立」（日本傀儡），⑩比「独立」（日本傀儡）
44	②シンガパルナ（西ジャワ）農民が日本軍政の米穀供出強制に抵抗，③～⑦日本軍インパール作戦，⑧ビルマ抗日「反ファシスト組織」（のち反ファシスト人民自由連盟，略称パサパラ）結成
45	②米軍マニラ入城，亡命自治政府帰還，フクバラハップ武装解除，②ブリタール（東ジャワ）でPETA兵士武装蜂起，日本軍鎮圧，③日本軍政監部下でインドネシア独立準備調査会発足，スカルノ，ハッタなど参加，③日本軍，仏印軍を武装解除，インドシナ直接統治，③～④インドシナ3国で日本傀儡国家の独立宣言，③ビルマでパサパラ蜂起，抗日闘争開始，⑤連合軍，ラングーン占領，⑧タイ，対米英宣戦布告無効宣言，米承認，インドネシア共和国独立宣言，ベトナム民主共和国臨時政府成立，ネーオ・ラーオ・イッサラ（自由ラオス）委員会発足，ベトナム，全土一斉蜂起運動，バオダイ帝退位宣言，⑨ベトナム民主共和国独立宣言。ラオス，ラーオ・イッサラ政府成立，英連邦軍，サイゴン上陸，中国国民党軍ベトナム北部に。仏軍，ベトナム軍とサイゴンで全面軍事衝突。インドネシアの各組織，工場，鉄道施設の接収を開始。連合軍がタイ進駐，⑩英印軍，スラバヤ上陸，インドネシア軍と激戦，⑩英仏連合軍，プノンペン進駐，ソン・ゴク・タン首相「逮捕」，ラオス国王がペサラート首相解任，ネーオ・ラーオ・イッサラ，臨時政府樹立，国王解

年　表　359

任宣言，⑪ラオス国王退位，臨時政府を受け入れ，⑫カンボジアの
シアヌーク国王，独立宣言（③12日）撤回

46 ①タイ，英と終戦協定。カンボジア，仏と暫定協定（仏連合内の内
政自治）。パサパラ第1回全国大会，早期完全独立を英に要求，英，
対日協力者・日本人戦犯の裁判開始，③ベトナム，仏と暫定協定
（民主共和国は仏連合，インドシナ連合内の自由国），④ラオス，シ
ーサワンウォン国王王位復帰。仏軍，ビエンチャン占領，英領「マ
ラヤ連合」発足，⑤UMNO発足。⑦比共和国独立，比通商法（ベ
ル通商法）調印，ベトナム，仏とフォンテンブロー会談（〜⑨決
裂），⑧ラオス，仏と暫定協定（王制ラオス，仏連合内自治），フク
バラハップの武装抵抗始まる，MIC発足，⑪インドネシア，リン
ガジャチ（チレボン市郊外）で英蘭と独立交渉，リンガジャチ協定，
ベトナム民主共和国憲法公布，仏・タイ協定（タイ41年併合カン
ボジア，ラオス領土返還），⑫タイ，国際連合加盟，タイ共産党合
法政党化（52年反共法で非合法に），ハノイで仏，ベトナム軍衝突
（第一次インドシナ戦争開始）

47 この年前半，蘭，植民地再建軍事活動強化。①アウンサン＝アトリ
ー協定，②パンロン協定（連邦制の独立），③米比軍事基地協定，
米比軍事援助協定，⑤カンボジア，ラオス，憲法発布，立憲君主国
化，⑥蘭，インドネシア共和国領域を軍事攻撃（〜⑧，国連安保理
が停戦決議），⑦アウンサン暗殺，⑨ビルマ制憲議会，連邦共和制
を議決，⑧国連インドネシア3ヵ国委員会発足，⑩蘭，6自治国，
9自治地域作る（マリノ諸国），⑪米軍艦レンヴィル号でインドネ
シア，蘭独立交渉。タイ人中心主義の「変政団」（ピブーンなど）
がクーデタ

48 ①レンヴィル協定調印，ビルマ独立（④国連加盟），②マラヤ連邦
協定発効（マラヤ9州，ペナン，マラッカが英連邦に），マラヤ共
産党，ゲリラ活動開始，⑦カレン民族，自治政府要求で蜂起，⑨マ
ディウン事件（インドネシア共産党武装蜂起事件），⑩カレン民族
防衛機構，ビルマ政府軍と軍事衝突（内戦開始），⑫蘭，共和国全
領域を軍事占領，首脳を捕虜に。蘭に米を含む国際的非難集中

49 ①インドネシア問題アジア・アフリカ独立国会議（インド），停戦，
蘭撤退決議，②マラヤ中国人協会（MCA）結成，③バオダイ＝ベ
トナム国独立（仏連合内），⑤蘭，米の圧力でジョクジャカルタ
（インドネシア共和国首都）返還，⑦ラオス，仏と独立協定（仏連
合内），⑪インドネシア独立交渉ハーグ円卓会議，インドネシア共
和国，15傀儡政府出席。カンボジア，仏と独立協定（仏連合内独
立），⑫蘭，インドネシア連邦共和国に主権移譲。ビルマ，英連邦
諸国と借款協定

50 ①この年，比HMB（フクバラハップの名称変更）の武装闘争激化，
①中ソベトナム民主共和国承認。②米英ラオス，カンボジア承認。
⑤米，インドシナ対仏援助開始。⑦タイ，朝鮮戦争に陸軍部隊派兵，

360

	⑧インドネシア連邦構成国共和国合併完了，インドネシアは単一共和国に。ネーオ・ラーオ・イッサラ，ラオス抗戦政府樹立（首相，スパヌウォン）。⑨タイ，米と経済技術協定（⑩米と軍事協定），比キリノ政権（国防長官マグサイサイ），HMB 壊滅作戦開始，ビルマ米経済援助協定，⑫仏・バオダイ＝ベトナム軍事協定
51	③インドシナ3国解放勢力，統一戦線結成，⑧米比相互防衛条約締結，⑨米，バオダイ・ベトナムと援助協定，ラオス，カンボジアと経済援助協定を締結
52	①マラヤ連邦憲法修正（中国系市民権拡大），MCA，UMNO と連合（地方選挙で），④ビルマ，日本に戦争状態終結通告
53	この年，ホロ島など比南部ムスリムの反政府闘争激化。①ビルマ，英との軍事条約廃棄，②シアヌーク，仏に向け出発（「独立のための十字軍」開始〜⑪），③ビルマ，米の全援助を一方的拒否（⑥30日以降），⑦仏，インドシナ3国に独立交渉覚書を手交，⑨東南アジア条約機構（SEATO）設立条約，⑩仏，ナヴァール・プランによる紅河デルタ拠点確保作戦開始
54	③仏，カンボジア外交主権承認（完全独立），④ビルマ・中国通商条約，⑤ディエンビエンフー陥落，ジュネーブ会議開始（⑦協定調印），⑥比マグサイサイ政権，ミンダナオ入植推進，⑨比，SEATO 加盟，⑩ MIC，UMNO＝MCA 連合に参加，ビルマ，SEATO 不参加，⑫米・比ラウレル・ラングレー協定，仏，インドシナ3国と新経済協定（経済財政の独立）
55	④カンボジア，人民社会主義共同体（サンクム）結成，アジア・アフリカ会議，日本ビルマ平和条約，⑤ハイフォンの仏軍撤退（ベトナム北部解放），⑨インドネシア第1回総選挙，⑩ゴ・ディン・ジエム，ベトナム共和国大統領に
56	②シアヌーク，SEATO 加入拒否，中立宣言，⑤日比本賠償協定，⑦南ベトナム，南北統一選挙実施拒否，⑩南ベトナム，共和国憲法発布
57	③ビルマ・米新経済協力協定，④インドネシア，西イリアン奪還を初めて公式政策に，⑥比，文化的少数民族問題検討国民統合委員会設置，⑧マラヤ連邦独立，⑨タイ，サリット陸軍総司令官がクーデタ，⑪ラオス両派が行政協定（愛国戦線，合法政党に），⑫インドネシア，蘭系企業の接収活動激化
58	ビルマ，この年，与党パサパラ内部分裂，②インドネシア，軍部反乱頻発（スマトラ「共和国革命政府」，北スラウェシ等），⑩タイでサリット第2次クーデタ，⑩ビルマ，第1次ネィウィン軍事政権成立
59	この年，ラオス内戦激化（⑨国連安保理ラオス小委員会設置），⑥英領シンガポール自治国発足，⑦インドネシア，スカルノが45年憲法体制復帰布告，⑧比，国語をピリピーノと命名
60	①中国・ビルマ相互不可侵条約締結，中国・ビルマ国境協定調印。②ビルマ第3回総選挙，連邦党（旧清廉パサパラ）圧勝。③インド

ネシア，任命制「ゴトン・ロヨン国会」発足，⑦マラヤ連邦「非常事態」解除，⑩タイ，経済開発6ヵ年計画発表，⑫南ベトナム解放民族戦線結成

61 この年，インドネシアの地方反乱勢力降伏。①インドネシア，ソ連と4億ドル借款協定。⑤マラヤのラーマン首相，マレーシア構想発表。⑦インドネシア，日本と友好通商条約，⑧インドネシア，外国石油会社に利潤配分変更通告，⑫インドネシア，西イリアン解放国防会議設置

62 ①インドネシア・蘭両国艦隊交戦，③ビルマ，国軍クーデタで革命評議会発足（議長ネィウィン大将）。⑤インドネシア軍，西イリアン西部進攻，⑥比，サバ（北ボルネオ）領有宣言。ラオス，第2次連合政府成立（63年④崩壊）。⑦ビルマ社会主義計画党創設，⑧西イリアン協定，国連暫定管理。⑫ブルネイ反乱（63年①スカルノが支持表明）

63 ②スカルノ，マレーシア計画を新植民地主義と主張，③インドネシア・米緊急借款協定，⑤スカルノがインドネシア終身国家元首，西イリアン施政権，国連からインドネシアへ。南ベトナム，フエで宗教弾圧に抗し仏教徒集会。カンボジア人民革命党，共産党に党名変更，指導者ポルポト（サロット・サル），⑥インドネシア，外国石油会社3社と新協定，⑦マレーシア協定（ブルネイ不参加）。マラヤ，比，インドネシア首脳会談（マニラ，「マフィリンド」構想発表），⑧北ボルネオ，サラワク，完全自治確保を宣言，⑨マレーシア発足，インドネシア，比が国交断絶，⑩ビルマ，産業国有化令施行，⑪南ベトナムで軍事クーデタ，ゴ・ディン・ジエム大統領殺害

64 この年，インドネシアで外国企業接収活動激化，③ビルマ，社会主義計画党を除く全政党に解散命令，⑧インドネシア・ゲリラ，ジョホール上陸。トンキン湾事件発生（7日，米議会トンキン湾決議，70年⑥決議廃棄），⑨マレーシア全土非常事態宣言

65 ①インドネシア国連脱退通告。英がサバ・サラワク派兵，②南ベトナム，米軍は北爆を開始，③インドネシア，全外国石油会社を政府管理下に。米海兵隊，ダナン上陸，米地上兵力の南ベトナム直接介入始まる，⑥南ベトナムでクーデタ，グエン・カオ・キ，グエン・ヴァン・ティエウが政権掌握，⑧シンガポールがマレーシアから分離・独立。インドネシア，IMF・世銀脱退，⑩インドネシア「9・30事件」発生，⑫マルコスが比大統領就任

66 ⑤マレーシア，インドネシアと関係正常化，⑥比がマレーシアを承認，⑦比でベトナム援助法成立。IGGI予備会談（東京），⑫IGGIパリ会議），⑨米比軍事基地新協定（貸与期間25年に短縮）。インドネシアが国連，IMF復帰，⑩シンガポール，血債問題（対日補償）で日本と妥結，⑫インドネシア，65年③の外国石油会社3社政府管理措置の取り消し令

67 ①英軍，東マレーシアから完全撤退，②インドネシア，スカルノ大

362

統領解任国会決議，英蘭系ユニレヴァー社返還。IGGI 第 3 回会議，新規 2 億ドル援助決定．③インドネシア，スハルトが大統領代行，④日本，対インドネシア借款 6000 万ドル供与認可。USA ダンロップ・タイヤ社他 8 社接収を解除・返還．⑧マレーシア，インドネシア，全面国交回復。東南アジア諸国連合（ASEAN）結成

68	①スハルト，国会議席を 414 に拡大（軍議席 75）。南ベトナム解放戦線，テト攻勢開始．③スハルト，インドネシア大統領に。ジョンソン米大統領，北爆の部分的停止指令，④第 4 回 IGGI 会議，2 億7500 万ドル援助決定，⑤比でミンダナオ独立運動結成，⑪比，マルコス，ベトナム撤兵発表，⑫比共産党（毛沢東派）結党（69 年③同新人民軍結成），マルコス，大統領再選，この年，MNLF 設立
69	②英軍，西マレーシアから撤退開始，④IMF，インドネシアに 69年度 7000 万ドル融資。第 6 回 IGGI 援助額 4 億 9000 万ドル超決定，⑤マレーシア連盟党総選挙で議席後退，クアラルンプールでマレー人，中国人衝突（5 月 13 日事件），非常事態宣言（71 年②解除）。シンガポールで暴動，⑥クアラルンプールでマレー人，インド人衝突。南ベトナム共和国臨時革命政府樹立，⑧インドネシア国有石油会社プルタミナ設立，⑨インドネシア，スカルノを逮捕。北ベトナム，ホー・チ・ミン国家主席死去，⑪マレーシア，市民権取得制限を強化
70	③カンボジア，ロン・ノルクーデタ，④北京でカンプチア民族統一戦線結成，カンボジア王国民族連合政府樹立，⑤インドネシア，ビマス・ゴトン・ロヨン（外資提携の米作奨励計画）中止，⑥インドネシア，前大統領スカルノ死去，⑩カンボジア，クメール共和国に国名変更
71	②プルタミナ，中東原油値上げに対応，原油価格 30% 引上げ，⑥比コタバトでムスリム大虐殺事件発生，⑦インドネシア第 2 回総選挙，⑪5 ヵ国防衛体制発足（シンガポール，マレーシア，英，ニュージーランド，豪州）
72	⑥リビア政府，比のムスリム支援表明，⑨インドネシア，日本企業5 社にアサハン・アルミ・プロジェクト協力要請。比で戒厳令布告，⑩比，南部ムスリム地域が内戦状態（〜75 年，難民約 200 万人発生），⑪比憲法草案採択，マルコス 3 選容認，⑫比，大統領令でバランガイを行政単位。ニクソン政権，最大規模の北爆
73	①インドネシアで「開発連合党」（イスラーム党，NU 等 4 党），「民主」（国民党，ムルバ党等 5 党）。比，新憲法公布。ベトナム和平パリ協定，⑨マレーシア・サバ州議会，憲法改正，マレー語のみ公用語，⑩マレーシア，サラワク反政府勢力と武装反乱放棄協定
74	①田中首相来訪時，シンガポール大学，マレー大学等で反日運動，インドネシアで反日暴動。ビルマ，社会主義に基づく新憲法公布，②比ホロ島でモロ民族解放戦線が大攻勢，③ビルマ，ビルマ社会主義計画党一党支配民政に，④ラオス，臨時民族連合政府（第 3 次連合政

年　表　　363

	府）発足。⑤日本，IGGI援助8億5000万ドル決定。⑦米比のラウレル・ラングレー協定失効。マレーシア，国営石油ペトロナス設立
75	③ベトナム人民軍，中部高原で大攻勢。④比政府・ムスリム諸勢力間和平第1回会談（⑥第2回）。カンボジア，解放勢力がプノンペン入城，同市住民の強制退去が始まる。ベトナム人民軍，サイゴン入城，ベトナム戦争終結。⑤IGGI，20億ドル借款。プルタミナ巨額負債表面化，⑥ビルマ，学生・労働者反政府ストライキ発生，⑦日本企業連合，インドネシア政府とアサハン・アルミ・プロジェクト調印，⑧ポルトガル領ティモール（ティモール島東部）で，ティモール民主同盟（UDT）がクーデタ（⑨インドネシア軍軍事介入），⑩マレーシア・サバ州首相ムスタファ（カリマンタン島統合独立論者）解任，⑪独立派フィレティリンが東ティモール人民民主共和国独立宣言，UDT他4勢力がインドネシア併合を宣言。比，「マニラ首都圏」設立，⑫UDT他が臨時政府樹立を宣言。ラオス人民民主共和国成立
76	①カンボジア，新国名，民主カンプチア。②第1回ASEAN首脳会議，TAC採択。③ビルマ，民族思想家タキン・コウドオフマイン生誕100周年で反政府運動。③比米通商協定交渉再開。④インドネシア，プルタミナの負債総額62億ドル。国連安保理，東ティモール進駐インドネシア軍撤退要求決議，インドネシア受諾拒否，⑦インドネシア，東ティモール併合宣言。ベトナム社会主義共和国成立，⑫ベトナム労働党，ベトナム共産党に改称
77	この年，比南部イスラーム問題交渉（②，前年⑫トリポリ和平会談再開。③イスラーム地域南部13州の自治移行と暫定自治政府創設布告。④住民投票，MNLFはボイコット，⑨スールー諸島バシラン島他で戦闘再開）。⑧第1回日本ASEAN首脳会議（クアラルンプール），⑨ベトナムが国連加盟，⑫カンボジア，ベトナムと断交
78	④中国系ベトナム人，中国帰国大規模化。⑥ベトナム，経済援助相互会議（コメコン）加盟，⑦中国，ベトナム経済援助停止，派遣技術者引揚げ決定，⑪ベトナム・ソ連友好協力条約調印，⑫カンボジア救国民族統一戦線結成，ベトナム軍，カンボジアに侵攻
79	①カンボジア救国民族統一戦線軍，ベトナム軍とプノンペン制圧。米比軍事基地協定改定，基地共同使用へ。カンボジア人民共和国（ヘン・サムリン政権）成立。ASEAN外相会議，カンボジアの外国軍隊即時撤退決議，②中国，ベトナム北部国境侵攻（中越戦争）
81	①マルコス比大統領，戒厳令解除，④マレーシア，マレー人株式所有比率増加目的で国家投資信託事業，④マハティール，第4代マレーシア首相就任，⑪ビルマ大統領にサンユー選出，⑫マレーシアのマハティール首相，「ルック・イースト」政策を公式提唱
82	⑥民主カンボジア連合政府（反ベトナムの3派連合）成立，⑨インドネシア，軍の政治介入機能を公式化
83	③インドネシアのスハルト大統領4選（「開発の父」称号），⑧アキ

364

	ノ比元上院議員，マニラ国際空港で国軍兵士が暗殺，⑩ビルマのアウンサン廟で韓国要人 19 名爆弾テロで死亡（⑪ビルマ，北朝鮮の犯行と断定，国交断絶）
84	①ブルネイ・ダルサラーム，英保護国から独立，ASEAN 加盟
85	⑧第 11 回インドシナ 3 国外相会議，90 年までにベトナム軍カンボジア完全撤退を表明。豪労働党政権，東ティモールのインドネシア主権承認
86	②比大統領選挙，マルコス当選宣言（15 日），エンリレ国防相，ラモス参謀総長が反マルコス陣営に（22 日），マルコス，ハワイに亡命，アキノ大統領就任（26 日），⑫ベトナム共産党第 6 回党大会，ドイモイ（刷新）を提起
88	③ビルマ全土，民主化運動発展，④ベトナム共産党，農村の家族請負制を公認。チュオンサ（南沙）群島で中国がベトナム船攻撃，⑦タイ総選挙（⑧チャーチャイ内閣成立），⑧ビルマ，民主化運動ピークに，⑨ビルマ軍部クーデタ，ソオマウン国軍総参謀長が全権掌握，国家法秩序回復評議会設置，NLD，書記長アウンサンスーチー）が政党登録
89	⑤カンボジア人民共和国，国名をカンボジア国に，⑥ビルマ軍事政権，国名ミャンマー連邦，首都名ヤンゴンと改称，⑦ビルマ軍政，アウンサンスーチーを自宅軟禁（〜1995⑦），⑨ベトナム軍カンボジア撤退，⑫比で国軍反乱，アキノ政権下で最大規模
90	⑤ビルマ総選挙（NLD 圧勝，民政移管ならず）
91	④タイでスチンダー将軍の軍事クーデタ，⑥比のピナツボ山噴火，ルソン島中部に被害拡大。ベトナム共産党第 7 回党大会，全方位外交方針，⑧米比友好協力防衛条約，⑨カンボジア最高国民評議会（SNC）と国連安保理常任理事国で和平枠組み基本合意。⑩アウンサンスーチー，ノーベル平和賞受賞決定。カンボジア人民革命党，人民党と改称，⑪越中，国家関係正常化，IGGI 解体
92	③国連カンボジア暫定統治機構（UNTAC）発足（〜1993），⑤バンコク 5 月事件（デモ隊に軍が発砲，国王が仲介・特別声明），⑦インドネシア支援国会合（CGI）設置，⑨ビルマ軍政，戒厳令を全面解除，⑩ ASEAN，自由貿易圏（AFTA）構想
93	①ビルマ，軍政主導制憲国民会議開始，AFTA 開始，⑤カンボジア総選挙，フンシンペック党第 1 党（⑥ラナルット，フン・セン共同首相政府），⑨カンボジア新憲法発効，シアヌーク国王復位
94	②米，ベトナム経済制裁解除
95	②タイ改正憲法公布，⑦タイ総選挙，バンハーン政権成立，ベトナム，ASEAN 加盟，⑧ベトナム米外交関係樹立，⑫第 1 回 ASEAN 10 首脳会議（バンコク），東南アジア非核兵器条約（バンコク条約，97 年③発効）
96	③第 1 回アジア欧州会議（ASEM，バンコク），⑥ベトナム共産党第 8 回党大会，ドイモイの継続と国土の工業化・現代化を提起，⑨

年　表　365

		比政府，MNLF と和平協定
	97	③バンコク条約発動，⑦タイ通貨バーツが対ドル価暴落，変動為替制移行（アジア通貨・経済危機の始まり），ラオス，ビルマがASEAN 加盟，⑨タイ 1997 年憲法制定，⑩IMF 他，対インドネシア 230 億ドル支援発表，⑪タイのチャワリット政権，通貨危機で倒壊。ビルマ国家法秩序回復評議会，国家平和発展評議会名称変更
	98	③スハルト，インドネシア大統領 7 選（副大統領ハビビ），④タイ国軍，ポル・ポト死亡確認，⑤反スハルトデモ拡大，スハルト，大統領辞任，ハビビ昇格，⑦カンボジア総選挙，人民党勝利，⑨マレーシア，為替対米ドル固定レート制移行
	99	④カンボジア，ASEAN 加盟，⑥インドネシア総選挙，⑨インドネシア国民協議会，東ティモール併合決議破棄，第 4 代大統領ワヒド選出，⑪インドネシア，ポルトガル国交回復（24 年ぶり），⑫中越陸上国境画定条約
	2000	⑤ASEAN 財務相会議，資金融通協定拡充（CMI），⑥インドネシア，イリアンジャヤ州で西パプア住民代表会議が分離・独立決議，東マルク諸島で宗教抗争激化，⑦ベトナム米通商協定，⑨ビルマ，アウンサンスーチー 2 度目の自宅軟禁（〜2002⑤），⑪ASEAN 非公式首脳会議，「e-ASEAN 協定」。クリントン，米大統領初のベトナム訪問，⑫中越，トンキン湾（北部湾）領海画定協定
21 世紀	2001	①タイ総選挙（②タクシン連立内閣），エストラダ比大統領辞任，アロヨ副大統領昇格，②インドネシア，カリマンタン島で民族抗争拡大。プーチン，ロシア大統領初のベトナム訪問，③インドネシア，自由アチェ運動（アチェ特別州独立派）武力弾圧政策に転換，④エストラダを横領容疑で逮捕（大統領経験者逮捕は同国史上初），⑤比前大統領逮捕抗議運動激化，比上院選挙新大統領派過半数，比パラワン島でイスラーム過激派アブ・サヤフが外国人誘拐，⑥比政府，MILF と和平協定，⑦インドネシア，ワヒド大統領解任，メガワティ副大統領が昇格，⑨米中枢同時テロ発生，⑩比ミンダナオ島サンボアンガで爆弾テロ，⑪ASEAN 首脳会議，反テロ共同行動宣言
	02	①アブ・サヤフ掃討目的の比米軍事演習「バリカタン 02-1」，②インドネシア，アチェ特別法（自治権拡大法，イスラーム法適用），⑤東ティモール民主共和国成立。ロシア海軍，ベトナムのカムラン湾撤退（1979 年より駐留），⑥ASEAN，AATHP（2003 年発効），⑦ASEAN 外相会議，南シナ海行動基準・行動宣言，⑧インドネシア憲法改正（大統領直接国民投票制導入），ASEAN 拡大外相会議テロ対策共同宣言（ブルネイ），マレーシア新移民法制定，米比国防政策委員会設置，⑩ミンダナオ島等で爆弾テロ多発，バリ島で大規模爆弾テロ（死者 200 余人，外国人観光客多数），⑪メコン流域 6 ヵ国，初の首脳会議をプノンペン開催，⑫ビルマの元大統領ネィウィン死去（92 歳）。インドネシア政府，「自由アチェ運動」が和平協定

03	⑦カンボジア総選挙（人民党勝利，フンセン首相の権力強化），⑩ASEAN，第二共和宣言
04	①ベトナム，グエン・カオ・キ元南副大統領帰国を許可，④インドネシア総選挙，⑥比大統領選挙（アロヨ大統領再選），⑦インドネシア大統領選挙（⑩ユドヨノ就任），⑧リー・シェンロンシンガポール新首相就任，⑪アジア海賊対策地域協力協定締結（06年⑨発効），⑫スマトラ沖地震・インド洋大津波発生（規模M 9.1，死者・行方不明者約23万人，被災者数数10万人）
05	③インドネシアとマレーシア，石油海底鉱区権で武装対立，④バンドゥン会議50周年記念首脳会議，⑦アチェ独立紛争最終和平合意，⑧日本タイFTA合意，⑩バリ島同時爆弾テロ，⑪ビルマ，首都ネーピードーを移転開始，⑫クアラルンプールASEAN首脳会議，ASEAN憲章創設宣言，第1回東アジア首脳会議
06	②比レイテ島，豪雨で大規模地滑り発生，比アロヨ政権，反政府運動で非常事態宣言（③解除），④タイ総選挙，憲法裁判所は結果無効判決，⑤シンガポール総選挙，ジャワ島中部地震（死者6000人余），⑥比死刑廃止法再制定（1987〜94年死刑制度廃止），⑦東ティモールASEAN外相会議，オブザーバー参加，カンボジア政府，国連支援ポル・ポト派特別法廷（開始09年②），インドネシアでアチェ統治法（特別自治）成立，⑧国連東ティモール統合ミッション（UNMIT）設置，⑨日比経済連携協定，バンコクにスワンナプーム国際空港開港，泰日工業大学開設，タイ国軍クーデター，タクシン首相追放，⑩スラユット軍事政権暫定憲法公布
07	①東ティモール，TAC加盟，CGI廃止，⑤ベトナム総選挙，⑧日本ASEAN経済連携協定合意，タイ2007年憲法，⑨マラッカ・シンガポール海峡会議（国際海事機関，シンガポール政府主催），⑫タイ総院選挙（「国民の力」党（タクシン派）勝利）
08	③マレーシア総選挙（UMNO議席大幅減，アブドラからナジブに首相交代），⑤ビルマ，サイクロン「ナルギス」の被害甚大（死者行方不明者14万人余，被災者240万人），直後，新憲法国民投票強行，⑦インドネシア人看護師・介護福祉士候補者，日本受け入れ，⑨ソムチャイ政権（サマック政権の後継），反タクシン派の国際空港占拠で，憲法裁判所失職命令（対立が激化，後継アピシット政権も翌09年④ASEAN関係会議中止），⑫「ASEAN憲章」発効
09	② ACIA署名，④インドネシア総選挙，与党民主党第1党に，⑤比人看護師・介護福祉士候補者，日本受け入れ，⑥マレーシア，ブミプトラ規定緩和
10	① ASEANインド自由貿易協定（AIFTA），②タイ最高裁タクシン一族資産6割没収判決，③タクシン派バンコク市街地占拠（〜5月），③ ASEAN＋3，CMI「マルチ化」発効，④メコン川サミット（ホアヒン，メコン川委員会初），⑥ベトナム，原子力発電所8ヵ所，14基建設計画（撤回），⑪ミャンマー総選挙（2008年憲法下の複数

政党制），アウンサンスーチー，自宅軟禁解放（3回目，7年半ぶり）

11 ①ビルマ民政移管，テインセイン前首相が大統領就任，③東日本大震災発生（3.11），⑤シンガポール総選挙（人民行動党の得票率最低に），⑥ベトナムで反中国デモ（南シナ海領有権問題），⑦タイ総選挙貢献党党首インラックが初の女性首相に，タイ大洪水，⑧アキノ比大統領エブラヒム MILF 議長，ミンダナオ紛争処理成田空港で極秘会談（日本政府仲介）

12 ⑥ビルマ非常事態宣言（ラカイン州仏教・イスラーム両教徒衝突で），⑦カンボジア救国党結成（有力野党に）

13 ①マレーシア総選挙（与党政権維持），⑦カンボジア総選挙（人民党勝利），⑫リトルインディア暴動（シンガポール）

14 ①ベトナム，2013 年憲法施行，③比で包括和平協定調印（政府・MILF，ビルマでベンガル湾多分野技術経済協力イニシアチブ（BIMSTEC）首脳会議，④米比防衛協力強化協定（EDCA，期間10 年），⑤タイ国軍クーデター，インラック政権崩壊，ベトナムで反中デモ，比・インドネシア EEZ 境界画定協定，⑦インドネシア大統領選挙（闘争民主党ジョコ・ウィドド 53 歳当選），ベトナム国家大学ハノイ校に日越大学設立（16 年⑨開校），⑪インドネシア海洋国家ドクトリン（ジョコウィ・ドクトリン）発表

15 ③リー・クアンユー死去（享年 91 歳），⑤大量漂着問題関係国会合バンコク，「ロヒンギャ問題」，⑥アジアインフラ投資銀行（AIIB）設立協定署名，米越「共同ビジョン声明」（両国初の海洋安全保障声明），日比首脳会談共同宣言（中国の南シナ海岩礁埋立問題，海上安保連携強化），⑦東京で日本・メコン地域諸国首脳会議，海上自衛隊・比海軍合同訓練定例化，⑨シンガポール総選挙，メコン地域越境交通円滑化多国間協定批准完了，⑪ビルマ総選挙 NLD 圧勝，ASEAN 首脳会議，ASEAN 共同体構築宣言，⑫ AEC 発足

16 ①ジャカルタで連続テロ，② ASEAN 米首脳会合（サニーランド会合），主題は中国対応，③ビルマ，NLD 政権発足（④アウンサンスーチー国家顧問に），⑤比大統領選挙ドゥテルテ圧勝。麻薬犯罪容疑者現場殺害推進，⑥ ASEAN 中国外相特別会合（決裂雲南省），⑦南シナ海の主権・管轄権中国主張に常設仲裁裁判所，根拠なしと判決，インドネシア，マレーシア，フィリピン 3 国，スールー海合同パトロールイニシアティブ（SSPI）締結，⑧タイ，プーケット他で連続爆破テロ（10 件），ビルマ，21 世紀ピンロン連邦和平会議第1 回会合，⑨比ダバオ爆弾テロ（死傷者 80 人余），⑩インドネシア軍初の大規模軍事演習（ナトゥナ諸島），日比首脳東京会談共同声明，タイ国王ラーマ 9 世プミボン死去（⑫ワチラロンコン王即位）

17 ①カンボジア国会，最高裁の解党命令権容認政党法改正採決強行，③環インド洋連合（IORA）第 1 回首脳会議（ジャカルタ），東ティモール大統領選挙，④タイ 2017 年憲法施行（16 年⑧，国民投票），⑤タイ爆弾テロ事件（病院標的），比ミンダナオ島に戒厳令（マウ

	テ・グループのテロ），⑦インドネシア，EEZ境界線図更新（ナトゥナ諸島海域を「北ナトゥナ海」と），東ティモール議会選挙，⑧インドネシアEEZナトゥナ諸島域違法操業拿捕漁船洋上爆破表明，ビルマでアラカン・ロヒンギャ救世軍（ARSA），ロヒンギャ居住地域の治安施設襲撃（難民大量流出へ），⑪カンボジア最高裁，救国党解党命令
18	①ASEANインド首脳会議（海洋安全保障協力と経済関係強化確認，ASEAN経済共同体域内関税撤廃，④第3回メコン流域国首脳会議，「シェムリアップ宣言」（中国主導開発に力点），⑤マレーシア総選挙で野党連合勝利，初の政権交代（首相はマハティール元首相91歳），⑦カンボジア総選挙（人民党圧勝），⑩マレーシア・タイ首脳会談（バンコク）タイ南部巡り和平協力，⑪シンガポールASEAN首脳会議「インド太平洋ヴィジョン」と「一帯一路」構想交錯
19	①ASEAN外相会議（主要課題，ロヒンギャ，南シナ海），③タイ総選挙，④インドネシア，大統領と国会地方の4選挙同時実施（史上初），選挙業務職員380人余過労死（現職再選），⑥ASEAN首脳会議（独自外交戦略「インド太平洋構想」）

略称・略語

(a) 国名関連

英：イギリス　英米：イギリス・アメリカ　豪：オーストラリア　西：スペイン
比：フィリピン　仏：フランス　仏印：フランス領インドシナ連邦　米：アメリカ
ベトナム・中国：越中（中越）　ベトナム・アメリカ：米越　蘭：オランダ

(b) 条約・団体名等

第二共和宣言：Declaration of ASEAN Concord II

バンコク条約：東南アジア非核兵器地帯条約（Southeast Asia Nuclear-Weapon-Free Zone Treaty）

AATHP：ASEAN越境ヘイズ汚染条約（ASEAN Agreement on Transboundary Haze Pollution）

ACIA：ASEAN包括的投資協定（ASEAN Comprehensive Investment Agreement）

AEC：ASEAN経済共同体（ASEAN Economic Community）

CGI：インドネシア支援国会合（Consultative Group for Indonesia）

CMI：チェンマイ・イニシアティブ（Chiang Mai Initiative）

IGGI：インドネシア援助国会議（Inter-Governmental Group on Indonesia）

MCA：マレーシア華人協会（Malaysian Chinese Association）

MIC：マレーシア・インド人会議（Malaysia Indian Congress）

MILF：モロ・イスラーム解放戦線（Moro Islamic Liberation Front）

MNLF：モロ民族解放戦線（Moro National Liberation Front）

NLD：国民民主連盟（National League for Democracy）

TAC：東南アジア友好協力条約（Treaty of Amity and Cooperation in Southeast Asia）

UMNO：統一マレー国民組織（United Malays National Organization）

★ 写真出所一覧 ★

3 頁　石井米雄・桜井由躬雄『東南アジア世界の形成』講談社，1985 年，158 頁。

12 頁　同上書，159 頁。

18 頁　Shwe Kaing Tha, Hsinyin Htoun hpwe hmu, 1951, Kyipwayei Pounhnei 'Tai'.

24 頁　石井・桜井・前掲書，93 頁。

30 頁　時事通信社提供。

37 頁　栗原浩英撮影。

44 頁　同上。

55 頁　同上。

60 頁　David Bulbe et al., *Southeast Asian Exports since the 14th Century: Cloves, Pepper, Coffee, and Sugar,* Institute of Southeast Asian Studies, Singapore, 1998.

62 頁　毎日新聞社提供。

75 頁　Museum Negara, Singapore.

86 頁　National Archives Ⅲ–RB-1246.

88 頁　U.S. Army Military History Institute.

96 頁　毎日新聞社提供。

99 頁　Peter J. Rimmer& Lisa M. Allen Eds, *The Underside of Malaysian History: Pullers, Prostitutes, Plantation Workers,* Singapore University Press, 1990.

107 頁　Singer, Noel F., *Burmah: A Photographic Journey 1855-1925,* Kiscadale Publications, 1993.

110 頁　根本・村嶋編・前掲書，21 頁。

115 頁　*Dobama Asiayoun Thamain Pyusuyei Ahpwe* ed, *Dobama Asiayoun Thamain Akyin-hkyou' (pahtama twe),* Sapei Bei' man, 1976.

118 頁　Kartini, R. A. 1911, *Door Duisternis tot Licht: Gedachten over en voor het Javaansche volk,* bezorgd door J. H. Abendanon, 's-Gravenhage, Van Dorp.

122 頁　根本敬・村嶋英治編『写真記録東南アジア——歴史・戦争・日本』第 4 巻（ビルマ・タイ），ほるぷ出版，1997 年，123 頁。

124 頁　同上書，126 頁。

126 頁　同上書，133 頁。

130 頁　栗原浩英撮影。

131 頁　李玉剛主編『紅色使者与中国共産党』宇航出版社，1997 年。

138 頁　栗原浩英撮影。

140 頁　同上。

141 頁　Xua & Nay, so48 (2-1998), tr5.

146 頁　栗原浩英撮影。

152 頁　倉澤愛子編『写真記録東南アジア——歴史・戦争・日本』第 2 巻（インドネシア），ほるぷ出版，1997 年，107 頁。

158 頁	時事通信社提供。
163 頁	Milton Osborne, *Sihanouk : Prince of Light, Prince of Darkness,* Allen & Unwin, 1994.
164 頁	倉澤編・前掲書, 107 頁。
169 頁	根本敬撮影。
174 頁	Theodore Friend, *The Blue-Eyed Enemy : Japan Against the West in Java and Luzon, 1942-1945,* Princeton, 1988.
175 頁	Arkib Negara Malaysia.
177 頁	Nick Cullather, *Illusions of Influence : The Political Economy of United States-Philippines Relations, 1942-1960,* Stanford University Press, 1994.
178 頁	Theodore Friend・前掲書。
180 頁	Nicholas J. White, *Business, Government, and the End of Empire : Malaya, 1942-1957,* Oxford University Press, 1996.
192 頁	根本・村嶋編・前掲書。
194 頁	時事通信社提供。
198 頁	毎日新聞社提供。
207 頁	時事通信社提供。
214 頁	Mohamed N. Sopiee, *From Malayan Union to Singapore Separation : Political Unification in the Malaysia Region 1945-1965,* 2 nd ed., University Malaya Press, 2005.
215 頁	UPI・サン・毎日。
219 頁	Lich su, *Quan chung phong khong, tap Ⅱ, NXB Quan doi nhan dan,* 1993.
236 頁	同上。
244 頁	栗原浩英撮影。
245 頁	同上。
263 頁	桐山昇撮影。
266 頁	桐山昇撮影。
273 頁	根本敬撮影。
281 頁	時事通信社提供。
286 頁	同上。
294 頁	同上。
300 頁	同上。
303 頁	中共広西壮族自治区委員会宣伝部, 北部湾（広西）経済区規劃建設管理委員会弁公室編『風生水起北部湾』広西師範大学出版社, 2007 年。
310 頁	栗原浩英撮影。
316 頁	同上。
321 頁	同上。

★ 索　引 ★

事 項 索 引

◆ 数字・アルファベット

3 派連合（カンボジア）　296, 297

9・30 事件　215, 220, 226, 305

9 段線　321-323

10 月 14 日政変（タイ）　278

24 条倫理　53

30 人志士（ビルマ）　169

136 部隊（F136）　149, 168

1997 年憲法（タイ）　241, 280, 281

2008 年憲法（ビルマ）　291

2017 年憲法（タイ）　282

2020 年ビジョン　248

ARF プロセス　275

ASEAN（東南アジア諸国連合）　6,
220, 221, 223, 230, 232, 236-238, 245,
249, 255, 275, 297, 298, 306, 323

ASEAN 10　275

ASEAN VISION 2020　264

ASEAN 外相会議　276

ASEAN 共同工業プロジェクト（AIP）
253

ASEAN 共同体　277

ASEAN 協和宣言　230

ASEAN 経済共同体（AEC）　277

ASEAN 工業補完協定（AIC）　253

ASEAN 国防相会議（ADMN）　277

ASEAN 産業協力スキーム（AICO）
253

ASEAN 社会・文化共同体（ASCC）
277

ASEAN 自由貿易地域（AFTA）　253

ASEAN 人権宣言　277

ASEAN 政治・安全保障共同体（APSC）

277

ASEAN 地域フォーラム（ARF）　275

ASEAN・中国自由貿易地域構想
307

ASEAN 特恵貿易協定（PTA）　253

EEZ　→排他的経済水域

GCBA　114, 115, 172

GMS プログラム　310, 312-314

IMF　257, 258, 261

NIEs　223

PCA（常設仲裁裁判所）　320, 321, 326

U 字線　317, 319

◆ あ 行

藍　69, 78, 116

愛国運動（ラック・ニヨム）　211

アウンサン＝アトリー協定　179

アジア・アフリカ会議　→バンドゥン会
議

アジアインフラ投資銀行　315

アジア開発銀行（ADB）　310

アジア経済圏　101

アジア・太平洋戦争　96, 157, 161

「アジア通貨危機支援に関する新構想
　　──新宮澤構想」　259

アジア通貨・金融危機　255, 259, 274,
280, 284, 299, 307

「アジア的価値」の再発見　225

アチェ（王国）　67, 68, 80, 117, 194

アチェ統治法　286

アチェ分離独立闘争　286

アメリカ共産党　138, 143, 144

アメリカ極東軍（USAFFE）　166, 167

アユタヤ王国　14, 26, 28-30, 34, 45, 64, 120, 129
アラカン王国　27, 293
アルマン条約（第 1 次フエ条約）　81
暗黒の 5 月事件　241, 279
アンコール帝国　9, 32, 34
アンコール・ワット　31-34, 62
安　南　58
アンナン共産党　134
安南国王　39
『安南志略』　50
安南都護府　47
アンボン人　194
イギリス軍 136 部隊　→136 部隊（F136）
イギリスによるジャワ支配　76
イギリス東インド会社　76, 121
イギリス・ビルマ戦争（英緬戦争）
　第 1 次——　109, 121
　第 2 次——　109
　第 3 次——　80, 110
イギリス領ビルマ　110
イギリス領マレー連合州　80
イスラーム（イスラーム教）　12, 13, 63-65, 68, 70, 71, 82
イスラーム同盟（サリカット・イスラーム）　83, 118, 119, 131
イスラーム復興運動　287
一軸二翼　312-314
一帯一路　298, 314, 315
一党優位競争的権威主義（半民主主義）　248
稲作文化　7
移民労働者（契約労働者）　98
イリアンジャヤ（西パプア）　211, 214
印　僑　112
印刷技術　123
インド化　3-5, 9-11, 17, 32, 63
インドシナ　43, 90, 97
インドシナ共産主義者連盟　134
インドシナ共産党　130, 134-141, 145,

146, 148, 162, 183
インドシナ戦争　→ベトナム戦争
インドネシア　119, 132, 284, 286, 323
インドネシア共産党（東インド共産党, PKI）　118-120, 132-134, 138, 193, 305
インドネシア共和国　186
インドネシア共和国革命政府（PRRI）　195
インドネシア語　119
インドネシア国民党　119, 120, 193
インドネシア債権国会議　231
インドネシア社会主義　201
インドネシアと中国との間の二重国籍条約　200
インドネシア・ナショナリズム　117, 119, 164, 165
インドネシア・ラヤ　164
インド綿布　103
インワ朝　23
ヴィエンチャン王国　35
ヴィシー政権　129, 161
ウインセミウス報告　231
海のシルクロード　7, 60, 61, 314, 315
雲南省（雲南）　309, 310
英仏協商　125
エイヤーワーディ川流域　20, 22, 26
英蘭ロンドン条約　75, 116
英連邦（コモンウェルス）内自治領　178
越僑（ベトナム人移民）　137
『越史略』　50
越　南　58, 59
越南独立同盟弁事処　147
越南民族解放委員会　147
越南民族解放同盟会　147
援蔣ルート　155, 160, 161
円　高　237
円卓会議協定に基づくインドネシア・オランダ関係解消に関する 1956 年法律

第13号　200
オランダ東インド会社　68, 76, 77
オラン・ダムプワン　70
オランダ領東インド　116, 117, 163

◆　か　行

海外出稼ぎ　242
改革開放路線　307, 310
外貨主導輸出指向型工業化戦略　255
外貨導入型経済政策　238, 255, 264
階級対決路線　135, 136
外国資本導入法　232
外国人労働者　261, 263
会　試　54
華夷思想　42
開発会社（東インド会社など）　97
開発経済　247
開発主義　284, 285
開発政治　233
開発独裁　201, 214, 233, 238, 259, 260, 273
科　挙　49, 51, 54, 57
華　僑　43, 45, 99, 100, 112, 126, 168, 169, 249
拡大 ASEAN 国防相会議（ADMN プラス）　276
『革命の道』　134
革命評議会　212
華　人　43, 46, 137, 139, 149, 200, 213, 249
カティプーナン運動　132
カビテ暴動　83
ガムラン音楽　62
刈分け小作制（カサマ制）　89
カルヤーニ・テェイン　16
ガレオン貿易航路　72, 76
カレン民族同盟（KNU）　192, 289
カレン民族防衛機構（KNDO）　289
環境問題　271
管区ビルマ　179

カンボジア　296, 297
管理通貨制度　188
議会制民主主義　128, 192
北ベトナム集団主義体制（社会主義体制）　224
救国民族統一戦線　296
九　真　47
強制栽培（政府管掌栽培）制度　78, 117
郷土防衛義勇軍（PETA）　166
共和制　126, 182
銀　67, 69
金権内閣　236
近代化　82, 242
近代植民地秩序　176
近代的な中央集権国家　123, 129
近代領域国家　108, 109, 112, 125, 129
金融自由化政策　256, 260
クートゥフ　140, 145, 148, 150
グプタ朝　9
クメール王朝　62
クメール語（カンボジア語）　31
クメール人　31
クーリー労働者　99
クルラハン　90, 104
郡県制　46
軍主導民主化（半分の民主化）　240
軍　政　166, 169, 247, 278, 282
軍用手票（軍票）　160, 165
桂　家　44
計画経済　299
経済援助　232
経済開発　97
経済開発庁（シンガポール）　231
経済回廊　312
経済協力　191, 315
経済発展計画　188
携帯電話族　241
契約労働者　82
ゲティン・ソヴェト　135, 136

ゲリマンダリング　301

阮　朝　58

健康保険制度（タイ）　280

原住民官僚　90

原住民福祉　89

現地支配階層　90, 91

呉　38

交　易　7, 116

公教育　88, 211

公共事業　188

工業団地（EPZ）　264

交　趾　37, 43, 44, 46, 47, 50, 53, 55

港　市　7, 29

郷　試　54

港市国家　13, 38, 68, 116

広　西　310, 312-314

広西チワン族自治区（広西）　309

公正な選挙　274

工程間分業　252

公定ナショナリズム　108, 125

行動規範（COC）　326

洪徳法典　54

洪徳律例　53

広南阮氏　43, 56, 57

抗日闘争　170

後発開発途上国　213

コウミーン・コウチーン思想　115

香料（香薬）　7, 13, 76, 116

国外労働力移動　242

国学院　51

国　軍　193, 195, 212, 286, 289, 291, 293

国際加工センター　231

国際分業体制　101, 102

国際法　181, 187, 199

国子監　51

国政参議会（立法協議会）　124

国民（ネイション）　108, 109

国民国家　112, 119, 207

国民政府　154

国民の力党　281

国民民主連盟（NLD）　290, 292

国有地　104, 105

国連アジア極東経済社会理事会
　（ECAFE）　187

国連インドネシア委員会　185

国連海洋法条約　320-323

国連カンボジア暫定統治機構（UNTAC）
　297

国連東ティモール暫定統治機構
　（UNTAET）　287

胡　椒　65, 69, 77, 116

コーチシナ　106

胡　朝　51, 53

国家顧問職（ビルマ）　292

黒旗軍　81

ゴトン・ロヨン（相互扶助）　200

コーヒー　69, 77, 78, 116, 117

古マレー語　62

コミュニズム（共産主義運動）　109

コミンテルン　130-136, 139-145, 148

ゴ　ム　102

米　77

ゴルカル　235

コロンボ5カ国首相会議　193

コンバウン朝　15, 25-27, 30, 45, 109-111, 120

◆　さ　行

サイゴン米　105

『ザイファム』　245

サゴ澱粉　65

砂　糖　69, 77, 78, 102

サプライチェーン・ネットワーク
　238, 252

サミン運動　82, 83, 95

サムドラ・パサイ　63

サヤー・サン反乱（ビルマ農民大反乱）
　112

サラゴサ条約　67

索　引　　375

サリカット・イスラーム　→イスラーム
同盟
サンガ（仏教僧団）　16, 30
三　魁　51
産業革命　121
サンスクリット語　4, 8
サンスクリット古典文化　9
サンスクリット碑文　62
三仏斉　10
サンフランシスコ平和条約　191, 317
識字率　267
失地回復　125
室利仏逝　10
指導された民主主義　195, 201
資本規制　258
市民革命　78
シャイレーンドラ王国　10, 61, 62
社会主義　83, 130, 203, 224
シャム共産党　130, 137, 138, 148, 149
暹羅華僑各界抗日救国連合会　149
ジャワ　193
ジャワ語　63
ジャワ戦争　78, 80, 116, 117
シャン, カチンの分離独立運動　212
シャン人　23
収穫物配分法　226
就学率　267
自由タイ　172
集団的資金融通協定（チェンマイ協定）
259
十二使君　49
自由貿易体制　129
儒　学　44, 51, 57
主権国家　129, 181
ジュネーブ協定　196, 197, 202, 203
ジュネーブ国際会議　195
シュリーヴィジャヤ　4, 9-11
順城鎮　56
上座仏教　5, 12, 14-17, 21-24, 28, 30,
33-35, 40, 113, 126, 288

少数民族問題　111, 210, 293
商品経済　105
正法（ダンマ）　14
昇竜（タンロン）　51
植民地開発　78, 82, 101
植民地議会中心主義　114
植民地経済　188
植民地支配　70, 94
植民地政庁　97
植民地独立運動　85
植民地独立付与宣言　182
植民地ナショナリズム　109
植民地西スマトラ州　79
自律史観　1
シルクロード経済ベルト　315
辛亥革命　126, 154
新型金融危機　259
シンガポール　75, 168, 213, 299
人工島造成　322
人口調査（センサス）　111, 124
新政党国民民主連盟（NLI）　248
清仏戦争　43, 81, 82
人民革命党　150
人民行動党（PAP）　213, 299, 301
人民社会主義共同体（サンクム・レアス
トル・ニョム）　201
人民党　127, 129, 297, 298
人民同盟　132, 133
真　臘　32
枢密院　124
スコータイ王国　27-29, 39
スコータイ第一刻文（ラームカムヘン碑
文）　28
錫　77, 97, 102
裾野産業　252
スターリン批判　224
スプラトリー諸島　317-320, 322
スプラトリー諸島海戦　319, 323, 326
スマトラ沖大地震・津波災害　286
スマトラ油田　188

棲み分け分業　252

スルタン　179, 180

西山阮氏　57

西　征　64

生存のための政治　299

製糖法　45

青年仏教会（YMBA）　95, 113

静謐保持政策　162

製品差別化分業　252

政府間人権委員会（AICHR）　277

赤土国　9

石　油　97, 104, 165

絶対王政　76, 128

選挙制度（タイ）　283

戦時賠償支払い　191

禅　宗　50

全般的闘争（PERMESTA）　195

走出去（ゾウチューチュイ）　310

曹洞禅　57

草堂禅派　51

ソン・サン派　296

◆ た　行

タイ　107, 279

　――の民主化　283

タイ愛国党　280

第一次インドシナ戦争　→ベトナム戦争

第一次世界大戦　126, 154

第1回マフィリンド首脳会議　209

タイェーキッタヤー（シュリークセトラ）
　20

大越国（黎朝）　53

『大越史記』　50

対外経済協力　308

対華二十一ヵ条要求　154

大気汚染　270

タイ共産党　149

大航海時代　66, 77

泰国抗日義勇隊南線総隊部　149

泰国反日大同盟南線総盟　149

第五列　304

タイ式立憲君主制（タイ式民主主義）
　283

大乗仏教　4, 8, 32, 33

タイ世界　19, 28

対ソ対共産主義戦略　185

大タイ主義　125, 129

大東亜会議　172

大東亜共栄圏　159, 162

大東亜宣言　172

大土地制（アシエンダ制）　89

第二次世界大戦　156

対日協力政府（ラウレル政権）　167

太平洋運輸労働者会議　139

泰緬鉄道　165, 170

大羅城（ハノイ）　49

タイラックタイ（人民の力）党　269

タイ陸軍（国軍）　124

大陸棚　322

台　湾　317

タウングー朝　16, 24, 25, 29, 35

高潮地形　322

タキン党　114, 115, 150, 169-171, 246

タクシン派　281-283

ダトゥ　70

タート・ルアン　35

タトン　22

タノム　221

タバコ　69, 77

多文化主義　267, 299

多民族国家　289

多様性の中の統一（インドネシア）
　287

他律史観　1, 4

ダル・ウル・イスラム　194

段階的自治付与路線　113

ダンゴアイ　57

ダンチョン　57

ダンマ　15

竹林禅派　51

索　引　377

血の水曜日事件　279
地方行政基本法(インドネシア)　194
地方分権化　268
チャオプラヤー川流域　20, 28, 125
チャオプラヤー・デルタ　13, 19, 28
チャンパー(林邑, 占城)　7, 34, 38, 53-56
チャンパーサック王国　35, 36
中越文化工作同志会　147
中華人民共和国　303
中華総商会　95
中華民国　126, 154
中　原　37, 43, 44, 47
中国・ASEAN 自由貿易地域投資協定　308
中国・ASEAN 包括的経済協力枠組協定　308
中国医学　50
中国・インドシナ半島経済協力回廊　314
中国共産党　137, 138, 146, 154, 304
中国人移民　80
中ソ対立　220, 305
字喃(チューノム)　50
徴(チュン)姉妹の反乱　47
朝貢制度(冊封体制)　42, 43, 49
朝貢貿易　41
丁　子　65, 77
朝鮮戦争　304
陳　朝　49, 50
通貨バスケット制　255
ディエンビエンフー　195, 203
抵抗と協力のはざま　160, 170
帝国国策遂行要領　96, 159
帝国主義　85, 98
鄭氏政権　56
定　年　268
テイマグワ　70
デーヴァ・ラージャ(神王)思想　9, 33
デ　サ　90

鉄　97, 165
鉄　器　47
テト攻勢　227, 228
テーラヴァーダ　12
殿　試　54
ドイモイ　243-245, 297
ドゥヴァーラヴァティ　21
東西ベルリンの壁の崩壊　274
東西冷戦　184
東南アジア　6
東南アジア軍司令部　6
東南アジア条約機構(SEATO)　193, 197, 208, 221
東南アジア植民地体制　100, 175
東南アジア諸国連合　→ ASEAN
東南アジア平和・自由・中立地帯宣言　223
東南アジア貿易圏　64, 65, 67
東南アジア友好協力条約(TAC)　230, 307
東南アジア連合　221
トゥバサン　226
独立交渉　182
独立準備政府(コモンウェルス)　143, 166
土地(農地)借上げ制度　104
ドミノ理論　196, 304
トルデシリャス条約　66
トルーマン・ドクトリン　196
トンキン湾事件　217
ドンズー運動(東遊運動)　95
トンブリー朝　45, 120

◆　な　行
『ナーガラクルタガマ』　61, 62
ナショナリズム　108, 111, 126
ナフダトゥール・ウラマ　193
ナポレオン戦争　76, 78
南京木綿　103
南巡講話　256

南　詔　21, 48
南進論　155, 161
南　寧　312, 313
南寧・シンガポール経済回廊　314
南部仏印進駐　157, 161
南方開発金庫　160
南洋共産党　130, 137
二回廊一経済圏　312, 314
肉荳蔲　65
二国間資金融通協定　259
西パプア（イリアンジャヤ）　210
西原・マルタン協定　161
日独伊三国同盟　156, 157, 161
日　南　47, 55
日仏共同統治　161
日仏共同防衛　161
日米貿易・経済摩擦　240
日華事変　154
日支事変　154
日清戦争　153, 155
日泰共同作戦ニ関スル協定　172
日本軍政　164
日本・タイ同盟条約　172
日本の東南アジア軍事占領　159
日本無条件降伏　177
ニャウンヤン朝（復興タウングー朝）
　25, 26
『ニャンヴァン』　245
ニュー・エリート　241
熱帯モンスーン気候　7, 13, 19
農園企業　→プランテーション
農　会　136
農業集団化　224
『ノリ・メ・タンヘレ』　84

◆　は　行
排他的経済水域（EEZ）　319, 320, 322,
　323
バウリング条約　81, 122
パガン朝　16, 22, 23, 246

ハーグ円卓会議協定　186
バゴー（ペグー）　21
パゴダ（仏塔）　23
パサパラ（反ファシスト人民自由連盟）
　150, 170, 171, 179, 182, 192, 193, 212
バターン死の行進　166
バティク（ジャワ更紗）　62
パトノートル条約（第2次フエ条約）
　82
パドリ戦争（ミナンカバウ戦争）　79
パプア独立運動　288
バマー（ビルマ民族）　111
パーム油問題　271
パラセル諸島　317, 318, 320
パラセル諸島海戦　318, 319
『パララトン』　61
バランガイ　70, 235, 239
パーリ化　5, 7, 12, 15-17, 33
パーリ語　15
パリ講和条約　84
バリ戦争　117
ハリプンジャヤ　21
パリ和平協定　227, 228
ハリンヂー　20
ハル・ノート　157
パレンバン油田　163
ハンガリー事件　224
半強制的労働者　80
バンコク　31
バンコク・オフショア金融センター
　（BIBF）　256
バンコク宣言　221
反植民地主義・反帝国主義　200, 210,
　214
反スチンダー運動　279
ハンタワディ王国　16, 21, 23-25
パンチャーヤット（地方自治組織）
　201
バンテン王国　69
バンドゥン会議（アジア・アフリカ会議）

193, 197, 200, 207, 304

反ネ・ウィン運動　247

反ファシズム統一戦線　143, 150

汎北部湾経済協力　314

パンロン協定　182

東インド共産党(インドネシア共産党,
PKI)　130, 131

東インド社会民主同盟(ISDV)　131

東インド党　118, 120

東ティモール　287

ひもつき援助　191

白檀　65

ピュー　21, 22

ピューコイン　20

ピュー古代都市群　20

ピュー人　20

ビルマ　246, 247, 274, 289

ビルマ王国　80

ビルマ共産党　115, 150, 170, 192, 289

ビルマ国軍(BNA)　150, 170, 246, 289

ビルマ国民　112, 114

ビルマ式社会主義　212, 245, 289

ビルマ社会主義計画党(BSPP)　212,
289

ビルマ人団体総評議会(GCBA)　113

ビルマ人中間層　112-115, 171

ビルマ人民革命党　115, 170

ビルマ世界(エイヤーワーディ川流域世
界)　19, 22

ビルマ統治法　93, 113, 178

ビルマ独立義勇軍(BIA)　169

ビルマ・ナショナリズム　115, 171

『ビルマ白書』　179

ビルマ民族主義　92

ビルマ・ルート　155

ビルマ連邦社会主義共和国　212

閩粤人　45

ヒンドゥー教　4, 8, 17, 32, 33

ヒンドゥー・ジャワ文化　62

ブアタイ党　282

フィリピン　132, 304

フィリピン共産党　130, 139, 143, 144,
167

フィリピン共和国　167

フィリピン社会党　143, 144

フィリピン組織法　88

フィリピン第1次共和国　→マロロス共
和国

フィリピン亡命政府　167

フクバラハップ(抗日人民軍)　144,
167, 177

仏印＝タイ平和条約　129

仏教教学　10, 11

仏教僧団(サンガ)　15

物品貿易協定　308

ブディ・ウトモ　95, 118, 119

ブートラ(総力結集運動)　165

扶南　7, 32, 38

ブミプトラ政策　213, 231, 248

プラ　32

プラザ合意　237, 251, 279

プラユット　283

フランス共産党　145

フランス領インドシナ連邦　34, 161

プランテーション(農園企業)　89, 90,
98, 104

　――用地占拠農民　187

　――用地の保全　187

ブランド別自動車部品相互補完流通計画
253

プリヤイ層　90

ブルジョアジー　108

プレ・アンコール時代　32

プロパガンダ運動　83

プロレタリアート　135

文化大革命　237, 305

フンシンペック党　296, 297

文廟　51

分離独立運動　275

ヘイズ(煙害)問題　270, 271

ベイッタノウ　20

ヘイトスピーチ　295

平和五原則　304

ベトナム共産党　134, 135, 243, 245

ベトナム共和国　196, 202, 203, 216,
　317, 318

ベトナム国　196

ベトナム社会主義共和国　229, 297,
　305

ベトナム青年革命会　134, 137

ベトナム戦争（第1次インドシナ戦争）
　195, 200, 201, 218, 296, 304, 305, 317

ベトナム特需　222, 223

ベトナム独立同盟（ベトミン）　147,
　162, 183

ベトナム反戦運動　227

ベトナム民主共和国　133, 184, 195,
　196, 202, 203, 218, 227, 305, 318

ベトナム民主共和国臨時政府　162

ベトナム・ルート　155

ベトナム労働党　133, 146, 201, 224

ベトミン　→ベトナム独立同盟

ペレストロイカ　245

辺境ビルマ　179

北緯17度線　196, 202

北進論　155

北属時代　46

北爆（ローリング・サンダー作戦）
　216, 217, 227

北部仏印進駐　156, 161

保　険　269

ポスト・アンコール期　34

ホーチミン・ルート　201, 217, 224,
　227

ポツダム宣言　162, 174

ポーツマス条約　154

ボート・ピープル　229

ポーノ　211

輔　弼　153

ポルトガルのマラカ占領　68

ポル・ポト政権　236, 237

ポル・ポト派（クメール・ルージュ）
　230, 296

ボロブドゥール　61, 62

盆地交易　14

◆ ま　行

マジャパイト王国　61-64, 68

マシュミ党　193, 195

マタラム王国　68, 69, 116

松岡・アンリー協定　161

マディウン事件　186

マハーヴィハーラ派（大寺派）　23

マハー・タマダ伝説　17

マハーヤーナ　12

マラッカ（ムラカ）王国　13, 64, 65

マラヤ　209

マラヤ共産党　130, 137, 138, 148, 149,
　168, 304

マラヤ共産党シャム特別委員会　137

マラヤ人民抗日軍　149, 168

マラヤ連合党　179

マラヤ連邦　168, 179, 208

マラヤ連邦憲法　213

マリノ諸国　184

マレー・カレッジ　94

マレーシア　209, 213, 304

「マレーシア」結成構想　208

マレーシア領サバ　210

マレーシア連邦　169

マレー人　168

マレー青年統一組織（KMM）　168

マロロス共和国（フィリピン第1次共和
　国）　84, 85, 87

満州国　154

ミスチーフ礁　319

ミーソン遺跡　55

緑の革命　226, 235, 240

南機関　169

南シナ海　315-321

南シナ海国際会議　320

南シナ海における関係国の行動宣言
　（DOC）　307, 323, 326

南シナ海の潜在的紛争の制御に関するワ
　ークショップ　323

南シナ海判決　321, 326

南シナ海問題　277, 298, 305, 323, 326

南ベトナム解放民族戦線　202, 224

ミャンマー　246, 247, 290

名字法（タイ）　127

民主化　273, 274, 279

民主化運動（ビルマ）　290, 291

民主カンプチア　296

民主主義　182

民政官　159

民族自決　112, 113

民族州　182

民族主義　133

民族植民地問題研究所　148, 150

「民族・植民地問題に関するテーゼ」草
稿　133

ミンダナオ島のムスリム問題　210

ムアン　28

無言通禅派　51

ムシャワラ（話合い）　200

ムスリム　287, 293, 295

ムスリム紛争　211

ムラユ語　13, 119

ムラユ世界　13

ムルデカ憲法　179

明号作戦　162

メコン川　34

メコン・デルタ　13, 32, 44, 105

メシア運動　83, 95

メッカ巡礼　64

メナド人　194

綿織物　64, 65

綿花　21, 116

綿業基軸体制　102, 103

モロ　210, 221

モン語　21

モンゴル（元）　39

モン人　12, 15-17, 20-23, 25, 26

モンタギュー＝チェルムスフォード改正
　インド統治法　92

◆　や　行

ヤンゴン　→ラングーン

ヤンダボー条約　109

輸出加工区（法）（フィリピン）　232,
237

輸出志向型工業化　214, 233, 237, 242,
284, 299

ユニオン堆　319

ユーラシアン　118, 120

予防外交　275

◆　ら・わ行

ラオ人　35

雒越人　46

雒侯　47

雒将　47

ラスカル・ラヤット（国民軍）　166

ラタナコーシン朝　28, 31, 41, 45, 120,
172

ラーマンニャデーサ（スヴァルナブーミ）
21

ラングーン（ヤンゴン）　25, 110

ラングーン大学　115

ランサーン王国　35, 36, 40

ランナータイ王国　39

李朝　49

立憲革命（タイ）　128

立憲君主制　127, 128, 153

リットン調査団　154

立法参事会制度（ビルマ）　92, 93, 113

リーマン・ショック　274, 299

両頭制（ダイアーキー）　92, 113

領土割譲　125

臨済禅　57

林 邑　→チャンパー
ルアンパバーン王国　　35, 163
冷 戦　185, 304
黎 朝　56
暦 法　50
レシデント　　90
連合国軍武装部隊　　177
連合東インド会社（VOC）　　116
連邦国家体制　　182

連邦制（フェデラル）　　293
連邦制（ユニオン）　　293
連邦党（旧清廉パサパラ）　　212
労働者党　139
ロシア革命　　127, 130
ロヒンギャ（難民問題）　　275, 277, 288,
　293-295
ワヤン（影絵劇）　　62
湾岸危機　　242

人 名 索 引

◆ あ 行

アウンサン　115, 150, 169-171, 179,
　182, 290
アウンサンスーチー　　247, 248, 290-
　292, 295
アゴンシルリョ　70, 87
アザハリ　208
アチソン　186
アノーヤター王　15, 16, 22
アフォンソ・デ・アルブケルケ　67
アブドゥルラフマン・ワヒド　285
アブドゥル・ラーマン　　179, 209
アブ・バクル　70
アマンクラット1世　68
アラウッディーン・リアヤット・シャー
　67
アラウンパヤー王　25, 26
アリ・サストロアミジョヨ　193
アリピン・サギギリル　70
アリピン・ナママハイ　70
アリ・ムガヤット・シャー　68
アンナ・レオノーエンス　123
アンワル　259
イスカンダル・ムダ　68
インドラヴァルマン1世　33
インラック　282
ヴィチェンテ・ラバ　144
ウィルヘルミナ女王　117

ヴォー・グエン・ザップ　146
ウー・ソオ　114
ウー・ヌ　115, 170, 192, 193, 197, 212,
　289
ウントン　215
英 宗　39, 50
永暦帝　44
エバンヘリスタ　　139, 143, 144
エルコリ　142
袁世凱　154
エンリレ　239
王 明　148

◆ か 行

カウンディニヤ　32
カストロ　202
賀屋興宣　97
カルティニ　117
義 浄　10, 11
キッシンジャー　227
曲承裕　48
グエン・アイ・クオック　→ホー・チ・
　ミン
グエン・ヴァン・ティエウ（チュー）
　228
グエン・ヴァン・リン　245
グエン・バン・クー　145
クーシネン　142

索　引　383

クム・ソカー　298
区　連　54
クワン・アパイウォン　173
ケソン　143, 167
ケネディ　202, 210, 216, 217
阮　岳　57
阮　淦　56
阮　恵(光中帝)　57
阮　潢　56
阮福映(嘉隆帝)　57-59
乾隆帝　57
阮　侶　57
孔　子　51
康　泰　38
興道王陳国峻(陳興道)　50
高　駢　48
胡季犛　51, 53
呉　権　48
ゴー・チョクトン　299
ゴットヴァルト　148
ゴ・ディン・ジエム　196, 202, 203
コフィ・アナン　295
コラソン・アキノ　239
ゴルバチョフ　245, 274

◆ さ 行
サマック　281
サミン・スロンティコ　83
サム・ランシー　298
サンヤー　279
シアヌーク国王　162, 201, 296
始皇帝　37, 46
シーサワンウォン王　163
士　燮　47
錫　光　47
ジャヤヴァルマン2世　32
ジャヤヴァルマン3世　32
ジャヤヴァルマン7世　33, 34
周恩来　304, 305
習近平　314, 315

朱　応　38
蔣介石　154, 157
襄翼帝　56
昭和天皇　157, 174
ジョコ・ウィドド　285
ジョンソン　216, 217, 227
仁　宗　51, 58
シンビューシン王　26, 30
鄒　庚　45
鄒　孫　45
スカルノ　119, 164, 174, 181, 185, 186,
　195, 197, 200, 210, 215, 220, 231, 305
鈴木敬司　169
スターリン　142, 304
スタン・シャフリル　181
スチンダー　241, 279
スネーフリート　131
スハルト　211, 216, 220, 226, 231, 232,
　235, 258, 260, 274, 284-286
スマウン　131
スミス　179
スリニャウォンサー王　35
スルタン・アグン　68
スルタン・アブルマファキル　69
スールヤヴァルマン2世　33
聖　宗　53
セーターテイラート王　35
雪竇重顕　51
セデス　3-5, 7, 10
セーニー・プラモート　172
セリフ・カプンスワン　71
銭其琛　306
草　堂　51
孫　権　38
孫士毅　57
孫　文　134

◆ た 行
太　宗　51
タキン・ソウ　150

タクシン　212, 269, 280, 281
タークシン王　30, 31, 45, 120
ダビンシュエティ王　24
タールン王　25
ダレス　196
ダン・スアン・クー（チュオン・チン）
　145, 147, 243
ダンマゼーディ王　16
タン・マラカ　138
チャクリ王　3
チャートチャーイ　236, 241
チャムロン　279
チャワリット　260
チャン・ヴァン・ザウ　141
チャン・フー　135
チュラロンコーン王　→ラーマ5世
チュワン　260
チョオニェイン　193
ディオゴ・ロペス・デ・セケイラ　66
鄭検　56
鄭松　56
丁部領　49
ディポネゴロ　78, 117
ディミトロフ　142, 148
鄭和　41, 64
テインセイン　291, 292, 294
天封禅師　51
東条英機　157, 173
鄧小平　256
ドゥーメル　90
徳誠禅師　51

◆　な　行
ナラティハパティ王　22, 23
ナラパティスィードゥ王　16
ナレースエン王　29, 30
ニクソン　227, 228
任延　47
ヌグリ・スンビラン　180
ネィウィン　115, 193, 212, 289

◆　は　行
バインナウン王　24, 29
バウリング　122
馬援　47
バオダイ　162, 196
バギンダ　71
バモオ　114, 169-171
莫玖　44
莫登庸　56
ハッタ　164, 181, 186
バドン王（ボウドーパヤー王）　27, 111
ハビビ　285
ハー・フイ・タップ　135, 141, 145
パホン　128
ハラハップ　199
パラメスワラ　41, 64
ハル　157
ピーク　148
比尼多流支　50
ヒトラー　156
ピブーン　129, 172, 211
ビリャロボス　132
愍帝　57
ファーグム王　35
ファム・ヴァン・ドン　146
フェリペ2世　132
武帝　47
プーミポン国王　→ラーマ9世
プラユット　282
プリーディー　128, 173
フルシチョフ　202
プレーム　240
プロフィンテルン　139
フン・セン　297, 298
ペドロ・アバド・サントス　144
ベニグノ・アキノ　239
ヘン・サムリン　296
ホセ・リサール　84
ホー・チ・ミン（グエン・アイ・クオッ
　ク）　133-136, 140, 146-148, 162, 184,

索　引　　385

195, 305
ポル・ポト　229
ボロジン　134
ボロマコート王　30

◆ ま 行
マウントバッテン　171, 179
マカパガル　209, 210
マゼラン（フェルナン・デ・マガリャン
　イス）　71
マッカーサー　176
マヌイリスキー　142
マハティール　248, 258, 259, 274
マフムード・シャー　67
マルコス　221, 235, 239
マルティ　142, 143
ミゲル・ロペス・デ・レガスピ　72
明治天皇　123
メガワティ　285
毛沢東　154, 305
森本右近太夫一房　34
モンクット王　123

◆ や 行
ヤショヴァルマン１世　33
ユドヨノ　285
楊彦迪　44

◆ ら 行
ライテク　149
ラウレル　167
ラジャ・バギンダ　70
ラッフルズ　76, 78, 116
ラナリット　297
ラーマ１世　41, 120

ラーマ２世　121
ラーマ３世　121
ラーマ４世モンクット　31, 121, 122
ラーマ５世チュラロンコーン　81,
　123-127
ラーマ６世ワチラーウット　125-127
ラーマ７世プラチャーティポック
　127, 128
ラーマ８世アーナンタマヒドン　128
ラーマ９世プーミポン　241, 278, 283
ラーマ10世ワチラーロンコーン　31
ラーマン　208, 209, 221, 304
ラームカムヘン王　28
ラモス　239, 251
リー・クアンユー　213, 214, 231, 299
李元吉　45
李公蘊　49
リー・シェンロン　299
劉奇葆　312, 314
劉少奇　305
ルイス・タルク　144
ルイ・ロペス・デ・ビリャロボス　71
黎桓　49
黎崱　50
黎寧　56
黎文休　50
黎利（レ・ロイ）　53
レガスピ　132
レ・ズアン　218, 224, 228, 243, 318
レーニン　133, 134
レ・ホン・フォン　141, 145

◆ わ 行
ワヒド　288
ワンワイタヤコーン親王　172

386

東南アジアの歴史〔新版〕
—— 人・物・文化の交流史

A History of
Southeast Asia〔2nd edition〕

ARMA

有斐閣アルマ

2003 年 9 月 30 日　初版第 1 刷発行
2019 年 12 月 25 日　新版第 1 刷発行

著　者	桐　山　　昇
	栗　原　浩　英
	根　本　　敬
発行者	江　草　貞　治
発行所	株式会社　有　斐　閣

郵便番号　101-0051
東京都千代田区神田神保町 2-17
電話　(03)3264-1315〔編集〕
　　　(03)3265-6811〔営業〕
http://www.yuhikaku.co.jp/

印刷　大日本法令印刷株式会社・製本　大口製本印刷株式会社
©2019, N. Kiriyama, H. Kurihara, K. Nemoto. Printed in Japan
落丁・乱丁本はお取替えいたします。

★定価はカバーに表示してあります。

ISBN 978-4-641-22139-0

JCOPY　本書の無断複写（コピー）は、著作権法上での例外を除き、禁じられていま
す。複写される場合は、そのつど事前に（一社）出版者著作権管理機構（電話03-
5244-5088, FAX03-5244-5089, e-mail：info@jcopy.or.jp）の許諾を得てください。